国家出版基金项目
NATIONAL PUBLICATION FOUNDATION

顧頡剛全集

# 顧頡剛日記

人名索引

中　華　書　局

# 目 録

説明 …………………………………………………………………… 1

一畫 …………………………………………………………………… 1

　　一／1

二畫 …………………………………………………………………… 1

　　二／1　　　　丁／1　　　　卜／5
　　八／6　　　　力／6　　　　九／6
　　刁／6

三畫 …………………………………………………………………… 7

　　三／7　　　　于／7　　　　大／9
　　上／9　　　　千／9　　　　小／9

四畫 …………………………………………………………………… 10

　　王／10　　　井／35　　　木／36
　　友／36　　　天／36　　　太／36
　　尤／36　　　牙／36　　　戈／36
　　内／36　　　毛／36　　　牛／39
　　仇／39　　　今／39　　　丹／39
　　卞／39　　　文／39　　　方／39

顾颉刚全集·顾颉刚日记人名索引

水／43　　　尹／43　　　巴／45

孔／45

**五畫** ……………………………………………………………… 46

古／46　　　石／46　　　左／47

平／47　　　巨／47　　　甘／47

史／47　　　田／49　　　申／50

生／51　　　白／51　　　包／52

皮／52　　　外／53　　　市／53

玄／53　　　司／53

**六畫** ……………………………………………………………… 53

吉／53　　　老／53　　　艾／53

列／54　　　匡／54　　　回／54

吕／54　　　成／56　　　曲／56

朱／56　　　竹／63　　　伊／63

伍／63　　　任／64　　　向／65

全／65　　　印／65　　　米／66

安／66　　　冰／66　　　汝／66

江／66　　　牟／68

**七畫** ……………………………………………………………… 69

邢／69　　　李／69　　　杜／89

车／91　　　巫／91　　　束／91

吴／91　　　步／109　　　贝／109

岑／109　　　利／109　　　何／109

但／112　　　伯／112　　　佟／112

余／112　　　佘／114　　　谷／114

狄／115　　　罕／115　　　言／115

辛／116　　　宋／117　　　冷／119

目　録

沙／119　　沈／119　　汪／124

沐／128　　良／128　　那／128

阮／128

八畫 …………………………………………………………… 129

奉／129　　武／129　　杭／130

林／130　　芳／135　　芮／135

東／135　　長／135　　拉／135

昌／135　　易／135　　明／136

卓／136　　果／136　　尚／136

岩／136　　和／136　　季／136

秉／137　　竺／137　　岳／137

邱／137　　金／137　　周／145

宗／154　　弦／154　　冼／154

法／155　　祁／155　　初／155

房／155　　邰／155　　邵／155

屈／156　　居／157　　承／157

孟／157　　阿／158

九畫 …………………………………………………………… 158

胡／158　　柯／166　　柳／166

查／167　　范／167　　茅／169

苗／169　　英／169　　南／169

郁／169　　哈／169　　冒／169

恒／169　　香／169　　重／169

秋／169　　修／169　　侯／169

俞／172　　段／175　　計／175

施／176　　姜／176　　洪／179

津／181　　郎／181　　姚／181

顧頡剛全集·顧頡剛日記人名索引

紅／184　　紀／184　　韋／184

胥／184　　柔／184

十畫 ……………………………………………………………… 184

秦／184　　泰／185　　班／185

袁／185　　郝／187　　耿／188

茹／188　　苟／188　　荊／188

桂／188　　格／188　　索／188

夏／189　　原／190　　馬／190

柴／196　　恩／197　　時／197

晏／197　　倪／197　　倫／197

徐／197　　倉／205　　翁／205

奚／206　　師／206　　卿／207

殷／207　　高／211　　唐／216

席／218　　容／218　　凌／222

浦／223　　海／224　　涂／224

祖／224　　祝／225　　孫／225

桑／231　　納／231

十一畫 ……………………………………………………………… 231

敖／231　　堵／231　　莎／232

莫／232　　莊／232　　梅／233

麥／234　　曹／234　　雪／236

戚／236　　盛／236　　常／236

崔／237　　畢／238　　婁／238

笪／239　　符／239　　許／239

郭／242　　康／246　　鹿／247

宿／247　　章／247　　商／253

梁／253　　涵／256　　啟／256

## 目　録

連／256　　張／256　　屠／292

陳／293　　陸／314　　陰／317

陶／317

### 十二畫 ……………………………………………………………… 320

堯／320　　博／320　　喜／320

彭／320　　越／321　　項／321

斯／321　　黃／322　　華／331

辜／332　　惠／332　　粟／332

覃／332　　雲／332　　景／332

買／332　　單／332　　喻／333

閔／333　　惲／333　　程／333

稅／335　　稽／336　　喬／336

傅／336　　焦／340　　舒／340

鈕／341　　童／341　　富／343

曾／343　　勞／344　　馮／345

温／350　　游／350　　湯／350

逮／351　　費／351　　賀／351

隋／354　　陽／354

### 十三畫 ……………………………………………………………… 354

載／354　　萬／354　　葉／355

葛／359　　董／361　　靳／363

楚／363　　楊／363　　雷／373

裘／374　　賈／374　　虞／375

路／375　　愛／375　　解／375

詹／375　　鄒／375　　意／376

新／376　　靖／376　　雍／376

義／376　　慈／376　　資／376

顧頡剛全集・顧頡剛日記人名索引

溥／376　　達／376　　經／377

十四畫 ……………………………………………………… 377

臺／377　　趙／377　　墓／387
蒙／387　　蒲／387　　蓋／387
臧／388　　裴／388　　聞／388
管／389　　端／389　　齊／389
廖／390　　寧／390　　賓／390
榮／391　　漆／391　　滁／391
福／391　　褚／391　　熊／392
翟／393

十五畫 ……………………………………………………… 394

慕／394　　蔣／394　　蔡／399
樓／400　　樊／400　　屬／401
歐／401　　暴／401　　黎／401
德／403　　衛／403　　膝／403
魯／403　　劉／404　　談／418
諸／418　　廣／418　　剪／418
鄭／418　　潘／424　　鄧／427
樂／430　　練／430

十六畫 ……………………………………………………… 430

蕭／430　　燕／432　　橋／432
霍／432　　駱／432　　冀／432
盧／432　　閻／435　　穆／435
錢／435　　鋼／440　　鮑／440
諶／440　　龍／440

十七畫 ……………………………………………………… 441

戴／441　　聯／442　　薛／442

目　録

| | | |
|---|---|---|
| 鞠／443 | 韓／443 | 儲／445 |
| 鍾／446 | 鮮／447 | 謝／447 |
| 應／450 | 廉／450 | 賽／450 |
| 寒／451 | 繆／451 | |

十八畫 …………………………………………………… 451

| | | |
|---|---|---|
| 豐／451 | 聶／451 | 薩／452 |
| 藍／452 | 叢／452 | 瞿／452 |
| 魏／453 | 簡／456 | 鎖／456 |
| 鄺／456 | 顏／457 | |

十九畫 …………………………………………………… 457

| | | |
|---|---|---|
| 蟻／457 | 嚴／457 | 關／459 |
| 羅／460 | 譚／465 | 廬／469 |
| 龐／469 | 麒／470 | 瀧／470 |

二十畫 …………………………………………………… 470

| | |
|---|---|
| 蘇／470 | 饒／471 |

二十一畫 ………………………………………………… 472

| | | |
|---|---|---|
| 鄧／472 | 鐵／472 | 鐸／472 |
| 顧／472 | 續／502 | |

二十二畫 ………………………………………………… 502

| | | |
|---|---|---|
| 權／502 | 鄺／502 | 龔／502 |

二十三畫 ………………………………………………… 503

樂／503

# 説　　明

一、《顧頡剛日記》前後跨越六十餘年,其特點是逢人必録。據初步統計,《日記》所涉及人物在一萬三千左右,如國家領導人、地方官員、親戚朋友、醫生護士、市井小民、家中傭工以及歷史人物、外國人物、書本人物等,非常豐富。

二、《日記》中所提及人名,實分兩類:一爲與著者有直接關係者,一爲與著者無甚關係者。本索引所收入,以與著者有直接關係者爲主,共收五千七百餘人。

三、本索引以正式姓名爲條目,字號、别稱等以括號附注其後。筆名者指明見其本名,如阿英(見"錢杏邨")、魯迅(見"周樹人")。著者部分近親,雖没有完整姓名,如祖母、嬸母等,仍予收録。

四、本索引中以某某夫人爲條目者,若知其本名,則括注本名,如"金擎宇夫人(尹文華)";或指明見其本名,如"邵力子夫人(見"傅學文")"。

五、本索引人名條目括號附記還包括:(一)同名之異寫,如"林剛白(剛伯)"、"馮友蘭(芝生,芝孫)"、"傅成鏞(韻笙,韻孫)"等;(二)親屬關係如某人之夫妻兄弟子侄等,如"二姊(姜二姊,靜秋二姊,二姨,姜修卿夫人)"、"顧志堅(誦虞,弟,九嬸子)"。

六、本索引以人名姓氏筆畫爲序,同姓氏者按其第二字、第三字的筆畫順序排列;筆畫計算時,如"礻"計五畫、"艹"計四畫等,查詢時請注意。

七、人名之後用兩組數字,分別表示該人名在《日記》中的卷數、頁數,【】中的數字表示卷次,連續數頁出現時以連字符"-"表示,例如:

王子野【7】640,644【9】2,382,385,391,395-397,758,765,775

即表示王子野出現在《日記》第七卷的第六四〇、六四四頁和第九卷的第二、三八二、三八五、三九一、三九五至三九七、七五八、七六五、七七五頁。

八、由於《日記》中所記人物繁複,查考不易,在本索引中,名號歸併並不完整,甚至出現姓名字號位置互易,或一人分作二條目等情況,尚祈讀者批評指正。

1

# 一畫

一千紅【1】33,35,604

# 二畫

二姊(姜二姊,靜秋二姊,姜修卿夫人,二姨)【5】646,647,724,732,741,743,752,756【6】24,63,64,141,647,648,700,702,703【7】19,20,79,81,82,88,106,107,114-116,121,128,152,153,218,219,221,222,224,227,235,239,243,251,258,280,283,285,293,294,314,350,355,356,357,359,385,511-514,539,540【8】87,123,141,142,426,427,428,439,441-443【10】381,749【11】314

二嬸(嬸母,二嬸母,顧松年夫人)【3】73,78,79,231,311,312,323,325,327,336,389,412,439,498,500,513,514,548,565,589,590,627,653,663,667,677-680,685,688,691【4】176,193,198【5】664,682,683,688,690,694,697,699,703,723-725,731,733,734,741,747,752,765【6】11,12,14,16,19,23,39,51,52,57-59,62,77,82,83,96,98,105,145,166,220,221,226,227,229,233,243,244,287,647,702【7】84,123,153,218,299,300,328,569-573【9】155【10】306

丁山(丁山父)【1】785,786,788,792,802,803,806,811,815,818,822,830,837【2】2,4,25,26,33,53,54,75-80,95,96,99,102,103,105,108,109,111,113,114,117,121,124-127,130,131,134,135,144,145,148,151,153,155-157,159,162,171,173,174,177,

顾颉刚全集·顾颉刚日记人名索引

181,182,187,206,209,210,218,221,234,244,249-253,256,329,341,383,387,411,417,469,552,553,554,579,580,654,663,730〔3〕267,431,436,452,471,500,508,509,512,514〔4〕138,141,145,148-151,339,399,401,405,420,470,506,513,535,566,573,628,641,651,657,661,668,669,692,697,707,708,714,727,736-738,740-744,746,747,749,760,761,766,772,777〔5〕6,9,13,14,16,17,20,21,23,27,31,42,43,46,57,64,66,73,85,110,111,130,152,192,233,289,430,465,507,685,686,687,772〔6〕10,38,45,95,130,168,195,204,224,236,244,274,285,289,578,582,583,585,653,681,684〔7〕31,73,271,297,429,542,549,551〔8〕15,299,689,691〔9〕89,310,676〔10〕386〔11〕550,623

丁山夫人(见"陶梦云")

丁小富〔6〕290,409,438,471,484,616,624,692〔7〕12,26,62,78,127,168,181,477,523

丁元公〔8〕574

丁少蘭(王公瑨夫人)〔5〕551,662,663,699-702,757,762〔6〕127,128,173,174,176-178,232,285,450

丁文江(在君)〔1〕308,431,453,455,459,471,475,763,799,801〔2〕290,291,293,326,330,411,413,415,441,451,459,462,463,466,502,503,549,567,592,594,602,665,667,676,677,700,721,725,730〔3〕56,170,431〔10〕343〔11〕649,719

丁文江夫人〔2〕665〔3〕168,500

丁文淵(月波,鑑修)〔3〕353,359,374,375,586,587〔4〕612〔5〕439,440〔6〕158,253

丁文禮(文江弟)〔2〕591,667

丁正熙〔3〕709,710,726,749〔4〕639

丁石因(趙叔玉子)〔11〕346

丁名楠〔7〕658,663,668〔9〕76,362,370,375,468,537,553,579,651,669,671,759

一畫:一 二畫:二丁

丁存又(趙叔玉子)[11]346,519
丁西林(變林,巽甫)[1]585,
627,640,715,717,719,734,
740,742,749,754,756,759,
763,799,800[2]91,92,330
[5]166,467,512,526[8]53,
305,486,624,706,742,738
[9]62,445,447
丁伯騪[2]528-530,731
丁克實[11]416-419,426
丁君匋[5]400-403,405,410,
411,422,438,467,468,473,
475,478-480,482,496,498-
501,513-515,529,538-541,
543,546,552,554-558,561,
562,564,566,568,571,573,
576,577,585,586,589-599,
602-605,653-657,659-661,
666,672,673,680,682,683,
697,706,709,717,720-722,
727,738,740,742,748,751,
754[6]7,34,45,46,49,73-
75,77,79,89,94,95,100-102,
104,173,174,210,223,267,
268,271,274,289,412,432,
504,562,627,649,670,682,
684[7]2,4,6-9,11,12,14-18,
20,21,23-26,28,32,34,35,
37-39,43,44,47,48,49,54,
56,61,62,64-66,70,72,75,
76,78-80,83,90,92,95-97,
102,104,105,107,110,115,
116,126-128,131,132,134-
136,138,142,143,145,146,
148,150-152,158,168-170,
172,173,175-177,179,181-
183,185-189,191-193,195-
197,200-204,206,208-210,
215,216,218,219,223-226,
232-234,237,238,240,256,
273-278,282-284,288-291,
294,297,298,306,307,313-
320,322,323,329,331-340,
342-344,346,348,349,355-
357,359,361-364,366,367,
373,374,378-380,383,386-
388,390,392-394,396,398,
399,401-405,408,409,412-
419,421-430,432-435,438,
440,442-448,451,452,454-
457,459-461,463-468,470-
472,474,475,477-485,487,
493,494,496,500,503-505,
507,509-514,516-519,521-

顾颉刚全集·顾颉刚日记人名索引

524, 527- 535, 537- 541, 543, 545, 546, 549- 551, 553, 555- 557, 559, 565-568, 574-584[8] 274, 363, 652[10]533

丁君甸夫人[7]183, 407, 446

丁廷浠[4]290, 333, 337, 350, 354, 364, 367, 382, 390, 488, 498, 563[5]378, 382

丁宜中[6]304, 306, 307, 310, 312, 314, 316- 318, 331, 332, 342, 343, 361, 364, 369, 373, 374[7]645, 677[9]648, 660 [10]119, 228

丁宜中夫人(見"王德谦")

丁昆(丁山次女)[11]623

丁明德(丁縣長)[4]72, 77, 83, 91-94, 117[5]595

丁则良[3]638[4]152, 214, 269, 275[8]68, 88, 146, 294, 363

丁是娥[9]433, 772[10]186

丁洪昌[7]34, 67, 168, 238, 274, 282, 291, 307, 340, 356, 359, 362, 364, 367, 374, 396, 402, 405, 409, 413, 429, 432, 477, 504, 511, 516, 530, 549, 565, 576

丁玲(蒋冰之)[2]291, 595[3]

61, 461, 485, 487, 544[4]45 [7]374[8]363[10]430

丁迪豪[2]534, 537, 545, 547, 556, 557, 580, 584, 649, 718, 726, 728[3]28

丁晏[1]823[2]122[3]332[10] 51, 189, 300, 302, 306[11] 281, 282

丁惟汾(維汾, 鼎臣, 鼎丞, 鼎辰) [1]512[2]52[10]157

丁逢辛(逢新, 少蘭之弟)[6] 450, 468, 476, 482, 499, 503, 518, 519[7]2, 6

丁雪[7]118, 242, 247, 251, 275, 351

丁琦[4]583[6]300, 317, 332, 357[8]485

丁敬(丁山長女)[11]550

丁道衡(仲良)[2]443, 494

丁壽田(受田)[3]445[4]681 [8]44[11]154, 166, 232

丁實存[4]588, 708[5]49, 53, 58, 148, 183, 186, 188, 202, 218, 222, 223, 236, 239, 249, 278, 338, 408, 426, 429, 442, 501, 502, 544, 546, 560, 588, 636, 637, 745, 764[6]3, 4, 45,

二畫:丁卜

48,55,64,68,70,72,88,90, 215,216,220,244,277

丁福保〔1〕259,384〔8〕584

丁緒賢(庶爲)〔1〕765〔2〕79, 80,82,299,307,313〔3〕693 〔5〕700〔8〕12

丁慕三(慕山,暮山)〔2〕80,473, 478,616,626〔3〕75

丁慕陶〔3〕704-708,724,726- 728,731〔4〕8,9,22,33,34, 40,41,42,45

丁曉先〔1〕325,401,413,414, 417,422〔2〕13,19〔3〕238, 337,437-439,588,589,678 〔4〕735,743,753,775,777〔5〕 49,52,57,58,67,170,171, 719,727,738,751〔7〕480, 481,483,485,491,593,605, 618,644,696,699,701〔8〕24, 45,54,56,212,362,394,505, 515,544〔9〕544,560,562, 727,729〔10〕346,348,355, 474,475,480,483〔11〕198

丁樹奇〔9〕493,759〔10〕26,74

丁穎〔10〕147

丁穎夫人〔9〕649

丁錫田(稼民)〔3〕311,435,527,

636〔9〕232

丁聲樹(梧梓)〔3〕339,440,460, 505,511,584〔5〕312,313〔6〕 195,516〔7〕585,588,644,657 〔8〕9,33,88,694〔9〕54,79, 121,192,230,254,264,309, 329,349,356,362,370,375, 468,537,541,553,616,650, 671,737,740,755,756,759, 775〔10〕174,202,279,280, 286〔11〕409,495,561,670

丁謙〔1〕719〔7〕192,411,754 〔8〕270

丁驌〔4〕548,608,613,699,724, 760,770,775〔5〕7,13,46,233 〔6〕20

丁瓚〔8〕233-236,238-240,242- 245,249,253-255,276,305, 306,308,310,321,322,324, 326,328-332,334-340,342- 344,347,348,350-359,365- 374,379,385,386,483,617, 701,713〔9〕30,52,206,644, 669〔10〕351,691〔11〕430

丁瓚夫人(丁太太,丁夫人,見 "舒維清")

卜德(Derk Bodde)〔3〕13,144,

190,247,414,480,482,484,623,647,648,655

卜锐新[3]627,633,655[4]668,722[5]30,74,104,115,118,126,129,131-144,146,150-154,172,185,194,195,240

卜蕙蒨(惠敏,卜三姨,唐肇讓夫人)[5]253,254,260,263-268,273,274,277-279,281-284,286,289,292-295,297,299,300,302-305,307,308,315-338,342,346,348-357,363-365,309,400,401,403,404,420,425,456,564,647-649,679,681,682,688,691-693,695-705,717,721,729,734,735,737,739,755[6]24,106-110,122,124,126-129,142,173,174,285[7]490,645-648,652[8]21,92,193,197,385,387,479,573[9]19,218,305,462,618,619,627,705[10]23,206,347,349,399,401,463,466,510,604[11]12,84,111,316,340,350,356,357,370,401,402,406,410,416,423,435,438,441,460,467,468,475,482,485,495,502,504,513,518,525,526,545,556,581,588,595,613,617,619,630,649,657,676,687,690,691,697,699,702,703,705,720,729,733,739,744,747,750

八大山人[2]62[8]375[9]146,147

力揚[5]406,418

九陣風[1]7,17,453

九嫂(九嫂母)[3]78,79,81,235,323,325,327,589,677,678[5]661,696,697,712,713,724,725,741,752,769[6]12,14,30,52,83,84,96,98,158,159,211,212,221,226,227,229,474,614,647[7]84,123,124,132,153,218,219,298,299,328,564,568,571-573[10]85

九龄童[1]316

刁光覃[8]378,646[9]593,773

刁汝钧(土衡)[3]385,386,644[4]135,473

# 三畫

三宅周賢【2】430-432
于丹紱(明信)【2】439,524
于世明(思泊子)【7】585【10】43
于右任【4】141,755【5】763【6】68,272,688【10】170
于立群【11】331,561
于光遠【7】113【9】508,758【10】682【11】518,525,652,654
于式玉(李安宅夫人)【3】88,120,128,165,168,215,299,301,357,387,404,450,532,552,553,632,668-671【4】466,643【5】224,226,370,382,384-386【7】678
于伶【7】60
于非闇【7】757【8】93,128
于是之【9】613
于省吾(思泊)【2】657,680,721【3】21,96,118,119,173,296,342,343,371,407,410,411,435,445,452,463,468,477,480,483,499,521-523,525,527,537,549,602,604,623,632,653,661【4】51【5】607,611,620,622,767【6】185,195,509,510,513,517,532,536【7】2,22,220,429,480,481,491,511,585,588,603,614,624,647,648,653,680,682-684,690,691,695,696,698,705,721【8】17,18,19,20,21,26,28,57,61,67,68,89,94,162,216,253,254,267,383,384,386-388,530,541,567,575,579,611,612,615,619,628,647,704,706,707,708【9】242,306,313,317-323,325,327,339,340,480-482,486,507,516,576,615,685,726,728【10】103,124,133,134,290,338,343,347,349,387,459,488,492,502,552【11】150,350,364,374,509,522,589,618,654,655,659,660,740
于飛(見“李文衡”)
于振瀛【4】614【5】132【8】509【9】83

于海晏(安澜)〔3〕146,201,206, 267,302,343,356,359,360, 363,364,366,374,375,396, 479,489,517,518,521,523, 529,613〔4〕240

于益之〔8〕632,735〔9〕38,47, 117,119,186,326,499

于犁伯〔5〕72,138,165,167, 178,192,209,312,497,540

于滋潭〔8〕15,69,70,74,75,77-81,83,89,102,126,127,133, 134,139,163,200,201,214, 216-219,409,410,424,441, 442,501,502,511,609,692 〔9〕4,22,54,79,188,192, 211,212,228,245,268,277, 309,348,382-385,388-390, 392,394,395,397,398,432, 445,450,599,769,770 〔10〕341

于舒存〔3〕726,728,734,743, 746,748,750,752

于斌(野聲)〔3〕695〔4〕169, 593,602〔5〕178,354,370, 405,435,439,558,587,590, 635,679,685,689,690,747, 759,763,769〔6〕5,23,44,65,

298〔11〕135

于瑞鳳〔1〕159

于道泉〔11〕657

于道源〔2〕564,568,649,658, 716〔3〕21,190,208,240,266, 267,268,275,300,302,368, 400,475,478,634,651,654 〔4〕42

于毅夫〔7〕631〔8〕12,20,393 〔11〕733

于儒伯(Robert Ruhlmann)〔6〕 374-376,516,517

于學忠〔3〕350〔7〕660〔8〕735 〔9〕37,38,194,206,228,229, 241,259

于學智〔10〕352,354,358-367,368

于樹德(永滋)〔3〕545,551,553, 574〔7〕655〔8〕511,589,615, 706,717〔9〕12,17,34,38,84, 228,242,346,437,680,740, 741〔10〕166〔11〕247,597, 607,699,702

于鶴年(于君)〔2〕360,368,478 〔3〕210,214,241〔5〕618〔6〕 292,657,685,686〔7〕24,58, 99,136,152,206,211,213,

三畫:于大上千小

218,220,235,241,275,291, 297,331,429,511,529,545, 576,577,590,595,617,623, 640[8]23,157,253,267,455, 527,729[9]97,98,105-108, 110,121,122,125,135,136, 139,142,178,193,204,210, 275,288,382,496,534,578, 617,725,726,785[10]120, 136,151,180,222,387[11] 334,513,747

大村西崖[2]213

大姊(高大姊,大姨,高大姨,高 瑞蘭母)[5]641,647[6]37, 57,60,107-109,143,448,455, 469,471,689[7]227,481, 491,584,592,593,691,720, 727,769[8]4,20,21,29,38, 94,230,384,385

大滌子[8]375,387

上村清敏[1]740

上官雲珠[6]434[11]739

上官業佑[5]478[6]299,301, 302,305,312-314,317,323, 330,334,337,347,362,364, 371,381

千家駒[7]749[8]509,586,694

[9]62,94,100,329,346,445, 749,752,758[10]525

小川琢治[2]456[6]603

小玉喜[1]34

小白玉霜(見"李再雯")

小竹武夫(小竹)[3]579,628, 629,632

小林胖生(小林)[1]665,673

小松原伴子[11]739

小柳司氣太[2]562

小香水(香水,趙珮雲)[1]1-3, 5-8,10,11,13-15,17-22,24- 26,28,30,31,34,35,182,202 [2]186,564,608,649,700, 702[3]12,88,93,94,96,126, 290,372,374,660[6]679[7] 505[8]242,704[9]114,461 [10]309,614

小倉芳彥[11]633,634,727,739

小楊月樓[2]635

小達子(達子,本名李桂春)[1] 1,2,5,7,8,11,15,17,18,22, 25,26,28,31[9]461

小蘭英[1]721

小畑薰良(小畑)[1]734,740, 749,755-759,800,802

# 四畫

王一夫【8】253-257,260,261,265,266,424,693
王一鳴【8】213,215,220,362
王力(了一)【2】721【3】295,383,408,423,629,639,640【4】234,260,261,270【5】54,594【7】459,460,685,695,744【8】88,134,292【9】673,755,759【10】37,41,660,
王士瑞(表弟,大琮)【7】9,19,23,31,37,38,47,49,59,62,82,84,89,90,96,97,99,102,110,114,123,125,126,133,137,144,175,184,206,209,211,220,280,327,355,512,516,571,589
王大玫(表妹)【3】66,419,422,600,618,666【5】609【6】510【7】389,391,479, 481,492,547,584,585,591,596,599,608,610,638,639,648,688,705【8】125,191,194,459,684,572,573【9】61,179,307,361,437,447,565,568,571,588,589,624,666,686,687,730,755,780【10】5,25,26,44,48,51,57,90,95,178,213,358,571,715【11】47,155,201,230,301,391
王大珍(表妹,六妹)【3】419,464,601【5】609【7】391,479,481,596,648【8】20,125,191,227,228,551【9】780【10】26【11】343,391
王大珩(膺東,表弟)【1】580,627,671,719【2】329,531,683-685,693,701,722【3】14,48,87,94,157,160,173,174,274,356,369,422,534,582,601,665【7】18,19,391,596,597【8】463,607,610【9】54,160,418,433,434,436,437,445,769【10】25,26,193【11】155,496,497
王大珩夫人(見"顧又芬")
王大琪(表弟)【3】14,419,422,464,534【5】609【6】510,513【7】479,489,492,584,591,

四畫：王

596,608,638,688,744[8]20, 191,225,227,551[9]19,175, 307,431,458,588,686,730, 755,780[10]5,26,57,95, 178,213,715,752[11] 155,160

王大琪夫人（見"王儼"）

王大琬（表妹）[3]422,600[5] 609[6]510[7]24,391,479, 481,492,584,605,608,648 [8]125,191,227,450,459, 572[9]61,268,488,676[10] 5,26,57,276,326,358,766 [11]155,160,210,301,303, 304,391

王大瑛（表妹，九妹）[3]419,464 [5]609[6]512[7]479,481, 492,688[8]61,227,228,483, 551,572,712[9]307,588[10] 25,26

王大瑜（表弟，八弟）[3]419, 600,601[5]609[7]492,584, 585,648[8]191,227[9]19 [10]26[11]346

王子政[4]258,281[5]226,229, 274[6]72

王子刚[8]377-379,389

王子野[7]640,644[9]2,382, 385,391,395-397,758, 765,775

王小隱[1]389,502[3]238

王个簃[7]19,271,319,331,425 [8]609,615[9]54,63,88, 432,436,767,770[10] 193,771

王之相[8]410,624,626,628

王元化[7]539[11]583

王元暉（元輝）[2]411[4]132, 134,306,307,314,323,325, 328-331,335,373,374,466, 509,516,517,633[5]14,15, 386,387,390,478[9]621

王元暉夫人（吳端容）[4] 307,328

王公琪[5]311,312,314,315, 353-355,357,358,366,405, 551,560,562,662,676,699, 700,718[6]31,53,59,60,67, 91,174,177,285,390,391, 419,439,448

王化成[4]153,545,607[6]66

王夫之（船山）[4]217,699[5] 220[8]300,533

王引之（王氏父子）[6]180,185,

194,205〔7〕318〔8〕567,744〔9〕53〔11〕540

王文俊(渭珍)〔3〕581,687,688,693,696-698,701,709-711,724-726,728-731,735,754〔4〕72,78,98,120-124,129,253〔5〕45-47,136,268,270,271,283,439,478,595,635,693,695,697,764〔6〕4,232,237,247,270,271,275,290〔8〕193,385〔9〕19

王文修(王混華夫人)〔10〕247,440

王文溯(卜蕙莧姊甥女)〔4〕202〔5〕263,264,267,273,274,281,304,307,308,309,315,323,325,332,335,338,346,352,363,364,400,414,423,424,428,438,466,468,478,487,500,532,538-540,574,575,588,596,683,684,687,692,693,695,697,705〔6〕280

王文韶〔2〕72

王文润〔5〕308,309,311,626,627,647,648,670,683,689,695,697,698,705,716,717,736,737〔6〕686〔7〕481,483,492,598,648〔9〕618

王文润夫人〔5〕697

王文灏(卜蕙莧甥女)〔9〕705

王日伦〔6〕299,300,303,364

王世民(肯堂子)〔5〕642〔9〕618〔11〕438,586,613

王世杰(雪艇)〔1〕740,756,763〔2〕78,91,92,307〔3〕71,87,92,123,209,320,365,373,398,410,431,433,440-442,501,504,543,544,587,592,656〔4〕724,751,755〔5〕160,489,491,520,628,686〔6〕68,213,253〔9〕439

王世棟(祝晨)〔1〕699,700,702,746-749,752-754,762-764,767,770,775,784,800,801〔2〕24

王世襄〔3〕626〔5〕208,209,225,289,601,614,619,620〔8〕196

王仙舟〔5〕662,663〔6〕33,60,61〔7〕191〔8〕145,463〔11〕610

王古鲁〔4〕238〔6〕417,431-434,490,492,510

王永興〔3〕548,555,558,559〔4〕171〔6〕383〔7〕606,673〔9〕767〔11〕209,210

四畫:王

王玉哲〔4〕177,178,213,220, 233,275,413,676〔5〕375〔7〕 533,549,550,679〔8〕7,696, 703〔9〕505,533,538,547〔11〕 516,520

王玉璋〔4〕594,616,684,701〔5〕 393,394,423,505,574,575, 595〔7〕731,732, 735,753, 762〔8〕23

王立吾(余松筠夫人)〔5〕389, 390,399,414,437,537,718 〔7〕47,48,54,59,65,82

王立芬(吴有训夫人)〔7〕685 〔8〕449,624,625,627〔9〕17, 100,192,245,257,344,345 〔10〕244,471

王伊同〔3〕477,542,585,601, 655〔4〕635,708〔11〕624, 627,674

王仲和(慎庐)〔3〕18,257,259

王仲举〔5〕29,30,85,133〔8〕88, 96,98,103, 119,282,288, 294,299,304,667,673,674, 676 〔11〕 325, 334, 336, 371,578

王光美〔10〕508,543,554,569, 582,598,599,600,653,726,

737〔11〕266

王光玮(光炜,燦如,璨如)〔1〕 476,477,478,727,800,801 〔3〕195,216,220,240,247, 276,292,314,345,350,367, 413,421,474,487,533,542, 582,620,644,657,658,661, 666〔5〕622,623,625,630〔6〕 669,685〔7〕101〔9〕406

王先谦〔1〕311,379〔3〕383〔6〕 185,206,700,702〔7〕39,77, 173,314〔8〕729〔9〕73,536 〔10〕214

王冰洋〔4〕420,423,427,428, 431,435,438,455,457,461, 469,477,478,498,500-502, 506,509,517,519,521,524, 540,559,561,566,578,579, 634,639,641,644,645,651, 674,701,710〔5〕59,67,75, 114, 126, 214, 219, 374, 376,377

王同春〔3〕143,145,210,220, 274,275,278,289,300-302, 408,497〔5〕304,570,774〔9〕 207,209,220,221,225

王向辰(老向)〔4〕148,150〔5〕

185,266,409,429,471,502,534,536,568,746,763[6]64,86-88,94,163,238-240,260,294,298,407

王宇信[10]559,646[11]107,111,120,156

王守仁(陽明)[2]531[6]349,354-356,494,495[9]133,144

王守真(受真,日蔚,王真)[3]143,182,187,191,216,291,312,325,347,349,353,361,362,365,367,372,375-377,379,382-384,386-389,396,400,401,404,408,409,411,412,415,418-420,429,452,486,496,502,508,517-519,522-527,529-531,535,537,538,542,545-549,551,554-559,564,565,567,568,570-572,574-577,582-587,590,592,597,602,604,605,607,608,613,617,622-626,628,632-639,641,643,644,648,652-654,657,660,661,664-672,674,681,738[4]42,52,55,78,193,282,283,291,295-297,321,344,345,387,405,

436-439,442,447-450,454,455,456,460,461,539[5]31,136,653,697[6]509,512,657[7]489,491,586,625,675[8]10,23,44,57,273,455[9]580,728,731,733[10]789[11]13-16,18,21,71,121,705

王守真夫人(見"朱梅")

王守禮[9]488,495,537,553,579,651,671,758[10]202,266

王戎笙(戎生)[11]424,425,503,691

王次甫[4]617,625,626[6]272[7]631,639,641,679[9]54

王汝梅(見"黄華")

王舟瑶[3]19

王西彦[7]539

王伯元[9]195,265,267,268,368,455,608,653,659,662,676,771,772[10]236,269

王伯祥(鍾麒,臻郊)[1]4,41,69,78,79,82,88,90,92,96,98,107,110,122,129,135,138-142,144,145,148,149,152,153,154,156,161,164,

四畫：王

165, 169-175, 177, 179-183, 185-191, 193, 195-204, 206, 208-212, 214, 215, 217-219, 222-225, 228, 230, 232-234, 236-240, 244, 246, 247, 252-255, 260-263, 265-268, 270, 274, 276, 280, 281, 283, 284, 286, 288, 292-302, 304-307, 310-314, 316, 317, 319-324, 326, 329, 331-333, 335, 336, 338, 340, 341, 344, 347-353, 356-361, 364, 365, 368, 370, 371, 373-377, 381, 384-387, 392-401, 405, 407, 412, 413, 415, 416, 419, 423, 425-427, 430, 431, 434, 435, 444-446, 450, 459, 461, 468, 474, 477, 479, 484, 492, 494, 497, 501, 503, 505, 509, 520, 522-526, 528, 533, 535, 536, 540, 553, 582, 591, 596, 598, 599, 605, 607, 610, 611, 615, 617, 618, 620, 622, 629, 638, 645, 650, 653, 655, 657, 661, 665, 666, 671, 677, 691, 707, 711, 747, 759, 760, 775, 778-780, 784, 789, 791, 793, 796, 798, 799, 801, 815, 822〔2〕5, 13, 19, 28, 33, 35, 42, 48, 49, 51, 52, 55, 56, 59, 61, 62, 64-66, 68, 69, 72, 74-77, 79, 81, 86, 89-91, 93, 96, 101, 107, 113, 115, 124, 125, 129, 130, 166, 176, 194, 197, 219, 222, 243, 257-259, 262, 264-266, 270, 275, 285, 306, 311, 319-321, 328, 336, 343, 350, 368, 392, 406, 420, 445, 472, 473, 479, 514, 520, 526, 536, 546, 580, 589, 602, 606, 607, 612, 615, 618, 620, 631, 636, 644, 657, 658, 663, 678, 701, 731〔3〕67, 79, 80, 173, 229, 236, 240, 261, 311, 314-317, 322, 324, 337, 343, 370, 380, 410, 419, 420, 422, 435, 437-439, 460, 467, 512, 514, 555, 584, 588-591, 619, 644, 663, 668, 689, 690, 704, 722〔4〕42, 77, 158, 203, 205, 218, 238, 265, 291, 293, 317, 322, 334, 340, 354, 366, 376, 382, 388, 396, 397, 402, 405, 431, 434, 450, 460, 535, 547, 566, 569, 577, 594, 690,

708【5】522，595，653，654，657，659，660，671，673，680，688，690，694，696，704，706，710，719，727，728，730，737，738，749-751，754，765【6】8，10，18，31，38，94，161，168，283，284，288，387，428，431，481，484，496，520，544，560，576，588，605，611-613，622，626，628，654，656，660，668，682，705，708【7】24，82，93，96，97，106，125，136，172，226，233，279，294，304，331，357，478，480，481，483-485，490-492，499，508，511，549，584，585，588，589，598，602，610，612，618，638，639，647，648，656，668，670，672，683，697，698，701-703，705，709，711，715，716，721，734，739，740，747，748，755，758，759，762，773，776【8】7，16，17，23，24，26，28，33-35，38，41，47，51，55-58，67，71，85，92，94，96，123，129，132，136，145，152，163，190，197，212，215，226，233，247，273，275，276，278，296，373，380，381，387，399，414，416，465，466，482，486，502，503，513，514，518，521，535，551，587，605，606，608，612，617，620，625，627，629，643，646，649，660-662，692，695，703，706，708，709，716，718，724，726，734，735，738，739，742【9】10，17，20，21，24，31，32，36，51，53，55，86-88，92，96，105，108，118，119，160，173，174，176，178，179，184-186，187，190，194，195，210，211，214，217，219，226，228-232，234，235，238，241，245，246，254，255，258，261，262，264，265，267，268，270，271，275-279，306，309，321，323，326，329，332，333，335，339，345，347，349，350，356，360-362，369，370，373-375，381，431，442，445，447，451，452，455，464，465，468，472，473，486，488，490-493，495，500-502，507-509，532，535，537，539，543，546，551-553，555，557-561，565，570，

四畫：王

577,579,582,586,589,594,605,606,609,616,642,645,648,651,654,656,667,668,670,671,682,683,684,698,700,701,727,732,737,740,742,744,747,768,781-784,786[10]4,47,99,108,131,164,170-173,182,187,193-196,201,202,215,217,220,222,225,234,235,240,242,245,247,263,268,272,276,278,280,284,289,291,292,295,299,302,307,310,317-320,328,335,341,346,351,354,355,362,378,386,387,389,396,398,400,432,433,438,439,440,456,460,465,479,480,498,531,558,653,702,726[11]92,95,105,130,215,347,364,366,368,370,377-379,401-403,412,413,420,432,435,455,461,573,696,697

王伯祥夫人（秦珏人，秦夫人）[5]731[7]602,697,698[8]211

王伯群[3]431

王克私（王克思）[2]293,325,326,331,367,382,385,406,424,428,429,442,650,716,717[3]13,22,57,102,158,182,183,187,203,526,533,604,619,644,652

王克私夫人[3]33

王克敏[1]465[3]321,749

王冶秋[5]418[6]495[7]319[8]27[9]32[10]761[11]403

王利器（藏用）[6]353[7]603,606,608,615,681[8]91,363[9]239[11]296,522,660

王君綱[2]479,489,536,544,655[3]333,570

王志梁[3]723,746,750,753[4]1-6,9,11,13,17,114,116,130[6]299,306,310,312,315,323,326,370,381

王志瑞（芝九）[5]690,692,701,704,732,733,742,743,745,757,760,774[6]18,36,39,40,78,97,102,231

王沂暖[8]20,21[9]245-247

王育伊[2]684,693,713,724[3]19,83,92,157,184,185,190,201,266,298,299,302,339,

340,342,343,348,349,352,355-357,360,372,373,376,398,399,403,405,416,427,464,469,473,477,490,499,533,536,565,601,617,619,642,661〔4〕198,204,205,213,215,225,231,232,240,250,256,259-261,263-266,269,273,275-277,288,293,296,297,308-311,315〔5〕31,59,68,69,78,92,128,129,157,158,166,190,191,207,208,226,232,271,315,365,387,556,578,594,595,597-598,631,639,704,772〔6〕49,51,431,484,501,503,535,546,629〔7〕13,21,33,36,57,60,104,105,128,169,187,277,280,281,288,307,316,317,333-335,358,390,396,471,477,494,533,574〔8〕340

王迅中〔5〕45-49,54,64

王芃生〔4〕546,597,621,684,724〔5〕318

王亞南〔6〕646〔8〕98〔9〕452,758〔10〕682

王京陽(毓珣之子)〔11〕559

王佩書(姑丈)〔1〕133,156,167,214,391,434,450,453,542,673,716,719,723,744〔2〕304,309,318〔3〕74,328,681,690

王佩書夫人〔1〕171〔3〕73,74

王卓然〔3〕563,575-577〔8〕489,498,499,501,508,510,513,515,516〔9〕85,232,257,303,341,447,492,605,740

王叔岷〔5〕209〔6〕166,215,219

王孟甫〔4〕300,305,311,334,335,340-343,345,351,353,383,386,391,393,418,442,507,640〔5〕368,383

王季玉〔2〕272〔6〕39,40,51,58,63,78,82,84,85,702〔7〕392

王季思〔8〕607,680〔9〕25

王季範〔7〕638,656,683,725〔8〕54,93,126,148,424,494,501,505,510,512,515,615,694〔9〕34,236,257,259,347,348,551,740,749,752,757

王居仁(靜宇)〔3〕745〔4〕1-4,9,10,12,13,17

王念忱(吴金鼎夫人)〔4〕176〔7〕232,233

四畫：王

王念孫（王氏父子）[6]180,184, 194,205[7]153[9]53

王承祐[7]637,669

王抱沖[4]452,455,458,478, 485,496,497,499,503,509, 563,564,568,569,579,635, 638,651[5]74,136,747[6]54 [7]88

王明（則誠）[3]346[6]215, 241,244,291,475,569[7] 586,587,646,647,697,698 [8]20,190,192,384,424, 571,620,649,712[9]19,29, 276,375,617,669,695,726 [10]321,464,511[11] 438,699

王明德（老王,車夫）[7]9,12, 75,78,168[10]721,740,763, 792[11]2,65,71,75,96,100, 101,106,113,121,131,136, 146,149,177,206,207,209, 211,214,215,226,227,235, 241,253,289,294,313,317, 338,343,401

王東平（士卓,士倬,公瑾子） [5]540,543,662[6]343, 502,505,604

王東年[6]701[7]19

王東原[5]72,229

王欣夫[3]656,657,679[5]700- 713[6]220[7]415,471,508, 525[8]408

王泊生[2]698[3]9,10,17,59, 66,94,103,112,185,576,577 [4]131,132,135,280,282, 668,697,699,754,757,758 [5]206,219,234,240,442, 478,498,515-517,562,624, 746[6]2,4-6

王泊生夫人（見"吴瑞燕"）

王秉編[10]413,419,421-428, 431,432,436-438,441,442, 444,450,451,453,454,455,456

王肯堂[5]641-645,649,652[6] 33,106,108,126,128,140- 142,176[7]587

王芸生[4]518[5]46,64,409, 439,562,577[6]117,240,243 [7]143,144,483,606,630 [8]59,60,63,64,86,87,90, 214,224,402,522,564,607, 628,631,660,706,717,724, 738[9]54,79,188,242,346, 430,469,511,513,514,517-

520,524,525,571,594,638,736,769,774〔10〕191,192,218,242,302,305〔11〕410,455,473,519,636,661,699

王芷章〔3〕415〔6〕395,687〔7〕603,667〔8〕44,123〔9〕237

王威〔7〕491-493,511,514,542,554,583,584,590,615,658,764〔8〕143,148,165〔10〕120,228〔11〕610

王宣(德齋)〔3〕645〔4〕547,551,588-590,675,681,691,739

王彦龍〔1〕145,153,191,209

王春〔10〕13

王星舟〔2〕9〔4〕282,283,545,554,555,605〔5〕494,747

王星拱(撫五)〔1〕503〔3〕80,693,709〔4〕458,459,581,582〔5〕47,595〔6〕253,272

王柳林〔3〕648,669,670

王洛賓〔6〕354,355

王若水〔10〕690,691,692,694,715

王若蘭〔3〕201,541,618,633,723,726〔4〕6,45〔5〕399,400〔6〕228

王重民(有三)〔2〕332,593,600,691,704,717,730〔3〕29,61,62,65,68,88,116,121,183,187,202,203,207〔6〕470,495-496,514,532〔7〕642,694〔8〕21,128,363〔10〕31,38,40〔11〕282,373

王修〔7〕589-591,596,597,606,607,611,613,617,618,638,648,702,704,714,722,723,739,743,763,766,767,774〔8〕2,20,22,46,48,55,59,60,85,86,92-94,127,131,133,140,147,148,191,194,198,224,233,245,247,275,278,374,384,385,412,503,531,571,639,654,694,707〔9〕26,36,52,54,64,72,108,160

王剛森〔1〕308,383,386,387,389,395,396,402,410,420,467,492〔2〕54,274〔3〕73

王哲〔6〕489

王哲卿〔9〕160-162,307,319,327,328,467,563,568,573〔10〕76

王家楨〔6〕486〔8〕12,16,55,67,68,137,214,218,403,409,

四畫：王

424,427,436,440,445,451, 452,454,468,482,522,559, 564,586,607,615,661,693, 703,706,724,735,739[9]24, 51,54,79,86,93,99,112, 113,115-117,119,175,195, 205,210,219,262,281,287, 289,297,298,322,325,329, 344,350,374,375,469,491, 508,588,680,729,740,770, 778[10]58,182,265

王家楣（濟衆）[4]598,705[5] 265,512,524[6]252[9]40,55 [10]194

王恭睦[3]561,591,595

王恩宇[10]390,497,513,515, 517,518,527,529,530,532, 534,535,537,548,552,562, 653,719,739,755,756,758, 759,764,766,773,774,786 [11]139,142,154,172

王悟梅[1]470,497,518,553, 568,576,589-591,593,598, 609,640,646,656,696,723, 728,729,732,733,735,743, 745,747,750,761,775,776, 799,801,817[2]5,7-9,285

王振乾[3]559,562,563

王振華（高玉舜夫人）[6]106, 109,170,220,387,394,413 [7]79,108,109,179,227,269 [9]131,217,231[10]51,227 [11]572

王振鐸（天木）[3]143,171,185, 188,201,266,273,279,292, 298,302,340,341,348,356, 357,359,398,403,405,410, 414,416,419,463,464,473, 482,483,487,536,557,565, 580,599,601,618,632,660, 662,664,665,666,668-677, 685,689[4]191,196,198, 200-202,208,211-213,217, 221,225,226,230,237,238, 240-242,249,252,259,266, 273,395,584,585,777,778 [5]764[6]2,5,71,72,213, 217,220,234,236-238,288, 407,408,548[7]458,480, 484,599,607,609,620,695, 696[8]10,26,35,133,396 [9]32,493[10]325[11]107

王振鐸夫人（趙指南）[6]408 [7]483

顧頡剛全集·顧頡剛日記人名索引

王栩緣[3]737

王烈[2]503,657[4]260

王素意(淑儀)[2]323,342,389,415,438,442,443,458,460,463,486,492-494,496-498,507,547,556,557,561,714[3]183,189,192,195,199,296,350,378,484,487-489,524,545

王杕[4]498,530[5]57,772[6]116[7]87[8]88,241

王國秀(孫瑞璜夫人)[5]657[6]546[7]9,75,181,189,277,309,323,339,357,358,363,386,394,420,442,457,467,477,497,503,506,523,525,529,531,534,544,547,558,573,574,698,699[8]11,18,607,610[9]55,59,406-408,436,446,776,777[10]183[11]602

王國華(獻唐子)[5]165[9]522[10]200,222,224,226,227,386[11]345

王國維(靜安,靜庵,海寧王)[1]227,228,236,237,244,314,333,387,467,471,478,479,495,519,557,751,752,773,799,800[2]53,56,64,101,118,212,273,329,438,455,591[3]333[5]360[6]163,185,195,330,338,360,361,498,529,542,546,693[7]39,96,99,102,190,205,357,377,382,394,405,637,679,686,739,740[8]206,269,270,400,429,433,567[9]263,327,367[10]94,215,285,288,336,393,507,569,645,660,669,677[11]374,377,431,432

王崇武(之屏)[3]410,418,423,443,448,452,466,469,475,482,485,489,490,508,519,520,525,527,533,535,538,539,545,548,556,558,564,565,571,575,576,607,613,620,623,625,628,633,638,653,659,666,675,676,752[4]45,161,169,186,188,191,194,196-200,203,208,212,219,237,239,242,268,270,394,456,471,512,584,585,773[5]31,59,103,110,

四畫：王

116,229,728,759-761【6】5,47,54,74,212,215,277【7】147,151,232,480,482,491,492,499,511,562,585,590,600,610,612,614,615,617,618,620,622,626,627,640-642,644-646,649,652,657-663,664,666-669,672,673,675,678,680,681,684,685,687,689,690,694,703,714,733-735,739,743,746,749,751,753,754,755,771【8】20-22,88,45,108-110,112,113,115,116,118,121-123,132,133,165,190,233

王崇武夫人（黎世清）【7】664【8】234

王崑崙（昆仑,汝琪）【1】391,395,535,541,544,648,649,651【2】7-9,53,244【4】611,745,758【5】131,208,225,269,436【7】660【8】406,724【9】61,335,436,727,768【11】495,652,660

王庸（以中）【2】275,305,315,359,400,404,411,414,446,470,471,473,478-482,489,

508,533,537,546,562,564,565,567,574,580,584,587,588,590,597,598,603,609,617,631,648,651-653,657,660,664,680-682,695,697,698,701,718,726,730【3】3,10,11,15,17,25,26,29,30,47,54,55,60,64,82,88,96,98,103-107,115,118,159,168,183,191,196,207,216,270,271,294,296,339-341,344,347,351,352,358,359,364,365,396,403,407,408,411,412,429,440,444,450,452,464,466,468,470,489,499,528,588,676,679【4】98,161,387【5】654,658,662,672,720,726,727,729,738【6】10,31,38,93,95,116,286,402,472,498,562,648,659,690【7】5,86,87,99,237,282,283,381,394,601,603,606,607,609,611,617,619,610,627,647,653,659,671,690,694,702,725,731,769,772【8】2,20,34,35,231,232,248,251

顧頡剛全集·顧頡剛日記人名索引

王捷三[4]633[6]687[8]363
王啟江[4]543-545,556,590,591,619,661,742,773[5]171,433,489,490,686,759[6]69
王晨[11]621,622,628,640
王淡久[3]656,658,662,668,670,681[4]604,606,607[5]303,315,319
王清蘭(本固)[3]726,727,750,752[4]113,114,116-118,126
王統照(劍三)[1]471,671[6]682
王紹鏊(卻塵,卻老)[8]20,45,56,93,111,128,132,133,193,201,214,215,221,383,387,388,391,393-397,400,408,409,411-413,416-418,425,426,429,435,437-439,442-444,449,450,456,462,464,467,469-471,473,475,478,480,481,487,489,503,505,506,523,531,535,537,540,541,544,545,551,553,562,564,572,585,606-608,612,616,617,619,621,624-626,628-630,639,643,649,654,656,661,698,699,705,706,708-710,717,721,730,733,738,739,741[9]5,8,9,12,24,27,28,58,61,62,65,78,80,84,88,92,106,174,178,180,183,184,186,191,192,207,208,210,243,244,258,267,272,281,283,285,287-290,292,293,297,298,300,303,308,335,354,431,433,435,443,452,465,492,517,518,521,522,524,525,537,547,553,556,557,587,589,605-607,612,613,642,656,661,671,684,700,702,708,709,749,750,752,757,763,768,774[10]173,181-183,187,194,201,202,234,238,266,318[11]198
王紹鏊夫人(見"程逸波")
王訪漁[2]332,433,657[3]373,386,447,631
王造時[7]68,77,80,420,444,446-448,457,459,476,503,506,512,523,529,531[8]219,362,386
王雪瑩[8]44,60,63,64,66,87,

四畫：王

90，147-149，211，213，220，424，442，451-453，455，486，607，611，623，625，632，694，695，743〔9〕17，34，59，98，249，336，344，348，437，450，456，544，547，740，775〔11〕467，480，492，521

王景槐〔3〕701，721，727-729，732，742，743，745，749〔4〕2

王朝聞〔9〕164-168，170，171，759

王森然〔1〕447〔3〕634

王滋華（伯祥子）〔5〕654〔7〕711，740，759〔8〕36，85，275，387，518，706

王善業〔3〕306〔6〕468，493，501，533，536，546，549，552，559，567，570，572，573，575，586，590，594，599，603，611，626，645，646，666，669，676，680，683-685，700，703〔7〕33，34，42，58，64，65，77，101，111，113，117，120，127，145，151，200，201，203，208，212，222，226，234，235，239，240，242，247，249，252，253，255，256，258，259，271，274，275，278，280，284，286，422，582

王貴民〔9〕381，605，739〔10〕516，519，531，534，535，777

王貴鈴（品青，馮淑蘭戀人）〔1〕558，611，638，654，660，661，663，667，668，673，678，680，683，684，709，740，769，784，799，800〔11〕372，433

王越〔9〕385，386，390，429，447，452，772，775

王超〔9〕72，75，94，97

王進珊〔7〕201，234，238，240，242，245-248，258，261，262，269，270，273-275，278-280，284，314-316，318，330，333，347，348，359，363，392，405，427，430，440，441，456，469，471，474，476，496，502，503，511，516，521，525，527，545，551，557，566，577，579〔11〕550，645

王開疆〔4〕350

王雲五（岫廬）〔1〕155，162，244，296，303，305，311，357，358，376，398，403，431，459，503，520，538，766，799，801〔2〕49，56，68，81，93，189，240，264，265，282，318，472，708〔3〕66，

80,108,150,162,174,182,185,214,311,317,324,337,354,438,449,455,459,466,512,555,572,574,588,589,591,627,632,635,711【4】218,221,334,501-504,593,607,613,620,632,652,653,669,677,691,692,713-715,735,736,742,745,755,757,776【5】26,45,55,59,70,73,78,95,128,159,166,167,435,439,451,489,490,499,686,745,762【6】68【8】202【10】210【11】679

王雲開【9】78,194

王混華(伯祥子)【5】654【6】576【7】480,486,598,672,697【8】28,85,190,503,514,518,521【9】20,255,333,543,546,555,577,645,656,745,747,784【10】382,389,394,397,400,414,426,428-433,436,437,439,440,442,445,448,456,460,465,479【11】110,347,352,357,358,363,364,370,371,375-377,380,381,384,386,389,396,400,411-

413,420,423,425,427,433,444,455,467,477,483,486,492,504,508,533,541,545,550-553,559,566,569-571,574,584,594,599,613,624,642,645,659,660,664,674,677,682,686,703,726,747

王傳熠(明生)【6】452,455,471,472,486,499,502,506,529,538,540,546,547,554,562,601,618【7】128,694【11】365,370,419

王傳熠夫人(見"高楣")

王愛雲(黄秉维夫人)【7】598,601,611,627,646,655,662,663,698,713,743【8】18,135,146,192,564,574,577,616,712,726,734【9】75,76,98,219,221,228,336,356,367,485,544,751【11】476,498,536,539,543,544,617,618

王新民【10】399【11】154,158,159,409,495

王新德【9】329,333,339,590,639,681【10】757,780,793【11】347

王枫【3】596,700【9】38,40,83,

四畫:王

112, 113, 117, 119, 136, 138-142, 144, 145, 222, 228, 239, 251, 281, 284, 286, 287, 290, 291, 293, 301, 302, 326, 328, 336, 346, 360, 446, 486, 491, 544, 594, 609, 612, 623, 624, 665, 693, 741, 769

王毓琩（連伯, 瑲伯）[4] 298, 588, 736 [5] 49, 53, 139, 183, 188, 189, 191, 192, 194, 195, 197, 198, 222, 239, 245, 248, 252, 253, 255, 259, 266, 283, 287, 289, 292, 300, 305, 308, 310, 317, 318, 320, 322, 325, 327, 329-331, 340, 348, 351, 408, 414, 423, 467, 469, 471, 473, 481, 487, 500, 502, 504, 509, 510, 512, 527, 532, 537, 542, 549, 568, 569-571, 588, 637, 727, 772 [6] 179, 561, 574 [7] 24, 638, 639, 648, 669, 680, 722, 730 [8] 45, 85, 88, 194 [9] 437, 444 [11] 38, 558, 559, 566, 568

王毓銓 [3] 412, 418, 444, 484, 607 [7] 681, 693, 700, 702, 703, 706, 708, 710, 714, 738,

743, 752, 756, 763, 770, 777 [8] 3, 5, 20, 22, 23, 48, 90, 131, 146, 374, 391, 393, 399, 417, 425, 504, 540, 545, 578, 642, 653, 712, 721, 723, 741 [9] 14, 36, 94, 208, 361, 471, 483, 502, 543, 590, 731, 739 [10] 500, 514-515, 520, 603, 616, 643, 675 [11] 54, 60, 81, 83, 94, 101, 104, 116, 118, 119, 124, 126, 129, 325, 437, 524, 652, 691

王煦華（鴻儒子）[6] 475, 488, 493, 497, 498, 501, 503, 520, 540, 541, 546, 558, 571, 573, 584, 588, 590, 596, 598, 609-612, 614, 616, 619, 621, 622, 624, 630, 631, 634, 641, 642, 644, 650, 662, 671, 682, 693 [7] 12, 17, 22, 23, 29, 32, 33, 45, 75, 77, 91, 92, 100, 103, 105, 112, 113, 116, 128, 180, 187, 196, 210-212, 214, 220, 222, 234, 243, 269-271, 282, 295, 298-300, 304, 306, 319, 330, 334, 336-339, 346, 388, 392, 393, 396, 403, 448, 477,

494,502,503,534,554,556,559,566,567,574,580,581【8】251,252,276,277,606,610【9】14,487,494【11】501,511,517,520,522,530,536,539,543-547,549-552,554,555,557-561,564,565,567-570,573,574,576-578,581,584,585,587-593,596,598,606,608-610,613,624,628-637,642-647,649,650,654-658,662,664,666,667,672,673,675-678,681,683,684,686,687,689,691,692,696,697,699,700,702-705,708-710,712,714,717,719-721,732,734,740,744,745,748-750,752

王聖康(景堯)【1】648,650,654,666,696,700,719,720,742,743

王蒂澂(周培源夫人)【9】260,711,722【11】519

王尊華【4】161【5】555-558,589-592,594-596,599,602-606,635-637

王葆真【8】132,217,218,363,485,495,496,498,502,609,615【9】54,85,111,114,117,119,121,187,232,242,281,287,313,327,341,346,437,469,532,605,694,740,770,776,777【10】44【11】532

王載興(高耀玥之夫)【6】356,441【7】600,691【8】44,385,615,694【9】183,213,310,312【10】75【11】459,540,630,738

王運熙(運熹)【5】750,752【6】503【8】357

王道生【9】458,460-467,470,472,483,484,488,491,503,508,509,552,556,586,591,604,609,638,640,665,667,677,736,748,753【10】53,267,388

王達津【5】538,685

王宣望【8】679

王畹薌(畹香)【4】316,478,523,563,634,635,638,644,646-648,747,757【5】16,39,58,61,66,95,151,244,289,369,378,384,393,468,680,774【6】172,282,301,409,432,680

四畫：王

王嘉璇（嘉璿）[8]453,473,478, 480,503,505,506,523,606, 616,618,621,649,656,698, 699,705,720,721,725,726, 730,731,733,738,739,741 [9]5,8,12,20,24,27,31,65, 67,78,84,106,180,183,186, 187,189,191,207,228,231, 248,308,333,465,504,532, 538,557,570,571,600,612, 642,656,662,671,684,700, 708,709,714,726[10]173, 194,201,235,278

王夢揚[3]533-536,548,551, 554,567,573,635,636,638, 661[4]282

王榮德[6]395,609,611,612, 705[7]4,12,147,168,191, 223,238,348,349,359,364, 367,374,396,405,413,424, 426,429,432,435,438,443, 446,456,465,468,477,504, 510,516,523,530,538,540, 557,565,575,576,583

王漢華（伯祥女）[8]363[9] 539,546,555,557,560,561, 569,747,784[10]465

王爾翰（爾敉，文卿）[3]710,748 [4]128[6]300

王瑤[7]717,757[8]1,7,145, 331,290,300,381,604-605 [9]261

王瑤卿[1]7,12,14,21,22,27, 30,676[8]299

王福全[7]72,78,96,115,145, 147,168,170-172,185,206, 210,215,219,221,225,238, 291,296,307,319,323,332, 342,345,347,349,357-359, 374,402,413,432,456,464, 468,475,477,494,496,501, 504,514,516,521,525,527, 535,566,576

王緒芳（元官，潤華女，伯祥孫 女）[8]24,47,56,276,382, 427,521,605[9]20,217,472, 501,656,675[10]465[11]477

王肇鼎（孟恕）[1]526,530,798, 805,807,809,817[2]4,25, 26,33,54,59,64,84,85,87- 89,115,118,147,260,261, 285,303,315,319,320,478, 642,729[3]244,247,250, 309,322,437[5]703

顧頡剛全集·顧頡剛日記人名索引

王鳴盛[2]589[6]503[8]387, 567[9]371,512,516

王鳳卿[1]20,21,24,27[8]712

王褆(福厂)[1]770

王德謙(丁宜中夫人)[6]306, 316,317,326,361,365,369, 373[7]645[8]385,398

王慶成[9]245,503,539,548, 787[10]219

王撫洲[5]191

王樂愨(同春子)[3]408,446, 452,497

王毅侯[3]440,591,592,614, 616,619,623[4]148,283, 350,543,599,612,653,691, 729[5]7,26,67,68,71

王潤華(伯祥子)[5]654[7]485- 486,711[8]24,36,123,363, 387,706[9]53,210,246,645 [10]170,479[11]455

王庚堯(庚堯,段繩武夫人)[3] 670[4]282,662,685,697, 704,705[5]113,114,139, 148,159,197,198,203,218, 219,246,248,249,279,286, 287,293,307,317,330,357, 409,410,430,441,469,510,

531,546,560,574,593,638, 640,773,774[6]509[7]489 [8]198[11]177

王魯彥[3]379,439

王曉籟[4]752,755[5]435,491, 629[6]100,101,104[7]529

王樹民[3]37,84,90,238,245, 279,385,396,418,421,448, 471,475,696,726,729,730, 731,733,742-744,747,749, 754[4]1,6-13,21-25,28,29, 33,37,40,41,44-49,51-55, 60,65,66,68,69,72,74,75, 77,82-85,87-90,92-94,97, 98,100,101,108,110,125, 126,128,130,131,210,238, 326,328,330,332,334,335, 387,398,427,449,466,470- 473,475-477,486,487,491, 492,493,497,498,499,505- 507,510,513-515,519-529, 533-541,547,560-562,567, 569-573,576-581,588,595, 599,602,604,627,633,635, 638-641,643-645,648-650, 655,660,714[5]29,39,126, 214,253,284-286,288,291,

四畫:王

293,294,297-299,302-307, 309,316-319,324,326,350, 765【6】101,237,299,300, 301,304,305,311,312,317, 327,330,332,334,338-340, 352,360,363-365,367,371, 374,377,378,380,381,383- 385,545,653【7】552,605,736 【8】44-46,164,227,462,520, 542,585,587,605,641,658, 671-675,679,691【9】20,219, 221,362,618,623,742【10】 95,96,168,170,251,309,387 【11】38,50-52,307,329,522, 525,540,541,544-546,559, 560,567,610,620,628,629, 655,666

王樹民夫人(楊鳳民)【6】 327,369

王歷耕【8】41,54,93,111,132, 145,193,201,217,383,411- 413,416,417,450,456,467, 469,478,501,533,536,541, 545,581,699,717,718,738 【9】17,20,55,90,92,97,175- 176,179,225,244,246,248, 259,277,308,309,320,344,

361,366,373,486,538,557, 640,656,662,666,708-710, 712,722,740,782,785【10】7, 182,194,195,241,316,341, 349,352-356,368,490,617, 618【11】381

王澤民(方白)【3】637,638,643, 741【4】138,148【5】113,114, 116,125,149,207,218,219, 248,249,267,268,270,321, 409,410,501,505,546,656 【6】53,54,56,59,61,67,69, 75-77,79,82-86,93,96,101, 124,129,130,136,148,152, 160,168,171,173,177,179, 227,229-231,239,246,264, 281,284,289,292,296,400, 402,423,435,447,449,454, 470,481,537,570,579,670 【7】479,480,483,485,490, 491,608,616,641,647,648, 686,725,777【8】20,21,57, 193,196,273,384,391,394, 398,402,418,434,444,449, 451,453,455,456,462,485, 520,526,572,699【9】5,20, 25,229,254,272,323,345,

557,600,617,656,782【10】454,474【11】61,95

王澤民夫人(方白夫人,見"閻力行")

王翰華【7】557-559,564,566-568,575,590,596

王興城(見"費耀普")

王興瑞【5】47-49,498【8】314,403【9】391

王輯五【3】203,219,358,363,364,384,423,436,445,449,466,518,583,631,638,647,650,746【4】21【5】625【6】516【7】586,647,649【8】364

王遵明(遵民)【8】66-70,87,90,145,201,213,215,509,552【9】446,455,772,775【10】52,182

王選長【5】28,36,58,59,73,76,136,150,152,176,192,530,729【6】1

王錫光【5】138,139,148,184,185,188,189,194,197,202,205,221-223,242,243,251-253,256,257,262,264-266,273,281,288,292,293,305,329,350,352,355,387,409,454-456,523,746【6】214,218,235,236,303-305,316,317,334,408,419,421,423,428,432,433,438,504【7】9,61,78,86,88【8】56,138,442【9】313,564

王錫昌【3】120,128,181,190,197,206,266,267,272,274,292,300,343,348,360,361,382,440,489,490,667【8】363

王錦第【9】260,263,264,267,269,273,275,276,279,282,308,325,328,335,381,460,469,481,510,531,536,538,565,618,738,749

王錦雯(表佺女)【7】512,516,584,603

王靜如(葆真子)【3】623,624,626,629,631,638,641,644,649,654,668【5】601,605,606,620,622,624【6】510,516【7】487【8】35,40,90,146,624,626【9】184,617【11】134,532

王靜齋(阿衡)【3】498,607,619,648-650【4】145,148,149-151

王應偉(碩輔,碩甫,姨丈)【1】

四畫：王

89，109，120，156，157，159，215，388，433，445，448，460，467，489，506，508，521，542，557，582，627，700，718，736，752，753，774，785，793，802【2】80，279，292，294-296，366，417，456，478-480，526，528，531，542，731【3】142，172-174，339，347，426，462，464，744【4】397，543【5】88，213，522，576，584，605，609，611，624，625，706，773【6】37，509，512，516，517【7】74，332，389，391，392，402，479，481，485，489，492，549，584，586，590，595-597，602，607，608，610，617，638，647，648，665，671，679，688，705，724，725，727，728，732，734，737-739，742，744，757，758，760，762，767，773【8】7，20，44，46，47，50，55，56，58，86，124，125，131，135，142，191，198，200，221，225，227，228，248，375，384，385，430，443，444，446-447，450，459，470，482，504，508，509，551，571，572，574，617，644，647，695，699，712【9】8，10，19，20，69，85，121，160，175，176，179，183，185，219，233，247，268，274，275，278，307，310，335，362，364，431，434，458，489，534，565，567，571，588，589，624，627，666，683，724，730，731，733，755，780【10】1，25-27，276，358，365，548，579【11】29，160，303，304，412，743

王應偉夫人（王姨母，王姨媽，七姨，七姨母，秀清姨母）【1】141，170，182，194，252，295，328，429，458，470，477，497，502，518，536，541，594，649，655，692，719【2】285，303，323，335，337，347，354，374，376，386，392，421，430，450，455，466，469，484，490，494，497，505，532，536，549，566，598，603，654，664，668，680，695，698，699，708，710【3】3，4，14，65，88，95，96，98，118，146，162，174，207，226，269，296，356，359，365，376，389，404，407，412，419，422，425，

430,443,486,518,520,531,537,540,549,600,601,603,641,662,664,665〔4〕179,180〔5〕81,609,614〔6〕517〔7〕391,479,485,489,492,549,584,595,596,608,617,648,688,705,724,727,732,734,757,758〔8〕7,46,50,55,58,86,126,131,194,248,375,385,430,436,446,482,483,489,502,503,551,571,620,644,712〔9〕10,12,69,85,108,160,175,179,183-185,219,233,268,274,278,307,312,335,357,362,364,458,488,501,565,570,586,588,589,624,627,666,683,698,737,780〔10〕27,50,57,68,69,90,95,178,213,216,246,276,339,459,462,483,527,548,571,637,715,752〔11〕31,47,129,155,203,256,275,301,743

王懋功（東成,棟成）〔5〕311,405,561,560,563,652,663,726〔6〕129,153,176〔7〕32〔10〕633,776

王懋功夫人（東成夫人）〔5〕514〔6〕226

王潜華（伯祥女）〔8〕57,537〔9〕185,241,255,455,557,645,786〔10〕4,362

王爵淵〔7〕86

王翼之（繩祖）〔1〕308,341,356,364,376,379,698,790,796,799〔2〕159,285,359,392〔3〕313,333〔6〕82

王聰〔4〕684

王襄〔10〕220

王鍾翰〔3〕298,477,478,540,585,602〔5〕371,378,379,384,414,506〔7〕595,663,699〔8〕10,362〔11〕441,503

王鴻一（朝俊）〔2〕324,423

王鴻儒（熙華父）〔7〕29,33,105,270,559〔11〕536

王鴻翔（凌霄）〔3〕726,734,741,743

王奪（佩諍,佩鉠）〔2〕272-274,310,480,644,646〔3〕74-77,80-82,87,312,314,315,337,338,463,513,514,590,605,679〔7〕137,284,292,300,328,330,399,442,430,450-

四畫：王井

452,476,494,527,533,534,539,541,542,546,558,573,579,581,651【8】58【10】797【11】337,533,569

王禮錫【2】366-368,374,384,395,399,400,404,406,410,412,413,426,442,536,655,663,708,719,725

王闓運【10】254

王寵惠【4】724【6】253

王繩祖【4】383,385,391,433【5】369,391,394【7】87

王寶初【8】111,383,416,417,438,442,444,449,462,478,481,490,503,505,506,520,523,531,533,544,546,551,699,731【9】5,20,53,63,186,248,255,258,272,361,366,373,504,505,600,700,702,782【10】234,318

王獻唐【2】525【4】554【8】24,27【9】181,269【10】157,222,223,226【11】595

王繼祖（王同春之孫）【5】309,469

王遹常(瑗仲)【6】399,613,675,694,705【7】75,105,277,308,311,366,506,581

王儷（王大琪夫人）【7】479,492,596,639,648,705,724,734,757,759【8】225,450,572,712【9】274,431,489,624【10】95,168,350,366,637,752,795

王體仁(綬珊)【2】641,642【3】80,253,261,262,264,337,373,438,440,454

王纘緒【4】133,134,136

井上健三【2】430

井上清【11】565

井成泉【3】564,567,583【5】601,605-609,614,623,625,630,696,713,767【6】37,90,94,96-98,124,144,148,151,177,227,229,240,247,277,288,296,310,325,326,333,363,425,444,467,469【7】70,90,97,147,177,273,639,645,647【9】36,66,67,80,88,91,98,107

井成泉夫人(井太太)【5】625【6】97,98,105,148,149,219,240,245,247

井邊房夫【2】430,431

木島清道[2]430
友仁所豐[1]756
天然痴叟[8]102[10]780
太虚[1]808,809[4]704,706
[5]285,298,342,347,591
尤秩臣[1]308,438
牙含章[9]628
戈公振[1]779[4]286
戈定邦[4]112,113,116,118,
126,127,129,616,617,619,
630,656,657,664,665,667,
683,730,747,762,766,777
[5]233,367[6]20,424
[11]643
戈湘嵐[6]656,664,666,674,
681,692,694,700,705,708,
710[7]7,10,11,20,27,28,
30,35-38,40,45,65-68,79,
82,83,99,100,104,107,115,
120,126,133,144,149,152,
175,176,187,188,192,195,
202-205,213,220,225,228-
230,234,236,290,291,296,
301,316,318,319,321,322,
330,332,334,336,340,342-
344,346,348-350,356,359,
362,364,367,380,386,387,
396,411,423,431-433,435,
438,443,446,456,461,468,
470-475,477,493,496,501-
504,507,510,516,518,523,
530,538,540,550,556,557,
575,576,579,583,584,670,
674,677[8]85[10]601
[11]68
戈寶權[5]418[9]759
内藤虎[9]599
内藤乾吉[3]470
毛子水(準)[1]567,799,802
[2]198,359,393,394,400,
411,420-424,427,432,445,
553,564,568,576,659,691,
697,710,721[3]11,192,196,
217,256,266,270,298,339,
350,353,360,363,377,383,
387,388,396,397,489,509,
528,532,539,621,642,647,
648[4]152,166,167,170,
205,210,274,275,735[5]
161,168
毛子震[1]169,698,799,801[2]
24,109,305,306,479
毛之芬[6]16[8]462,470,540,
546,551,581,588,606,618,

四畫:木友天太尤牙戈内毛

657,699,714[9]5,53,63,106,185,209,228,244,258,303,313,504,537,545,553,557,587,600,607,609,611,642,656,661,671,684,700,702,785[10]173[11]583

毛以亨[1]630,664,697[2]90,91,567,568,691,710,711[3]693,694,747[4]25,42,167,177,218,220,221,225,251,253,263,267,274[6]9

毛以亨夫人[5]640[7]15,18

毛光羲[7]13,14,106,108,410,411,413,431,439,446,449,453,458,462,472,502,503,517,526,533,539,543,546,549,552,555,567,576,591[10]235[11]541,628,694,738,743

毛夷庚[1]176,699,801,837[2]5,12,18,19,23,24,27-31,33-36,47,58,59,61-63,65,290

毛汶[2]422,436,462,463,465,489,493,503,592[3]76,528[6]232

毛奇齡(西河)[2]764[7]671[8]557[11]217,234,420,

426,616

毛星[8]468,520[9]93,506,591[10]510

毛相伯(姨丈)[1]527[2]304,479,687

毛相伯夫人(毛姨母,二姨母)[1]44,45,126,183,191,192,394,395,528[2]54,266,299,309,320,470,605[3]14,19,30,117,237

毛啟郉[8]413,416,422,453,487,505,533,551,577,605,616,638,656,698,705,726,730,731,733,740[9]5,8,12,504,557,600,661,702,726[10]173,194,235

毛智漢[11]630,632,634,656

毛筠如[5]96,97,105,117,118,125,129,131,132,141

毛漱六[1]74,527[5]678

毛澤東[1]835[3]459,569,699[5]435,521[6]434,464,473,479,487,499,512,515,522,525,527,528,542,591,596,602,643,666,681,687,689[7]78,83,85,159,160,161,162,167,207,213,218,

243,253,330,358,362,363,406,431,433,440,444,445,461,529,592,609,628,630,638,643,665,692,696,724,728,745,766【8】16,17,20,56,58,128,201,206,211,214,221,259,273,417,421,441,447,449,454,461,496,518,524,525,536,537,540,590,592,593,598,607,613,649,696【9】21,65,71,113,116,134,135,149,152,160,161,164,165,198,220,232,237,245,279,288,296,299,339,343,370,384,399,404,450,470,486,498,539,550,552,566,567,578,580,609,633,652,662,681,701,738,754,767,784,789【10】5,6,15,58,98,126-128,135,171,176,180,181,184,187,189,193,195,206,210,218,221,225,236,243,263,272,284,323,340,353-356,382-385,395,405,410,413,428,430,436,441,442,453,461,465,466,468-474,477-481,483-486,488,490,494,497,499-505,507,508,510-512,528,535,539,542,543,545-547,550-552,554,556-561,564,565,567-569,571,572-575,581,582,584,586,592,594,595,597-600,607,609,612,616,618,619,621,623,629,630,632,635,636,638-641,645-647,649,652,653,654,655,657,660,661,664,667,669,670,674,676-679,683,686,688,689,693,694,697,698,700-702,704,710,712,717-719,723-725,728-733,736,737,743-745,749-752,754,756-758,760,761,763,765,766,769,770,774,775,778,780-785,787,788,791,793,794,798-800,802,803【11】1-4,10,12,19,22-26,32,33,35,41,42,50,52,53,55,57-60,62,65,68,75-77,84,88-90,97,100,104,106,110-112,115,117,120-123,125-127,130,134,137,141,148,152,159,167-169,171-

四畫:毛牛仇今丹卞文方

174,185,189,197,201,211,212,233,247,249,309,312,315,317,319,336,380,394,406,430-432,444,445,452,465,488,496,497,508,523,525,527,601,625,626,638,668,743

毛簡(瑞章)〔1〕701〔2〕12,30,31,59

毛贊乾〔1〕391,499,510,640,711〔2〕115

牛眉(松雲)〔6〕109,125,132,133〔7〕585,603,617,730,769〔8〕36,386〔9〕322

牛若望〔4〕169,171,173-175,186,229,236,271,344

仇鰲(亦山)〔5〕435,490〔7〕628,683,717〔8〕447,456,611,646,692〔9〕4,22,32,201,261,346,440,444,471,494,665,666,740,769,772,778

今關天彭(壽廛)〔1〕701,802

丹巴多杰(丹巴)〔4〕712,721,774〔5〕8〔6〕273

卞之琳〔3〕468〔9〕759〔10〕89,515

卞宗孟〔4〕302,621〔5〕315

文和鳳(艾和鳳)〔6〕375,376

文偶生(文懷沙之父)〔9〕61

文國雍(Miss Wagner)〔3〕209,214,272,530

文徵明〔2〕504〔8〕112,387〔10〕158

文懷沙〔5〕418,470,476,486,719,729〔6〕18,101,168,512〔7〕208,463,578-580,583-585,587,610,613,615,617,690,729〔8〕23,200,406,413,420,466,516,615,619〔9〕61,62,84,322,453,593,753〔11〕338,450

方令孺〔2〕529,531〔5〕252,316,330,418,438,468,560〔9〕389,405-408,410,443,719,769

方白(見"王澤民")

方先覺〔5〕323〔6〕110,126

方伯義(土大珍之夫)〔7〕479,481,492,584,596,627,647〔8〕58

方壯猷(欣安,欣庵,闓元)〔2〕259,411,432,435-437,439,442,448,451,456,458,465,

467,469,490,492,499,505,512,535,543,660,721,730【3】479,484,512,676,693,694【4】141,145,353,354,582-584【6】120【8】49【10】193

方孝岳【7】602,609,613,699,777【8】128【9】428,719

方叔轩【4】133,294,297,303,305-308,311,316-320,323,325,333,343,345,346,352,363,368,376,378,382,383,385,386,394,397,417,418,441-443,473,502,562,563,568,640,651【5】85,370,371,380,383,386,414【7】224

方明【8】111,383,535,545【9】5,106,431-433,436,442,452,454,608,609,633【10】182,285,316

方東美【4】623,632,668,676,679,699,723,726,762,766,767,770,772【5】21,28,475【6】88,235

方洞(中台)【6】666,674,692,694【7】4,13,21,24-26,28,30,37,38,41,44,47,48,62,68,79,80,82,92,94,96,107,115,120,125,126,127,137,147-151,153,168,185,192-193,202,206,208,212,213,218,219,221,223,225,233,238,244,273,274,276,282,283,286,288,291,296,301,305,307,318,322,323,331,336,340,342,343,348,349,356,359,362,364,367,374,378,387,396,401,405,409,413,424,426,428,429,432,433,435,438,443,446,456,459,461,463,465,468,470,477,496,501,504,505,507,510,516,518,523,528,530,535,538,540,557,565,575,576,579,583,584【9】237,240,244,250【10】601

方洞夫人(王小俊,中台夫人,方太太)【7】38,78,40,54,58,61,94,97,110,111,113,115,127,128,130,133,144,150,172,188,192,210,225,238,281,288,305,321,345,364,374,379,383,401,415,433,475,506

四畫：方

方柏容（劉小薰之夫）【4】487 【7】473，502，539，547，605 【9】258

方紀生【3】400，403，423，474， 525，533，542，548，605，617， 622，629，632，635，636，638， 641，646，651，652，654，657， 662，667，668【6】414-417， 431，434，437，441，442，456， 487，517，544，685【10】119， 135，153，165，228【11】405， 477，478

方苞（望溪）【3】332【4】203，216 【7】694，701，756，775【9】 501，719

方師鐸【4】269，270，415， 466，513

方國瑜【4】168，171，206，218， 227，234，256-259，261，263， 264，269，270，273，324，385， 396，470，513，537【9】434， 451，452，673，674，755，756， 759，761，762【10】146，180， 313，314

方堅志（孔祥嘉夫人）【4】656- 659，667，701，707，709，710， 713，715【5】66，76，84【6】418

方昿予【4】115，117，118，128【7】 655【8】134-135

方詩銘【5】370，383，386，394， 473，474，486，502，507，514， 526，527，529，530，532，535， 536，544，546，547，550，551， 555，558，559，563，564，568- 570，573，574，579，587，588， 592，593，595，597-599，602， 603，637，638，691，697，705， 714，725，729，733，744，752， 754-758，765，772，774【6】2， 6-9，13，15-17，19，23，25，30， 31，43，49，51，52，55，60，77， 81，82，84，85，97-99，104， 105，121，123，129，145-148， 153-155，157，166，169-171， 177，178，195，204，210，212， 219，220，227，229，230，232， 234，246，267，275-279，283， 284，286-288，290，293，297， 325，346，359，386，388，390， 402，404，408，410，411，414， 418，423-425，430，433，438， 464，473，477，487，504，520， 530，539，544，548，553，557， 559，577，578，622，632，639，

678,690,699,703,708,709【7】3,5,10,11,19,25,28,45,61,66,69,72,75,82,89,91-94,97,100,105-107,110,112,123,124,126,127,132,136,137,148-150,169,176,177,179,189,198,202,203,212,214,216,219,225-227,232,238,242,272,278,279,282,283,285,288,293-295,301,306,307,314,315,317,320,322,329-331,337,340,342,345,349,350,356-358,360,362-366,374,375,377,380,381,382,387,389,392,393,397,401,410,416,418,419,422-427,429,435,436,438,439,441,443,447,452,453,455,456,460-462,464-469,471,472,477,494,498,504,510,511,514,517,524,532-535,537,539,542,544,549,551,559,564,570,573,574,576,581,652【8】55,136-138,274,559,560

方詩銘夫人(見"張毓芬")

方鼎英【8】216,597,599【9】416,429,437,441,449,775,777

方管(重禹,舒蕖)【5】59,70,74,136,157,174,214,293,294,315,316,319,353,358,426,639【7】688【8】363

方豪(杰人,方神父)【4】171,176,186,206,211,221,227,233,234,238,251,252,261,262,271,344,573【5】39,46,47,53,54,57,64,74,151,175,187,189,191,196,199,205,222,235,238,276,287,291,300,301,311,318,319,325-329,337,338,356,362,497

方慶瑛【7】481,621,623,661【8】86,384【9】19,218,219,229,230,232,234,618,626,638,650,675,682,689,754,760【10】22,58【11】345

方學武【6】680【7】424,425,459,499,559,567,582【8】523

方澤如(繹如,方洞父)【7】26,78

方覺慧【5】46,47,64,164

方曜仙【4】218,227,232-234,251,254,257-259,261,263,264,267,270,273,324,396

四畫:方水尹

水天同【6】317,318,322,331,333,334,341,344,346,363【8】363

水世芳(高羅佩夫人)【4】291,297,358,362,366,392,474【5】68,404

水梓(楚琴)【3】711【4】117,126-128,130【5】761【6】299,300,301,303,305,309,310,312,313,334【8】362

尹文發【5】604【6】10,161,210,290,408,409,444,471,611【7】12,26,35,56,61,103,168,176,477【9】19

尹文馴【5】276,277,362【7】55,106,168,319,335,337,527

尹以瑩【3】728,730,731,751,753,754【4】3,13,17【8】504

尹受(如潛,尹君,老尹,尹)【7】761【8】34,47,58,59,87,127-129,137,147,149,214,374,376,380,396,465,471,486,488,489,509,515,522,534,550,553,556,558,562,563,571,628,649,707,709,711,722,725,728,731,739,743【9】15,17,19,29,33,39,70,74,77,81,91,93,108,113,117,118,128-130,134-136,138,160,167,182,188,189,203,210,217,223,229,242-244,248,252,253,256,258,278,279,282,289,302,304,306,321,323,338,342,343,349,364,406,434,436,456,480,486,493,499,501,503,505,508,510,512,513,521,530,545,548,554,555,567,577,579,582,590,610,623,625,628,629,632,643,644,646,655,671,673,685,690,697,702,711,715,723,754,760,763,764,767,769,780,783,789,790【10】5-8,10,12-14,16,17,19,20,22,24-28,30,34,35,39,40,44,46,48,49,54,57,59,61-63,66-76,79,80,82,84-86,88-100,107,108,110,113,117,122,136,162,164,166,171,174,177,181,187,189,195,202-204,213-217,221,235-239,244,248,267,278,286,290,293-295,304,306,307,310,315,

316,318,320-322,324,326,329,330,333,361,366,376,387,446,455,471,538,678【11】156,557,562,563,566-568,570,572,574-578,580,582,584,591-593,599,603,612,619,625,631,632,644,647,648,654,655,657,659,661,678,684,697-699,702,707,726,747,749

尹炎武(石公)【2】569【3】90【5】635,639,687,747【6】46,47,66,72,76,90,91,567,574,576,641,670,676,683,684,690【7】10,27,30,60,99,102,104,137,173,214,225,281,292,308,330-332,334-337,339,342,414,417-420,423-425,430-432,437,442,443,447,448,452,453,456,458,461,464,465,468,469,471,479,494,495,498,499,504,509-511,513,519,521,522,526-530,532-535,538,541,543-547,551,553,554,556-558,573,575,577-579,581,583,590,613【11】337

尹素雲【5】369,378,394【6】105【9】4

尹聘三【6】105,109,110,125

尹達【2】187【7】481,486,492,538,542,547,549,552,555,572,575,582,588,591,596,600,601,604-607,610,611,617,619,620,621,624,627,629,632,640,642,644,647,653,657,658,663,666-668,681,682,685,692,697,700,705,706,711,739,742,743,745,755,757,763【8】1,2,10,22,26,30,42,48,57,85,91,92,106,119,124,128,130,131,133,134,136,139,144,146,164,190-192,194,201,221,246,288,293-295,297,300,301,303,305,306,311,318,335,346,373,378,380,381,384,386,390,391,395-397,399,404,406,409,425,428,435,446,469,471,473,483,485,488,501-504,507,511,517,523,538,545,549,550,552,556,571,572,578,589,605,607,608,611,618,

四畫：尹巴孔

620,627-629,638,642,649, 653,655,692,693,695,711, 713,719,722,725,734,741 [9]4,9,14,19,20,32,36,57, 58,59,61,94,98,99,109, 110,114,117,155,160,163, 173,178,209,213,237,244, 274,335,339,342,369,375, 377,408,424,433,435,440, 451,471,472,494,502,508, 510,543,546,552,590,604, 613,616-618,626,666,682, 692,705,737,746,750,758, 759,767,786[10]2,7,8,13, 18,33,46,56,94,96,183- 186,197,206,208,209,295, 351,354,389,390,419,430, 488,496,497,499,500,502, 503,506-508,510-512,518- 520,523,524,526-529,532, 537,542,547,548,555,558, 564,598,627,630,634,639, 642,650,672,674,676,763, 792[11]81-90,94,95,100, 102,104,108,109,116,118- 120,127,129,130,134-139, 142,149,224,322,424,466,

470,495,496,523,524,526, 544,581,603,670,691

尹義[7]602[8]150,159,167, 175,179,182,183,191,200, 201,210,212,216,218,607, 610,714[9]774,777,778

尹贊勳(贊勛)[5]49,479,534, 552[7]719,721,722[8]215, 217[9]209,236,303,418, 437,774

巴文峻[3]130,259[4]752[5] 763[9]38

巴怡南（姚名達夫人）[4] 710,711

巴金(見"李芾甘")

孔大充[7]117,242,245,248, 255,262,274,275,278,280, 289,290,292,293,301,336, 339,341,342,345,347,348, 355,366,378,401,413,414, 430,433,461,466,471,510, 512,528,532,565,566,579, 625,657,667

孔令士[10]499[11]415,416

孔另境[7]294,316,424,459

孔玉芳(孔女士,馬蕃之夫人) [4]390,398,402,403,405,

410,413,417,426,429,433,436,450,471,477,487,488,515,519,533,539,540,559-561,566,570,573,577,600,636,637,640,642,646,649,650,655,676,681,683,731,741【5】18,19,21,22,31,32,58,67,108,110,136,153,174,178,193,196,204,206,225,281,289,307,309,349,369-371,373,376,378,379,381,383,384,389,391,393,394,396,398,399,414,445,696,705【6】86,236,515【7】646,648,729,730【8】193,227,520【10】335,339
孔祥嘉【4】630,657,661,668,670,671,681,683,724-728,731,740【5】22,23,29,30,32,37,41,66,75,79,87,89,150【6】89,423【10】666
孔祥嘉夫人(見“方堅志”)
孔祥熙【4】752,755,757【5】303,351【6】372【10】579【11】78
孔廣森【6】570【7】173,314【9】413,423-625【10】63
孔德成【4】606,677【5】759,760,762【6】45,67
孔憲武【3】518,561【6】299,303,333,341
孔繁山【7】761【8】46,488,620【9】7,9,11,15-18,23,70-72,75,224,453,704
孔繁霱【2】505【3】490

# 五畫

古公愚夫人【2】245
古直(層冰,公愚)【2】188,189,192,217,241,246【8】657
古楳(柏良)【2】245【3】91【6】24,26-28,30,35,36,40,56,63,82,86,153,156,228,232,247,702【8】545【9】432,446,452,454,600
石兆原(慰萱)【2】558,559【3】92-95,97,101,108,111,113,125,126,148,154,171,185,186,192,197,203,238,310,329,333,349,354,358,362,364,365,373,403,409,416,

四畫:孔 五畫:古石左平巨甘史

418,420,421,423,428,462,463,472,487,489,521,527,538,540,546,564,565,568,574,577,591,599,604,626,656,666,675〔4〕22〔5〕607-611,620〔7〕603,611,615,622,649,652,667,699,744,769〔8〕21,193,274,385,572〔9〕5,20,219,227,493,494

石西民〔5〕418〔10〕599

石志泉〔3〕651

石泰安〔6〕406

石評梅〔2〕703〔3〕93〔9〕241

石瑛(蘅青)〔1〕740〔2〕83,91,92〔3〕432,433,441,449,544,590,591

石璋如〔4〕191,662〔5〕688〔6〕6

石興邦〔7〕697,698

石聲漢〔2〕148,149,153,195,197-199,212,226,245,251,624,638,642,726〔3〕561,695〔4〕173,176,178〔7〕204,228-230,246,298,316,414,423,669,670,680,681,710〔8〕8,42,88,292,293,376〔9〕20,25-27,341,510,570,573,677〔10〕278,279

左恭(胥之)〔5〕325,482,502〔8〕218〔9〕418,759

左舜生〔5〕433,489,490〔6〕66,117

平岡武夫(平岡)〔3〕579,629,632,652,653〔10〕228〔11〕364,594,597,619,620

平杰三〔7〕631〔8〕20,470,536〔9〕261,444,612,693〔10〕190,195,237,239,251,252,311,786〔11〕693

巨贊〔8〕7,12,15,53,128,145,200,215,217,424,449,467,471,589,615,694〔9〕31,54,93,328,332,444,463,547,665,769,776〔10〕186,251,325,637

甘乃光〔4〕142〔6〕129

甘家馨(友蘭)〔4〕547,590,619,631,652,660,685,742,773,774〔5〕312,433,490〔6〕1,27

史久芸〔4〕613,653〔5〕29,32,36,77,226,228,680〔6〕680〔7〕481,709,775〔8〕123,146〔9〕373

史永〔7〕529,538,578,580,757〔8〕628,632,728,739〔9〕219,

顧頡剛全集·顧頡剛日記人名索引

243,333,605,775

史先義（念海女，王京陽夫人）〔11〕559

史先聲（念海長子）〔5〕469〔9〕589,604,617,618,764,785,787〔10〕20,178,191,401,628,751,775〔11〕95,160,574,663,667

史先謙（念海次子）〔11〕353,360,370,378,382,389,394,410,426

史先禮（念海女）〔5〕469,551,637〔9〕787

史守讓〔6〕705〔7〕32,75,277,323,363,420,442,477,534,573,575,578

史良〔7〕753〔8〕145,430,442,470,552,624,626,627,628,709〔9〕34,61,375,410,411,605,659,775〔10〕717〔11〕331,367,473,486,636

史尚寬〔2〕124〔3〕590〔4〕669,691,723

史念海（筱蘇，小蘇）〔3〕358,378,386,387,397,407,409,414,418-420,422,423,427,429,444,449,452,455,463,469,471,482,490,499,500,504,505,509,525,526,529,536,547,592,600,604,617-622,628,629,637-640,644,651,653,664,666〔4〕12,48,77,92,94,112,113,117,119,125,128-131,177,200-203,238,253,324,394,397,401,445,506,566,576,588,594,596-598,600,603,648,655,692,701,715,744,745,776,777,779〔5〕5,16,25,27,31-33,38,42,49,53,56,58,61-63,73,79,126,138,139,148,149,151,171,175,183,185-189,194,195,197,198,200,202,203,221-234,236,239-243,252,253,255-257,259,261,264,266,267,274,278,281,291,296,299,300,303,305,310,315-319,321-323,325,327-330,332-336,338,339,407,409,451,454-456,467,469-473,476,478,482-485,487,488,492,493,500,501,504,507,509-512,519,521,523,524,526,527,530,

五畫：史田

532-537, 542-545, 547-551, 553, 554, 558, 560, 563, 564, 566, 568-576, 579, 587, 588, 590, 592, 593, 596, 597, 599, 602, 630, 636, 637, 696, 704, 727, 741, 772【6】9, 133, 244, 282, 288, 290, 295, 297, 299, 303, 305, 311, 312, 314, 317, 318, 324, 325, 358, 368, 395, 561, 582, 669, 688【7】5, 7, 10, 44, 51, 58, 70, 82, 96, 97, 102, 125, 148, 295, 301, 314, 319, 329, 339, 342, 433, 429, 456, 518, 542, 576, 577, 596, 610, 611, 617, 640, 645, 694【8】45, 46, 50, 111, 157, 274, 343, 546, 583, 587, 603, 692, 693, 695, 698, 702【9】430, 433, 437, 444-446, 450, 451, 677, 768【10】30, 180-183, 191, 193, 194, 387【11】78, 396, 455, 547, 558, 559, 577, 583, 612, 622, 635, 663, 667, 696, 733, 740, 741, 752, 753

史念海夫人（筱蘇夫人，見"郝紫雲"）

史秉麟（季仁）【4】679, 698, 709,

732, 749, 765, 748, 751【5】63, 403, 632【6】54

史復洋（復陽）【11】221, 425

史爲樂【11】404

史 匯 女 士（Miss Nancy Lee Swann）【1】702, 745, 748, 767, 774, 800

史祿國（S. M. Shirokogoroff）【1】789, 791-794, 817【2】14, 24, 26, 34, 70, 75, 151-153, 171, 181, 184, 202, 205, 217, 218, 449, 495, 496, 505, 701, 709, 712, 716, 719, 726【3】93

史樹青【9】555, 565【11】306, 311, 317, 330, 343, 364, 374, 377, 404, 410, 438, 451, 608, 620

史襄哉【1】169, 402, 404【2】135, 147, 160, 262, 275, 459, 460, 659【5】690【6】14, 57, 85

史覺民【4】78

田昌五【8】190, 197, 375, 383, 393, 397, 399, 401, 406, 424, 536, 545, 642, 721【9】208, 250, 471, 508, 590, 617, 739, 759, 767【10】206, 500, 511, 515, 537, 541, 542, 565, 608,

642,662,684[11]84,99,124,134,691

田波烈[3]567

田洪都[2]341,564,566,576,582,583,602,609,618,619,627-629,631-636,639-641,648,650,655,663,680,694,697,706,717[3]6-8,11,15,21,44,45,60,64,69,78,83-85,88,89,95,99,101,103-105,109,110,120,122,123,125,153,154,168,172,180,183,197,199,206-208,215,217,219,273,292,294,298,302,343,344,348,350,354,360,364,373,374,389,401,444,448-450,466,471,474,477,479,526,532,533,536,538,540,454,552,553,556,613,628,632,644,648,653,654,657[5]619

田家英[9]781[10]527,621,647

田培林(伯苍)[1]719,802[2]281,292,312,330,493[3]388[4]267,273,275,611,613,628,652,669,691,694,735,737-739,742,752,758,765,773[5]28,46,47,85,170,171,192,433,491,608,630,687,746,758,759,762,763[6]3,4,20,22,46,67,73,87,88,90,130,225,235,271

田经祥(畲民)[5]164,638[6]46,75[7]683[8]53

田漢(壽昌)[1]779[2]398,417[6]10[8]468,571,576[9]61,95,340,736,740[10]407,408,423,426,430,573,658,710,786[11]289,678

田餘慶[7]642[8]88[9]330

田鵬[6]687,693,699,705[7]13,37,58,64,70,386,430,507

田驄(仲嚴)[2]358,360,365-367,415,426,440,446,467,488,539

申伯純[8]12,144,482,509,564,612,627,628,630,655,661,693,703,705,718[9]24,28,29,51,98,99,119,138,194,195,219,221,226,227,229,231,276,350,374,446,480,494,508,547,588,594,598,599,605,606,618,740,768,777[10]24,263,302

五畫:田申生白

申松欣[11]510,562,564
申鳳梅[9]648,650
生慧[10]576,627[11]55,158,175,183,188
生寶堂[3]622,646
白吉庵[10]233,255
白廷智(白同志,白君)[9]337,349,368,370,372,374,375,501,683,697,698 [10]252,284
白亮誠(亮丞,孟愚)[3]633-636 [4]31,78,99,256,259,262-266,270,272,273,276,277
白眉初[2]582[3]400
白崇禧(健生)[2]265[4]63,112,292,765[5]13,439,463,499,634,763 [6]5,6,471,551,557[11]134
白鳥庫吉(白鳥)[2]461[4]238
白壽彝[2]335,336,355,389,393,407,412,414,431,443,445,456,465,468,489,510,543,559,581,620,636,655,664,701,726 [3]332,364,367,368,371,376-378,380,381,384,398,403,410,414,416,419,421,424,428-430,447,449,452,464,470,472,473,475,479,481,484-490,498,512,517,520,521,523,524,527,529-531,533-536,540,544-546,548,549,555,556,564,565,567,570,571,573,574,576,581,583,585,590,597,599,601,603-607,613,617-619,621,623,625-630,632-636,639,640,642,643,647,649,650,652,654,655,657,659,661,663,664,698,701,722,723,726[4]55,64,79,99,147,167,190,196,197,199,200,203,205,209,215,217,218,223-227,229,230,233,238-240,242,243,252,253,255,256,259,263,264,266,267,270,272,275-277,291,297,397,405,411,433,466,471,536,543,566,574,641,658-660,675,692,693,703,726,727,729,737,739,748,762,763,768,770,772,773,778[5]7-9,14,15,25,28,30,37,38,46,47,59,68,71,72,76-78,87,113,128,

131-133,142,143,157,159,164,165,171,175,178,179,191,192,225,229-231,234,281,352,374,421,506,518,549,557,567,578,591,592,594-597,599,694,704,725,726,728,737,748,755,772【6】9,17,43,44,48,49,51,52,55,58-61,63,77,78,82,84-86,96,97,99,105,123,128,129,131,132,136,144-146,148,152,154,159,160,166,168,169,177,209,210,219,226-230,240,243,245,266,275,276,287,290,363,408,410,417,421,425,428,429,483,484,486,496,509,514,516,532,533,536,540,550,559【7】232,330,449,491,492,536,553,591,592,603,606,608,609,611,616,642,655,661,663,669,672,689,738,752【8】5,22,26,58,128,146,148,392,398,536,543,642,657【9】210,211,243,692,755,759,767【10】48,341,506,732【11】13-15,17-19,21,305,325,329,338,341,354,360,373,376,379,410,412,423,424,426,431,435,441,509,524,576,609,650,691

白濬洲【2】199,279-284,286,408,685【3】8,12,118

白薇【1】803,804【5】418【8】200-202,211,486,493,498,500,606,625,692,705,717【9】55,60,432,578,665,773,775,781

白寳瑨【3】485,505,506,508,510,515,521,568,570,575,576,599,614-616,618,625,629,651,659,663,696【4】253,372,606【5】495,747

包天笑【1】332

包叔餘(師)【1】438【2】305

包爾漢(見"鮑爾漢")

包遵信【11】299,301,302,305,320,322,500,542,618,628-630,633,635,644,647,740,752

皮名舉【3】472,480,490,602,631【4】176【8】88

皮宗石(皓白)【1】454,740,756,763【4】606,609【8】17,363

五畫:白包皮外市玄司　六畫:吉老艾　53

皮高品【2】380,389,445,460,528,531
皮錫瑞(鹿門,皮氏)【1】210,741,791,831【2】3,241【3】581,723,744【4】173,177,230,311,318,320,322,357,625,655-656,671【6】228,401,445,478,713【7】74,92,168,314,550【8】574,580【9】220,660【10】33,38,39,40,53,217,302,326【11】627
外祖母(周)【1】119,152,183,191,192,194,221,227,250,262,275,276,286,313,325,355,386,394,447,450,452,458,483,518,524,541,580,584,614,618,626,629,657,671,715【2】296,297,299,303,309,319,320,470,471,479,494,532
市村瓚次郎【1】542,819
玄珠(茅盾,見"沈雁冰")
司徒喬【5】539【7】491,507
司徒雷登(雷登,司徒先生)【2】293,331,334,335,342,354,367,430,438,441,442,445,451,455,503,538,549,559,563,570,602,649,717,731【3】13,15,107,184,190,218,219,226,246,294,295,350,365,366,373,387,464,471,474,476,488,499,508,516,517,519,520,529,530,533,570,583,619,653,654,691,728,750,751【4】180,356,358,557,692【5】523,565【7】200【9】458【10】542,567,769【11】46,81,107

# 六畫

吉星【9】334,337,464,470,506,540,591,606
老向(見"王向辰")
老舍(見"舒舍予")
艾沙【4】498,543,544,548,591,592,612,621,669,751,752,763,767,774【5】25,225
艾宜栽【3】533,535,539,548,551,554,621,635,636,662【4】284【5】760

顾颉刚全集·顾颉刚日记人名索引

艾思奇[6]658[7]180,631,639, 640,642,672,749[8]341, 357,471,694[9]758,762,788 [10]269,275,302,430,578, 589,768-770,772-785,788- 792,794[11]76,77,79

列企探(里斯特夫人,吴素樂,U. Richter)[11]634,685

列寧(列)[1]835[6]525,527 [7]405[8]559[9]2,3,68, 78,111-113,378[10]235, 243,263,522,551,609,683, 700,731,751,756,757,762, 768,788[11]26,32,203,310, 315,362,508

匡亞明[6]701[7]258,414,429, 430,440,678,683,684[8]68 [9]758[10]477,497,691 [11]665

回永和[3]747,749,753[4]1,3, 4,7,9-13,17,22,23,29,34, 37-41,46-49,51-54,57,59, 60,62,66,67,70,71,75-78, 80-85,87,88,112-119,121- 123,238[5]585[11]48,49

吕天石[4]671,706,710[5]23, 30,73,79,84,150,412,602

吕月樵[1]2,11,25,26,31

吕叔湘(淑湘,淑相)[4]205, 258,259,416-418,424,441, 443,452,456,457,459,460, 473-475,489,490,495,501, 502,505,517,526,531,533, 535,540,562-564,567,568, 576,579,634,649[5]372, 389,392,746[6]88,215,232, 428[7]585,588,600,630, 646,651,676,744[8]9,35- 36,88,98,201,394,424,465, 501,516,607,615,624,639, 649,656,693,706,712[9]4, 17,19,32,79,182,185,206, 229,230,250,254,264,267, 270,336,346,349,356,362, 375,436,441,451,468,537, 553,579,616,650,689,737, 755,756,759,769,776[10] 174,202,338,341[11]352, 409,495,561,670

吕叔湘夫人[9]203

吕叔达[5]339,362,365,400, 407-409,411,414,421,423, 426,427,438,442,445,465, 466,471,476,481,483,486,

六畫:艾列匡回呂

487,493,501,510,529,530,533,537,544,545,560,566,571,572,576,579,587,588,590,592,596,603,604,748,771〔6〕325,405,575,637,656,683,691,692,699,708〔7〕12,17,34,47,54,58,62,74,75,80,90,99,103,127,168,170,182,183,188,190-192,205,359,365,414,429,430,474,514

呂秉仁〔11〕440,596,667,708,709,711,713,715,716,722,723,752

呂思勉(誠之,呂氏)〔3〕158,337,349,676,679-681〔4〕56,90,198,252,294,294,310,324,333,366,379,395,397,420,431,450,460,535,536〔5〕388,500,549,653,656,657,733,772〔6〕11,38,146,179,195,241,249,437,626,635,694〔7〕9,32,70,181,188,292,357,363,386,394,457,467,577,617,778〔8〕6,246,316,326,623〔9〕123,250〔10〕276,793,794〔11〕357

呂炯〔3〕519〔7〕695〔9〕161,725

呂振羽〔6〕495,496〔7〕181,663,688,689,698〔8〕22,649,656,703〔9〕51,86-88,92,119,192,195,209,211,219,230,233,249,267,274,446,449,493,497,507,547,559〔10〕186

呂健秋〔2〕428,430,437,438,457,492,561,600,602,662〔3〕21,28,45,47,48,55,58,63,64,87,88,109,184,197,372,375,379〔5〕48-50,122,125,430,541,542,636〔7〕626,645,646,656,660,683

呂健秋夫人〔2〕454〔3〕186

呂斯百〔3〕432〔4〕683,693,707,710,711,722,725,731,737,747,775〔5〕14,20,23,59,60,74,233〔8〕12,533〔9〕451〔10〕191

呂斯百夫人〔4〕727,758

呂超如〔2〕40,167,174,176,226,420

呂雲章〔3〕492,607〔4〕338,342,549,611,754,773〔5〕435,491〔6〕69

吕碧城〔11〕416

吕凤子〔4〕374〔5〕463,464〔7〕587,651

吕澂〔9〕758,772〔10〕702

吕翼仁〔8〕326,340,728

吕骥〔8〕469,588,592,593,597,609,700,724〔9〕85,419,421

成仿吾〔11〕433

成舍我〔3〕538,539,541-543,567,606〔4〕752,755〔5〕435,439,491,499,610,611,614,631,634,636,762

成般若(张雁秋弟子)〔9〕89,92,95,98,100,105,118,122,182,203

成觉(陈天木,陈木天)〔4〕101,384,452,466,470,752〔5〕495,764〔6〕70,314〔7〕628〔8〕509

曲仲湘(曲君)〔5〕183,189,194,195,200,201,203,206,221,222,241,291,300,301,455,534〔8〕606,607,610〔9〕429,434,775

曲直生〔3〕627

曲继皋〔2〕530,531,731〔4〕145,148〔5〕275,464

朱一民〔4〕2,9,114,115,126,130

朱一冰(朱女士,王煦华夫人)〔7〕23,33〔11〕592,684

朱人瑞(冯润琴之夫)〔6〕300,302-304,310,325,329,330,344,346,355,512〔7〕5,452〔8〕663,664

朱士嘉(蓉江,鎔江)〔2〕326,328,330,334,336,340,342,344,347-351,354-356,364,366-370,372,374-378,380,382,384,386,388,390,392,393,396,397,400,402,403,407,408,413,414,416,420,421,423,424,426-433,435-437,439,442,444-446,449,451,455,459,462,463,465-469,477,480,485-489,491-493,497,502,505,512,514,532,533-535,537,538,540,545,547,552,553,558,559,564,568,571,574,581,583,587,588,590,592,599,600-602,607,610,618,626,632,636,648,649,651,653,655,657,662,679,681,684,686,

六畫:呂成曲朱

689,691,693,697,699,701,703,712,717,718,722,726,731[3]5-7,11-15,19,22,23,29,33-35,37,41,47,50,57,59,61,62,64-66,71,83,84,86,97,114,145,148,151,161,162,164,166,168,169,172-174,180,182,189,196,207,208,214-217,226,230,238,266-268,270-272,290,295-300,306,310,316,318,324,325,339-343,346-348,351,353-355,359-361,363,364,368,373-375,380,385,387,397,404,413,417,424,430,448,452,462,468,470-472,474,475,477,479,480,485,486,488,519,521,531,539,542,552,558,570,574,576,583,587,601,620,621,624,627,632,638,640,644,648,657,662,667[4]158,238[5]245,252[6]401,684,685[7]102,480,482,485,491,598,599,608,621,622,652,653,655,657,659,663,664,666-668,670,676,678,680,682,

694-696,698,703,720,767[8]21,37,57,131,132,142-144,193,376,380,384,399,415,418,434,459,568,667[9]40,56,101,139,204,223,408,726,736,748,790,791[10]19,120,201,227[11]346,423,428,473,474,497,543,550,564,583,630,741

朱士嘉夫人(見"程含玉")

朱壬葆[7]13,35,36,89,96

朱孔平[1]113,172,307,322,357,390,391,443,448,455,456,466,477,482,492,498,509,510,514,520,522,524,533,535,538,541,544,554,556,557,590,728,775,776,799,801[3]215,239,249,360,364,375,376,386,396,473,607

朱孔陽[3]262,322

朱文叔[7]433,491,699[8]14,24,32,212,729[9]32,214,317,784

朱光潛(孟實)[3]104,468,474,537,551,553,568,646[4]133,135,137,488,489,581-

583[5]369-371,594[7]313,632[8]200,201,214,217,424,521,607,610,625,694,717[9]31,87,261,375,714,715,717-722,728,755,759,767[10]68,113,119,265,305,341,342,658,682[11]62,84

朱向榮[7]58,128,129,179,203,283,297,379,415,501,505,506,515,550

朱向榮夫人(朱太太)[7]10,247,377,398,465,507

朱自清(佩弦)[1]248,376,384,402,413,535,568,657,658,662,663,665,668,677,683,685,691,718,725,727,733,734,742,747,749,751-754,779,793,799,800,816[2]278,279,283-287,293,295,323,324,329,333,342,355,365,366,372,373,386,394,395,406,412,413,416,417,431-434,439,449,457,461,463,488,495,497,499,504,534,539,545-547,551,553-555,683,692,709,714,720,

725[3]13,37,54,89,93,96,97,103,104,112,153,166,271,468,482,522,530,540,551,553,619,641[4]152,160,171,172,177,178,187,197,203,218,231,262,270,275,417,418,431,432,444,449,451,479,486,488,489,491,533,561,564,569,572,574-577,649,724[5]289,312,492,594[6]328[10]153,154,156[11]538

朱自清夫人(陳竹隱)[3]93[4]639[5]382,383,397[7]738

朱希祖(逖先,遜先)[1]94,157,165,167,168,178,181,389,469,486,495,498,510,513,514,549,603,668,671,723,763,775,799,801[2]341,431,465,493,503,593,601[3]384,403,434,460,461[4]672[5]53,54,64,95,127,190,322,464

朱希祖夫人(逖先夫人,張維)[5]168

朱育蓮[6]179[7]492,654,663[8]35,36,200,447[9]160,

六畫:朱

176,246

朱季海(學浩)【5】700,723,724 【7】274【10】344,338,344

朱延豐【4】778【5】14-16,27,46, 58,111,131,192,229,312, 314,378,379,403

朱東潤【4】581,582,603,608, 657,733,736,743,744,761, 762,769【5】11,18,29,37,38, 40,43,55,56,58,59,61,64, 68,72,74-76,79,84,85,88, 90,92,111,119,126,133,134, 150,152,173-175,177,200, 225,254,289,412,413,466, 685,758【6】440,483【7】277, 309,323,394,415,539,641, 736,742,619,644,649,690, 770【11】600,601

朱物華【2】215,256【3】220【4】 218,251【7】540【8】214,607, 610【9】418,773

朱芳圃(耘僧)【2】216,239,250, 254,285【7】537【8】567 【9】690

朱俊英(胡厚宣夫人)【4】438, 488,510,539【5】368,399, 466,486【6】105,108,130,

139,143

朱南華【3】532-534,537-541, 543,544,548,552,556,629 【4】629

朱南銑【7】645,646,691,713

朱星【10】165,166,168,191, 218,219,228【11】328,332

朱洗【5】655【9】62,519

朱家源【8】518,521,620,712, 741【9】99,617,739【10】206, 462,498,506,509,637,792 【11】60,67,418

朱家驊(騮先)【1】471,834【2】 22,27,30,39,40,43-47,50, 61-65,67,68,70,71,79,95, 96,115,125,128,131,135, 137,142,143,145,146,167, 169,174,177,181-183,188- 190,198,208,209,213,214, 218,221,222,226,231,233- 236,239,259-261,263,272, 274-276,285,286,294,295, 299,303,306,308,312,318, 354,357,396,425,461,473, 477,478,482,493,494,498, 526,539,549,594,655,658 【3】408,410,428,430-432,

441, 447, 466, 484-486, 500, 503-506, 508, 511, 517, 519, 526-528, 539, 544, 559, 576, 581, 584-588, 590-592, 597, 598, 650, 658, 728, 742〔4〕103, 154, 199, 280, 282, 284, 352, 396, 405, 409, 444, 471, 474, 479, 485, 495, 527, 528, 538, 541, 542-547, 549, 553, 556-558, 574-576, 578, 580, 590-592, 595, 596, 598, 602, 603, 605-607, 610, 612, 613, 616-618, 620, 621, 625, 626, 628, 629, 631, 633, 649, 651, 652, 653, 655, 656, 661-664, 667, 669, 670, 672, 674, 677, 679, 680, 685, 691, 693, 694, 700, 702, 703, 711, 712, 714, 721, 731, 733-735, 739, 741, 742, 745, 751, 752, 760-763, 765, 769, 773, 774, 778, 779〔5〕7, 9, 14, 15, 20, 26-28, 30, 33-36, 44, 45, 55, 70, 95, 128-130, 132, 133, 140, 156, 159, 160, 166, 181, 192, 225, 271, 283, 286, 288, 297, 312, 321, 351, 352, 370, 384, 399, 401, 420, 423, 450, 453, 454, 483, 495, 499, 502, 505, 512, 630, 635, 638, 686, 687, 710, 746, 759, 762, 763〔6〕3, 4, 20, 21, 24-27, 30, 33, 39, 45, 67, 68, 71, 73, 79, 80, 89-91, 113, 154, 168, 175, 210, 213, 220, 225, 235, 238, 252, 266, 271-273, 283, 289, 295, 298, 323, 335, 340, 341, 354, 367, 381, 387, 406, 415, 479〔7〕298〔8〕471〔9〕439, 610〔10〕207, 319, 535, 615, 631, 633, 797〔11〕1, 16, 18, 19, 40, 60, 61, 75, 76, 78, 86, 94, 96, 98-101, 103, 134, 171

朱師轍〔4〕587〔9〕308

朱祖威(朱士嘉之子)〔11〕346

朱祖钰(朱士嘉之女)〔11〕543

朱倞(邊先之子)〔2〕601

朱俊(邊先之女, 羅香林夫人)〔4〕700〔5〕72, 242, 540, 772

朱務善〔8〕549, 605, 662-664, 666-669, 671, 672, 675, 677〔9〕2, 54, 87, 88, 309, 336〔10〕110, 121, 125, 129, 131, 134-136, 166

六畫:朱

朱啟鈐（桂莘，桂辛）【3】463，420，557，603，605，633，635【5】623【8】210，401，403，564【9】32，236，259，605【10】26

朱啟賢【3】348，429，446【4】52，719【5】14，15，25，26，28，30，36，179【8】363

朱梅（王守真夫人）【4】291，439

朱僎（伯商，湯先之子）【4】601，602【7】587，610【8】322，363【10】746，747

朱復初【4】592【5】230，366

朱惠方【4】297，300，335，341，345，353，497，635【5】93，108，117，165【9】408，693

朱惠淙【2】628-630，633-636，638，641，658，704【3】8，67，69-71

朱湘【1】796

朱湘蓀【1】438，503，555，588，589，605，606，622，650，675，683，692，709，711，712，722，723，769，776

朱犀圃（犀園）【7】298，302，372，384，385，454

朱琴心【2】356，377，398，405，499

朱琴珊（湯吉禾夫人）【4】335

朱硯農【9】589，590，624，630，638，646，649，650，655，657，680，683，686，687，691，748【10】268，330，546【11】217

朱菊人【2】74，98，115，125，611，613，630，631，632，639，640，642，643，655【3】317，322【6】34，38，40，43，45，46，237【7】575

朱瑞軒（遂翔弟）【3】239，250，259，263，264，311，378，410，436，438，445，452

朱經農【1】244，253-255，261，263，265-268，271，274，278，284，285，288，294-296，298，299，302，303，305，310，317，323，335，349，350，362-364，367，368，383，388，391，398，400，402，415，472，477，799，801，821【2】49，56，57，82，86，278-280【3】430，675【4】210，755【5】37，58，67，77，130，513，556，635，686，727【6】20，21，78，79，87，253【7】37

朱葆初【7】309，310，324，367，370，374，379，382，383，385，

399,416,440,442,452,463,467,468,475,695,703〔8〕37,42〔9〕68,72,80,172,455,617,750,752〔10〕120,136,255〔11〕293

朱逷翔〔2〕655〔3〕238,239,259,261-264,304,306,317,435,453,454,457

朱壽彭〔2〕321

朱銘心(鏡堂)〔3〕701,710,721,726,730,742,744,745,747〔4〕2,25,304,346

朱澂〔5〕426,469,482〔6〕694〔7〕37,105,181,277,415

朱德〔3〕459〔5〕514,521〔6〕522〔7〕638〔8〕128,611〔9〕4,152,768〔10〕302,629,630,638,673,736

朱慰元〔1〕282,284,398〔2〕306〔3〕79

朱潔(吳半農夫人)〔9〕17,185,254,257,267,270,277,304,320,336,344,346,486,571

朱潔夫〔8〕451,452,454,455,615,624,626,628,632,724,738〔9〕4,54,243,281,435,740,774〔10〕173

朱擇璞(朱)〔4〕747,748〔5〕55,60,67,77,84,134,135,185,195,197-201,203,206,210,240

朱熹(文公,晦庵,考亭,朱子,朱夫子)〔2〕253〔3〕1,10,14,23,27,332,378〔4〕623〔5〕359〔6〕206,348,349,353,381〔7〕396〔9〕6,143,372〔10〕51〔11〕365

朱錫玉〔5〕286,341,357,358

朱錦江〔5〕191,199,200,273,283,299,329,350,352,406,442,443,447,460,461,468,488,515,534,558,569,588,749,751〔6〕9,93,407,408,417,456,457,463,476,484,506〔7〕34,75,83,92,105,277,430

朱錦江夫人〔5〕575〔7〕335

朱謙之〔2〕192,193,199,201-203,209,224〔3〕202,384,399,452,514〔4〕178〔5〕565〔8〕381〔11〕670

朱駿聲〔6〕586〔7〕646〔8〕723〔9〕646

朱蘊山(朱蘊老)〔3〕644〔8〕93,

六畫:朱竹伊伍

393,638,706,735[9]34,37,44,47,48,50,54,62,83,174,192,222,229,243,276,435,450,769[10]255,302

朱蘊若（蘊石,滄如,姨丈）[1]41,68,71,78,99,139,187,241,380,382,529[2]269,300,316,317[3]74,75,77,78,234,326

朱蘊若夫人（朱姨母）[3]74

朱寶昌（進之）[3]296,301,350,358,424,567,574,576,582,632[4]262,263,265,267,269-271,273,324[6]10,32,44,84,85,157,158,210,227,228,231,236[7]595

朱馨藩（馨蕃）[5]336,357,436,505,527,532,536,547,588,760[6]538,539

朱鐸民（鏡宙）[1]702,786,794-796[2]52,78,80,81,87,124,163[3]563

朱櫱（邵恒秋夫人）[5]158,208,283

朱霽青[3]656,669,671,672

竹添光鴻（竹添）[7]150[10]310-312[11]206,477

伊鳳閣[1]488,490,493

伍光建（君朔,伍先生,蠶甫父）[1]745[5]208,222,223,226

伍家宥[4]547,666,742[5]231,311

伍叔儀（叔儀）[2]40-42,45,95,96,99,102,104,115,129,130,136,147,148,150,152,154,156,158,159,161-163,166,167,169,173,182-184,215,217,221,223,232,233-236,240,241,243,249,251,252,254,256,266,305,306[3]432,441,500[4]283,591-593,606,608,616,622,623,626,627,629,632,654,656,657,668,671,679,681,690,693,694,699,700,702,711,722,723,730,733,738,740,745,747,759,760,762,764,775[5]7,10,14,16,28,38,41,55,58,110,111,233,283,404,440,541,542,638,639[6]20,21,64,72,76,235,422,424,431,432,436[11]710

伍敏如（黎光明夫人）[3]343,

354【4】131，134，137，501，505，516

伍献文【4】705【5】558，564，574【6】252【7】695【8】610【9】54，55，61，772

伍献文夫人【5】573

伍蠡甫（名範，光建之子）【1】698，742，744-747，751，754，768，774，775，799，800【2】708【4】142，604，608，609，611，614，621，641，653，704，705，707，710，712，718，725，739，742，747，751，758，762-764，773【5】8，68，75，76，78，86，102，130，139，153，196，199，200，205，208，228，252，277，288，289，338，408，409，426，442，443，468，479，513，518，536，537，548，559，560，565，567，569，587，588，593，597，706，718，720，737，746，749-751【6】3，8，282，464，481，613，626，660，694，696，704，705【7】9，32，34，83，105，181，277，279，280，285，293，294，309，315，323，394，442，474，476，503，506，508，523，527，545，548，576，577【9】606【11】78

任乃强（筱莊）【5】222-226【6】217，224，637【7】514【8】230

任乃强夫人（筱莊夫人，羅哲情錯）【6】271，273

任中敏（二北）【9】193，【10】205，498【11】611

任映蒼【4】497，498，501，506，514，638【5】201，207，208，226，285，286，373，378【6】45，46，76

任美鍔（美諮）【3】373【5】188，196，199，235，251，259，296，309，319，636，655【6】89【8】171，288，297，299-305，316，340【9】418

任翠萍（李民夫人）【9】580【10】55，202【11】642

任銘善（心叔）【5】700

任鸿雋（叔永）【1】353，375，402，415，420，679，740，757-759，763，801【2】78，81，287，288，447，590，657，700，730【3】1，361，378，478，485，501，506，518，520，522，605，643【4】169，176，178，487，599【5】

六畫:伍任向全印

368,369【6】34,439【7】631【8】609【9】425

任繼愈【7】749【9】758【10】371,372【11】527

任覺五【4】306,332,334,345,424,526,575,611,640,743【5】243【6】4-6

向仍旦(向同志)【9】645,692,730【10】28-30,34,36,40,50,60,62,63,79

向郁階【6】300-302,306,314,315,317,325,338,346,347,365

向健德【5】132,135,157,164,170,227,272

向紹軒【5】187,247

向達(覺明,覺民)【2】56,555,571,573,590,597,656,657,663,721,726,730【3】12,13,25,29,30,49,88,103,104,106,175,181,185,230,294,344,345,347,355,358,371,372,374,375,380,384【4】267-271【5】64【6】213,234-238,290,470,495,496,510,512,514,532【7】445,482,485,486,508,586,588,591,596,600,609,612,620,673,683,706,715,610,642,663,688,696,698,706,722,743,762【8】22,26,35,48,53,58,126,133,137,138,184,217,220,362,661,694,730【9】4,28,31,32,61,86,88,119,211,230,261,279,313,350,432,436,493,507,532,558,559,594,680,736,763,773,779【10】58,63,325,620【11】361,372

全希賢【2】324,333,342,367,368,389,413,433,436【3】199-201

全祖望(全)【5】715【6】162,194,205【7】414【8】696【9】73,685【10】214

全紹文(紹聞)【2】368,400,464,557【6】432

全漢昇【3】431,434,460,504,585【4】212,216,663-665,671,676,679,683,693,699,711,712,726,735,742【5】38,59,313

印順【5】529

印維廉(南峰)【4】457,458,595

顧顏刚全集·顧顏刚日記人名索引

[5]10,25,26,54,70,73,129, 166,168-171,175
130,167,192,203,209,226, 汝藕青(萬青,號懷新,汝段長)
257,258,260,294,309,315, [3]42,49,178,210
403,405,414,427,440,469, 江小鶼(穎年)[1]89,91,224,
484,493,497,498,505-506, 699,757-762,785,801,802
509,543,545,556,557,564, [2]5,78,90,312[3]460[4]
568,594,597,603,660,673, 161,172-174,176,179,215,
680,684,694,747,765[6]65, 272,305
79,121,237 江亢虎[2]559[3]87[11]
米暫沉[8]627,628,655,661, 395,397
703,705,718,724[9]24,27, 江文也(江醫)[7]610,613,614,
51,79,99,119,138,195,207, 616,617,620,704,706,711,
219,228,249,256,260,267, 712[8]363
274,350,374,508,588,594, 江伯屏(伯平,善藩,介泉表親)
598,606,455[10]166 [1]494,496,585,609,621,
安平秋[10]43 625,633,652,663,681,711,
安志敏[8]587,737 737,739,742,751,755,761,
安若定[8]219,735[9]60,281, 764[2]311,320,330,434,551
294,295,296,300,444,469, [9]108,189
491,510,547,551,665,667, 江矢[4]685,691,692,697,702,
705-707,710,712,715,722, 710,713-715,719,728,729,
723,773[10]24,113 735,739,745,749,750,763-
安娥[9]736 765,777[5]14,17-19,22,25,
安錫 嶠(壽軒)[3]605,608, 30-32,35,36,450
634,660 江青(江)[10]473,508,582,
冰心(見"謝冰心") 595,597,598,602,612,626,
汝龍(汝萬青之子)[9]78,163- 661,665,688,739,743,758,

六畫:米安冰汝江

781[11]466,467,469,474, 480,578,624,669,730, 744,746

江俠庵[6]563[7]751[10]41

江紅蕉[1]332

江紅蕉夫人(聖陶妹)[7]747

江恒源(問漁)[1]762[5]159- 161,433,491,629[4]145, 752,756[5]159-161,433, 491,499,629[8]217[9]226

江國雄(伍家宥夫人)[4] 666,682

江庸(翊雲)[5]431-433,489, 490,634,762[6]235[7]292, 360,529,534,536,539,554, 579,580[8]609[9]28

江紹原[1]484,492,500,511, 515,538,540,548,558,559, 564,565,577,579,580,584- 586,589,594,606,615,628, 629,632,640,643,645,651- 653,655,665,668,674,675, 684-686,715-719,722,731, 735,741,744,745,753,755, 758,762,765,766,769,772, 784,800,834[2]39-41,43, 45,46,66,70,260,506,583,

721,726[3]523,624,652[8] 40,377,379,389,391,435, 447,457,458,461,469,520 [9]79,334,447,555,572 [11]657

江軼青(翼青,介泉表弟)[1] 482,490,492,496,509,521, 593,607,681,738,739

江裕如[1]390,399,401,434, 445,454

江澄波[7]171,177,233,299, 300,363,385,520,569,571

江學詩[7]339,472,569, 571,572

江澤涵[1]764,769,776,784, 788-790,792,794,796,802, 804,805,807-809,811,814, 817,823,824[2]6,12,16,17, 20-23,28,29,31,34,35,62, 75-77,125,560,562,598,648, 711[3]54,88,90,667[4]166, 177,229[6]517[7]744[8] 424,611[9]94,119,178,184, 279,314,344,375,430,441, 442,494,535,740,769[10] 535[11]467

江澤涵夫人(見"蔣圭貞")

江澤菲（顧誦芬夫人）〔9〕534〔11〕346

江靜瀾〔6〕17,34〔7〕78,122,128,131,133,134,137,147,150-152,169,188,190,195,213,218,304,339,342,359,361,371,381,386,392,405,423,463,574〔9〕159

江應樑〔4〕175,177,191,192,236,383,397,399,414,420,466,470,476-479,485,487,488,513,574〔6〕392

江檝〔8〕380,389,401,417,447,457,458

牟小東（牟潤孫弟）〔9〕490,654,684,685〔11〕360,364,379,648

牟沅（孫人和夫人,後再嫁白壽彝）〔3〕627〔11〕373

牟宗三〔5〕528,534〔6〕72

牟庭〔9〕781,784〔10〕2,157,225,386

牟復禮（Mote）〔6〕379

牟傳楷（潤孫,潤生）〔2〕330,333,336,337,340-342,347,349-351,353-355,366,376,380,383,384,386,393,396,399,400,403,404,406,410-414,416,420,422,423,427,428,430,433,434,436,438,439,442-444,446,447,449,454,460,461,463,465,467,468,474,486,492,493,495,499,503,508,513,533,534,539,543,555,559,563,566,567,574,577,579,581,583,587,589,600,602,610,620,632,636,648,649,651,652,655,657-659,676,681,709,726,728,730〔3〕2,12,13,29-35,38,47,62,66,159,168,170,175,182,207,311,340,364,367,370,371,377,378,466,521,533〔5〕123〔6〕224,400,438〔7〕329〔11〕55,360,364,648

牟傳模（牟潤孫弟）〔2〕433

牟鼎同（鑄九）〔3〕710,727〔4〕113,114,117,126

牟鍾秀〔9〕312,333-335,337,366

# 七畫

邢西萍(見“徐冰”)
邢端(勉之)【7】648【8】94,137,564【9】204
邢贊亭(贊廷)【8】381,661,703,717【9】24,51,59,86,99,119,195,219,226,257,605,753,757,772【10】302
李一平【8】44,59,137,144,147,402,489,495,498,499,508,510,514-516,693,700,705【9】4,31,53,86,89,92,93,174,229,257,440,553,572,596,625,723【10】13,302
李一非(仲九)【2】125,126,131,188,194,201,217,502,537,540,542,544,563,687【3】4,96,102,122,125,142,149,157,169,170,183,188,194,202,216,240,241,299,322,353,518-525,526,529,530,531,533,536-539,541,543-548,552,554,557-559,564-565,567,568,570-572,574-577,582-584,586,590,597,599,601,602,606,607,614,616,617,619,620,623,625,628,630,634,638,639,541,643,644,653,655,656,658,660,661,666-672,674,681,696,697,722,726,738,741,748,749-752,754【4】138,148,284,553,640【7】489【8】322,344,365,371-373,645,653【10】789【11】3,10,96,121
李士釗【11】637,641,646,649,650
李士敏【9】503,508,531,590,617,669,670,673,739,766,781【10】8,19,116,206,300,302【11】231
李士豪【5】418【6】512【8】363
李大玉【1】158,159,168,172,175,181,199,201,226,594
李大釗(守常)【1】90,102-104,120,129,137,160-162,166-168,170-172,175,177,178,182,186,195,200,201,203,215,218,253,324,327,728

〔2〕36,42,321〔7〕264〔8〕252〔11〕60,98

李子欣〔6〕303,310,314,316,342,374,383

李子欣夫人（秦则贤）〔5〕718

李子信〔3〕658〔4〕568〔5〕281,283,296,305,444,469,472,493,510,512

李子魁〔2〕684,695,716,720,724〔3〕25,35,39,46,53,56,61,83,115,121,149,154,156,161,163,164,167,171,180,183,185,201,217,228,270,274,275,278,297,302,308,340,355,377,378,383,385,512〔4〕22,51,97,140,142-145,151,617,619,629,656,759〔5〕17,153,405,473,592,593,635,768,771〔7〕7,131〔8〕25,30,196

李小峰（晓峰）〔1〕478,548,552,555,558,561,577,587,594,604-608,615,617,626-629,632,638-644,648,651-656,660,662,666,667,671,679-682,684,685,691,706,707,709,711,717,718,721,722,724-728,730,731,740,747,756,757,775,779,800〔2〕76〔5〕774〔6〕173,211,432〔7〕140,316,381,421,422,426-428,444,446,451,454,455,464-467,469,470,472,474,477,478,482,494,496,499,502,503,507,508,511,513,516,521,525,527,529,530,533,537-540,542,545,547,548,551,554,557,558,566,568,575,577,578,583,590,600,617,753,764〔8〕363

李小峰夫人（見"蔡漱六"）

李小缘〔3〕587〔4〕142,133,287,290,307,312,338,362,366,370,376,381,383-386,417,418,441,443,473-475,490,501-503,517,530,533,538,563,568,577,580,596,635,647,649,727〔5〕372,374,380,382,389,392,746〔7〕88〔9〕558

李中襄〔4〕774〔5〕433,489,490

李六如〔8〕144,145,482〔9〕303

李公樸夫人（見"张曼筠"）

李化方〔3〕410,747,750-754〔4〕

七畫:李

1,2,62,113,114,118,127[6] 373[7]24[8]362

李少春[9]204,415,416

李少陵[3]722,723,726,729, 748-750[4]9,116,126, 127,130

李心莊[5]238,239,352,445, 527,534[6]74

李文衡(于飛)[5]209,210,543, 562,572,579,587[6]156,444

李方桂(芳桂)[2]187,657,721 [3]431,587[5]45,370,372, 374,375,386,734-736[6]252 [9]439

李世軍[8]212,363

李世璋[8]148

李世濟(程艷秋女弟子)[9]449, 450,643,777[10]325

李可染[5]418[9]414,415,426, 427,510[10]43,45

李四光(仲揆)[1]763,767[2] 84,146,155-157,657[3]66, 464,614,615[5]433,490[6] 252[7]491,498,557,559, 565,698[8]322,323,324, 326,327,329,332,336,338- 344,349,353,611,707[9]

446,547,557,741[10]701 [11]315

李四光夫人(許淑彬,李太太) [8]322,329,333,336,338, 341,344,650

李平心(聖悅)[6]10,467,560, 605,612,620,660,675,676, 684,685,691,694[7]125, 126,130,131,138,149,153, 169,174,175,181,183,186, 189-191,195,199,206,218, 224,226,234,237,256,274, 287,288,295,330,335-339, 343,350,355,361,363,366, 379,283,285,288,308,311, 394,400,404,405,410,412, 420,430,440,442,443,450- 452,457,473,475,476,480, 497,503,506,511,512,516, 519,522,523,525,531-534, 537,538,556,558,573,574, 581,582,590,612,621,624- 632,637,638,642,646-649, 651,653-656,658-660,663, 664,666,667,669,670,672, 674-676,678-684[8]5,11-13, 15-20,22,23,55,111,141,

155, 200, 201, 211- 215, 218, 221, 223, 224, 246, 324, 344, 345, 398, 545, 607, 608, 611, 612, 612, 615, 615【9】57, 58, 61-63, 431, 433, 434, 436, 441, 444, 446, 447, 450, 452, 486, 491, 532, 535- 537, 569, 570, 645- 647, 650, 659, 670, 672, 677, 768, 771, 773, 774, 776, 778, 791【10】21, 31, 104, 119, 181- 187, 192, 193, 343, 351, 356, 387, 389, 431, 479, 481, 526, 550, 566, 704【11】71, 573, 602, 658, 672

李平衡【8】44, 55, 134, 220, 470, 486, 564, 575, 586, 606, 615, 631, 693, 724, 735【9】54, 62, 201, 229, 249, 257, 440; 594, 741, 775【10】341

李幼孚(幼甫)【4】452, 457, 458, 474, 496- 498, 509, 517, 522, 526, 538, 645

李正文【7】412, 415

李民【5】461【9】505, 533, 538, 543, 546, 547, 548, 552, 555, 575, 580, 603, 615, 616, 645, 647, 654, 658, 660, 665, 673,

685, 690, 696, 699, 700, 702, 705, 719, 728, 735, 746, 769, 779, 784- 785, 786, 788【10】4, 7, 8, 10, 13, 16, 19, 20, 22, 23, 25, 28- 40, 42, 44, 46- 51, 54- 61, 63, 64, 66- 75, 78- 80, 84, 86, 88- 90, 92, 98, 100, 108, 116, 124, 135, 137, 139, 140, 200, 217, 308, 312, 329, 686, 741【11】157, 583, 585, 642, 672

李永新(鹤龄)【4】544, 545, 547, 553, 557, 561, 590, 596, 607, 610, 628, 660, 662- 664, 669, 672, 674, 677, 679- 681, 684, 685, 691, 692, 694, 697- 699, 700, 702, 703, 706, 707, 709- 713, 721, 726, 728, 734, 735, 742, 743, 750- 752, 759, 768, 773, 774, 778【5】7, 8, 9, 14, 15, 20, 28, 30, 46, 68, 72, 130, 171, 193, 197, 224, 403, 434, 453, 490, 538, 763【6】6

李永藩(谭季龙夫人)【7】6, 150

李石岑【1】86, 138- 141, 144, 149, 150, 221- 224, 227, 228, 304, 320, 332, 341, 344, 350,

七畫:李

366,386,426,445,449,457,472,566,779,799,801【2】13,49,56,73,79,89,92,688【5】384

李丞庠(承祥,樊績)【4】736【5】209,270,422,423,445,494,507,508,543,557,561,573,585,587,589,628【6】292,【9】466

李仲公【9】24,51,99,119,508,588

李光信【2】139,167,402,583,587,600,603,648,662,680,685,714,729,730【3】20,108,146,166,266,269,348,362,367,385,408,427,445,447,449,487,488,490,491,499【6】457,572,622,626【7】2,15,17,30,34,35,58,64,65,68,72,93,113,116,117,121,126-129,146,171,179-181,191,201,211,226,238-240,242,247,252-255,272,274,275,278,280,284,286,347,348,428,430,574,576,577,579【9】360,385,510,682【11】214,215,345,478,483,745

李光信夫人【11】749

李光謙【6】9

李兆洛【2】708【7】389

李先念【8】608【9】16,55,88,768【10】639,679,758,760【11】322,530

李再雯(小白玉霜)【7】631【8】221【9】483,775【10】184

李再興(在興)【4】547,596,631【5】170,191

李安之【3】558,568,607,621,644,664,666

李安宅(仁齋)【2】449,468,540,682,683,698,731【3】1,8,17,20,34,56,64,88,95,109,113,118,120,125,126,147,148,153,154,160,165,168,183,185,186,197,214,215,538,541,545,548,552,553,556,565,574,576,581,604,605,617,618,632,634,638,644,646,654,655,658,665,725【4】385,386,428,466,513,601,603,634,635,638,639,642,648,664,700,708【5】201,224-230,234,388,393,397,398,507,513,762-764

顾颉刚全集·顾颉刚日记人名索引

〔6〕87,89-91〔7〕678,679

李安宅夫人(太太,見"于式玉")

李旭(晶齋)〔3〕301,456,523, 657〔5〕542,560,595〔6〕545, 613,626,705〔7〕32,34,59, 75,232,277,293,558

李旭升(旭昇)〔4〕417,495,530, 635,648,753,757,759,762 〔5〕16,19,38,71,214,378, 384,466

李旭旦〔4〕610,714〔5〕28,38, 53,640,655,660〔6〕675 〔8〕363

李有義〔4〕161,162,165,260, 270,579,580〔7〕698

李行(行之)〔3〕746,747〔4〕 115,116,118〔6〕299,318, 334,360,380〔7〕465,475

李伯元〔1〕403,459〔7〕771〔8〕 523,683

李伯申〔4〕297,418,424,504, 568,640〔5〕383

李伯球〔8〕220,362,604,735〔9〕 281,300,306,310,326,327, 346-348,395,430,433,434, 440,441,443,446,449,491, 532,604,612,625,648,665,

740,768-771,773,776〔10〕6, 53,114,115,194,237,251, 270,273〔11〕234,345,426

李伯球夫人〔9〕732

李伯嘉〔2〕49,57,75,79,81,85, 89-91,93,109,149,264,321 〔3〕12,13,20,79,80〔4〕238, 735〔5〕181,182,191,403, 479,483,653,657,717,727 〔6〕38,79,102,291〔7〕13

李君素(鄧昊明夫人)〔9〕597, 615〔11〕596,698,699,703

李址麟〔8〕361,402,410,440, 513,557,572,653,694,729, 732〔9〕5,9,65,67-69,72,95, 107,109,114,115,160,161, 163,174,199-202,204,207, 214,215,218,225,229-232, 237,240,242,256-259,265, 267-269,272,274,275,278- 280,303,308,318,327,328, 330,332,334,335,360,372, 573,626,627,686,687,690, 692,787〔10〕96,112,185,801 〔11〕95

李希凡〔7〕613,625,627,628, 735,736〔8〕482,605〔9〕106,

七畫:李

759〔10〕678〔11〕409，411，440，495，551，660

李希泌（印泉子）〔4〕206，259〔7〕674〔9〕208〔11〕344，345，370，474

李志雲〔1〕88，118，558，559，561，608，680，681，716〔6〕211，268〔7〕422，427，427，464，505，508

李秀潔（子廉）〔3〕517，529，536，547，568，604，617，618，629，637，640，664〔5〕297，299，329，330，332，334，338，340-342，347，355，357，362，365，376，393，400，407，408，420，428，430，466，498，503，504

李育宜（寧孫，顧自珍次子）〔7〕87，237，406，562，567-569〔8〕171，301-304〔10〕571，573，574，741-749，751，753〔11〕274

李育康（自珍三子）〔7〕406〔8〕301

李育陵（育宜堂妹）〔10〕571，574

李育蘇（毓蘇，碏孫，顧自珍長子）〔6〕399〔7〕87，236，237，406〔9〕501〔10〕576〔11〕274

李育靈〔4〕586，591，697

李辰冬〔2〕399〔3〕343，351，369，370〔5〕25，190，312，622〔6〕346

李亞農〔6〕559，665〔7〕6，10，27，36，60，67，68，120，128，158，171，173，174，181，189，193，207，235，244，282-284，292-294，309，313，316-318，322，323，329，330，377，413，415，429，453，476，497，504，506，507，513，515-517，522，523，526，528，532，534，547，554，592〔8〕288，290-292，294，299，332〔9〕190，193，200，201，205，244，490，507，528，535，539，575〔10〕2，125，127，159，372，502，691〔11〕463

李佳〔11〕73，122，145，148，164，165，167，175，178，181，184，186，221，230，285，289，297

李叔明〔5〕171，230，313〔6〕171，235

李奇中〔8〕60，65，67，128，144，640〔9〕38，51，326，336，384，752

李孟雄〔2〕129，152，194，216，

223, 245, 266, 441, 442, 509, 514[3]11[4]138, 139, 405

李季[7]244-246[8]469

李季谷[3]551, 554, 631[4]449, 503, 504, 579, , 581, 582 [6] 253, 576, 601, 710 [7] 363, 420, 442, 477, 506, 534, 558

李宗仁(德鄰, 德麟)[4]390[6] 270- 273, 278, 285, 430, 434, 551, 557, 616[7]675[10]307, 308, 310, 311, 315, 555 [11]167

李宗仁夫人(德鄰夫人, 郭德潔) [6]271[10]430, 555

李宗法(中法)[7]427, 446, 465, 466, 470, 472, 507, 511, 513, 516, 521, 545, 551, 557, 566, 577

李宗侗(玄伯)[1]510, 552, 559, 584, 603, 612, 622, 629, 633, 640, 690, 691, 693, 675, 775, 776, 799, 800, 802[2]79, 80, 92, 146, 282, 489, 657, 716, 721, 725[5]672, 673, 727, 742 [6]3, 166-169, 179[10]109

李宗瀛[3]538, 546, 549, 602, 644[4]260, 267

李宜琛[3]622, 657[5]238, 255, 326, 329, 352, 423, 468, 493, 504, 622[6]273

李延甫(玉麒)[2]273[5]743 [6] 12 [9] 158, 159, 178, 194, 383

李延青(赵夢若夫人, 赵太太) [4]137, 297, 364, 502, 508, 510, 517, 530, 534- 537, 565, 570, 671, 573, 574, 577, 633, 634, 639, 640, 641, 644, 645, 647, 648, 667, 670, 675, 678, 706, 710, 719, 760, 779, 780 [5]10, 19, 29- 31, 33, 36, 38, 43- 56, 58, 61- 63, 66, 69, 75- 77, 84- 88, 90- 93, 95, 97, 101- 105, 107- 112, 118, 122, 124, 126, 133, 134, 149- 152, 172- 177, 181, 182, 451 [6] 300, 303, 306, 326, 329, 345, 360 [7]590[8]648

李延增(君益)[2]568, 729[3] 8, 12, 17, 21, 49, 50, 54, 57, 59, 61, 62, 83, 92, 93, 95, 97, 126, 127, 149, 166, 172, 179, 183, 190, 200, 203, 267, 270, 273, 278, 301, 343, 355, 364, 365,

七畫:李

380,416,444,448,450,463, 464,485,487,524,532,536, 567,631[4]93,678[5]40, 213,451,522,576,601,606, 609,620,622,696,773[6] 168,274,293,512,513,515 [7]606,616,648,684[8]194, 385,465,474,571,574,648 [9]20,218,618[10]644[11] 347,505,509,510,571,573, 590,598,662

李念武[8]486,489,498,501, 503,505,533[9]65,78,84, 180,183,209,310,505,557, 587,607,656,700,782

李念國(鏡池長子)[4]265[11] 374,661

李念華(鏡池少子)[9]407,462, 530,607

李怡星[4]27,29,31,32

李承三(繼五)[4]598,599,653, 654,663[5]25,49,52-55,59, 61,62,231,235-240,242-244, 248-250,253-256,266,277, 305,307,308,329,334,351, 355,387,408,409,425,438, 441,442,454-457,476,503,

513,526,536,547,554,560, 563,564,575,593,597,602, 637,638[6]214,215[8]58

李承三夫人(繼五夫人)[5]62, 75,148,182-185,197,245,260, 361,547,548,563,571,574

李抱忱[4]390,554

李明揚(明陽,趙德如婿)[7]753 [9]38,47,88,213,255,259, 266,345,375,385,497,605 [10]55,57,83[11]349

李明儒(王家楨夫人)[9]116, 192,281,283,286,287,290, 294,295,300,313,346,544

李林漫(林曼)[3]704-707,751 [4]3,7,,9,11,12,17,21-25, 27,34,37,42,44,45,47,48, 50,55,113,116,118,119

李武信(少陵弟)[3]723,724, 729,731,746-748,750-752[4] 1,2,5,6,25,37,43,52,75,94, 114-116,127,130[6]304

李況松[4]605,606,610-613, 618,619,622,625,660,667 [5]192,509

李芳馥[7]27,30,102,104,128, 134,158,277,281,288,292,

318,396,414

李芝亭（芝庭）〔4〕606,755〔5〕433,491,495

李蒂甘（巴金）〔3〕112,128,439〔4〕226〔5〕418,727〔6〕515〔7〕529〔9〕389,405,407,410〔10〕664,670,721〔11〕606,647

李金泉 〔8〕571,576,586〔9〕440,453

李金聲〔3〕557,602,603〔4〕115,117,128,321,327,341,342,344,350,432,443,444,497,498,501,502,509,517,520,531,542,543〔5〕610,623,624,773〔7〕469〔8〕58,223,363

李金鑄〔5〕58,64,67,173,214

李長之〔3〕106,112,175〔4〕495,546,548,549,595,617,686,722,747,766,775〔5〕8,13,111,126,445,471,514,536,686〔7〕53,587,728,738-741〔8〕4,364〔10〕684〔11〕46

李長傅〔4〕513〔7〕12,29,30,35,42,101,152,202〔8〕380〔9〕781-784,791

李俊民〔7〕539〔9〕767〔10〕481

李俊龍〔8〕93,148,217,222,226,363,511,606,615,649,650,735〔9〕4,25,86,58,117,119-121,174,188,190,236,242,313,313,345,463,491,508,532,773〔10〕344

李前偉〔7〕288,625,638,646,647〔8〕16,20,615〔9〕436,490,771〔10〕479〔11〕611,672

李宣龔（拔可）〔1〕402〔2〕57〔3〕80〔6〕427,428,458,463,531,573,576,635〔7〕10,17,54,114,127,150,291,292,318,319,557

李宣龔夫人〔7〕180,181,315,317,332,333,506

李建勛〔3〕623,629,645〔4〕463-465〔6〕303,306〔9〕594

李思純〔5〕372,759,773〔6〕117〔9〕777

李映奎（鳴奎）〔2〕170,273,274〔7〕84,152,172,184,186,195,206,218,226,238,240,244,281,299,304,315,327,332,343,362,382,392,412,423,451,464,477,493,498,

七畫:李

513,525,535,547,565,572,578,589,599,613,622,639,652,662,672,685,694,709,714,715,721,733,745,756,767,776[8]4,7,16,24,29,42,48,55,59,67,92,96,165,299,304,377[9]158[11]276

李星華[8]458,459

李炳均[5]602[7]86,87,236[10]115

李炳墰(丙生)[5]205,207,248,249,256,274,286,296,303,304,306,308,315,317,319-323,325,327,333,335,338,341,343,346,349,364,407-411,414,420,421,423,424,426-429,435,437,445,465,466,468,471,478,483,485,487,488,502,503,509,510,512,527,530-532,535,570,592,636,637,750,756,757[6]11-13,15,17,102,236,355,357,399,400,417,473,497,507,531,357,417,544,578[7]24,66,72,87,88,211,294,338,590,665,748,751,753[8]26,35,38,52,87,124,

229,728[9]105[10]115,133,571,688[11]275,555

李炳焕[4]704[5]255,279,300,301,324-325,328,487,508,515,527,534[6]467[7]37,236,537

李約瑟[11]393,394,476,574

李致忠[10]43[11]345

李英年[5]672,722,726,730,731

李唐晏[5]230[6]504,571,575,578,579,629,633,697,705[7]5,6,47,291,639,649,699,726[8]2,191,373,487,527[9]109,201,234,278,474,665,776[10]27,270,622,755[11]180,285,290

李家瑞(嘉瑞)[2]681[3]80,481,614,675[4]188[6]259[8]24

李振三[8]253,257,263,264

李效庵(效厂,笑庵)[4]138,705[5]49,148,185,197,198,218,219,221,234,238,248,250,258,280,282,283,286,287,300-303,319,323,342,444,546,602,603,649,692,

694[10]747

李晋華(庸葦)[2]139,218,285, 546,547,553,562,568,570, 572,576,586,589,591,598, 601,603,610,618,626,636, 648,650,652,664,676,680, 681,683,684,700,702,705, 712,713,715,722,729,730 [3]6,15,20,23,24,26,29, 33,36-38,40,41,43,48,68, 78,88,89,97,108,111,112, 124,146,148,166,170,187, 191,192,195,207,215,216, 219,230,233,238,263,266, 267,269,270,277,296,302, 312,325,339,346,348,349, 351,352,356,367,373,376, 378,384,385,388,397,400, 411,414,421,428,445,446, 449,455,463,464,467-471, 483,485,487,498,504,508, 510-512,584,601[11]673

李書田[3]431,645[5]517

李書城[8]33,510,514-516, 564,607,611,624,653-654, 656,706,717,721,738[9]29, 31,34,38,43,47,61,62,86,

95,185,186,239-241,491, 595,605,723,778[10]294, 302,324,325,620

李書春(笠農)[2]538[3]44, 57,60,63,84-91,94,95,109, 111,113-115,120,123,127, 145,147,150-154,156,158, 162,166-169,172,173,175, 181,188,190,192,194-196, 200,202,207-209,215,217, 219,230,240,242,266,267, 269,271,275,293,295,300, 302,330,340,343,345,347, 349,350,352-355,357,359, 360,363-365,369,371,374, 377,382,385,387,388,395, 403-405,407,408,410,412- 416,429,423,430,444,445, 447,448,450,462,465,473, 477,483,485,487,489,505, 506,517,519,532,533,547, 552,555,567,571,574,582, 607,634,635,638,641-643, 660,664,667[5]606,607, 613,621

李書華(潤章,蕊客)[1]723, 765,801[2]452-455,459,

七畫:李

462, 463, 725 〔3〕195, 212, 290, 296, 324, 327, 335, 336, 342, 345, 347- 350, 353, 358, 361, 362, 365, 378, 379, 381, 389, 399- 401, 403, 420, 422, 423, 426, 429, 438, 440, 441, 444, 446, 450, 451, 455, 462, 463, 465, 467, 475, 477, 478, 480, 485, 488, 499, 509, 511, 513, 516, 518, 521, 532, 535, 540, 542, 543, 559- 564, 567, 568, 572, 573, 575- 577, 581, 583, 590, 603- 606, 613, 614, 617- 620, 622, 624, 626, 628- 630, 643, 656- 657, 659, 664, 666〕〔4〕2, 93, 121, 148, 158, 188, 190, 191, 193, 194, 201, 202, 214, 215, 218, 220, 221, 224, 227, 229, 255, 259, 261, 263, 285, 456, 611- 613, 629, 734, 772 〔5〕190, 439, 440 〔6〕252

李書華夫人(李師母)〔4〕492

李根源(印泉)〔4〕34, 185〔6〕40, 701, 702, 704〔7〕304, 386, 630, 674, 688, 700, 744, 751 〔8〕126, 133, 200, 213, 501,

564, 627, 628, 630, 648, 661, 692, 703, 716 〔9〕208, 239, 250, 435, 588, 605 〔10〕301, 302

李泰初〔2〕241, 243, 252, 254, 261, 269, 270, 275, 276, 295, 611〔4〕663, 672, 682, 691

李泰棻(革痴, 革癡)〔1〕477, 502, 509, 513, 568 〔3〕341, 345, 364, 407 〔10〕203, 227, 228

李泰華〔4〕271, 273, 277, 285, 545, 630, 633, 655, 767, 774 〔5〕14, 28, 278

李海晨〔3〕373

李祖蔭〔3〕531, 533〔7〕676, 707 〔8〕717, 724〔9〕5, 20, 51, 54, 73, 203, 219, 229, 230, 241, 255, 257, 267, 345, 346, 350, 508, 587, 588, 594, 604, 707, 708, 710, 722

李祖蔭大人〔9〕709

李素英〔3〕37, 53, 59-62, 87, 91, 96, 145, 147, 150, 154, 157, 159, 161, 163, 167, 171, 175, 180, 182, 185- 187, 192, 197, 201- 203, 206, 208, 215, 216,

230, 231, 238, 253, 261, 266, 273, 279, 292, 296, 300, 301, 308, 318, 333, 339, 340, 345, 346, 352, 354, 358, 378, 401, 402, 414, 415, 423, 428, 429, 444, 446, 448, 449, 452, 463, 464, 468-471, 473, 474, 477, 482, 485, 487, 510, 511, 588, 591, 614, 620, 675〔4〕669, 700〔5〕15, 78, 163, 168, 170, 172, 173, 181

李素庵（素盦）〔2〕61-65, 546, 576

李退庵（退厂）〔2〕495, 601, 703, 706〔3〕65, 94, 650〔5〕613, 621, 625〔6〕513

李珩（晓舫）〔4〕563〔5〕369, 372, 390, 394〔7〕224, 386, 387, 407, 457〔8〕58〔10〕113, 114, 116

李健生（章伯钧夫人）〔7〕648, 683, 688〔8〕53-54, 144, 214, 362, 421, 735〔9〕281

李健吾〔3〕439〔5〕57〔9〕759〔10〕302, 515〔11〕342

李國偉〔9〕281, 283, 287, 288, 326, 346, 605, 760, 762〔10〕

115, 119

李國偉夫人〔9〕284, 293〔10〕731

李培基（涵礎）〔4〕542, 608〔8〕200, 215, 218, 220, 424, 486, 501, 502, 559, 564, 607, 611, 625, 627, 649, 661, 693, 703, 705, 724, 735〔9〕4, 34, 51, 112, 115, 119, 174, 184, 195, 201, 219, 229, 241, 242, 249, 281, 287, 293, 298, 326, 346, 350, 356, 374, 375, 389, 450, 486, 491, 508, 558, 588, 594, 605, 665, 680, 740, 769, 775〔10〕44, 251

李婉容〔4〕543, 549, 559, 592, 594, 641, 667, 668, 680〔5〕34

李崇年〔4〕739

李崇德（房東）〔4〕671, 706, 710, 714, 722, 733, 737, 760〔5〕22, 23, 30, 37, 60, 67, 69, 73, 85-87, 150, 169, 170, 172, 175, 193, 313, 412, 543, 599, 601, 602, 639

李崇德夫人（李太太, 劉靜卿）〔4〕630, 659, 671, 713, 732, 760〔5〕17, 84, 91, 174, 175, 177, 412

七畫:李

李崧齡(崧靈)【4】711,722【5】7,17,51,348,349,356,361-363,365,382,400,401,406,408,414,420,423,425,427,430,438,466,473,478,481,485,487

李得賢(文實)【3】716,718【4】121,123,383,401,402,415,420,426,466,495,497,498,563,564,573,577,580,661,668,692,706-710,721,722,728,732,735,736,741,763,773【5】24-27,30,71,119,137,201,222,288,319-321,332,335,369-371,375,378,383,385,386,388,390,393,394,397-399,411,414,427,445,467,473,484,486,492,502,602,603,628,629,637,638,693,697,699,703,716,738-740,748,755,772【6】2,13-15,23,32,34,46,88,92,106-110,122-124,128,129,131,133,136-138,237,244,268,274,295,299,300,304-310,312,317,318,324,327-329,331,333,336,337,342,343,345,346,348,349,353,354,360,362,363,365,368-379,381,383-386,388,393,537,598,601,632,636-639,641,643,645,648-650,654,685,689-692,696,704-706,708-710【7】2,4-6,9,10,12-14,16,17,20,22,24,30,32,34,35,48-50,54,55,66,77,79,82,84,112,203【11】52,53,95,646,658,686

李得賢夫人(楊昭璇,文實夫人,李太太)【6】312,331,354【7】9,84,112,115,121,123,152,153,202,203,226,294

李惟果【4】545【5】76,77,124,172,179【6】95

李清棟【3】452,659【4】145,148,150,661,704【5】259,332,346,350,441,467,470,472,487,488,512,513,515,519,524,526,533,534,547,658【6】456,460,501,535,597【7】106

李淑君(楚溪春夫人)【7】638【8】553【9】281,338,502,770,780,786【11】676

李笠（雁晴）〔1〕540,562,691,716,799,801〔2〕78,79,91,147,171,259,628,630,632,636,638,640〔4〕692〔5〕38〔8〕645

李符桐〔4〕636,646〔5〕185,197,199,239,307,355,364,365,436,442,471,509,558,573,588,588,636,637

李貫英〔2〕43-45,47,55,74,108,111-115,123,124,126,128,129,131,133,144,149,163,168,176,181,184,185,188-191,195,198,204-206,209,211,228,234,239,250-252,255,256,428,431,439,442,445,487,533,549,552,554,587,655,688〔3〕384,385,524,603〔4〕148,559,641

李連捷〔8〕293,295〔9〕281,287,296,299,300,309,330,511,517,521,524,528,666

李埏（幼舟）〔4〕153,154,158,159,168,170,175,176,179,200,210,232,254,470〔8〕88,91,278〔11〕420,428

李恕生〔5〕375,378,382,389,394

李富善（聖五）〔1〕699〔3〕80,113,155〔4〕150,218

李景清〔3〕624,625〔4〕133,134,343,362,443〔5〕383

李景漢〔3〕652,669〔8〕363

李期軒（期仙）〔1〕434,605,607〔2〕482〔4〕301,305,372,513〔5〕202

李琦〔7〕242,244,250-254,256,259,271,275

李紫東〔8〕33,418,525,528,581,714,717,731,739〔9〕5,53,180,183,186,187,189,191,194,207,208,210,228,272,303,505,538,557,661,700,782〔10〕173,310,493〔11〕465

李善邦〔3〕174〔5〕504,534〔8〕399

李菊田〔5〕506,518,519,521,523

李爲衡〔4〕171,172,215,219,222,254-256,259,263,269,271,273-277,291,317,324,357-359,361,369,374,385,386,390,391,394,404,415,

七畫:李

416,419,420,423,426,429,433,435,436,446,449,450,455,461-465,467-469,477,487,492,512,519,525,537,539,540,560,561,566,570-573,577-579,594,596,636,642,647,741[5]18,31,118,131,134,204,207,208,230,492,625,696[7]427[8]165[10]73[11]94,538

李超英[4]609,613,620,627,652,665,710,735,768[6]289

李進化[1]479,480,487,533-535,585

李棣(勤庵)[3]477,521,526,527,531

李琬[3]486[4]346,418,512[5]421

李源澄(浚清)[4]290,294,299,301,304,310,335,340,344,641,693,715,738[5]397[8]284[9]760

李滄萍[2]104,159,188,209,225,256

李煜瀛(石曾)[1]464,465,550,657,659,752[2]146,227,456,457[3]362,395,400,401,521,523,559[5]553[6]49,50[8]428[11]457

李瑞德[2]548,550,565,581,594,717[3]22,43,102,158,182,187,188,201,267,271,295,301,341,375,386,466,472,479,480

李瑞徵(獻之)[3]743,750[4]117,118[5]137[6]299,302,304

李葆元[5]190,210,223,227,228,230,234,255,268,271,294,312,342,343,365,366,368,403,456[7]12,18

李葆華[10]662,713

李達[3]703,739[4]72,80,476[9]42,416,417,418,421,758[10]526,703[11]571

李遇孫[2]698[3]51,54[10]270

李嘉善(聖三)[1]702,785,814[5]273,280,286,524,525

李夢瑛(夢英)[3]482,485,490,500,505,506,508,515,520,599,614-616,625,668,669,671,672[4]94,221,253[6]163,169,572[7]277,430

顧頡剛全集·顧頡剛日記人名索引

李寧〔8〕158,160,161,180,207
李榮〔7〕600〔9〕765
李榮芳〔2〕434,451,557,717,718〔3〕24,172,187,529,530,532,545,552,619,644,656〔5〕612,621,622〔7〕655〔8〕699,717
李榮芳夫人〔9〕248
李漢俊〔1〕832〔8〕648
李碩果〔2〕4
李福亭（福庭）〔7〕244,253,269,347,351,359,361,366,376,380,380,383,388,390,402,405,433,500,543
李福親〔9〕228,229,273,349,350,481,564,598,787〔11〕30
李粹華（章丹楓夫人）〔7〕221
李維果〔4〕720,724,734〔5〕128,129
李維漢〔7〕221〔8〕20,147,173-176,461,606,630〔9〕54,106,161,219,261,430,450,503,547,736,737〔10〕187,195,196,431,646,786〔11〕652
李蒸（雲亭）〔3〕462,547,577,618,623,628,629,645,651,653,696,697,710〔4〕300,301,314,419,685,694,695〔5〕340,439,440,512,513,585,595〔7〕628,631,655,655,697,722〔8〕16,18,54,126,133,138,145,148,213,219,451,453,454,486,489,492,495,498,499,501,508,514,576,609,631,649,656,706,721,724,735〔9〕60,86,87,112,116,119,174,210,254,336,346,571,705-707,710,712,715,722,740,773〔10〕113,311
李輔仁（李醫）〔8〕414,420,427,432,439,505,523〔9〕559,628,631,633,640,682,684,685,725〔11〕491,500,512,697
李際年〔8〕321,334,354,356,366,371,373,667,683
李韶清〔2〕186,188,206,209,225,251,252
李劍農〔2〕727〔10〕109
李德生〔4〕727,733,777〔5〕17,367
李德全〔3〕566,595〔8〕11,13,88,132,213,224,451-454,470

七畫:李

[9]54,243,245[10]24,133

李樂元[5]148,204,292,350, 358,409,424,444,467,470- 472,482,488,504,506,511, 524,526,534,546,547,563, 567,569,570,587,594, 595,636

李樂元夫人[5]532

李潤吾[5]275,277,291,295, 306,426,474,482,492,511, 548,553,559,567,570,573, 594,640,694,701,725,761, 764[6]170,236,237,277

李蔭光[2]140,167,254,479

李蔭亭(蔭庭)[4]343,344,415, 434,466,470,475

李蔭棠(召貽)[2]553[6]110, 178[8]395,406,417,741[9] 172,173,179,204,545[10] 676,705

李銳才[3]698,701,702,706- 711,720,722,725,726,728, 730,731-733,742-744,747, 749,751,754[4]1-6,8,11, 25,31,34,42,46,47,49-52, 54,55,57,58,62,64,70,72, 76,78,81,84,88,92,94,102

[5]136[6]311

李學勤[7]586,593,597,605, 611,615,616,621,757,758 [8]131,137,470,503,551, 653,694[9]14,366,617,739 [10]469[11]83,87,92,96, 104,110,121,122,134,142, 150,156,236,240,244,317, 326,328,652,689,691

李學勤夫人(李太太,徐維瑩) [11]286,316,320,321

李曉生(曉孫)[2]227,352,353, 355,443

李樹桐(犇陽)[5]46[6]16,36, 69,92,237,277

李樹桐[8]406,417,503,692

李濬(戲漁)[2]542[3]11,146, 155,639

李璜(幼椿)[1]658,671,800, 801[3]72,572[4]297,320, 353,418,757[5]489,491[9] 440[10]327

李璞(天福)[1]637,642,651, 668,684,688,732,752,753, 801[3]152

李錫九[3]64,538,541,545, 557,558,565,574,583,624,

634,637,644〔8〕455

李锦全〔8〕403,495,502,555, 636,702〔9〕406

李济（济之）〔1〕801〔2〕220, 285,295,387,438,493,503, 505,657,660,721,725,726, 730〔3〕80,344,399,433,460, 500,509,675,676〔4〕136, 161,167,168,172,261,268, 359,364,475,582,596,597, 598,599,601,603,652,742, 743,751,753,756〔5〕192, 401,578,685,686,727,762 〔6〕169,213,215,252

李济之夫人〔4〕252〔6〕5

李济深（济琛）〔2〕124,137,225, 233,257〔3〕113,165〔6〕522 〔7〕116〔8〕144,211,212,397, 401,402,441,442,486,522, 698,699

李燮華〔8〕19,21,111,201,524, 525,527,533-535,545〔9〕 384,397,398,600

李燭塵〔8〕220,609〔9〕62,605, 608,641,653,662,750,763, 771,772〔11〕33

李鸿音〔4〕315,340,375,414,

417,441,485,498,501,638 〔11〕76

李鸿藻〔6〕50〔9〕249

李赞（卓吾）〔1〕828〔3〕143,188 〔7〕522,528,548〔11〕369, 374,394

李镜池（圣東）〔2〕330,340,344, 347,367,370,378,382,385, 386,396-398,401,405,410, 412,416,420-422,427,431, 434,439,440,442,445,457, 461,462,465,467,468,488, 494,508,512,538,542,546, 547,602,726,731〔3〕386, 417,465,470,477〔4〕233- 235,324,513,708〔5〕697,772 〔7〕598,697,699〔9〕401,407, 462,471,496,534,594,629, 790〔10〕120,388,397〔11〕 374,661

李镜池夫人〔7〕723〔9〕407

李宝泉〔4〕166,168,170,172, 174,179,185,191,193,221, 295,306,309,311,317-320, 325,392

李耀文（李晋华之子）〔9〕287 〔10〕470

七畫:李杜

李覺〔8〕452,470,610,628,632, 742〔9〕18,109,117,119,210, 229,239,242,325,328,346, 430,473,480,486,493,494, 625,693,705,710,740,769 〔10〕53,341

李馨吾〔6〕684〔7〕33,36,57,60, 99,151,291,336

李鐵槌〔4〕133,137,300,305, 311,320

李鐵錚〔4〕127,545〔11〕345

李儼(樂知)〔1〕606,611〔2〕619 〔3〕559,562〔7〕668,678,696, 702,703,706,710,714,743, 763,765-767〔8〕10,22,44, 58,90,91,129,146,381,390, 391,393,403,410,417,465, 467,469,504,604,606,616, 694,735〔9〕4,55,209,232, 349, 362, 370, 375, 431, 612,613

李鑑銘(鑒銘)〔4〕404,427,431, 445,466,514〔5〕39,71,213, 508,705〔10〕146,151

李霽野〔2〕289〔8〕111,211,528, 545,607,608〔9〕38,43,57, 61,63,431,433,768〔10〕182

李麟玉(聖章)〔2〕503,657,712, 725〔3〕220,344,396,400, 401,411,416,429,487,518, 527,535,568,572,577,605, 606,618,620,626,643,655 〔9〕29,32,212,320,605, 680,772

杜才奇〔5〕252,255,260,266, 280,292,300,302

杜仁懿〔9〕432,782〔10〕27,173, 182,195,276,304,318,318, 322,341

杜文昌〔1〕654〔2〕327,374,428, 489,498,534,594,654,671, 679,680〔3〕87,98,362,368, 445,536〔4〕645〔5〕619,621, 623〔6〕510

杜文昌夫人〔1〕549

杜任之〔8〕335,337,340,343, 344,346,349,354,357,359, 372,373,379,385,386,424 〔9〕6,16,181,203,230,698, 714,716,717,727,758〔10〕4- 6,9,14,22,108,111,119-121 〔11〕669

杜光簡〔4〕420,439,477,512, 531,636,642,645,646,710,

714,749,757〔5〕27,38,59,63,74,136,364,365,382,393,440,499,500,540,568,728,761,764,772〔6〕48,53,73,124,126-128,138,143,293,653〔7〕106,439

杜聿明〔9〕199,219,508,588,594〔10〕180

杜佐周〔5〕703,731,735〔6〕160,549

杜呈祥〔5〕440,493,494,542,576,594,595,597,600,602,603,635,771,772〔6〕72,91,92,225

杜君秋（凌大燮夫人,凌燕母）〔11〕613,630

杜君慧〔5〕418〔8〕214,451,453,521,522,667,672,681,686,689〔9〕277

杜定友（杜君）〔2〕41,43,44,46,73,75,96,214〔7〕531

杜延年〔9〕713,718,719,721

杜近芳（梅蘭芳女,從杜月笙姓）〔8〕562,571,576,629,743〔9〕204,440,600,606,629〔10〕409〔11〕680

杜威〔1〕165

杜春晏（浦潔修之夫）〔9〕119,751-753〔10〕164,477

杜高厚（道生）〔4〕350,465,466

杜國庠（守素）〔5〕418〔6〕240,496〔7〕695〔8〕381〔9〕206

杜敬柯（Jack L. Doll,杜氏）〔11〕599,600

杜預〔2〕212,214〔7〕746〔9〕502〔10〕63〔11〕206

杜毅伯〔4〕375,507,509,697,767〔5〕70,503,504

杜鋼百（鋼百）〔5〕429,437,445,511,537

杜聯喆〔2〕369,379,380,423,424,435,445,449,461,460,465,723

杜叢林（奉符）〔4〕289,291,294,300,303,318,320,348,349,385,386,390,410,417,576,635,636〔5〕370〔7〕224

杜鎮球（亞詒）〔7〕577,578,668,742,753

車向忱〔8〕19,62,111,201,211,216,221,489,531,534,535,545,610〔9〕55,61,63,431,435,452,454,600,708,709,713,714〔10〕181,194,330

七畫:杜車巫束吳

車耀先【4】298
巫寶三【3】396【7】588【8】111，193，383，393，395，411，416，417，421，425，435，437，438，450，462，467，469，471，473，478，480，487，490，525，534，535，544，545，581，588，628，649，675，699，714【9】5，20，53，106，258，313，356，453，454，488，537，553，579，600，607，642，651，656，671，684，758【10】15，202，320
束世澂（天民）【4】450【5】378，380，382，389，392【7】24，30，32，89，92，96，101，104，105，181，222，277，292，308，309，363，366，394，420，442，449，477，506，534，558【10】193
束星北【8】97，118，280，363
吴一廛【8】233，239，242，244，249，260，264，266，406，536，743【9】767
吴一廛夫人【8】255
吴三立（山立，辛旨）【1】644，651，653，656，658，665，667，670，677，678，682，691，692，696，701，719，722-724，729，731，733，747，760，766，769，770，772，775，776，789，799，801，817，823【2】23，73，124，280-282，289，295，297，312，330，350，354，355，368，374，411，419，422，428，448，449，504，512，539，545【3】65，66，666【4】221，514【7】750【9】407，408
吴于廑【9】372
吴士鑒【6】622【10】261
吴大年【4】251-253，324，414，442，456，514，595，715
吴大琨【8】98，119，486，489，490，493，495，498-500，507，528，606，610，615，660，693，714，739【9】18，61，174，182，236，336，344，348，433，440，442，444，486，532，594，740，759，765，769，771【10】341
吴大猷【4】262【6】252
吴大澂（清卿，愙齋）【1】69，129【2】471【3】13，225，275，289，307-310，326，737【6】180，185，194，537【7】34，35，43，99，305，329【8】567【9】327【10】160

顧頡剛全集·顧頡剛日記人名索引

吴子祥（子翔，紫翔）〔1〕121，128，130，152，153，184，188，191，207，209，220，228，231，238，438，527〔2〕54，305，311〔3〕312，442，466，473

吴子綸（子倫，吴姑丈）〔1〕97，151，190，193，205，219，221-223，232，244，247，249，251，253，254，260，263，266，275，280，283，284，292，325，428，438，526-528，530〔2〕53，259，300，303，639〔3〕227，239，434，459〔6〕168

吴子綸夫人（見"顧鄂來"）

吴小如〔9〕535

吴之椿〔1〕641，642，656，766，767〔2〕278，282，293，330，375，387，449，532〔3〕675〔5〕84

吴公之〔1〕751-754，800

吴天敏〔3〕465，558，570，617，655，657

吴天墀〔4〕359，420，435，459，512，514

吴文祺〔2〕630，663〔3〕103，146，171，175，181，214〔5〕654〔7〕503，539〔10〕116

吴文藻〔2〕356，360，381，387，388，407，438，454，456，458，463，465，466，468，469，486，499，503，512，513，517，526，534，537，538，555，559，572，578，580，591，594，597，648，682，698，711，719，722，726，730〔3〕54，55，60，64，83，91，93，96，98，99，106，112，125，128，145，146，158，160，163，166，175，178，183，185，186，206，209，211-215，220，221，214，240，266，270，272，277，285，293-295，297，299-302，312，340，355，363，368，404，409，410，414，415，447，462，463，483，499，516，517，664，665，667，725〔4〕77，152，160-162，165，167，168，170，185，186，188，190，205，215，459，489，490，492，495，508，544，546，598，607，619，621，626，628，697，734，752〔5〕99，218，224，234，494，657，686，687〔6〕456〔7〕487，489，632〔8〕13，134，193，200，201，221，362，410，413，511，586，606，

七畫：吴

611,692,714,717,724,730,733,735,738,739,741[9]5,8,20,24,27,28,30,54,61,75,78,161,176,179,184,211,228,230,241,248,258,261,272,277,279,322,346,348,431,443,452,454,487,492,537,557,671,684,700-702,769,782,785[10]173,182,194,201,235,289,301,310[11]409,495

吴世昌(子臧)[2]381,445,450,457,467,500,540,553,572,592,652,698,704,720,723[3]8,28,35,38,44,58,61,62,76,95,96,106,109,114,123,124,143,145,147,164,167,169,170,180,183,190,196-198,202,203,206,207,213,214,216,219,220,230,231,236,239,271,274,275,292,293,295,297,300-302,312,333,339,340,343,344,346,348-351,355,358,375,379,380,384,385,387-389,396,400,401,403,413,415,419,424,433,436,438,450,451,454,456,463,468,472-474,476,477,482,484-486,490,498,499,512,513,519,520,522,526-528,530-534,537,538,540,541,543,546,549,552,554,558,567,568,570-574,576,581-585,587,588,602-604,617,620,523,625-629,631,632,640,641,644,645,647,654,660,662-666,676,694,721,722,726,738[4]5,17,40,45,77,91,190,191,252,343,346,347,405,640,749[5]421,437,440,442,548,636,746,762[6]4,54,85,86,261,369[8]273[9]448,551,552,573,616,617,647,651,671,673,693,705,759[10]89,168,169,174,180,182,191,202,221,225,234,240,245,265,303,325,326,341,387,457,458,499,515,560,604,657,748[11]285,290,317,321,323,326,340,395,396,403,406,407,409,456-458,461,464,465,470,495,530,535,

544,564,584,623,656,660,674,679,705

吴世昌夫人(严伯昇)〔3〕627,664〔6〕215〔9〕647〔10〕466,525,604,657-659,712,733〔11〕236

吴世珍(韫山)〔3〕716,718

吴世鹤〔9〕112,117,119,228,346,447,770

吴世鹤夫人〔9〕649

吴令安(子臧女)〔6〕4

吴令徽(子臧女)〔6〕4

吴半农〔8〕724,735〔9〕4,34,35,37,212,262,309,312,385,544,662,684,740,771

吴半农夫人(见"朱洁")

吴正桂〔4〕547,549,558〔5〕686〔6〕318,359

吴玉宸〔5〕548,551,558,569,571,575

吴玉章(吴老)〔5〕435〔6〕495,496〔7〕158,161,164,166,631,649〔8〕132,211〔9〕411,707,756,767,771〔10〕578

吴玉搢〔9〕757

吴石〔5〕729〔6〕47,85,215

吴石君(劼君之妹,自明同学)

〔9〕226,245,327,362,473〔11〕396,397

吴立则(小名龙喜,鄂姑母三子)〔3〕454

吴立杕(菊隐,全喜弟,鄂姑母四子)〔1〕253,265,285,386,527〔2〕50,89,615,616〔3〕307,309,451,454,457,459

吴立模(秋白,重九弟,鄂姑母长子)〔1〕97,137,142,205,234,237,301,304-306,316,317,319,323,325,326,328,335,336,361,381,346,364,373,376,377,383,386,396,398,400,402-405,407,411-414,423,425,426,429,447,460,473,477,484,487,496,498,503,509,520,526,540,542,549,557,578,592,607,670,759,779,802〔2〕56,81,82,89,124,258,301,302,304,319-321,612,617,644〔3〕80,233,234,238,454,455,512,589,707,744〔4〕42,98〔5〕654,692,693,712,728,730,731,738,754〔6〕168,400,411〔7〕40,119,207,215,578,580

七畫：吳

〔9〕674

吳立模夫人（秋白夫人）〔6〕655 〔7〕128，211

吳立範（簡香，青元弟，鄂姑母次子）〔1〕205，265，314，335，398，410，641〔2〕50，54，62，65，67，93，259，260，300，305，312，336，348，368，458，472-474，477-479，607，608，610-619，621-623，625-627，629-633，635，636，638-641，643，655，663，681〔3〕8，67-72，76，238，242，244，246，249，251，252，254-257，259-261，263，289，303-307，309，311，315，321，322，392，434-437，448，449，451-454，457-459，507，588〔5〕694〔6〕9，51，442，449，480，487，573，596，646，655，683，699〔7〕45，78，97，100，127，128，282，301，437

吳立範夫人（簡香夫人，簡香表弟婦）〔2〕54，260，478，628 〔3〕263

吳仲超〔6〕676，690〔7〕10，30，104，214，292，308，414，597，647〔8〕36，218〔9〕32，68，304，

470〔11〕725，727，739

吳任臣〔7〕406〔8〕349，358，366 〔9〕332〔11〕379，380，542

吳光第（鶴九）〔1〕440，769，802 〔5〕16〔6〕475

吳印禪〔4〕584，585，667〔5〕37 〔7〕697〔9〕26

吳在東（文藻之侄）〔4〕508，765

吳安貞（安真，緝熙長女）〔2〕309，311，314，315，445〔3〕585，678〔4〕730〔5〕95，98，742，743，751〔6〕27，34，35，56，59，153，228，244〔11〕25

吳有訓（正之，政之）〔3〕373〔4〕262，666，668，670〔5〕541，595，636，685〔6〕5，68，252，462〔8〕213，215，482，505，650 〔9〕220，422，430，465，547，616，774〔10〕218，471，607 〔11〕519

吳有訓夫人（見"王立芬"）

吳此〔2〕331，341

吳汝綸（摯甫，摯父）〔2〕423〔8〕517〔9〕75，189，753〔10〕218 〔11〕396

吳作人〔3〕432〔9〕78，163-166，168，171，175，192〔10〕190，

370-380,382-384,390-392,394-399,401-404,407,411-413,417,418,422-427,429,431,432,436,439-449,455,517,530,603〔11〕122,129,166

吴作人夫人(见"萧淑芳")

吴伯超〔5〕685-687〔6〕5

吴克明〔4〕494,495〔5〕523

吴克坚〔7〕442,514,524,540,580,753〔8〕598,599〔9〕222

吴均(志一)〔6〕300,349,358,365〔11〕52

吴孝芝(海峰女,姨甥女)〔5〕644〔7〕563,573〔9〕547,548,551-553

吴廷勤(廷邁)〔8〕85,417,422,453,456,462,472,473,475,478,481,485,487,490,505,520,523,551,606,699,714,740〔9〕5,20,42,43,84,91,161,176,179,180,183,186,187,194,207,209,210,234,248,258,303,335,454,504,538,557,600,644,647,649,700-702,726〔10〕173,334,344,346,498

吴廷锡〔9〕780

吴廷燮(向之)〔3〕341,407,468,602〔6〕45,55,76,90〔11〕370,377

吴志顺(贯一)〔3〕44,48,53,54,62,64,93,95,98,99,139,204,220,238,270,291,294,316,333,363,380,382,387,397,400,403,407-409,411,414,415,420,422-424,427,429,444,448,449,452,463,465,467,473,477,487,490,504,517,521,525,526,529,532,536,555,557,600,607,608,625,650,661〔4〕45,46,697,698,709,748,767,776〔5〕43,314〔10〕697

吴佩孚〔1〕339,734,798〔9〕105

吴其玉〔3〕171,270,341,343,381,449,477,483,522,540,548,567,573,581,631,639,640,646,651,654,655,658,684,685,689,691,725〔4〕712〔5〕207,209,375-378,628,634〔11〕670

吴其昌(子馨)〔2〕392,403,405,411,432,433,439,449,450,

七畫：吴

456，457，461，502，505，508，512，542，545，546，549，551，567，569，583，584，587，597，599，631，649，651－653，656－658，679－681，726，729，730【3】18，50，87，89，93，154，163，173，214，216，321，452，511，512，636，693，694，722【4】110，212，581－583【5】47－50，54，64，222，335

吴卓人（颂皋尊人）【1】381

吴受之（徵蘭佺，碧澂子）【3】691【5】665，681，693，696，697，701，704，712－714，721，724，725，729，734，735，741，742，744，748，764，765，769，774【6】12，35，444【7】45，445，556【8】400

吴宗生（文藻、冰心子）【2】512【5】6，122，125，149【7】489

吴宗遠（文藻、冰心女）【5】125【7】489

吴宗黎（文藻、冰心女）【5】125【9】241

吴宗濟（稚川）【4】268【5】727

吴定良【3】652【4】653【6】252

吴宜俊【7】555，568，584－586，

590－594，598，600，604－607，609，613，615，618，619，621，623，640，647，658，661，663，678，693，694，700－703，710，719，737，740，743，753，758，763，775【8】1，20，22，42，48，56，57，58，85，112，113，115，118，121－123，191，192，197，228，275，374，397，400，572【10】530

吴岳母（外姑，徵蘭母）【1】42，80，188，189，262，428，526，533，825【2】54，262，275，304，320，605【3】67，79，82，234，328，501，502，514，679，683，690，691

吴忠信（禮卿）【3】590【5】159【6】95

吴承志【8】172，347，353，357，366，368【10】803

吴昌碩（倉碩）【1】37，38【8】130，375【9】442

吴昌綬【7】376，541，542，544【9】761

吴明德（表佺）【6】416，481，483，490，535，562，572，579，583，631

顾颉刚全集·顾颉刚日记人名索引

吴杰【7】292,309,323,339,366, 394,420,476,502,506,508, 534,558,573,577,582

吴芳吉【4】550,551,553

吴采君（闿生之五女）【9】242, 243,244,246,249,251,253, 254,256,262,263,267,270, 271,274-276,278,303,310, 320,327,335,338,339,351, 362,454,467,469,472,473

吴金鼎（吴禹铭）【4】161,498, 500,516,517,563【5】397, 523,571【6】344

吴金鼎夫人（见"王念忱"）

吴阿芳【7】110,111

吴阿宣（辰伯佳,春曦子）【4】 167,221,222,224-227,237, 242,254

吴青（文藻女）【7】489【8】13, 689,691

吴劼君（闿生之女）【9】226, 230,238

吴忞（雨僧,雨生）【2】565【3】 97,164,215,373,398,450, 539,621【4】166【5】374,375, 377,378,380,386,391, 396,398

吴亮平【11】515,557

吴俊升（士选）【3】489,522,573, 581【4】139,140,148,554, 566,596,603,661,685【5】7, 64,220,257,366,367【6】 88,157

吴俊升夫人【5】542

吴则虞【9】485,486,496,767, 772【10】657【11】514

吴南轩【4】707,719,741,772【5】 200,512,518,720

吴奎霄（篆赤）【1】5,6,11-13, 15-17,21,26,32,34,35【6】 188【8】122

吴建勋（建勖）【5】405,406,500

吴拜虎【5】665,670,690,723, 740,752【7】124,328,369,384

吴拯寰【6】90,96【7】427

吴春曦【4】167,228,236, 254,274

吴春曦夫人（葉美英）【4】261

吴昱恒【8】735【9】37,39,43-45, 47,48,259,605,631,752,

吴流（见"童书業"）

吴相湘【5】685,687,704,706 【6】272

吴眉孙【6】576【7】516

七畫:吳

吴研因【1】310,325,338,339, 388【2】134【5】745,748,758 【6】270,294,696【7】4,480, 483,491,626,722【8】16,19, 45,93,111,126,132,134,138, 144,145,193,201,221,383, 388,391,393,394,396,400, 410-412,421,424,425,428- 430,434,441,442,464,469, 475,478,481,511,525,534, 535,537,545,551,553,560, 576,585,589,606-608,615, 618,621,624,626,628,629, 639,643,646,649,656,661, 692,695,699,700,703,705, 708,717,724,730,731,733, 739,741【9】5,8,18,20,25, 27,53,54,57,61,63,75,78- 80,84,86-88,92,99,161,177, 178,180,183,186,187,189, 191,192,207,209,210,219, 228,232,244,248,258,260, 303,306,308,313,335,339, 347,348,354,373-375,382- 385,388,390,395,397,431, 433,434,440,444,445,447, 452,454,465,491,492,496, 533,535,537,547,553,559, 572,587,588,597,600,605, 606,642,665,671,700,701, 723,726,741,749,755,757, 768【10】26,173,182,195, 195,201,235,299,310,317, 319,326,334【11】247,380, 381,385

吴美真(美貞,緝熙四女)【3】678 【6】228

吴致覺【1】296,353,400,425, 426,799,801【2】56,89,90, 300,472【6】55【7】570

吴若安【8】21,111,529,533, 535,545,612【9】63,431,435, 452,454,600,605

吴茂蓀【9】302

吴郁周【1】476,479,497,502, 504,539,607,626,628,630, 633,637,639,662,708,711, 739,744,800,801【2】289, 292,330,364,392,534,543, 574【3】659

吴家明【1】759【2】84,113,346, 390,391,545,547,548

吴家象【7】627,700【8】12,607, 611【9】60,63,769,777

顧頡剛全集·顧頡剛日記人名索引

吴家瑛（子磐，子盤，碧澂弟，内弟）[2]583[3]98[5]614,615【10】542，564，681，751，752,803

吴家珏（子玉，内弟）[3]328,685[5]665,666[6]13

吴弱男[1]88,137

吴恩（晶初，旭初）[1]255,262，292,296,303,321,325,326，344,345,360,365,378,799，801[2]136,310,313

吴恩裕[7]600,611,614,755，757,762[8]32,146,680,714[9]631[11]602,660,703

吴時中（誠齋）[3]461[7]543，545,572,581

吴晋航[8]220,703,724[9]24，51,99,119,219,346,387,588，594,605,606,740,774

吴桓興[9]382,385,562-564，591,740

吴桂華（秋輝）【10】160，189，238,292,293

吴浦月【4】167，232，234，262,270

吴浦星[4]167,223,224,227，232，233，237- 239，241，242,262

吴海峰[5]647[6]30,143,448【7】84,259

吴海峰夫人（吴大婊，吴大姊）[5]642,644[6]57,106,137，139,143,647,700[7]84,111，123,132,152,153,218,219，259,261,285,454,455,521[8]742[9]156,158,461-463，466,468,469

吴祖光[5]418[8]363

吴素秋[7]703[8]496,497

吴能定[5]601,608-610

吴茵[5]418[8]364,386

吴健陶[5]433,491,632

吴國泰[7]701[9]575

吴培恭【9】469，536，545，553-555

吴康（敬軒）[1]88,92,105,129，140,141,144,153,160,162，171,176,182,190,195,199，203,222,234,241,275,295，323,328,343,349,368,386，399,402,412,421,422,431，472,490,494,499,504,505，516,542,582,611,620,638，542,648,691,692,697,700,

七畫:吴

705,708,709-712,714-717,719,767,799,802,816[2]69,92,214,712[3]384[4]211,666[5]15,136[6]294,396,430-432,440[8]238

吴晗(春晗,辰伯)[2]433,435,436,444-447,455,460,465,467,485-488,494,495,498,502,513,514,533,535,537,539,554,558,592,599,623,631,649,650,653,654,659,729,730[3]7,29,44,57,58,62,103,104,106,112,167,169,172,196,221,230,273,299,308,358,359,397,435,623,752[4]9,12,40,51,52,55,77,97,116,132,134,141,148,151-154,159,161,162,166-168,170-174,176-179,185,187,189-191,193,195,197,205,210,215,220,222,224,227-229,232-236,239,241,242,249-255,261,263,265,268-271,593,597[5]81,137,320,374[6]513,687[7]607,609,610,615,618,629,642,651,657,662,670,685

[8]22,35,86,145,253,381,393,410,480,609[9]183,209,214,277,328,371,372,535,759,767,771[10]190,271,311,362,389,415,431,437,438,440-443,445,447,448,450,451,456,459,461,463-471,479,480,485,487,497,641,654,682,732,786[11]687,702,703,706

吴望伋[5]433,491,500[6]69,71

吴梅(霜安,霜庵,癭庵)[1]156,209,215,292,396,428[2]54,82,85,96,98,100-103,105,136,299,300,302,303,312,644[3]73,75,76[4]175,550,588[7]750[11]611

吴梅村[2]466[11]374

吴祥泰(練青弟)[8]196,385,507,572,573[10]699

吴紹澍[4]662[5]478[8]218,363

吴組緄(组湘)[5]29,30,63,85,133,418[9]299[11]660

吴訥士(湖帆之父)[1]46

吴貫因[1]58[2]99,101,103,

106,441,446

吴景敖[4]73-75,77,81-83,727,739[5]541,636[6]688[7]382,412,423,442[11]43,44

吴景超[4]704,705,724,726[7]627,652,709-710,744[8]7,53,57,59,60,63,65,87,90,362,486,490,498,693[9]85,262,274,436,440,474,482,483,544,740,772 [10]315,341

吴景超夫人(見"龔業雅")

吴曾祺(增祺)[6]126[8]369[9]337[11]382

吴湖帆(遹駿)[1]1,2,4,6,7,11,14,15,17,19,22-25,27[5]672[7]13,79,225,281,284,319,426,517,566,574,580,582,587,589,612,651[8]32,315,316,364[11]323,358,422

吴砚芳(姜義安夫人)[9]83

吴貽芳[3]595,636[4]250,264-265,297,331,378,424,452,490,495,756[5]435,489,491,628,631,634,758,759,762,763[6]68,71,88,122,

516[7]88[8]21,111,523-526,528,529,533-535,537,545,610,612[9]62,63,431,435,452,454,605,610,613[10]182,193-195

吴超[8]231[9]200,219,303,306,307,326,333,334,337,364,431,470,506,540,543[10]69,402,410,412

吴階平[8]341,342,343,349

吴順東(緝熙次女)[3]678[4]321,324,342[5]729,730

吴傳啟[10]653,655,673,701,719,725,731,739,755,756,757,759,760,762,764,766,773,786[11]88,91,139,140,172

吴傳歡[4]709,714,737,740,759,761[5]152[6]79

吴幹[4]668,675,683,702,711,748[5]14,68,543

吴廉明(廉銘)[5]166,477

吴敬恒(稚暉)[1]390,409,445,449,470,678[2]47,48,52,53,63,257[3]368,446[4]756[5]46,64,231,297,763[6]50,252

七畫:吴

吴新丹【4】426,428,445,476,486,487,491,511,528,577

吴瑞芝(孝骞妹,鹿世灌夫人)【5】644,723,724【6】123,244,448,589【7】123

吴瑞燕(王泊生夫人)【2】698【3】9【4】138,139,141,144,145,147,150,311,312,592,611,720【5】195,221,224,225,229,301,310,427,629【8】50【9】70,74,75,308,335,480,482,687,688【10】516

吴經熊(德生)【3】579,586,587,615【5】685

吴葆荃【7】427,478,480,484,485,492,493,566,568,598

吴虞(又陵)【1】157,158,165,166,173,308,372,374,375,381,382,432,484【4】132,134,436

吴道存【6】559,676【7】65,117,242,246,250,252-254,262,271,272,275,348,513,579

吴道坤【4】680,682,694,709,732,777【5】7,28,638【6】410,626【7】29

吴雷川【2】293,324,329,331,333,351,356,442,443,450,455,461,464,549,586,731【3】10,72,115,160,169,202,276,292,296,299,300,341,343,348,355,360,470,477,501,582,618

吴颂皋(子玉)【1】262,267,291,292,296,298,300,301,322,323,325,327,328,331,332,348,352,356,365,366,369,371,373,375,377-379,381,382,384,386,394-397,405,406,411,414,415,424,425,431,453,536,701,739-742,745,753,779,799,801【2】69,266,312,313,315【3】515,528,591,592【4】142【7】573

吴鼎(颖吾)【4】764-766,770,773,778,779【5】5,6,47,59,84,92,93,95-97,102,108-115,124-128,135-138,142,147,149,153-156,173,201,351

吴鼎(颖吾)夫人(芮宣之)【4】771【5】127,222

吴鼎昌(达诠)【3】109【5】555【6】630

吴墉【6】331,377,495

吴嘉锡(宾若)【1】82

吴寿朋(吴外舅,吴岳丈,吴岳父)【1】59,103,106,115,156,175,194,308,390,432,434,448,472,518,534,541,554,561,588,605,633,638,692,705-707,719

吴荣【8】193,201,221,383,387,388,391,394,396,397,400,408,411,413,416,417,426,429,434,435,437,438,442,444,446,449,450,456,462,464,467,471,472,475,478,480,481,487,490,503,505,514,520,523-526,530,540,544,546,551,559,581,588,606,616-618,626,699,717,720,731,735,739【9】5,20,34,63,70,79,87,106,228,229,244,246,248,272,302,303,308,431,452-454,473,482,504,538,597,600,656,680,684,700,702,708,713,714,726,765,768,785【10】7,45,173【11】611

吴碧澂(碧澄,璧臣)【1】83,95,113,117,157,175,177,198,331,386,392,438,453,584,692,719,723,744,748,766,767【2】55,69,78,85-87,91,92,99,109,137,163,184,213,214,266,278,289,291,293,300,305,323-325,328,330-333,342,346,348,355,364,372-376,382,386,388,395,412,416-418,420,421,433,439,459,464,465,469,486,497,499,506,510,536,542,554,555,581,590,592,658,693,722【3】7,8,17,23,29,33,37,44,47,48,61,83,86,94,96,98,113,357,535,628【5】522,665,666,679,681,692,734,740,752,755【6】232,702【7】123,569【8】400【9】70

吴碧澂夫人(碧澄夫人)【10】803

吴维亚【3】87,102,150,171,172,185,197,238,279,617【4】582,583【5】74,137,227,233,240,242-245,247,248,250,252,255,257,258,262,264,266,274,275,279,281,

七畫：吴

283，288，289，294，302，304，307，309，315

吴維清（緝熙）〔1〕87，89，95-97，100，102，105，108，109，111，113，116，117，123，124，129，130，133，139，141，142，144，147，159-161，163，166-170，173，177-179，182，190，191，195，196，199，200，204，210，214，218，223，234，241，246，247，249，253，261，266，267，273，287，302，304，321-323，325，327，330，349，360，368，372，377，386，388-393，395，400，412，424，429，431-434，444，446，448-451，453-457，459-461，464-466，468-470，472，473，475，476，478，480，483，485，487-489，491，492，494，497，500，501，503-506，511，514-516，518，521-525，533，534，536-540，544，545，547，551，554，557，564，570，571，577，580，583，585，586，589，591，592，594，596，600，603-606，608，609，611，612，616-618，623，626，628-630，633，634，638，639，642，648，649，651，652，655-658，660-667，669，670，672-677，680，683，684，688，691，711，713，715-725，727-733，737-739，742，744，745，747，748，750，752-765，767，769-773，775，776，785，793，799，802，817，822〔2〕5，13，22，25，33，35，51，54，55，58，62，64，65，75-79，83，91，113，124，135，153，167，189，218，219，249，267，275，285，299，303-305，310-316，319，320，329，364，369，417，445，495，536，570，612，632，655，731〔3〕68，72，73，81，209，228，313，426，466，473，564，642〔5〕98〔9〕165

吴維清夫人（緝熙夫人）〔1〕147，161，480，481，494，496，497，507〔2〕263，299〔3〕678，685，691〔5〕665，742，751〔6〕15，702

吴閒（夏承燕夫人）〔8〕216〔9〕93，426，597〔10〕193，456，458，461，473〔11〕387

吴聞天（實業部）〔3〕440-442，

615〔4〕752〔5〕67,156,165,296,494,670,673〔6〕23,31

吴闻天夫人〔5〕754

吴德〔8〕67〔10〕470,604,658,726〔11〕308,334

吴德威〔8〕453,456,462,506,606,699,731,740〔9〕5,18,248,258,367,465,488,572,589,597,656,726

吴徵兰(先妻)〔1〕134,167,231,313,318,543〔2〕178,298,309,645〔3〕82,290,327〔4〕51〔5〕84,118,120,134,733〔6〕188,352〔8〕357,372,377,728〔9〕358〔10〕86,385,516〔11〕18,568,606

吴庆彤〔11〕299,305,308,334,640

吴庆鹏〔4〕215,642

吴慧真(慧贞,慧珍,绂熙三女)〔3〕678〔5〕742,743〔6〕217,228,702

吴练青(余雪曼夫人)〔5〕173,183,189,194,198,199,203,205-207,210,217-219,221-223,225,230-232,234-238,240-260,262-267,273-279,

281-284,286-289,291,292,294-305,307-309,315-339,341,342,348,349,351-358,361-365,374,400,401,407-411,414,420,421,423,424,435-437,441-445,464-469,471,476,478,481,483-488,492,501-505,507-509,511-514,519,522,523,527,531,532,593,595,596,603,628,705〔6〕2,17,22,131,158,171,240,386,396〔7〕24,41〔10〕86,113,114,116,166,176,205,512,699,701,703,706,711〔11〕458,617

吴绂华〔11〕648

吴广燮〔5〕665,690〔6〕33,36〔7〕124,327,328,371,384,573

吴学周〔6〕252〔8〕214,219

吴学兰〔8〕200,201,220,221,608〔10〕193-195,301,304

吴晓邦〔8〕219,469,735,740,742〔9〕450,607,773,775

吴晓铃〔6〕512〔7〕600〔8〕33,469〔10〕109〔11〕674

吴树平(澍平)〔10〕43〔11〕547,

七畫:吳

548,609,628,635,656,700
吳樹德(伏生,緝熙子)〔2〕320,
321,323,327,368,369,371,
375,414,428,495,497,501,
544,566〔3〕160,362,632,678
〔4〕42〔5〕729,765〔6〕36,52,
151,227〔7〕24〔9〕68〔11〕
87,115,
吳澤(瑤青)〔5〕280,319,325-
326,353,418,420,442,466,
482,502,504,525〔6〕496,612
〔7〕106,107,143,181,308,
311,335,339,340,357,442,
447,452,477,503,506,525,
534-536,538,540,550,551
〔9〕758,761,767〔10〕280
吳澤夫人〔7〕363
吳澤霖〔5〕224〔6〕95〔9〕675
吳燕生〔3〕603,605
吳燕紹(寄荃,季荃)〔2〕543,
711,718〔3〕10,11,44,61,
103,220,349,429,568〔5〕609
〔11〕532,646
吳諫齋〔7〕13,24-25,36,239,
280,382,399,416,418,518,
527,540,553,575,576,589,
605,611,623,639,642,652,

665,742
吳諫齋夫人〔7〕237,280,283
吳錫澤〔4〕548,556,602,604,
632,633,640,664,677,679,
680,694,712,721〔5〕16,31,
34,35,39,74,136,200,207,
208,225-227,229,230,234,
236,240-243,245,253-255,
268,269,271,283,309,311-
313,321,387,421,422,426,
438,450,494,540,543,568,
593,761〔6〕2,62,213,214,
273〔8〕274
吳錫澤夫人(見"錢正帆")
吳檢齋(承仕)〔1〕463〔3〕
198,351
吳鴻業〔6〕347,357〔7〕597,655,
700〔8〕141
吳禮卿〔4〕652,765〔5〕225〔6〕
66,90
吳豐培(玉年,寄荃之子)〔2〕724
〔3〕11,38,44,86,108,169,
180,181,348-350,365,381,
385,403,423,430,472,477,
481,482,485,498,499,508,
520-522,524,527,530,531,
533,535,540,546,547,568,

585,591,599,603,605,607,626,653,662,666[4]41,466,513[5]137,522,548,598,604-610,613,614,619,620,622-624,630,671,725,729,772,773[6]28,168,220,268,269,271,293,508,510-512,514,517,518,537,559[7]359,440,441,479,480,481,487,491,516,608,647,648,725,765[8]132,133,135,193,200,378,571,574,559,692[9]95,218,270,544,620,621[10]167,333[11]337,341,438,529,532,612,642,731

吴闿生(北江)[7]604,768[9]176,222,323,516,519[10]218[11]396

吴瀛(景周)[1]770[2]503[5]586

吴蕴初[5]432,435,439,490,773

吴瞿梅[7]629[8]214,221,509,528,605,610,631,650,741[9]28,62,187,213,271,277,740,768

吴镜汀[8]406[9]163-166,772

吴鏡儂(謝家榮夫人)[9]281,286,290,294,493,754

吴鹏(孝騫,大黑,吴大姨之子)[5]652,723,724[6]130[8]742,743[9]109,118,242,568,569,573,578[10]277,279[11]547,681

吴藻汀[2]275,285[8]458,460

吴藻溪[3]526[5]418

吴蘭宸[5]380[7]415,416

吴觉農[7]629[8]451,453,482,482,494,509,539,562,564,625,628,629,631,693,709[9]5,29,229,240,437,486,551,558,572,599,740,769,787[10]26,762[11]360,504

吴觉農夫人[9]95

吴巍(亞農)[2]183,217,222,254-256,266,280,283,285,291,292,330,393,455,540,543,648[3]10,80,460,588,675[4]161,194,759

吴鐵城[2]149,606[4]543,559,598,605-607,755,757[5]441,453[6]65,68

吴鐵聲(鐵生)[5]411,468-473,514,522,527,653,660,726

七畫：吴步貝岑利何

[7]32,39,433

吴鑄人[3]592,615,662[4]98, 149-151[5]224

吴顯齊[5]447,487,512,564, 568,569[6]64,168,223, [6]435

步近智[11]99,104,110,138

貝塚茂樹[7]600[11]655

貝盧思(貝盧斯)女士[3]22,271, 533,619,644,652,656,667

岑仲勉[4]161,232,584[5]549 [6]87,120,293[7]246,729 [8]301,302,522,628[9]350, 630,680[10]294,735,737, 739,740

岑家梧[4]514,683,699,712[5] 70,463,464,505,512,562, 594,595,597[6]32[8]227

岑學恭(子敬)[3]746[4]629, 767,772[5]8,17,20,21,24, 233,312,507,585,603,638

利查遜[3]747,752[4]1,2,510

利瑪竇[3]117,366,376,403, 456,496,544[9]371[11]616

何士驥(樂夫)[2]290,462[3] 363,378,380,383,384,386, 388,400,408,422,424,445,

463,476,482,484,530,533, 544,559-563,590,695,698, 746[4]97,190[8]24,27

何士驥(樂夫)夫人[6]299

何大定[2]138,254,460,483

何之[2]285

何公敢[5]418[7]631[8] 214,363

何天行[7]227,231,235,249, 271,309,318,323,670,677, 683,686[8]43,44,46,47

何日章[1]435,440,800,801[6] 310,316

何北衡[5]393[7]526,592,598 [8]134,211,363

何兆武[11]109-114,120,121, 127,129,135,691

何兆麟(肇麟,瑞之)[4]545, 652,665,667,669,682,684, 692,700,712,721,739,742, 743,759,763,765,773,774 [5]25,403[8]409

何其芳[7]642[9]29,134,137, 139,375,616,740,759[10] 436,437,477,510,658,682, 761,786[11]39,83,134,344, 409,475,670

顧頡剛全集·顧頡剛日記人名索引

何其鞏〔1〕494〔3〕631，651〔5〕609

何定生〔2〕141，146，202，232，325，340，489，553，559，571，593，599，728，730〔3〕48，118，159，160，164，166，170，216，219，333，335，342，353，576，582，645，650，653〔4〕315〔8〕274〔11〕695，698，710

何兹全〔4〕758，763〔5〕29，46，54，136〔6〕5〔7〕612，620，657〔8〕587，646

何思敬〔2〕43，44，46，97，109，112，123，124，127，128，131，132，135，137，142，149，150，152，154，166，169，183，185，206，208，209，232-234，239〔7〕631〔10〕784

何思源（仙槎）〔1〕116，117，802〔2〕38，40，43-46，85，147〔3〕589〔5〕171，181，182，193，748〔6〕294〔8〕7，16，137，219，732〔7〕626，656，677，688，690，744〔8〕7，12，14，15，144，213，217，412，441，489，509，521，559，607，611，625，647，705，706，724〔9〕28，54，62，65，109，110，112，115，117，119，188，236，281，284，287，288，293，295，297，300，330，346，493，538，612，740，765，770〔10〕167，311，745〔11〕247，347，349，495

何思源夫人（何宣文）〔8〕705〔9〕112

何炳松（柏丞，伯丞）〔2〕49，56，264，318，321，329，352，438，472，494，606，731〔3〕337，432，617，618〔6〕117

何炳然〔8〕171，231，232，237〔9〕64

何炳麟（何迥程）〔8〕545，591，592，606，607，609，610，613，616〔9〕55，58，429，431，435

何香凝〔8〕144，145〔9〕53，279，335〔10〕561

何容（子祥）〔3〕351〔4〕148，150〔5〕409，410

何峻機〔2〕548，551，560，571，577，581，692，698，711〔3〕3，15，22，46，47，49，195

何基鸿（海秋）〔2〕503，657〔4〕606〔5〕433，491，499，44，610，611，619，614，624，625，627，

七畫:何

628,634,636,764〔6〕9,68,69,701〔8〕136,142

何康(叔魏,叔父三子)〔5〕447,472,478,533,655〔7〕717〔9〕386,422

何啟君〔10〕190,371,377,380,382,383,391-398,475

何富德(Hefter,)〔2〕591,592

何植三〔1〕800〔2〕50

何幹之〔8〕26,661〔9〕99,119,195,222,350,763〔10〕732

何殿英(壽甲)〔2〕359〔3〕3,6,25,59,65,68,88,98,124,148,170,172,184,197,217,227,240,245,269,294,323,342,345,354,362,371,398-400,405,421,440,473,571,644,649,651,658,665

何資深〔4〕456

何遂(叔父,叔甫,叔圃)〔2〕225-227,231,244,245,254,255,328,330-332,350,351,353,373,374,392,393,395,423,424,443,454,489,509,550,552,558〔3〕12,60,500,586,587,649〔4〕148,150〔5〕74,266,444,446-448,460,461,

472,503,533,536,545,655,685,728,729,738,747,758〔7〕79,84,85,689,717,753,766,767,777〔8〕53,59-63,62-67,69,70,85,89,90,126-129,132,141,144,145,147,252,258,276,278,374,387,396,401,402,409,424,471,501,574,576,577,659,660,716,742〔9〕34,38,39,43,44,47,55,91,93,98,186,228,229,343,344,359,415-429,444,605,610,740,747,768,786〔10〕25,96,766,768,771,772,801〔11〕319

何滿子〔7〕472,495,511

何維凝〔3〕431,432〔4〕283,553,597,600,611,695〔5〕47〔6〕382

何毅吾〔5〕236,444,487,488,528,533〔8〕63

何適〔1〕818

何震潮〔3〕363

何魯〔7〕631〔8〕216,221,501,605〔9〕242,324,346,535,665

何魯之〔4〕488,639〔5〕383,432,435,490,498,761,762〔6〕253

顾颉刚全集·顾颉刚日记人名索引

何澤慧【8】735,736

但薩藦【4】142【6】68

但熏(植之)【6】55,66,72,76,90

但懋辛(怒刚)【5】432,491,495,626

伯希和(Professor Pelliot)【1】216【2】725【3】2,5,13,290,344,349,350,528【4】184,482

佟志祥(佟君)【4】565,579,595,600,606,634,636,640,646,649,728,741【5】29,31,286,289,297,322,341,370,373,374,378,379,384,390,392,401,407,408,423,424,471,492,508,523,531-533,535,545,547,559,567-571,575,579,590,592,593,596,598,602,626,627,639,766【6】29,40,52,99,105,123,147,164,209,220,227,276,287【9】82【10】90

佟志祥夫人(佟太太)【5】351,486,574

佟晶心【3】365,576,577,629,638,647,648,651,654,656,730

佟樸【3】124,145,166,216

余又蓀(又生)【4】684【5】190,393,401,556,578

余上沅【1】734,766,768【2】147,282,294,326,330,700【3】432,433【5】26,522,524,534,536,545,547,574【6】4【7】285

余上沅夫人【2】659

余之介【7】629【8】56,111,193,383,387,388,391,394-397,400,423,424,439,442,444,449,450,462,463,467,470,473,478,481,485,501,503,505,506,514,520,537,540,545,551,553,572,577,585,606,616,617,619,661,699,708,714,721,725,726,731【9】5,8,18,63,65,80,92,98,106,177,178,185,244,246,258,313,361,366,373,452,453,504,505,553,557,572,589,600,642,671,684,700,782【10】173,194,463

余井塘(次長)【4】544,554,597【5】312

余仁【7】250,251,269

余元盦(元庵)【6】614【7】659,612,621,622,647,680【8】54

七畫:何但伯佟余

[9]282,336[11]55

余心清[10]167,619,620

余文光[8]111,534,546[9]432

余文豪[4]255,275[5]136,201, 354,406,470,501,568

余永梁(紹孟)[2]28,92-94,96, 111,112,114,124,144,154, 156,158,159,163,164,166- 168,175-177,181,182,194, 209,212,214,216,220,227- 229,231,232,234,241,245, 250-256,266,267,276,306, 310,468,486[7]544,546

余永誠[7]206[10]574,575

余竹平(介石)[4]371,375,380, 418,444,452,502[5]373,385

余叔岩[1]200,317[8]299,309

余昌之[1]478,483,484,488, 504,505,508,514,520,522, 549,610,623,645,656,727, 802[2]143,267[3]80

余松筠[5]384,398,399,542, 595[6]161,292,444[7]48, 56,65

余松筠夫人(見"王立吾")

余長泉[5]236-238,325-330, 333,346,399-401,436,437,

512-514,538-540,574,575, 601,603,641-644,647,648, 652[6]105,108,109,142[11] 410,411,415,416,545,555, 577,594,743,747

余冠英[4]152[8]9,234,649, 655[9]133,134,230,237, 356,362,370,375,444,468, 537,553,579,617,643,759 [10]164,202,642[11]556

余秋里[9]775[10]637,645, 646,758

余家菊(景陶)[1]696,802[4] 754[5]435,490

余清心[8]55

余祥森[1]398,399

余稚臣[2]485

余群宗[5]382

余嘉錫(季豫)[2]681,683,685 [3]344,525,653[5]601,621 [6]204,252,495,496,510[7] 648,654,659[8]23[9]80 [10]25,57,721[11]324,325, 335,337,373,398

余箦傳(楠秋)[5]433,499,634, 750[6]65,414,693[7]24,64

余遜(讓之,遜之,嘉錫之子)

〔2〕366,396,416,437,440,442,444,460,465,468,488,500,508,531,537,539,554,564,565,568,570,572,574,576,578,580-583,585,587,589,591,592,598,599,610,614,645,683,692,695,702,715,724,729,730〔3〕91,96,97,104,148,161,162,164,166,179,207,215,227,230,238,267,344,367,376,377,414,445,470,504,520,559,576,601〔5〕608,622〔6〕510,512〔7〕482,648〔9〕662〔10〕241〔11〕336,373

余英伟〔5〕527,528

余雪曼〔5〕250,281,282,283,303,327,329,330,331,400,401,408-411,420,502-505,507,516,517,527,528,531,532,595,596,598,599,602,603,628,718〔6〕400,582,653,661〔7〕5,82,97,109,131,231,234,345,379,382,392,399,402,414,425,429,436,452,516,517,539,545,617,667〔8〕238〔10〕109,166,175,276,312〔11〕617

余贻泽（杨公素）〔3〕422,450,453,458,466,469,484,501,508,638,643,644,656,659,669,670,680,681,690,693-695,697,708-711,715,716,722,725,727,728〔4〕191,466〔11〕21,23,344

谷正纲（季常,振纲）〔4〕604,753〔5〕496,497〔6〕3,65

谷杏春〔2〕675〔3〕66〔4〕339,340,402,415〔7〕669

谷苞（望溪）〔3〕725,732-734,743-746,748,750〔4〕2,117,118,271,272,274,471〔5〕59,347〔6〕293,300,302,306-310,317,342,367,377,385〔8〕273,645〔9〕759,762〔10〕585,594〔11〕52,232,233

谷凤田（心濃）〔1〕698,702,722,728,741,784,800,801〔2〕24

谷锡五〔1〕431,464,497,501,540,541,546,560〔4〕591,632,668,701,714,725,730〔5〕21,209,230,367,586,598,602,626,639,685,704,714,745,755,758〔6〕76,77,

七畫:余谷狄罕言

225,235

谷霽光【3】299,358,359,397,477【5】13,60,138,153,772【8】611,612【9】759,767【10】506【11】580,583,601

谷蘐(仲華)【5】31,88,97,102,107-111,157,158,161,164,204,205,208,245-249,252,253,273,276,282,300,301,328,335

狄畫三(狄醫,君武弟)【2】542【3】433,442,676【4】545【6】446,507,578,703,707,668【7】16,19,20,23,29,30,32,33,37,39,42,43,46,57,60,63,66,67,73,93,94,99,107,111-114,120,124,125,132,134,138,148,170,175,176,179,183,184,187,188,204,224,226,232-234,242-244,252,256,257,272-274,287,301,319,332,336,348-350,356,357,359-365,367,368,372,374,375,377,378,398,412,414,418,419,433,441,466,476,496,498,503,504,518,526,539,544,547,552,

553,567,574,470,473【9】555

狄畫三太太【7】129,188

狄超白【7】588

狄源渤(君武子)【4】713【10】15

狄源滄(君武子)【4】713【9】554,555

狄靜觀【7】558,564,566,569-572,578,589,599,610,644,662,665,729【8】275,373,374,376

狄膺(君武,福鼎)【1】44,59,72,126,142,144,148,149,224,241,275,360,474,568,799,825【2】52,320,424,485,540-542,604【3】149,240,433,442,443,460,592,646,676【4】148,545,558,599,600,603,606,614,700,713,727,752,753,758,774,778【5】8,15,36,46,47,59,70,72,129,132,159,160,170,181,182,186,189,190,192,193,209,224,246,255,286,494,595,686,687,745,759,761【9】555

罕德蘇倫【9】174,240,242,265,269,318

言少朋(言菊朋子)【8】309,312,

367,688

言心哲【5】265,324,423,487,487,492,505,508,522,534,564,566,587,751【7】34,202【11】346,596

言慧珠(言少朋妹)【7】584,631【8】309【9】5,17,346,358,408,415,420,453,454,547,651【10】255,599

辛田【7】661【8】24,51,54,56,57,92,134,140,165,194,212,252,363,379,460,462

辛仲轩(树幟子)【6】688【7】230

辛仲勤(树幟子)【5】740【6】300,325,330,331,335,337,338,342,343,345,357【7】627,629,630,679,680【8】20,248,253【9】58,64,450,755【11】345

辛仲毅(树幟子)【5】740【6】300,303,309,315,328【7】230

辛志超【8】7,138,630,706,717,724【9】54,229,276,346,536,544,605,680,740,773-774

辛品莲【6】624,693,695【7】3,6,14,24,29,38,92,203,207,209,214,226,232,234,576

【11】559,625,645,647,659,667,674,679,680,682

辛毓南(树幟女,劉宗鹤夫人)【6】300,325,330,337,338,342,343,345,347【7】229,606,614,627,630,679,680【8】248【11】346

辛树幟(辛伯伯)【2】96,97,122,124,146,148,153,156,195-197,199,212,215,218,220,221,223,227,232,233,239,244,250,251,254,308,413,560,561,642,655,726【3】221,414,431-433,441,445,447,456,463,502,505,506,528,561,567,568,586,590,591,597,651,690,695,696,710,715【4】126,136-142,298,387,466,546-553,555-558,575-577,579-593,595-603,609-615,617-620,622,623,625-627,629-632,641,653-657,659-665,667,668,671,672,675,676,678,679,681,683,684,690,691,693-696,698-700,702-706,709,711,712,714,740,767【5】8,

七畫:言辛宋

19, 26, 30, 59, 73, 137, 214, 284, 393, 465, 478, 505, 557, 593, 685-687, 696, 697, 717, 721, 739, 740, 751, 772【6】6, 11, 15, 21, 22, 24, 94, 109, 129, 133, 135, 175, 233, 238, 243, 253, 270-273, 281, 282, 285, 293, 295-318, 322-349, 352-381, 383-387, 431, 432, 445, 446, 546, 574, 626, 653, 685-688, 692, 694, 699, 704【7】4, 10, 24, 26, 30, 37, 61, 67, 69, 76, 79, 83, 101, 120, 125, 136, 144, 204, 228-230, 232, 236, 293, 386, 396, 423, 431, 452, 457, 471, 485, 511, 516, 528, 538, 542, 556, 590, 606, 608, 613-615, 626-632, 638, 639, 659, 667, 669, 670, 679-681, 687, 693, 694, 697, 698, 772 【8】8, 12, 15-20, 23, 42, 55, 59, 107, 109, 164, 195-198, 200, 201, 211, 213-216, 218, 222, 223, 244, 245, 250-252, 334, 337, 343-346, 401, 403, 463, 464, 493, 568, 600, 605, 606, 610, 612, 615, 616, 663,

687, 690, 711, 728【9】1, 19, 24, 26, 29, 33-36, 54, 55, 58, 59, 61-64, 101, 134, 135, 138, 176, 190, 217, 230, 286, 430, 433, 437-439, 441, 442, 444, 446, 447, 450, 451, 488, 538, 560, 616, 637, 677, 708, 749, 755, 767, 769, 771, 773, 778, 779【10】24, 30, 103, 120, 180, 183, 186, 187, 192, 193, 199, 204, 278, 387【11】34, 35, 68, 372, 507, 573, 744

宋一平【11】382, 435, 602, 603

宋士宜【1】130, 282, 283, 800, 801

宋子文【3】45【4】754, 756【5】499, 628【6】372, 426, 685

宋文翰(伯韓)【1】702, 792, 794

宋格(賓三)【5】760, 761, 763 【6】307-308, 312

宋香舟(湘舟, 秘書)【2】43, 97, 106, 126, 130, 132, 135, 146, 148, 208, 211, 214, 226, 228, 231, 467, 482, 483, 487【3】150, 193, 433, 436, 440, 441, 590, 591【4】669, 672, 680, 685, 699【5】14, 43, 113, 120,

126, 128, 131, 132, 144, 158, 167, 178, 189, 228, 229, 232, 235, 289, 311, 313, 319, 325, 370[6]172, 291

宋香舟夫人(程菌)[5]312

宋哲元(明轩, 宋主席)[2]332 [3]24, 394, 426, 479, 543, 546, 548, 580, 588, 654, 663, 665, 673 [6]260 [8]455 [11]60

宋家钰[9]30, 631, 668, 739, 746, 755 [10]206, 288, 313, 343, 350, 456, 457, 459, 461, 465, 473, 497, 499, 500, 506, 512, 564, 603, 657, 758 [11] 148, 209, 218

宋家钰夫人(许顺娟)[10]57, 87

宋挺生[7]586, 613, 624, 659, 662, 665, 666, 674, 679, 687, 693, 742, 743 [8]2, 130, 147, 192, 245, 384, 539, 551

宋益清(渝波, 遄波)[3]253[4] 291, 292, 297, 305, 309, 338, 345, 351, 353, 442, 495, 568, 640

宋教仁[1]405[6]643[7]264 [9]347[10]170

宋堪布[4]70-74, 77, 81, 82, 90

宋翔凤[6]567[7]80, 424-426 [10]25

宋云彬[3]337[4]45[5]418, 556[6]496, 508[7]294, 631, 632[8]12, 24, 363, 496, 518, 519, 544, 605, 610, 611, 615, 619, 649, 656, 660, 693, 724, 735, 738[9]31, 54, 86, 185, 200, 206, 211, 212, 229, 230, 234, 241, 261, 264, 336, 360, 446, 539, 551, 554, 559, 560, 596, 727, 740, 749, 769, 775, 784[10]270, 325, 341, 354, 620, 623[11]305, 701

宋云彬夫人[9]276

宋汉灌[4]602, 653, 661, 664, 694, 696, 700, 710, 712, 728, 735, 758[5]37, 60, 79, 130, 225, 226, 229, 270, 286, 382 [6]299, 318, 333[11]51

宋绮(继母, 母, 母亲, 宋氏, 宋夫 人)[1]38, 54, 63, 99, 101, 110, 150, 151, 184, 206, 212, 227, 228, 231-233, 236-239, 241-244, 246, 247, 249, 251, 252, 254, 255, 260, 263, 264,

七畫:宋冷沙沈

269, 271, 273, 274, 276, 285, 312, 324, 337, 347, 349, 361, 370, 379, 381, 400, 410, 528, 531, 533, 781〔2〕2, 4, 5, 53, 72, 83, 86-89, 116, 259, 260, 298, 300, 304, 305, 308, 472, 473, 489, 606, 609, 611, 617, 621, 623, 625, 628, 630, 632, 633, 635, 645〔3〕67, 71, 72, 76, 144, 225-227, 247, 256, 263, 285, 286, 290, 309, 312, 314, 325, 328, 438, 439, 513, 678, 689, 736〔4〕573〔5〕81, 99, 733〔8〕377〔9〕439 〔11〕606

宋廣純〔8〕329, 330, 337, 339, 341, 343, 344, 345, 348, 352, 355, 357-359, 366, 371, 373, 664, 665, 673, 686, 691

宋慶齡〔6〕522〔7〕631, 638〔8〕143, 611〔10〕529, 561〔11〕746

宋濂〔2〕21, 27〔3〕332〔7〕314, 641, 702

冷通（禦秋）〔4〕756〔5〕159, 161, 171, 433, 489, 490, 494, 628〔6〕31〔8〕141, 144, 675

沙文漢〔7〕523〔8〕363

沙孟海〔4〕548, 553, 558, 590, 677, 745〔5〕7, 128〔6〕270, 283

沙彥楷〔7〕441, 525, 530, 533, 536, 539, 544, 630〔8〕201, 217, 218, 220, 609〔9〕773

沙英〔7〕662, 663〔8〕565

沙畹〔7〕406〔8〕708

沙儒誠〔4〕197, 199, 272, 276, 543, 546-548

沙學浚（學俊）〔4〕768〔5〕14, 28, 44, 77, 131, 158, 179, 764 〔6〕53, 88

沙應若（程憬夫人）〔4〕725〔5〕319〔6〕705〔7〕18, 24, 338, 577, 594, 595, 609〔9〕68, 310, 312〔10〕386

沙蕾（陳敬容之夫）〔5〕626〔7〕444, 461, 474, 530

沈士遠〔1〕103, 129, 157, 158, 165, 166, 168, 178, 191, 411, 461, 508, 513, 646, 719, 720, 723, 765, 799, 802〔2〕307, 482, 483〔3〕115, 431, 440, 441, 592, 693〔4〕143, 607, 669, 724, 765〔5〕78, 93, 95, 110, 190, 687〔6〕21

沈子善〔4〕661〔5〕221, 238, 239,

258,336,350,429,443,445,461,512,534,570,588,594,749

沈尹默(君默先生)【1】456,461-463,508-510,512,513,517,519,535,538,544,545,592,593,606,628,656,661,682,684,686,728,756,763,765,767,769,799,800【2】496,503,657,725【3】440,459,588【4】608,612,679,774【5】14,68,78,166,231,232,555【6】574,665,676,684,690,695【7】27,30,60,99,104,143,173,214,225,313,330,342,360,368,375,414,440,443,454,469,504【8】611【9】54,58,61,432,451,452,768,776【10】721

沈尹默夫人(見"褚保權")

沈元【9】500【11】207

沈友佩(表姑,九表姑)【1】137,780【3】235,236,686,733【5】749

沈心怡(表叔)【2】299,308【3】80【5】749【6】655

沈心薰【3】28,387,462,545,

552,650

沈文倬(鳳笙,鳳孫,鳳蓀)【6】63,158,176,401,534【7】5,24,31,51,54,59,73,75,79,80,91,134,470,471,477,574【8】198【11】102,562

沈令章【5】95,135,137,138,145,152-155,157,158,168,169,190,227

沈亦珍【6】21

沈仲章【3】478【5】720,720,726,737,738【7】301-303,315,381,382,524,556

沈有鼎【3】591【4】174,265,266【9】263,264,269,276,352,353,557,609,675,742【10】26,201,272,466,467【11】381

沈百英【1】311,404,414【5】693【6】20

沈伯安(柏寒)【1】130,137,138,241,249,286,301,356,376,378-380,382,459,529【2】269,316,480【3】77,326【5】711【6】29,105【7】19,172

沈伯良【6】171

沈伯明【6】171

沈君釿【2】482【4】729,738,739,

七畫：沈

749[5]36,165,171,181,235, 248,311,752[6]58[7]19

沈壯聲[4]337,338,343,347, 358,425,428,526[7]19

沈志遠[3]628,658[5]660,672 [8]362,615[10]225

沈其益[4]693,699,711,714, 762[6]89

沈宗威[7]301, 316,333,405, 532,551,583

沈宗瀚[4]622,633[5]250,255, 259,288,308,488,509,526, 527,601,640[6]236,267

沈定平[11]154,155,158,159

沈延國（庶民子）[9]677,699 [10]386

沈性元（女）[8]453,454,660 [9]5

沈昌（立孫）[3]143,152,204, 206,212,272

沈長鉞[5]413[9]99,100,105

沈茲九[8]632,650,744[9]35, 487[11]473

沈拜言[1]509

沈禹鍾[7]35,553,582,634,635

沈乘龍[6]29,36,40

沈兼士（沈先生,沈）[1]85,91,

103,107-109,111,113,116, 120,137,146,152,156-158; 160,161,165-171,174,176, 180,181,184,186-189,191, 193-195,200,201,203,204, 210,211,213-215,217,218, 220,249,253,261,265,267, 268,271,274,275,277,280, 296,298,304,322,349,352, 360,375,377,388,389,392, 393,395,399,402,404,411, 413,416,420,421,424,426, 429-434,440,441,444-446, 448-450,454,456,457,460, 462-464,466,469,472,474, 478,479,481,483-486,489, 490,493,495,498,499,502, 503,505,507,508,511-513, 517,520,522,524,525,533, 535,540,545,546,549-551, 553,555,556,559,560,564, 565,578,579,588,590,592, 593,595-599,601-603,606, 607,610-612,620,622,624, 629,630,632,642,646,664, 666,668,671,673,681,691, 705-707,714-716,718-723,

727-729,731,733,735,740,747,748,750,753,758,758,760,762-765,767-772,775,776,778,781-786,788,789,792,796,797,799,800,802,804,806-811,814,816,823,824,829,832,834〔2〕2,13,18,23,61,62,69,81,83,146,206,279-282,285,330,411,421,439,443,493,498,657,685,686,701,725〔3〕123,170,195,220,296,344,360,361,396,400,423,431,469,479,518,520,523,532,547,557,581,583,602,603,618,647,650,653〔5〕68,71,72,78,108,110,536,607,620,622-625〔6〕96〔10〕157,439,496

沈剛伯〔2〕308,311,312〔4〕141,151,622,623,626,630,632,654,667,668,671,676,681,684,690,696,699,711,722,723,725,726,728,730,745,747,748,759,764,765,767,769,776,777〔5〕6,9,10,16,19,21,27,28,31,41,46,54,64,73,74,78,95,110,111,120,123,124,130,133,206,233,234,240,241,282,366,367,430,435,436,470,576,686,746,764,773〔6〕20-22,45,47,53,67,88,235〔9〕26

沈家本〔8〕134

沈祖棻〔5〕368,375,376,379,388,398〔11〕685

沈悙民〔7〕651〔9〕450,451,471,491,534,677,727,791〔10〕103,106,126,386〔11〕212

沈國華〔2〕568,574,589,650,651,653,727〔3〕470,543

沈康節〔1〕243,248,249,253,261,274,277,278,308,322,353,377,378,383,386,596

沈從文〔2〕488〔3〕128,439,468,474,537,551,554,568,622,657〔4〕153,171,177,236〔7〕642,646,657,665,725〔8〕13,201,202,212,214,215,217,219,534,580,610,708〔9〕32,34,37,47,86,88,89,121,184,186,230,242,346,493,511-515,517,520,523,524,524,525,529,538,539,547,738,

七畫：沈

740，769，771，778〔10〕756〔11〕146

沈焕章〔3〕222，223，294，322〔6〕383

沈竞秋（意秋）〔6〕300，314，324，328，334，340，347

沈曾植〔10〕205

沈钧儒〔5〕347，418〔8〕17，397，403，495，562，716〔9〕243，605，685

沈雁冰（茅盾，玄珠）〔1〕139，149，248，259，311，324，350，357，387，393，398-400，403，407，411，413，419，424，425，428，444，446，450，459，467，468，473，509，516，520，522，535，536，565，578-580，582，615，622，638，661，665，799，801〔2〕193，209，315，354，406，434，435〔3〕13，217，355，356〔4〕178，179，185，221〔5〕418，540，593〔8〕134，212，469，520，609〔9〕88，95，408，517，775〔10〕164，311，344，666〔11〕381，652，654，660

沈嗣莊〔4〕321，323，338，343，344，385，393，491，579，580，625，652〔5〕117-119，537

沈嗣莊夫人〔5〕164

沈绶成〔1〕141

沈维钧（勤庐）〔2〕222，272，275，360，368，424，442-448，451，455，468，485，493，536，537，550，559，562-565，567，568，571，577，579，582，592，648，649，655，682，687，730〔3〕74，75，147，240，502，505，506，509，510〔5〕690，699，705，712，737，755〔6〕29，32，154，167，240，241，405，481，604，702，708〔7〕5，20，122，357，365，291，298-304，306，308，315，319，324，340，367，369-373，381-385，406，414，429，442，458，475，506，516，520，527，531，533，535，536，538，545，550，555，556，570，572，590，593，651，657〔8〕163，600，632，634，635，667〔9〕155-157，488，496，689，727，791〔10〕146，151，228〔11〕302

沈维钧夫人〔7〕519

沈肇年〔8〕217，609〔9〕40，43，55

沈剑知（沈兼之）〔7〕674-676，

678,742

沈履(復齋,理齋)【4】309,310,530,564

沈 廣 生 【7】 358, 444, 447, 448,545

沈慧中【10】244,467,480,497,498, 500, 503, 574, 609, 623,762

沈瑾【8】436,440,444,447,450,458【9】317,322【10】44,52,55,248,536

沈澤民【1】248,419,602,627

沈遵晦【4】315,346,347,375,417,458,485,494,497,498,501,526,531,638,645【5】384【11】76

沈靜芷【5】418【7】657,667,675,676,685【8】28,29,138,190

沈燮元【7】301-304,314,324,336,339,360,371,372,384,440,455,457,474,475,506,506,519,550,553,570,590【8】24,60【11】497

沈邁士【6】676【7】10,27,30,60,99,102,104,173,214,225,281,292,308,330-332,334,340,342,398,414,417,425,

443, 453, 456, 469, 472, 509,538

沈羲梅【6】576,695【7】10,27,30,45,60,99,102,104,128,208,331,396,473,574

沈鵬(之萬)【4】554【6】276

沈鵬飛(主任)【2】96,97,106,108,122,125,135,137,149,181,183,191,192,198,210,211,214,227,248,252,371【3】106【8】534【9】88

沈鑑(沈鑒,鏡如)【4】635,649,725,741【5】15,24,25,37,38,97,160,137,284,349,368,370,374,380,385,390,393,394,430,468,505,548,594,697,705,747,758,759,772【6】 54, 116, 437 【7】 581【8】363

汪一鶴【4】542,545,553,559,593,598,613,626,628,633,652,653,660,672,691,694,711,720,721,735,739,742,773,774【5】9,35,36,42,72,170,171,257【6】439

汪士宏(妹丈,珠圓九妹夫)【5】664【6】6

七畫：沈汪

汪中【6】194【7】138，145，315【10】74【11】567

汪少倫【3】621【4】143，423，424，548，594，600，601，603，606，612，613，614，615，617，619，620，622，623，625-627，629，654，659，711，713，717，725，737，745，748，756，768，777，778【5】6，14，28，36，37，46，152，175，179，208，231，266，272，274，77【6】285

汪少倫夫人【5】33

汪世銘【8】67，69，90，134，141，647，742【9】31，34，55，83，628，729【10】341【11】247

汪仲周【1】88，94，100，123，133，141，145，146，152，177，185，187，247，249，260，261，275，282，306，364，373-375，379，397，447，459，656，729，744，763，796，798，799【2】54，274，304，312【3】261，312【5】692，724，725，743，745，752，755-758，764，765【6】3，15，16，18，19，24-26，36，86

汪仲鶴（汪醫）【7】760，761【8】6，11，14，23，197，440，696【9】35，64，74，75，762【10】164

汪兆銘（精衛）【1】631，834【2】99，422，674【3】659【4】185，218，344，363，400【6】295【7】200

汪安之（表弟）【3】67，76，79，237【5】666，741，752【6】74，84，105，132，147，228，233，549，647，653，677，683【7】19，79，108，122，123，233，689，705，723，724，726，728，729【8】51

汪克祉【6】18，26，36【7】299，324，371

汪亞塵【3】431，432，438，479，481，523，555

汪典存【2】271，272，314，471，480【3】432【4】161，163，166，167【5】221，221，227，294，670，700，732，756【6】39，58，84，212，440

汪典存夫人【4】166【6】78，82，212

汪和春【2】478，609，630【3】67，68，71，72，238，256，261，263，264，303，317，322，435【6】699

汪孟舒【4】179

汪孟鄒【1】377，403，422，425，

顧顧剛全集·顧顧剛日記人名索引

455,457,458,460,462,465,468,469,472,477,479,485,491,498,509,524,536,590,592,607,615,617,621,706,712,726,727,729,759,761,784,792,802,806〔2〕43,48,82,264,265,472,494,518,643,644〔3〕337,438,471,508,512,513,522,523,528,588-590〔4〕203〔5〕555,564,654,655〔6〕172,422〔7〕12,32,89,150,175,203-205,284,359,442,444,459,461

汪季文〔9〕235,238,262,265,271,275,277,278,323,326,329,339,347,360,373,473,490,535,539,546,554,570,577,596

汪季文夫人〔9〕570

汪怡(一庵,一厂)〔2〕653〔3〕384,570,577,641

汪東(旭初)〔1〕206,226〔3〕697〔4〕148〔5〕165,186,187,206,254,259,314,350,409,428,445,470,473,512,513,524,525,534,537,547〔6〕66,72,90,218,675,676,684,690,

695,700,701,702,704〔7〕10,19,60,64,102,104,121,123,173,174,214,218,281,284,286,287,292,308,310,330,331,340,342,385,414,424,447,453,461,462,464,465,467,469,472,478,494,508,526,538,576-579,651〔8〕37,363,526〔9〕155,159,335,434,444,445,447,689〔11〕385

汪長炳〔5〕735,755,757〔6〕167,213,228,582〔7〕298

汪玢玲〔11〕344,647,649,695,700

汪姨丈〔1〕221,229,252,260,283

汪姨母〔1〕428〔2〕275,299,605〔3〕14,67

汪星伯〔4〕161,173〔7〕19,123,299,324,369,385,429,651

汪原放〔1〕329,352,806〔3〕311〔7〕140,442,459

汪家正(叔棣兄)〔4〕764,769〔5〕55,60,174,275,763〔6〕45,67

汪笑儂〔1〕18,21,25,26,31〔8〕

七畫:汪

688,690,712

汪國垣（辟疆，闢疆）【4】148，595,616,627,679,684,693,714,726【5】9,469【6】55【10】487,741【11】546

汪國洪（松齡，嵩齡，崧齡，松林，字善之，表妹）【2】309【6】77,647,648,685,686【7】122,723,724,726,728

汪國珍（采齡，翠齡，字美之，表妹）【2】309【5】740【6】77,227,647,648,686【7】723,724,726【8】227,228,450,459【10】5,216,459,462【11】275

汪國淑（表妹）【5】740【6】166,227,240【7】304【11】662

汪國範（壽齡，字式之，表妹）【6】240,647,648【7】122,723,724,734,739

汪奠基【3】397,551,554,592【4】195【7】646【9】270,311,321,349,356,362,375,488,537,553,651,671,758,782【10】54,109,113,119,120,234,315,457,458【11】96

汪曾祺【8】231,246,389,435,447,457-459

汪發纘（奕武）【4】185,193【5】148,149【9】725

汪華（叔棣）【3】430,471,477,489,521,522,542,545-547,548,559,571,592,605,628,636,653,655【4】755,758,759,762-764,768,769,772,773,778【5】9,15,16,29,31,37,43-45,55,56,58,60,66,67,75,77,83,84,106,111,121,133,135,150,151,156-159,166,172,175,176,200,362,366,368,374,382,400,401,407,408,410,411,414,420,423-428,435,437,438,442,445,465,469,471,473,476,478,481,484,488,493,501,502,504,507,508,512,513,518,525,527,530,549,564,696,704,705,713,714,727,737,761,773【6】47,53,54,65-67,69,71,91,126,214,468,473,475,482,492,505-507,520,521,531,534,535,538,539,543,546,552,560,598

汪敬熙（緝齋）【1】604,605,639-

644, 648-651, 660, 697, 800, 802 [2] 95, 96, 99, 101, 103, 104, 107, 109, 113, 115, 124, 125, 127, 132, 145, 148, 150, 152, 154, 156, 173, 182, 183, 189, 196, 197, 205, 213, 216-218, 232, 234, 236, 255, 256, 506, 553, 657, 708, 710, 721 [3] 12, 13, 433, 440, 676 [4] 210, 214 [5] 24, 26, 271, 631 [6] 252

汪獻 [7] 698 [8] 219

汪鈺平（毓平，寶瑄女）[5] 714, 724, 740, 743 [6] 64, 425, 457, 489

汪鈺歐（毓歐，寶瑄女）[5] 714, 724 [6] 152

汪寧生 [11] 550, 557, 559, 564, 565, 579, 655

汪滌陳 [1] 499, 514, 515 [2] 9, 482

汪稼倉 [5] 696, 723, 742, 744, 752 [6] 29

汪鋒 [10] 590

汪靜之 [1] 725 [2] 638, 639, 643, 647, 721 [5] 556, 577, 585, 586 [7] 37, 600, 608-610, 612,

613, 616, 641, 738 [8] 132, 135, 190, 211, 247, 389, 413, 430, 441, 444, 449, 483, 494, 637, 640, 653 [9] 69, 160, 175, 237, 268, 274, 310 [10] 53, 94, 251, 259, 325

汪嶽雲 [4] 138, 283, 602, 607 [5] 74, 171, 208, 524, 533, 545, 594 [7] 729 [8] 128

汪應千 [1] 4

汪馥泉 [1] 259, 419, 422, 622 [4] 362, 363 [8] 124, 125, 364

汪寶瑄 [5] 433, 630, 684, 712, 714, 717, 729, 738 [6] 65, 103

汪穰卿 [1] 304, 459 [6] 162

汪籛 [6] 512 [8] 87, 88 [10] 699

沐紹良 [8] 417, 422, 453, 581, 606, 649, 656, 698, 699, 705, 708, 714, 721 [9] 5, 8, 12, 20, 24, 27, 31, 191, 194, 228, 538, 557

良秀玉（良弼女）[1] 715, 741 [2] 544

良弼 [1] 715

那桐 [9] 651

阮元（阮）[2] 172 [6] 180, 205, 563 [9] 83, 572, 573, 658, 696,

七畫:汪沐良那阮 八畫:奉武 129

744,755
阮艾芹(愛芹)【9】334,337,437,470,506,540,591,612
阮國樑【5】52,61,138,139,148,184-189,197,210,221,242,243,251-253,256,257,260-262,265,266,273,276,280,293,307,316,323,325,326,334,350,352,358,387,400,409,414,427,429,430,454-467,470-472,476,523,532,546,551,566,588,687【6】236,408,419【8】462
阮毅成【2】635,636,656【3】431,591,597【5】760

# 八畫

奉寬(見“鮑汴”)
武三多(祝唐)【3】701,727,730,741,743,749
武仁傑(伍仁傑)【5】326,341,502,506,510,511,521,523,524,527-529,536,537,545-547,551【10】799
武仁湘(伍仁湘)【5】325-327,333,337,341,409,471,484,492,514,518,519,523,525,535,539,551,552,602
武兆珍(學斌之父)【11】486
武志平【11】509,515
武訓【3】739【5】565【7】54,75【10】684,720
武肇煦【5】434,489,490,626【6】66,69
武學斌(老武)【11】386,410,436,438,443,450,451,453,463,467,473,477,483-488,497,499,500,502,506,508,509,512,515,517,520,522,526,538,544,545,550,553,554,556,557,559,562,563,568,572,577,579,585,590,598,610,613,630,641,644,647,651,653,672,676,680,681,685,688-690,693,695-697,715,718,719,724,729,734,738,740,744,746,750
武鵬(鵬雲,鵬兒,小鵬,湲兒之子)【11】567,583,594,598,

612, 613, 619, 620, 624, 644, 648, 649, 651, 653, 659, 675, 676, 678, 680- 682, 685, 688, 690, 693, 696, 697, 705, 708, 709, 714, 715, 718, 720, 723, 724, 726, 727, 729, 732, 734, 738, 740, 743, 744, 746, 748, 750, 752, 753

杭世駿【7】700【11】588, 589, 615, 616, 657

杭立武（杭先生）【3】431, 432, 435, 441, 463, 467, 487, 505, 509, 585, 591, 614, 629, 630, 682, 686- 688, 692, 695, 710, 729, 735, 742, 746, 751, 753, 754【4】2, 5, 25, 30, 31, 37, 43, 51, 52, 55, 62, 75, 94, 98, 101, 102, 137, 139- 141, 143, 144, 148, 150, 194, 283, 334, 364, 385, 400, 401, 544, 548, 559, 592, 605, 669, 680, 694, 700, 723, 724, 758【5】128, 130, 171, 172, 178, 181, 480, 483, 499, 513, 686, 760【6】6, 67, 213, 271

林一民【5】330, 492, 525, 534, 747

林一新【5】252, 255, 265, 266, 279, 292, 300, 301, 423, 469, 476, 534

林乃燊【9】381, 483, 605

林小安【11】345, 353, 354, 357, 517, 539, 544, 610, 613, 619, 724, 726, 740

林山【8】389, 416, 417, 435, 447, 457- 459, 469, 476, 520, 571, 572, 580, 626, 628【9】5, 26, 71, 78, 93, 112, 223- 225, 234, 243, 355, 470, 593, 607

林之棠【3】377【4】270, 274

林文沂【5】547, 551, 558, 569, 571, 752【8】215, 245

林文慶（夢琴）【1】783, 785-787, 789, 795, 802, 803, 805, 809, 812, 816, 829, 832-834【2】1-4, 6, 7, 11, 17-19, 25-27, 29-31, 33, 34, 118, 196, 349【10】439 【11】60

林文慶夫人【2】21

林仙亭【1】789, 793, 804, 827, 828

林永匡【10】521【11】81, 101, 102, 104, 108, 113, 115, 119, 120, 127, 131, 133, 135- 137,

八畫:杭林

149,156,159,162,335

林玉苑〔1〕785,786,789,790,794,802,803,809,816,818,824,830〔2〕1,3,18,30,31,33,35,55

林玉霖〔1〕795,817〔2〕17,18,70,78

林甘泉〔7〕601〔9〕508,759〔10〕497,499,508,512,520,542,657,704〔11〕322,599,691,722

林白水〔1〕779,802

林石廬〔7〕591〔9〕363,456,479〔10〕227

林仲易〔5〕418〔7〕717〔8〕55,93,219,424,468,470,615,624,628,649,656,706,721〔9〕29,31,32,34,37,39,47,86,211,241,249,281,287,290,291,329,335,344,434,440,448,508,547,553,605,663,740,769〔10〕167,187

林同濟(林)〔3〕646〔4〕42,152,153,167,262,264,593〔5〕217,222,243,248,252,255,265,266,273,279,292,296,300,350,353,436〔6〕533,537,548,556,566,579,605,640,683,696〔7〕9,34,143,394,432,476,503,576

林同濟太夫人〔6〕598

林名均(名鈞)〔4〕132,287,289,290,308,334,337,338,343,345,359,443,458,479,495,497,502,563,634,639〔5〕370,384,386,396,398

林聿時〔9〕758〔10〕755-760,764,766,773,786〔11〕139,153

林伯渠〔8〕144〔9〕85-87

林希翎(程海果)〔8〕266,289,362

林其煌〔9〕430,509,510,589,599,657,684〔10〕261,265

林卓園〔2〕377,424,434,435〔3〕655

林和清〔1〕791,796,817,820〔2〕16

林庚〔3〕622

林庚白〔6〕707

林東海〔2〕387,556〔3〕592

林杰〔10〕438,692,735,756,760,766,786〔11〕139

林松年〔3〕103,107,109,111,

117,126,147,169〔4〕144,145〔5〕338,502

林虎（隐青）〔4〕320,757〔5〕433,489,491〔6〕67,69,71〔8〕160,173,607

林冠一〔4〕321,358,420,440,443,444,458,485,507,509,517,559〔5〕250〔6〕53,299,554〔8〕363

林建中〔2〕111,112,170,205,242〔6〕236,241,242,275

林春溥〔7〕742〔9〕365,412,423

林风眠〔1〕727,734〔9〕299

林修德〔10〕192〔11〕382,435,470,511

林刚白（刚伯）〔4〕283,611,633,652,720〔5〕185,195,200,202,221-223,261,310,315,442-444,505,530,545,548,594,773〔6〕167,168,231,420

林宰平（志钧）〔1〕619,716,748,752,761,800,801〔2〕202,203,289,291,330,460,466,490,492,498,702,708,721〔3〕272,367,381,383,387,388,397,407,415,472,475,485,522,551,554,555,567,604〔5〕608,610〔7〕619,676,757〔8〕35,55,93,136,144,381,401,402,409,528,610,692〔9〕32,54

林悦明〔2〕516,518-522,524-526,532,534,537-539,554〔3〕28

林泰辅〔9〕356,674〔10〕215

林素珊（李石曾夫人）〔6〕49,50

林纾（琴南）〔1〕540〔2〕346〔10〕361

林培志（赵承信夫人）〔2〕373,404〔3〕274,277,298〔5〕612,621

林培庐〔2〕588-589,727〔3〕68,150

林彪〔6〕389,471,625,689〔7〕11〔8〕741〔10〕332,334,337,512,523,539,544,550,554,617,641,655,659,683,723,730,751,772,800〔11〕74,75,85,97,99,100,105,109,118,147,148,247,399,480,530,571,573,600,601,619,624,639,657,668,671,673,730,744,746

八畫:林

林惠貞【2】98,126,132,146,174,178,206,214【6】275

林惠祥【8】26,395

林景良【1】796,797,809,817【2】26

林景潤【2】570

林森【3】491【4】555,752,755【11】134

林超（伯超）【2】43,111,112,123,133,141,151,168,170,172,178,184,197,228,234,236,250-252,254,256,483【3】83【4】275,652,653,657,704,705【5】53,55,222,232,236,259,265,274,279,292,317,324,325,352,408,409,420,423,466,487,506,575,578,595,597,747【6】46,235,236,241,242,270,275,288,417【7】648,685【8】418【9】444,661【10】39,41,322,773【11】635

林超夫人（伯超夫人）【5】356,424,428,515,586

林楠（楠）【11】183,186,188,189,195,268,283,289,292,293,303,438,679

林楓【9】87【10】546,578,589,590,682,777

林葆駿【9】514,517,521,524,525,527,528,535,539,772,778【10】359

林漢達【7】491,507,527,557,594,631,777【8】19,111,126,132,134,144,147-151,153,160,161,219,221,363,383,386-388,391,392,394,396-398,402,409,411,416,427,437,438,442,446,449,456,462,464,467,469,482,485,487,511,520,525,528,535,537,540,546,560,572,585,606,616,618,619,621,629,639,643,649,656,661,698,699,705,708,714,721,725,730,731,733,735,739,741【9】5,8,12,20,24,27,31,53,63,65,78,86,88,92,95,106,161,178,180,183,186,187,189,191,194,207-210,244,246,248,267,346,361,366,373,375,384,389,431,435,452,454,465,491,505,537,557,587,589,600,642,661,

671, 673, 684, 700, 701, 725, 726, 740, 782, 785〔10〕173, 182, 193, 194, 201, 234, 303, 305, 317, 319, 326, 333, 550

林語堂（玉堂先生）〔1〕448, 484, 485, 491, 500, 508, 509, 666, 675, 715, 716, 719, 734, 744-746, 769, 782, 783, 785, 787, 795, 805, 808, 809, 811, 817-820, 826, 830〔2〕1, 3, 4, 6-8, 11, 14, 15, 17, 19, 23-27, 49, 70, 90, 186, 321, 349〔3〕327, 414, 513〔5〕359〔10〕439

林劍華（林君, 林先生）〔9〕455, 460, 494, 508-510, 530, 532, 534, 535, 554, 561, 586, 593, 597, 598, 609, 617, 624, 627, 629, 630, 633, 637, 641, 646-648, 654, 655, 657, 659, 660, 684, 685, 687-689, 691, 704, 705, 723, 741, 742, 763, 784, 785, 790〔10〕26, 27, 39, 52, 58, 59, 74, 90, 107, 163, 174, 195, 200, 201, 204, 206, 213-215, 217, 219, 220, 235, 236, 240, 244, 250, 251, 255, 257, 258, 260, 265, 274, 275, 277,

278, 280, 282, 283, 285, 287, 292, 294, 299, 300, 307, 314, 315, 323, 327, 329, 330, 332, 333, 336, 340, 343, 346-349, 354, 355, 361, 363, 366, 368, 370, 376, 387, 389, 399, 401, 423, 428, 432, 455, 456, 459, 461, 463-466, 468, 470, 475, 477, 478, 480, 482, 484-486, 488-495, 501-508, 510, 516, 522〔11〕17

林德懿〔1〕649, 739, 752, 801

林慶年〔4〕755〔5〕404, 435, 490

林默涵〔9〕761〔10〕487, 488, 710〔11〕660

林樾（槭）〔11〕66, 193-195, 269, 273, 321, 323, 324, 337, 350, 438, 729, 737

林徽音（梁思成夫人）〔2〕360, 424, 426〔3〕55, 468, 551, 554

林濟青〔2〕525, 570, 731〔3〕652

林舉岱〔5〕418〔6〕613, 626, 643, 660〔7〕9, 18, 32, 70, 75, 181, 189, 277, 292, 308, 309, 323, 335, 339, 358, 363, 394, 420, 442, 457, 467, 476, 477, 503, 506, 523, 547, 558, 573, 574

八畫:林芳芮東長拉昌易

林謙（林樾之妹）【11】208,247,250,262,267,303,323

林隱【7】288

林鵬俠（林少川女士）【3】50,106,108,110,115,118,246【4】201,317,454,455,458,466,600,601,606,609,627,694【5】198,226,227,229-231,233,240,588,594,694,758【6】237,299,302,304,442,448

林礪儒（勵儒）【8】490,495,498,499,501,502,507,510,512,514,516,694,714【9】382,396,407,408,413,415,740

林耀華【3】125,147,149,154,190,197,200,214,240,268,277,340,345,404,464,519【5】372,378,379,386,638,768【6】516,517【7】487,698【8】10,21,193,694【9】259,755,759

林蘭英（劍華女）【9】510,741,742

芳信【9】164-166,168,169,174,271,629

芮逸夫【4】196,562,563【5】764

【6】5,12,47,88,89,91

東光【9】739,759,767【10】302,499,506【11】102,107-110,112,122,162,409,435,692

長江（筆名,見"范長江"）

長谷川萬次郎【1】756

長壽吉【2】149,150

拉鐵摩爾（拉丁摩爾,拉丁摩,樂育才）【3】580,642,646【4】763,765

昌杰臣【4】398,451,487,492,511,537

易心瑩【4】329,373【5】395

易价【6】299,300,310,332

易君左【4】345,353【5】71,663【6】299-301,303,305-307,323,327,329,361,364,369,373

易秉坤【2】440,533,534,537

易培基【1】657,659,728【2】227【6】50

易禮容【8】564,564,588,607,628-630,630,724【9】34,54,185,228,236,239,243,261,276,280,295,297,301,437,447,491,547,605,665,741【10】263,341【11】652

顾颉刚全集·顾颉刚日记人名索引

明仲琪（仲祺）〔3〕722,724,730,731,734,741,744〔4〕97,602〔5〕169

明义士〔2〕450,451,516

卓定谋（君庸）〔2〕356〔3〕217,219,220,363,380,384,429,518,523,527,529,545,606,655〔5〕747,758,760

卓启俊〔5〕317,318,590-592,596,641,642,644,647,649,652,688-692,700,702,770〔6〕105,108,110,124,127,129,132,142〔9〕383,785

卓还来〔3〕592

果端华〔5〕72,138,178,188,192,200,205,207,274,558〔6〕4

果端华夫人（果太太）〔5〕207,310

尚小云〔1〕200〔3〕421,555,571,629

尚秉和〔9〕260〔11〕746

尚云亭〔6〕106,109

尚爱松〔5〕714,716〔6〕36,517〔7〕24,481,585,590,594,596,612,619,625,631,640,646,648,663,666,669,685,689,691,720,735,749〔8〕8,21,32,46,86,136,193,225,226,385,387,444,465,487,572,652,653,660,661〔9〕20,27,65,97,99,193,220,240,249,263,307,314,318,464,540,618,627,653,738,741,743,787〔10〕25,290,464,603,618,625,645-647,656-658,667,668,677,688,703,721,740,741,759,768,769〔11〕163,183,200,209,336,346,351,352,354,355,359,403,429,430,438,442,443,449,499,531,533,589,613,619,691,699,704

尚鉞〔1〕608〔6〕496,512〔7〕642,663,689,696〔8〕21,22,88,91,584,587〔9〕89,759

岩田秀则〔1〕443,460

和保萃〔3〕726,749〔4〕2,6,7,9,13,17,42

季方〔8〕470,610,724,735,738〔9〕60,329,384,441,606,612,774,778〔10〕52,191,311〔11〕363,409,459

季云（子峰）〔3〕727,728,730,

八畫:明卓果尚岩和季秉竺岳邱金

749,754[4]2,6-9,13,17,21,25,125-128,130

季羨林[8]22,26[9]323,440,449,759,769[10]2,30,765

秉志(農山)[1]809,811,820[2]560[6]248,252[7]360,596,694[8]427[9]62,236[10]223,584

竺可楨(藕舫)[4]593,652,668[5]71,259[6]252,470[7]585,671,680[8]20,35,87,88,418,465,646[9]34,89,234,422,493,547,605,616,740[10]26,27,311,530,607[11]509

岳良木[4]334,625,627,720[6]232[7]134,281,288,293,332,574

岳劼恒[8]200,201,211,214,616[9]264

岳海庚[6]224,246,408[7]86,88,146,320,406,407,531,576

邱漢生[7]32,181,229,230,301,396,405,411,457

邱繼繩[2]440,468,485,490,502,536,551,568,576,583,590,593,598,648,652,682,693,696,700,701,709,727[3]11,33

金山[8]466,655

金元達[2]59-62,64,67,70,71,73,608,610,618,621,628,633,641,643[3]71,72,318,322

金元濟[4]479[6]302,310,342,344[11]56

金公亮(少英)[1]498,616,699,756,760,785,801,802,816[4]557,589,608,658[6]20,92

金天翮(松岑)[2]279,282,286,288,323,328,329,343,353,355,367,376,386,391,398,431,488,505[5]700,723,755[6]559

金本富[5]274,277,289,306,428

金正喜(正熙)[4]740,742,743,747,750,767,[5]16,21,22,24,28,29,38,42,67,74,77,90,115,197,223,235

金永祚(兆梓子)[8]223[9]436

金玉芳[3]627,628

金立輝[5]402,576[6]696[7]

49,78,108,172,183,288,357, 458,484,539,682

金仲華〔5〕418〔6〕470

金光群〔8〕247,379〔9〕454

金兆梓（子敦）〔4〕735,753〔5〕52,166,168-171,190,192, 222,225,287,294,300,313, 321,366,375,380,392,405, 406,411,420,442,443,465, 468-472,500,527,536,569, 602,640,687,719,722〔6〕20, 22,53,288,559,560,605,613, 620,626,660,675,680,683, 692,694,698,699,705〔7〕2, 9,32,40,46,70,75,91,134- 137,140,143,147,149,152, 153,170,181,194,203,206, 210,218,219,233,244,277, 298-300,306,309,314,323, 328,337,355,365,366,371, 381,383-384,417,457,474, 476,477,497,506,514,519, 521,532,534,547,557,560, 563,564,568-572,586,592, 651,681,690,722〔8〕12,13, 17,18,145,381,382〔9〕431, 435,436,451,452,560,655,

747〔11〕345,369

金竹如〔5〕500,726〔7〕61,147, 343,429,478,480,484,485, 487,492,493,500,523,565, 585,607,608,618,631,647, 670,671,673,676

金竹安（竹庵）〔5〕62,182,184, 188,189,197,205,221,227- 230,242,253,256,261,263, 265,266,275-277,281,294, 297,301,307,309,341,362, 387,414,420,469,480-483, 523,731〔6〕10,290,427,428, 556,657,662,672,683,687 〔7〕12,17,24,25,47,62,90, 91,127,168,181,288,335, 338,347,366,338,398,415, 598,676〔8〕197,230,530, 718,725〔9〕194,362,580, 672,693,741〔10〕314,751 〔11〕346,439

金竹君（擎宇子）〔5〕182,184, 276,307,325,362,366,408, 566〔7〕725,728,735,765〔8〕 55,572,574,612〔9〕19,458, 585,667,695

金竹林（振宇子）〔5〕62,139,

八畫：金

194, 227, 228, 230, 261, 316, 317, 325, 408, 511, 566【7】 523, 582, 631, 682, 728, 765 【8】23【9】305

金竹南（緯宇子）【7】26

金竹高（振宇子）【5】566

金竹滿（擘宇子）【7】725, 728 【8】375【9】667

金克木【4】273【8】393【9】246, 432, 436, 606-607, 759, 761, 768, 778【10】73, 219

金叔初【2】657

金岳霖【1】699, 715, 756, 759, 800, 801【2】280, 393, 466【3】 272, 367, 397, 551, 553【4】585 【6】252【7】631, 683, 685, 744, 749, 753【8】9, 16, 54, 126, 211, 628, 742【9】19, 60, 230, 254, 258, 264, 349, 356, 362, 375, 440, 448, 468, 488, 518, 525, 529, 546, 552, 553, 573, 596, 616, 671, 698, 758, 784 【10】5, 202, 234, 354-358, 361, 365, 367, 370, 457, 464, 530【11】129, 556

金芝軒【7】766, 768【8】45, 56, 93, 111, 132, 144, 200, 201,

221, 363, 383, 411, 413, 417, 426, 428, 437, 438, 519, 535, 546, 560, 572, 575, 582, 606, 643, 661, 698, 705, 708, 717, 721, 730, 731, 739, 741【9】5, 8, 12, 24, 27, 53, 65, 75, 78, 84, 112, 113, 117-119, 167, 241, 245, 258, 447, 452, 565

金采之（芝）【6】92, 271, 277, 287, 406

金家鳳（冠三）【1】377, 432, 448, 449, 457, 642, 648, 654, 696, 699, 756, 761, 768, 775, 802 【2】318, 413, 421, 687【3】77, 78, 324, 676

金振宇【5】62, 64, 67, 68, 75, 127, 153, 182, 185, 186, 188, 190-193, 195-198, 244, 246, 253, 255, 309, 377, 380, 392, 400-402, 405, 408, 410, 411, 421, 422, 425, 426, 430, 438, 445, 455, 456, 467, 468, 471, 480, 483, 486, 487, 493, 496, 498, 500, 512-515, 523, 529, 538, 539, 543, 546, 548, 552, 554, 556-559, 561, 562, 565, 566, 572, 573, 576, 577, 586,

588,589,591,596,602-604,606,626-632,634,635,638-640,653,655-657,659,660,672,673,679,680,682,683,689,691,694,713,716-718,721,723,726,727,729,738,740,745,746,748,750,751,758【6】3,7-10,15,17,18,22,28,31,34,37,40,43,47,49,59,61,63,76,77,79,83,92-95,98-100,102,104,109,124,128,129,131,135,143,148,154,155,160-163,168,170-174,210,211,217,219,221,223-255,230-233,236-239,244,248,267,268,271,273,274,277,281,283,286,288-290,292,294,298,299,301,307,310,325,339,352,359,369,377,380,383,386-388,392,395,400,403,406,408-411,416,417,421,422,424-426,429-431,435,438,441,443-447,451,453,457,463,464,470-473,477,479,480,483,484,487,490,491,497,501,502,504-511,514-516,528,530-532,536,539,545,546,551-553,555-557,562,566,571,572,574,576,578-593,597,599,600,607,609,611,614,615,621,624,625,627,630,632-634,638,640,643,644,646,649,653,654,660-662,664,668-670,672,675,676,683,690-695,705,708,709【7】4,7-10,12-14,16-18,21,23,25,26,28,30,32,34,35,37,44,47-49,54,56,57,61-66,70,72,74-78,80,82,83,89,90,92,95,97,100,102-107,110,111,115,116,120,124,128,129,132,134-136,138,142,143,146,148,152,158,168,170,173,175-177,179,181,182,187-189,192,193,196,197,200,202-205,209,210,218,223,225,238,240,243,247,261,272,273,276,282,283,289,290,295,301,316,319,320,323,333,335,338,339,342,344,347,348,355,356,359,366,373,375,387,394,404,417,

八畫:金

428,433,435,445,446,454,459,460,474,477,494,498,499,503,522,523,527,528,539,567,578,579,663[8]127,190,226,247,384,502,571,652,695[9]4,19,201,217,245,274,305,372,459,461,468,487,488,557,562,617[10]10,57,213,351,370,470,475,476,496,540,596,634,695,769[11]76,174,185,233,265,280,320,334,347,418,438,540,660

金振宇夫人(董氏)[5]409,566[7]112,127[8]275,374,572,573[9]369,482,586,619,667,684,693

金祖同[4]421[7]392,396,576

金素蘭[4]3,13,17,58,507,532,563,580,641[5]166,403

金啟宇[5]207,228,230,271,312,365,366,402,455,464,483,487,488,511,514,519,521,527,528,544,546,566,573,576,604[7]4,12,34,90,100,127,168,182,288,335,338

金啟宇夫人(周氏)[5]325,442,566

金啟華[4]615,671,675,693,699,730,747,762,764,766,770,772[5]13,57,130[7]232,392,542,590

金梁(息侯)[6]428[7]346,581,582[8]401[9]568

金荷清(溥儀之姑母)[8]418,557,569,637,730[9]12,19,27,34,65,66,167,681,700[10]77,485,499,516,528

金通尹[7]629[8]12,111,201,214,220,222,495,533,535,545,607[9]42,48,49,55,57,61,63,542,600,605,609,610,614,768-769,776[10]165

金景芳[11]601

金曾澄[2]226,371[4]755[6]253

金湛(陸翰芹夫人)[5]128

金善寶[5]418[7]680

金毓黻(靜安,靜庵,謹庵)[3]508,521,587,615[4]294,296,338,395,416,417,433,460,498,512,513,538,547-549,554,558,635,636,638,

644,654,659,665,667,668,671,679,681,684,693,699【5】14,16,21,28,45,46,54,64,73,78,86,137,355,365,366,393,541,542,549,598,728,772【6】470,513【7】480,606,663,670,672,673,694-696【8】5,9,21,52,65,70,89,90,146,193,402【9】52,126,134,295,296,519,529

金鼎铭【3】667,747,749

金漢鼎【8】489,495,498,499,508,510,512,514,700,741【9】98,121,185,229,277,303【10】302,305

金德建【2】728【8】443【10】121,227【11】697

金澄宇【5】181

金緯宇（擎宇兄）【5】157,164,167,171,178,185,186,188,190,193,267-269,271-277,279,284-286,288,309,312,354,362,365-377,401,402,410,422,428,429,445,455,472,496,566,653-655,659,672,673,721,751【6】7,9,34,49,77,93,104,160,161,163,171,172,210,211,223-225,229,268,290,297,298,387,388,410-413,416,417,421,423,428,430,432,435,438,441,444,447,451,457,464,471,472,475,483,484,488,490,497,501,506,507,528,531,532,556,566,579,591-593,597,599,600,602,633,634,636,638,643,646,648,649,654,669,672,679,683,692,695,705【7】4,9,12-14,16-18,21,25,26,32,35,49,56,57,61,65,66,70,75,78,80,83,90,92,94,95,97,100,102,103,105,107,116,128,132,134,136,140,142,146,148,152,158,168,170,173,175,176,181,182,187,193,196,200,203,204,210,218,221,223,224,238,272,273,276,282,290,304,316,317,319,320,335,338,339,342,344,347,348,355,356,366,373,379,387,394,404,406-408,413,417,425,428,433,435,438,442,443,445-447,

八畫:金

454, 456, 459- 461, 464, 468, 470- 472, 474, 475, 477, 479, 493, 494, 496, 498, 500, 503- 505, 507, 510, 512, 513, 518, 522, 524, 527- 535, 538- 541, 547, 550, 556, 557, 559, 565, 567, 574-579, 583, 584【9】19, 154, 458- 461, 467, 468, 488, 617【11】565, 660

金緯宇夫人(尹氏)【5】409, 478, 566, 726【7】112, 127

金輪海【5】677【6】26, 31, 39, 65, 85, 86, 275

金震(東雷)【5】665, 696, 723, 724, 744【6】29

金諾【7】366, 420, 506, 558

金鋼鑽【2】186, 649, 700【3】12, 88, 93, 94, 374【9】114

金錫如【3】562, 574, 575【4】676 【5】418

金靜(王冰洋夫人)【4】435, 436, 438, 439, 448, 490, 514, 522, 527, 533, 535, 536, 537, 577

金靜仁【8】539, 544, 551, 554, 564, 570, 724【9】21, 222, 223, 226, 263, 266, 272, 279, 317, 507, 514, 537, 539, 724

金擎宇【5】52, 61- 63, 75, 127, 135, 138, 139, 148, 149, 153, 157, 159, 167, 175, 182- 186, 188- 191, 193- 196, 197, 201, 203- 205, 207, 210, 217- 219, 231, 235, 238, 239, 241- 244, 246- 249, 251- 258, 260- 263, 265, 267, 268, 271, 273- 277, 279, 282, 288, 291- 293, 309, 312, 319, 320, 324, 325, 331, 335, 348, 349, 352, 354- 356, 362, 366, 367, 374, 376, 387, 393, 401, 402, 404, 405, 407- 411, 421- 423, 437, 438, 454- 456, 470, 472, 482, 486, 487, 496, 498, 500, 502, 505- 507, 515, 517, 519, 566, 653, 655, 657, 696, 718, 719, 721, 727, 738, 748, 751【6】8, 9, 31, 34, 37, 49, 76, 77, 92- 94, 97, 100, 103, 104, 160, 161, 163, 171, 173, 210, 211, 223, 224, 232, 235- 237, 246, 268, 269, 274, 281, 283- 285, 288- 290, 292, 295, 298, 325, 386- 388, 391, 392, 394, 395, 401- 409, 411, 416- 419, 421, 423, 425, 427,

429-433,435-438,441-445,447,448,450,451,453,455-457,459,463,464,467,469-472,479,483,484,487,488,490,492,496,500,501,504,506,507,520,528,530-533,539,540,547,551,552,555,556,560,562,566,571,575,581,583,586,590,591,599,600,602,611,615,620,624,633,634,638,643,646,649,656,657,661,666,668,669,672,675,680,682,683,685,687,690,694,695,704,705,708[7]3,4,7-9,11,12,14-18,20,21,25,26,28,31,32,35,38,44,49,54-56,58,61,62,65,66,69,70,74,75,77,79,81,89,90,92,95-97,100,102-105,107,113-116,120,128,131,132,134,136-138,142,145,146,148,168,170,173,175,176,181,185,190-192,196,200,202-204,215,240,272,281-283,290,316,333,335,338,339,342,344,347,348,356,366,375,387,394,404,415,417,421,422,428,433,445,446,454,460,477,494,498,499,503,508,512,522,527,528,567,568,578,583-585,600,605,611,617,619,623,638,647,660,663,667,669,670,674-676,679,694,713,725,728,732,755,759,766[8]2,20,22,23,30,41,55,91,124,127,138,190,226,247,258,276,379,384,385,502,571,572,586,652[9]4,201,217,245,274,308,372,459,461,468,557,693,738,747[10]10,57,213,540[11]61,76,438,562,565,660

金擎宇夫人(尹文華)[5]185,284,308,340,408,427,442,466,523,566,716[7]112,121,127,222,726,727,761[8]53,131,275,374,466,573,586,695[9]369,458,482,531,586,619,684[10]224,461,475,499,546,548,669[11]208,283,317,318

金燦然[6]496[7]610,657,689,749[8]26,381,496,518,627,

八畫:金周

647,648,655,655,709,729【9】30,77,195,210,230,264,274,277,350,372,382,411,483,493,508,539,543,559,560,562,615,727,759,767,776【10】19,20,24,345,487,507

金鵬(北溟)【4】343,344,476,635,692,710,745【5】38,137,139,218,244,273,282,285,420,463,464,467,486,528,748【6】512【7】646,657,676,679【8】40【11】115

金寶善【6】330,331【8】58,216,363

金鸚【7】381,387,388,413【9】6【10】286【11】565,566,569,570,572,573,575,581,584,585,588

金麟書【5】238,241,313-315,321,354,366,368,370,376,403,406,421,439,480,494

金艷琴【1】159

周一良(太初)【3】17,157,160,164,169,267,271,343,352,356,357,358,360,369,374,396,499,592,621【6】195,673

【7】195,620,642,657,662,663,689,700【8】26,88,91,732【9】209,254,274,279,330,551,554,758【10】40,72,534,765【11】466,514

周士觀【4】754【8】509【9】38,491,774,776【11】367,519,661

周子培【1】240,278,288,330

周之風(化宣)【9】514,516-524,527-529,569,574,708,709,711-713,715,718-721【10】120

周予同【1】248,299,302,303,310-312,316,323,341,350,351,356,357,387,399,403,407,413,414,419,425,426,430,432,508,513,522,524,534,535,592,604,631,759,761,765,768,779,793,796,799,801,810,817,822【2】13,20,25,49,51,56,77,79,81,83,84,86,89,90,130,131,135,241,258,264,321,336,368,369,383,406,472,486,487,502,536,544,554,690,704,731【3】32,100,171,238,314,324,438,439,589【4】710

[5]653,654,656,660,670,673,720,727,730,751[6]6,7,10,496,560,572,605,612,620,660,675,694,705[7]6,32,75,105,181,189,194,195,277,292,308,309,311,335,339,357,358,360,366,413,420,457,476,499,502,503,506,523,540,547[8]663,664[9]129,130,256,259,413,533,754,756,759,764-767[10]33,185,479,481,490,493,526,688,755[11]43,44,385

周介禰(筠翘)[3]710,729,734

周太玄[4]136,418,576,639[5]375[8]94,211,377,501,530,699[9]184,229,233,242,304,313,443,752,775[10]21,23

周太玄夫人[8]617

周世釗[8]590,592,593,595-597,599,608,612,619[9]62,429,431[10]182[11]430,431

周仲仁[3]592[5]75,406,500,515[6]154

周仲奇(蔡元培妻兄)[1]376

周仲眉[5]444,470,502,519,522,524,534

周仲穆[6]504,680

周光午[4]550,551,589,705,741[5]53

周光宇[4]192,250,263,270,271

周汝昌[7]473[9]473,491[11]243,589,660

周汝誠[8]389,447,458,459,468[9]337,470,540

周而復[5]418[7]360,364[8]469,659,660[11]733

周自强[8]722,726,730[9]7,22[10]558,585,649[11]122,127

周佛海[1]832[2]107[3]590,591[4]218[11]713

周佑之(姜又安夫人)[5]744[6]275[7]100,511,512

周作人(启明)[1]106,156,194,219,232,241,243,287,308,352,430,432,472,476,477,495,513,548,558,565,581,594,598,632,640,646,661,663,680,710,741,744,758,762,763,799,801[2]12,280,

八畫:周

281,283,287,296,330,341,356,372,387,399,407,428,555,730[3]128,272,397,468[6]415,431[8]40[9]730[11]23

周伯敏[3]697,698[4]131,703

周克明[3]711,724,730,731,734,743,749[4]2,113-116,118,126-129,131,152

周孝銓(季衡)[5]70,129,135,149,151,167,172,173,175-177,181,182,200,209,225,234,312,774

周孝懷[7]516,516,526,581

周廷儒[5]283,304,324,325,349,365,401,407,408,425,428,436,465,476,482,484,509,526,537,550,551[7]586,587

周志拯[3]728,729,731,732,742[4]1,3,12,13,17,33,34,40,41,43,45,47-49,51-56,58,111,443,453,458,466,513

周志清[6]540,618[7]14,33,37,46,106

周谷城[5]39,45,54,69,195,214,265,291,296,301,325,328,356,363,408,409,418,426,445,468,469,476,478,479,482,526,534,536,540,587,588,592,597,720,728,737,749,755[6]3,8,10,308,448,473,497,500,507,516,535,537,539,540,554,556,559,560,571,597,600,605,612,620,626,629,634,643,645,660,669,675,683,694[7]9,11,32,34,36,42,70,75,83,89,91,102,104,105,108,113,120,124,125,130,143,181,187,189,191,193-195,221,224,226,235,277,279,281,285,292,295,301,308,309,311,312,323,330,335,339,357,358,365,366,393,402,405,413,415,416,420,442,444,457,467,475,476,497,503,506,508,523,529,534,535,537,547,553,582,589,597,598,617,711,714,716[8]17,29,88,89,91,164,222,228,378,381,447,449,450,530,534,607,615[9]58,62,436,443,452,496,

697, 703, 754, 756, 757, 758, 765, 774, 777, 778〔10〕122, 431, 479, 481, 682〔11〕43, 44, 512, 600, 610

周谷城夫人〔6〕469, 643

周邦道〔4〕544, 609, 614, 621, 633, 669, 692, 739〔5〕8, 15, 131

周怀民(怀明, 辨明, 周君)〔1〕783, 785, 790, 795, 802, 807, 813, 823, 824〔2〕3, 28, 32, 33〔6〕87

周亚衛〔7〕627, 631, 656, 697, 708, 722〔8〕12, 55, 126, 133, 145, 220, 410, 511, 575, 607, 653, 661, 700, 703, 705, 724, 738〔9〕4, 34, 37, 51, 58, 79, 86, 113, 117, 119, 195, 219, 254, 255, 277, 279, 281, 288, 296, 325, 329, 344, 350, 474, 486, 491, 502, 547, 605, 665, 673, 755, 775, 776, 778〔10〕736, 737

周亚衛夫人(見"劉連城")

周來善(賁善)〔2〕266, 307, 617, 618, 625, 627, 628, 637- 642〔3〕71

周叔弢(一良父)〔6〕673〔7〕629, 633〔8〕381, 427, 607, 612, 562〔9〕18, 605〔10〕534

周叔迦〔6〕516〔8〕37, 210〔9〕777〔11〕179

周坤和(母親, 生母, 吾母, 先母, 先妣, 周夫人)〔1〕38, 85, 99, 231〔2〕298, 309, 471, 478〔3〕14, 82, 117, 237, 510, 605〔4〕643〔5〕733〔6〕17, 133, 564〔8〕357, 372, 377, 728

周宜英(小周)〔10〕803〔11〕43, 182, 185, 188, 192, 229, 242, 244, 252, 286, 313, 337, 449

周昌芸〔3〕722- 724, 730〔6〕235, 236

周昆田〔4〕658, 752〔5〕159, 225〔6〕66, 90, 95〔11〕76

周服之〔3〕722, 724, 734〔4〕121, 123〔6〕327

周昊(幼農, 光宇)〔3〕267, 357, 358, 367, 384, 427, 477- 479, 536, 572, 583, 601, 655〔4〕177, 225

周青崙(青侖, 表弟)〔1〕44, 46, 50, 51, 206, 262, 264, 272, 309, 353, 427, 453, 524, 532〔2〕66,

八畫:周

617,622-625,627,628,634,681〔3〕81,82,366,442,443,599,600-603,679,690,691

周信芳(麒麟童)〔1〕4,216〔6〕103〔7〕42〔8〕312〔9〕371〔10〕481,685,721,787

周信銘(銘謙)〔4〕442,451,453,458,474,500,640〔5〕30,60,126,191

周建人〔1〕248,332,335〔6〕10〔7〕767,768〔8〕14,21,45,56,86,91,111,128,132,141,19,211-213,219,221,383,522,523,531,533,535,545,607〔9〕55,60,63,64,431,433,448,452,455,600,605,607,612,768〔10〕181,194,195〔11〕362,471,583

周春元〔4〕600,620,641,642,646,647,649,655,658,701,706,711,719,724,725〔5〕544〔9〕551,608〔10〕19〔11〕498,508

周昭亨〔7〕150,234,261,270-272,294,386,500,514,519,525,527,545,558,575,579,583,617

周炳琳(枚孫,枚蓀,枚生,梅生,梅孫)〔1〕763,766〔2〕91,104,278,282,295,329,367,387,424,657〔3〕12,13,196,478,490,577,584,620,621,630,631,636,643,675,676,687〔4〕149,234,261,595,753〔5〕160,401,435,489,490,498,494〔6〕335,517〔7〕586,630,632,655,656,683,688,744,753〔8〕53,141,146,200,213,393,409,424,451-454,470,494,510,514,515,516,522,607,700,717〔9〕28,86-88,184,236,249,267,396,437,490,532,605,755

周倫超〔1〕639,640,644,648,650,651,653,655,657,658,661-663,666,801

周恩來(總理)〔3〕459〔5〕435〔6〕50,391,591,596〔7〕482,484,618,628-630,638,652,688,752,766,770〔8〕14,17,20,31,58,128,131,140,144,145,195,212,215,216,218,219,496,519,520,521,532,533,562,570,606,607,611,

612, 620, 623, 678, 693, 712, 713, 739, 742〔9〕4, 54, 62, 67, 68, 88, 108, 172, 199, 219, 231, 244, 279, 335, 343, 424, 426, 435-437, 440, 442, 443, 449, 450, 451, 579, 605, 749, 754, 767, 768, 777, 778〔10〕15, 23, 164, 181-187, 193, 198, 200, 202-204, 208, 216, 220, 221, 247, 251, 258, 281, 282, 291, 307, 308, 315, 334, 483-485, 487, 512, 529, 530, 545, 561, 568, 572, 580, 594, 616, 636, 648, 650, 661, 662, 676, 695, 698, 701, 712, 720, 724, 732, 735, 739, 751, 756, 758, 760, 769, 774〔11〕109, 140, 222, 291, 292, 299, 305, 315, 325, 328, 335, 336, 338, 341, 409, 431, 436, 500, 501, 514, 523, 607, 618, 619, 621, 622, 625, 626, 628, 637-640, 668, 717, 735, 736, 746

周振甫〔9〕609〔10〕276, 337〔11〕325, 334

周振鹤〔2〕147, 197, 219, 282, 284, 288, 304, 313, 315, 318, 323, 328, 331, 355, 375, 386, 402, 405, 424, 470, 471〔3〕240, 312〔5〕696, 700〔6〕15, 23, 81

周桂金〔4〕545, 547, 593, 594, 615, 616, 630, 655, 667, 668, 678, 683, 701, 706, 715, 719, 724, 733, 737, 738, 749, 760, 769〔5〕18, 19, 22, 29, 30-32, 36, 48, 53, 148, 183, 202, 205, 240, 255〔6〕1〔11〕107

周海婴（鲁迅子）〔1〕835〔8〕428

周祖豫（立三）〔4〕704, 705〔5〕466〔6〕555-557, 563, 669, 678〔7〕34, 74, 85, 86, 106

周祖谟（余让之姊夫）〔10〕455-458〔11〕322, 336

周耿〔7〕481, 622-625, 639-641, 644, 645, 649, 652, 661, 662, 664, 667, 668, 670, 673, 674, 677, 678, 681, 684-686, 696, 710, 714, 721, 722-724, 733-736, 738-740, 742, 746, 751, 753, 762〔8〕2, 9, 17, 33, 59, 86, 94, 126, 195, 219-221, 225, 363

周冕（冠伯母舅）〔1〕262, 264

517,633,640【6】5,210,212-214,218,235,237,239,282

周策纵夫人【6】298

周贻白【8】204【9】38

周进楷（谷城長子）【5】536【6】535,537,547,557,558,563,564,571,593,603,629,667,680,683,690【7】70,415,420,442,476,506,558【9】126,134,754

周进楷夫人【6】567

周雲青【8】93,212,381,382,392,605【9】557

周詒春（貽春,寄梅）【2】657【3】123,215,373,432,441【5】629【6】68【8】137,605

周傳儒（書齡,書龄）【2】360,549【6】327,337,338,348,352,354,355,370,376

周新民【9】34,37,44,49,54,60,360,362,370,375,537,553,617,740,774【10】174,202,234,265,341

周煦良【8】111,537,545【9】431-432,435,452,600

周献賢【4】629,656,657,659,722,747【5】6,27,73,367,442,747【7】81,83

周達夫（達甫）【3】465,474,476,478,484,490,541【4】99,445【9】383,494,533,537,540,542,543,546,554,558,561,591,646,655,657,659,665,674,675,677,685,691,728-730【10】25,36,37,55,67,96,99,107,108,165,199,235,239

周雍西（雝西,表兄）【1】287,435,435,629

周頌堯【3】221

周維庚（表兄）【1】186,262,264,275,433

周肇祥（養庵）【1】466【2】390【7】752

周輔成【4】304,344【7】644【8】21,381

周遠廉【10】803【11】160,162,176,177,190,194,195,227,260,262

周遠廉夫人【11】182,194,224

周增才（老周,車夫）【10】460-462,478,481,544,621,624

周德偉【4】630,679,691,723【5】494

周慶基【6】705【7】37,58,70,72,

八畫:周

77,97,106,238,350,356,427,438,452,470,513[8]57[10]721,726,727

周瘦鵑[5]700[7]19,123,309,310,324,385,462,587,651[8]37,608,609,612[9]58,62,156,406,407,431,444,445,447,772,778[10]182

周養浩(蔡子民新夫人)[1]376

周學昌[3]475,563,606

周學章(煥文)[2]363,433,455,456,458,465,592,696[3]64,84,351,355,526,529[5]446,462

周學熙[10]534

周憲文[3]591

周曉禾[7]446,448,452,459,461

周樹人(魯迅,周豫才)[1]446,541,659,710,726,747,772,778,782,784,786,788,796,798,806,807,809,820,824,829,830,832-836[2]2-6,15,22,23,26-30,32,38-40,46,59,61,63,64,69,69,70,73-75,107,160,186,262,286,292,349,340,387,507,600

[6]250,251,416,422,423[7]248,251,252,260,264,294,667[8]32,104,134,145,422[9]221,237,378,409,450,531,616,730[10]398,439,511,512,513,524,525,526,535,550,555,592,615,630,636,643,656,657,801[11]1,10,14,32,34,40,48,60,67,95,97-99,133,134,171-173,179,352,353,358,466,470,551,561,572,640

周樹德[10]120,133,136,139,142,152-154

周謙冲[4]135,300,353,357,359,418,420,442,453,488,638[5]369,383,389,392,394-396,435,458,490,498[6]10,37,419

周鍾岐[2]111,150,152,236,242

周鍾嶽(惺甫)[4]234,752,757

周鴻經[4]668,695,699[5]233,576,685,686[6]4,88,108,235

周鴻經夫人[5]586

周鯨生[1]614,623,627,640,

740,742,756,763,799,800〔2〕49,78,91,92,196〔3〕693〔5〕499,631,686,687,759,763〔6〕68,253〔8〕144,201,562,611,694〔9〕182,233,236,245,276,277,375,382,385,396,441,463,596,605,740

周懷民〔3〕344,345,637

周贊衡〔1〕391,468,567〔4〕705〔5〕265〔7〕88,172,236,236〔8〕11,15,16,18

周鯨文〔3〕574〔7〕717〔8〕363

宗白華〔4〕147,571,632,691,747

宗甄甫(真甫)〔2〕534〔4〕273-275〔5〕88,111,412,413,632-634

宗甄甫夫人〔5〕89

宗鏡〔3〕39,484

岑賢璋(岑氏夫婦)〔3〕170,171,181,185,188,201,203,207,216,278,297,298,302,318,340,341,357,360,363,365,366,369,372,375,385,387,397,399,417,421,444,464-466,473,477,478,483,486,488,489,499,516,520,521,525,528,529,530,532,533,536,538,539,553,565,568,570,573,574,584,590,599,613,619,621,632,640,642,644,646,652,654,657,663,664,667,721〔4〕97,154,166,168,170,172-174,184,185,190-192,194,198,199,205,210,211,214,215,219,222,223,225,226,229,230,232,233,236,238-240,243,250,251,253,255,256,259,260,263-266,268,273-276,411,420,466,492-495,497-499,503,510,514,517-520,523,526,530,532,540,560,564,568,569,579,580,608,638,640,643,645,648,651〔5〕30,56,368,369,373,377,396,397,538,539〔6〕53,210

冼玉清〔2〕152,168,324,325,327,328,332,343,344〔6〕292〔7〕457,458,461,470,590〔9〕406,428〔10〕336〔11〕649,719

冼星海〔10〕356

冼桂生〔7〕220

八畫:周宗宏洗法祁初房邵

法尊[4]704[5]15,66,218,285, 529[7]489,687[8]427 [9]446

祁子玉[4]666,682,698,709, 732,748,749[5]63,68,594

祁秀清(鏡如)[3]720[4] 121,123

祁致賢(佩德)[5]138,139, 189,637

祁龍威[5]665[6]78,554,555, 557,563,573,576,579,581, 591,592,601,610,621,623, 629,633,704[7]118[9]747

初大諰(大告)[5]279,418[11] 652,654

房兆楹(兆檁)[2]360,445,447, 459,460,503,511,537,538, 559,564

房龍[3]89[4]717,718[6]220 [9]215

邵爽秋[2]256[7]646

邵力子(仲輝)[3]559,560,563 [5]178,493,499,626,628, 631,634[6]68,169,271[7] 481,485,492,508,611,627, 647,697,717,737[8]7,14, 128,133,139,144,146,211,

214,219,393,426,442,509, 562,589,608,628,630,638, 647,692,705,724[9]35,50, 59,94,98,114,116,118,174, 181,189,219,222,241,243, 276,329,335,348,364,384, 385,406-408,411,416,417, 430,450,483,491,544,547, 680,741,744[10]193,302, 311,481,555,556,800

邵力子夫人(見"傅學文")

邵元沖[2]147,149,155[3] 24,321

邵文紳[5]274,277,279,291, 306,309,485

邵君樓(君璞)[2]135,139,185, 188,248,449,483,561,567, 570,571,695,726,730[3]20, 36,166,195,266,269,300, 333,339,348,349,351,352, 384,501,691[4]202,231- 233,237,248,249,260,265, 269,270,273,275,382,388, 680[6]294

邵恒秋(衡秋,蘅秋)[3]669,670 [4]55,283,542,555,561, 599,610,628,665,685,697,

顧顏剛全集·顧顏剛日記人名索引

701,739,756,763,768,772,775[5]10,20,28,29,31,36,37,42,56-58,66,73,127,137,139,158,164-167,169,175,178,190,192,201,208,219-222,239,240,242,249,252,255,264,266,277,278,281,283,293,301,304,307-309,318,334,350,356,364,387,400,401,407-411,414,420,425,427,456,457,465,504,522,544,546,547,551,575[6]64,67,71[8]145,148,229,393,440,408,442,451,453,562,573,574,649,653,660,738[9]51,59,83,185,187,210,434,620,621,726[10]254,255,305,489,620,633[11]24,163,224,299,426,438,448,461,684

邵恒秋夫人(見"朱櫸")

邵晋涵(二雲)[3]92[10]301,312

邵祖平(潭秋)[2]640[4]321,414,416,420,427,471,626,656,662,669,676,690,691,693,695,696,699,715,738,740[5]373,394,507

邵茎麟[5]418[8]354,369,468[9]517[10]180,431,488,682,710[11]669,670

邵循正[3]490,535[4]271[5]54[6]117,496,513[7]486,597,676,689[8]22,29,88,89,95,99,381,382,392,441,625,661,703[9]51,86,88,99,192,195,211,219,267,372,451,508,559,606,740,756,758[10]732

邵爾章[1]813,825,830[2]25,29,33,36,58,59,109

邵裴子[2]260,261,306[3]241,247

邵飄萍[1]662,740

邵鶴亭[4]705[5]239,512[7]646,754[9]544[10]235,310,318,254,621

邵鶴鳴[5]534[6]674,676,681[7]4

邵懿辰[7]666,756,768[8]535,731[9]574[11]332

屈伯剛(百剛)[2]306,307,308,473,486,646[3]289,306,314-316,319-321,337,338,439,

八畫:邵屈居承孟

456[5]659,772[6]168,208,231,232[7]19,121,122,144,300,773

屈均壽(伯剛子)[6]168[7]151

屈承源[9]673[10]368,370,371,373,374,376,377,380,383,391,392,394-397,400,403-405,410,413,414,415,417,426,428,429,438,444,449,454,536

屈承源夫人(于淑蘭)[10]375

屈武[9]412[11]580,746

屈萬里(翼鵬)[4]552,603-606,727[5]727,747[6]2,46,53,54,195

居正[3]195

承名世[5]654,659,660,673,680,694,719,726,727,729,748[6]224,297,298,425,428,449,453,559,563,571,656,660,662,665,666,674,681,690[7]11,34,66,68,92,97,99,107,126,127,150,169,191,195,198,210,214,234,276,277,279,280,308,329,331,446,452,460,464,466,496,573-575[9]85,89,109

[11]395,750

孟小冬[11]680

孟心如(心史子)[3]664[6]88

孟世凱[8]718,722,726,730[9]7,22

孟用潛[5]418[8]427[9]184[11]645

孟目的[5]418[8]217,221,490,493,494,498,501,505,507,515,521,533,562,609[9]55,94,245,279,551,612,670,740

孟庭柯[7]117,242,256,272,275,278,280,348,430

孟祥才[10]510,538,545,642,706,797[11]92,104,123

孟森(心史)[2]569,597,729[3]11,54,96,103,145,193,220,270,275,276,296,344,349,377,379,382,397,400,407,418,445,467,486,487,489,520,528,546,549,551,553,557,562,572,573,602,606,620,636,637,639,642,647,654,664[4]6[6]476[9]649,657[10]48[11]399,531,646

孟雲橋[4]608,656,723,749[5]

158 顧頡剛全集・顧頡剛日記人名索引

34,450
孟壽椿【4】136,137,554
孟憲承(憲臣)【2】272【7】288,525,525,530
孟憲章【3】525,558
孟默聞【8】468,472-474,485,489,505,508,515,544【9】200,307,309-313,317,319-325,327-331,333,335-340,342,344,349,351,354,356,358,359,361,366,369,372,373,406,413,431,456,460,462,464,467,469,471,484,487,489,492,493,499,500,502,505,510,531-533,535,538,539,548,562,581,582,586,587,589,611,627,630,641,659,678,681,687【10】17,48,78,178,213,242,294,512,518
阿旺堅贊(阿汪堅贊)【3】535,536【4】205,206,752,754,755,759【5】225,226,432,435
阿英(見"錢杏邨")

# 九畫

胡一雅【9】617,625,761【10】53,77,85,169,204,213,321,329,464,467,471,490,497,499,500,506,512,564,603,657【11】104,123,136,145,148,229,384,408,409,417,509
胡一雅夫人(見"羅麗")
胡也頻(丁玲之夫)【3】61,515
胡子昂【4】301【5】762【8】220,628,630【9】375,773【10】191【11】437
胡子嬰【7】379【9】248,249
胡小石(光瑋)【3】586【4】147,589【5】454【7】587【8】26【9】436,447
胡丹宇(羅麗子)【10】106,181,204,213,235,309,464,467,487【11】241,317
胡仁源(次珊)【3】431【4】589,603,607,609,625,661
胡文耀【6】557,633
胡世楷(遠香,襟兄)【1】531【2】304,309【3】312【5】665,667,670,679,681,700【6】12,15,

八畫:孟阿 九畫:胡

25[7]569[9]158,358

胡世運[4]676,702,711,724, 726-730

胡正綏(厚宣子)[4]477,507, 516, 525, 534, 637, 641, 642,646

胡正詳[8]233,234,239,240, 243,257,258,262-266,483, 616[10]366

胡正詳夫人[8]237

胡正寧(小寧,振寧,厚宣子) [4]507,536,637,642,646, 647[5]368,370[6]106

胡永齡[7]117,119,256,258, 262,269,275,284,348,355, 415,430

胡玉縉(綏之)[3]57,62,401,33 [8]486,509[9]305[10]75

胡石青(汝麟)[1]641,766,802 [3]341,342,407,408,415, 468,472,477,523,525,592

胡仲持(愈之弟兄)[2]56[3] 588,616

胡先驌[2]368,657[3]341[6] 252[7]142,696[8]88[9]450

胡吉甫[2]184,187,195,198, 209-211,213,217,220,225,

236,244 [5] 728 [6] 294 [7]436

胡吉宣[7]334,335,392,396, 397, 494, 510, 512, 526, 539,574

胡曲園[7]308,311,506[9]758

胡次威[4]136,424,450,502, 504,507,508,580[6]174

胡佩衡[2]354[9]432,447

胡宗南(胡軍長)[4]118,126, 451[6]374,437

胡定安[5]238,243,259,466, 467,470,512,524,534,547, 554,564,574,745

胡昌治[11]345,599

胡明復[1]83

胡明樹[8]21,111,149-151, 158,174-177,363[9]600,656

胡泛舟[1]465[2]283,660,665, 673,678,679[3]478,642

胡厚宣(福林)[3]217,279,431, 434,441,460,503,504,510, 514,585,587,676,729[4]42, 120,161,187,191,196,198, 201,202-204,211-213,224, 225,261,264,288,296,317, 365,366,384,397,399,425,

434-439,441,442,447,449,506,508,510,516,517,519,450,455,456,459,462,469,520,523,525,532,534,537,471-473,475,477,486,488-545,547,550,553,558,573,491,499,500,510,516,526,574,582,584,595,667【8】17,528,534-536,539,560,561,19,20,23-25,27,88,89,91,565,566,569,570,573,576,135,136,190,192,195,197,578,579,596,636,637,641-222,225,228,275,278,349,643,646,647,650,655,676,373,375,379,383,386,388,683,701,708,718,722,725,390-394,397-401,404,406,727,733,738,741,744【5】18,408,410,415,417,418,424-25,29,67,127,273,287,317-426,429,431,436,446,450,319,368-377,379,380,383,488,503-505,508,514,519,384,387,389-391,393,395,521,530,537,545,567,570,396,398,414,457,458,466,572,578,586,587,600,605,471,486,585,658【6】195,615,617,620,626,640-642,382,446,497,534,560,572,649,653,655,661,662-694,605,613,626,634,643,660,698,708,711-713,715,718,662,675,678,681,694【7】7,722-726,730,734,741,743 9,11,32,34,37,70,72,83,89,【9】4,6,7,13,14,17,19-22,91,102,105,181,189,194,24,29,30,32,36,90,91,93,235,277,290,292,308,309,94,107,121,160,183,208,316,323,335,339,342,346,209,211,218,230,237,254,350,357,365,366,369,370,255,258,264,267,270,277,373,381-386,393,394,405,309,370,372,374,375,381,411,413,415,420,444,445,411,432,434,440,444,446,454,456,457,461,466,467,449,452,467,468,471,483,476,477,496,497,502,503,488,494,495,500,502,508,

九畫：胡

537-539，543，550，552，553，558，569，579，590，599，610，616-618，626，641，644-646，651，666，671，678，681，684，691，694，695，734，736-739，744，754，756，757，759，761，764-766，767，781〔10〕2，7，28，45，87，88，92，93，96-98，114，117，121，146，153，164，165，167，171，174，180，192，200，202，206，220，245，253，273，279，280，286，293，306，313，315，351，353，357，366，387，426，457，462，468，469，479，481，482，497-499，506，509，514，515，520，526，530，533，534，537，539，541，547，549，559，564，565，567，597，608，616，617，620，626，633，636，642，643，646，653，654，657-660，673，679，691，692，694，698，702，703，708，712，716，722，728，730，732，734，737，739，755，756，764-766，769，770，774，778，788，792，793〔11〕92，100，119，142，192，229，232，234，332，372，375，457，468，475，479，497，522，532，544，677

胡厚宣夫人（胡太太，見"朱俊英"）

胡厚宣夫人（見"桂瓊英"）

胡思杜〔2〕512〔8〕363

胡政之〔2〕498〔3〕217，607，657〔5〕164，555〔10〕210

胡柏立〔9〕304，364，366，374，456，458，460，462，467，494，619

胡秋原〔5〕165，191，435，490

胡風〔5〕418〔7〕637，688，697，698，702-704，706，713-716，718，720，738〔11〕163

胡庭槐〔10〕571，749〔11〕345

胡庭槐夫人（見"崔月秋"，自珍姪媳）

胡振宇（正宇，厚宣子）〔8〕390〔9〕237，641〔10〕692

胡祖望〔2〕512〔6〕439，635

胡耿侯〔1〕438

胡健中〔3〕68〔5〕188，282，433，489，491，679，680〔6〕415

胡國吾〔5〕563，565，566，568，570，571，575，580，587，593，597

胡寄尘[11]408

胡庶华(春藻)[4]668[5]89, 165,168,294,433,759[7] 587,676,688,700,721,722 [8]17,53,58,126,134,144, 145,217,410,430,442,511, 514,610,697[9]38,43,59, 109,112,117,119,236,245, 329,335,348,367,587,594, 605,740,773,775 [10] 250,341

胡從周[5]410,411,414,423, 430,476,488

胡焕庸[3]433,519,676[4]140, 656,747[5]9,41,46,58,59, 130,166,245,450,454[6]53, 253[11]54

胡韋人[1]369,799,801[3]398

胡博淵[3]174,441

胡厥文[8]217[9]407,609

胡喬木(喬木)[7]241[10]621, 647,654,682,770,786[11] 382,511,515,518,526,543, 550,565,602,603,646,652, 711,712,729,733

胡渭[8]567,663[9]134 [11]499

胡琴舫[5]361,423,564,593

胡善之[4]692,700,703,721, 743,762

胡華[8]322,323,334,335,339, 340,344,346,352,353,569, 699[9]92,94,127,129,131, 137-140,149,673,758,781 [10]468,682,732

胡雲翼[4]492,494,518[11]564

胡絜青(老舍夫人)[9]463

胡傳楷(不歸)[2]445[3]33, 216,356,528[5]201

胡愈之[1]248,311,321,332, 350,361,399,400,407,414, 419,425,430,446,459,484, 498,516,520,535,544,545, 557,558,562,564,582,591, 607,610,615,620,711,779, 793,799,801[2]3,13,51,56, 65,78,79,81,86,89-91,495- 497,546,620,644,691,704, 726,731[3]8,68,80,87,337, 589[6]509,514,515,531, 536,540,550,552,556,557, 564,670,677,681[7]479, 483,492,525,624,626,631, 656,663[8]7,214,215,393,

九畫：胡

430,486,489,490,493,495,498,521,576,609,631,649,744[9]4,29,32,54,86,232,261,434,455,663,778[10]80,191,654,675,748[11]473,583,652,654

胡經甫[2]459,494,572,714,722[3]471

胡道靜[5]728[6]431[8]23[9]324,572[10]105,227[11]745

胡頌平[4]613,667,677,735

胡嘉[8]190,193,275,278,373,383,386,387,391,396,399,417-419,578,627,642,721,723,725,731,741[9]36,99,208,250

胡夢玉[8]467,533,535[9]557,600,607,613,656,700,782[10]173

胡肇椿[2]639,640,642,643,655,726

胡鳴盛(又王)[1]108,115,160,197,216,389,391,431,432,447,451,453,463,478,491,492,495,497,508,514,517,534,548,549,551,552,555,576,580,584,585,596,601-

603,605,606,616,619,620,622,629,631,634,645,649,663,666,686,714,719,750,757,771,776,799,801[2]332,350,356,368,369,388,411-413,428,443,446,448,493,562,565,632,640,654-656,658,662,729,730[3]12,60,64,88,96,121,187,216,294

胡德煌[2]571[3]49,57,368,369[8]223,363

胡蓮潔[11]567,568

胡蝶[2]628[3]246[4]644

胡適(適之,嗣麇,胡氏,胡先生,胡,Dr. Hu Shih)[1]58,65,73,85-88,90,92,93,95,96,102,106,107,110,111,115-118,121,122,128,129,133,135,137,141,142,144-146,148,150,152,154,155,157,160,162,163,166,169,174-176,179,180,184,186,194-196,198,201,207,210,211,216-219,222,224,227,232,236,252,254,261,298,299,305,306,323,326,332,334,

339, 351-353, 356, 357, 361, 362, 364, 367-370, 376, 377, 380, 385, 387, 389, 395, 396, 400, 402, 403, 406, 410, 412-415, 418, 420-423, 426, 429-431, 434, 445, 449, 450, 455-458, 461, 466, 468, 470-472, 474, 475, 477, 478, 484, 485, 487, 488, 490-495, 498, 500, 505, 511, 533, 538, 539, 543, 546, 555, 557-560, 562-564, 570, 571, 579, 592, 597, 599, 600, 610, 612, 614, 621, 623-628, 631, 633, 639, 642, 647, 651, 653, 656, 658, 661, 662, 665, 673, 674, 676, 678, 683, 689, 701, 707, 726, 727, 746, 749, 753-760, 762, 763, 765-769, 776, 778, 782, 791, 792, 799, 801, 802, 807, 823, 824, 832, 835, 836【2】3, 12-14, 21, 22, 25, 32, 38, 41, 48, 51, 55, 56, 62, 64, 65, 69, 71, 75, 78-80, 82, 83, 90-93, 109, 122, 125, 137, 146, 147, 180, 192, 196-198, 205, 219, 222, 249, 257, 258, 264-267, 272, 275, 286, 299, 313, 314, 321, 328, 329, 369, 373, 375, 394, 406-408, 411, 412, 414, 416, 446, 447, 450, 463-467, 469, 489, 492-494, 497, 502, 503, 507-509, 512, 516, 525, 532, 536, 544, 547, 549, 555-558, 560-562, 582, 587, 590, 610, 620, 648, 651, 652, 658, 663, 676, 677, 680, 691, 700, 710, 712, 721, 725, 726, 728, 730【3】2, 22, 35, 37, 38, 40, 54, 58, 103, 108, 109, 118, 121, 124, 127, 128, 151, 154, 162, 169, 172, 187, 191, 196, 198, 209, 212, 213, 217, 220, 228, 240, 256, 269, 272, 281, 295, 323, 333, 339-344, 346, 351-354, 362, 367, 373, 374, 377, 380, 384, 386, 400, 402, 411, 420, 421, 431, 444, 446, 447, 450, 454, 463, 471, 474, 478, 479, 481, 487-489, 499, 571, 577, 581, 583, 607, 618-620, 630, 647, 651, 653, 675, 687, 688【4】188, 192, 234, 347, 368, 411, 412, 593, 688【5】64, 98, 169,

九畫:胡

432,435,547,682,685-687,694,727,747,759,760,762,763,773[6]42,133,136,138,163,170,173,185,195,252,253,292,330,335,341,389,390,406,407,410,420,423,428,431,432,439,440,635[7]141-143,145,263,265,298,313,562,602,613,631,637,640,642,644,646,662,663,665,666,669,672,697,698,706,714,734,743[8]273,279,576[9]132,372,439[10]408,439,442,447,456,463,465,470,480,511,523,615,655,684,690,694,715,761,793,794,801[11]60,62,76,77,95,96,98,130,131,149,170-172,179,316,470,515,588,613,614,626,642,643,656,710,727,740-742

胡適夫人(胡師母,胡適之太太,江冬秀)[1]487,763,776,824[2]258,489,652[3]103,388[6]173,635

胡曉升(曉昇)[4]416,444,497,502,648,701[6]464

胡樸安[1]425,755[2]56[5]658,659,666[6]136,141[7]30,220,221[11]408

胡鉝子[1]187,566[3]69

胡應麟[3]62,332[10]447,463

胡濟川[6]12[7]327,328,369,384,571,573

胡顏立[4]597[6]219,271[8]111,523,525,526,528,530,532,533,545[9]608,610

胡懷琛[6]129

胡蘊(介生師,石予)[1]354[2]469[6]174[11]345,567

胡繩[5]418[7]640,642,654,689,696,698[8]26,126,615,730[9]596,753,754[10]167,170,488,621,766,770,786[11]382,394,419,423,424

胡繩武[5]547,551,558,569,571,575,749-752[6]276,325,543,704[7]32,189,308,442,582[9]551[11]406,413

胡蘭生[8]491,493,498,499,501,507,522,607,610[9]445

胡鐵巖(鑒初)[2]93,538,561,569,574,575,579,587,593,598,599,601,602,606,609,

610, 613, 622, 643, 644, 719, 730〔3〕79, 80, 118, 124, 127, 151, 386, 410, 434, 437-439, 452, 459, 460, 512, 513, 588-590〔5〕654〔6〕161, 422

柯一岑（見"郭一岑"）

柯昌泗（燕舲）〔2〕414, 582〔3〕377, 555, 602, 639, 640, 653, 658

柯紹忞（柯氏, 鳳荪）〔1〕549 〔3〕311

柯象峰〔3〕615〔4〕315, 335, 353, 497, 498, 501, 638-640, 650, 747〔5〕164, 166, 167, 374, 375, 379, 381-383, 385, 386, 764〔6〕90〔11〕56

柯與參〔3〕753, 754〔5〕434, 491, 496, 629〔6〕334, 384

柯璜〔2〕426〔8〕211, 216〔9〕776

柯靈〔8〕11, 111, 201, 214, 221, 535, 545, 607, 510, 511, 514-516, 537, 586, 609, 694, 724, 735〔9〕54, 57, 58, 61, 133, 134, 139, 141, 145-147, 387, 414, 426, 431, 433, 451-454 〔10〕182, 183, 185, 195, 289

柳亞子〔5〕418〔6〕707〔7〕336

〔8〕448

柳宗元〔7〕649〔8〕184〔11〕394, 555, 556, 558

柳定生〔4〕658, 707, 749, 760, 776, 778〔5〕36, 110〔9〕581

柳無忌〔4〕679, 684, 695, 719, 729, 730, 767〔5〕28

柳詒徵（翼謀）〔1〕240, 241, 559, 660, 684, 685, 695, 700, 748, 799, 802〔4〕760, 769〔5〕64, 186, 187, 412, 512, 687〔6〕66, 72, 76, 90, 96, 252, 470, 567, 574, 576, 613, 665, 670, 674, 676, 684, 690, 695〔7〕10, 15, 17, 27, 30, 99, 102, 104, 173, 181, 206, 210, 212, 214, 218, 225, 232, 238, 241, 274, 277, 279, 281, 288, 290, 292, 301, 306, 308, 311, 316, 317, 322, 323, 329-332, 342, 343, 382, 389, 403, 414, 417, 418, 420, 423, 424, 441, 464, 443, 448, 453, 473, 522, 526, 527, 538, 541-543, 545, 548, 549, 557, 568, 573, 574, 579〔8〕26 〔10〕772

柳樹人〔5〕581〔6〕102〔7〕

九畫:柯柳查范

324,371

查冰如【1】92,103-105,107,115,162,165,168,195,255,262,267,275,327,391,433,502,520,586,587,637,655,664,705,717【2】289,330

查夷平（阜西）【5】736【7】753【9】24,54,60,78,163,164,166-169,260,276,345,367,571,607

查良釗（勉仲）【2】84,85,91【3】556,630,651【4】52,138,150,173,174,220,252【6】53,67,89

查斯璞（Emile Gaspardone）【2】709,712,716,718,719,721

范予遂【5】433,489,490【8】219,363

范午（可中）【4】346,347,353,359,361,374,384,393,394,397,419,420,424,427,429,433,436,437,450,475,486,500,510,514,517,518,532,541,568,635,640,641,648,651【5】201,370,371,388,396-398,445,468,698,772【6】237,267,653

范文瀾（仲澐,范老）【1】673,701,716,762,765,772,775-778,784,789,793,796,801,816,824【2】5,23,69,83,86,109,124,147,180,184,279,280,282,285,286,290,295,326,330,332,422,430,432,438,444,449,455,469,490,492,552,554,600,699,730【3】60,115,184,216【6】244,495,496,509,512,531【7】59,83,158,159,164,232,330,399,436,473,479,532,585,588,600,610,612,620,642,663,685,695,697,714,752【8】22,26,53,131,201,441,564,627,630,661【9】55,88,119,209,219,254,350,372,375,605,616,756,758,767【10】97,641,768【11】124,167,523,589

范任（希衡）【3】152,186,293,360,509,510,518,519,522,523【4】609,612,613,626,665,669,670,677,691,693,700,710,713,726,756,763,764,768,773,778【5】8,14,

16,24,26,28,31,37,44,46,55,59,60,70,76,77,128,129,131,156,158,161,164,166,170,172,173,178,179,191,192,208,314〔6〕272,436,442,455,458,461,476,501,507,521,535,544,545,595,596,610,640〔7〕13,27,59,63,67,71,81,91,100,108,109,132,136,137,173,174,180,182,191,205,212,277,347,349,350,423,428,431,501,502,518,576,595,738,746〔8〕157,363〔10〕319,320

范任夫人〔7〕108,114,128,138,169

范存忠〔4〕588,632,668,671,676,679,681,690,695,699,710,711,722,723,745,762,766,767,772

范希纯〔4〕294,299,321,392,393,402,415,416,418,423,426,438,448,449,451,455,459,470,491,492,510,511,516,521,649,661,664,668,697,707〔5〕372,384〔6〕475,478

范希曾〔6〕194〔11〕661

范争波〔5〕694,698,703,727,730,737,738,741,742,747〔6〕19

范長江（希天,筆名長江）〔3〕297,311,490,498,527,555,584,585,587,733,752〔4〕64,90〔6〕467,469,470〔7〕482,485〔8〕7,126,213,694〔9〕110,396,407-409,412,605,786,787〔10〕330,502,621

范洗人〔3〕437,438,439,589〔5〕480,540,653,654,657,659,670,719,727,738,754〔6〕79,94〔7〕28

范若愚（范君）〔11〕713-717,722,723

范振興〔4〕283,435,438,439,445,448,457,477,478,488,492,506,515,518,542,544,628

范純善〔5〕277,279,294,306,474,500,546,551,554,568,569,571-573,635,720

范祥雍〔7〕472,476,496,498,519,520,525,532,535,564,582,613,617,665,667〔8〕

九畫:范茅苗英南郁哈冒恒香重秋修侯

637,638,640,641,643[9]582 [10]458,459,462

范鑛(煙橋)[5]743,755,757 [6]78[7]19,121,123,376, 651[8]111,523-525,527, 528,530,533-535,546,633 [9]155,158,384,397,398, 398,409,454,600,607,609, 614[10]763

茅以升[6]252[8]10,216,465, 623,624,631,639[9]771,778 [10]530[11]345,455, 459,523

茅盾(見"沈雁冰")

苗迪青[3]519,520,526,658, 661[7]18

英千里[2]332[5]746[6]290

英若誠[10]314

英華(敏之)[5]555

南懷仁[3]117,521[9]371

郁風[5]418

郁達夫[1]311,339,399,565, 763,768,763,802[2]114, 121,123,127,131,132,135, 148,194,205,235,252,255, 266[4]526

哈的爾[4]114,117,752,757[5]

432,434,491,494,499,538

冒效魯[7]503

冒舒湮[5]310,516[6]513

冒懷辛[8]503[9]36,94

冒鶴亭(廣生)[6]90[8]680

恒慕義(貞文,恒,Arthur W. Hummel)[1]698,701,702,746, 764,766-768,800[2]128-130, 588,594,699,731[3]142, 155,183,184,191

香雅谷[2]570

重松俊章[2]429,431

秋瑾[9]216,736[10]365

修中誠[2]540,553,731[3]143, 170,184,185,188,201-203 [4]117

侯仁之[4]41,52,158,194,238, 311,366,546,693[5]523, 607,610,612,620-622,629, 772,773[7]26,27,375,380, 381,399,486,653,671,685 [8]35,88,171,230,232,255, 265,275,276,288,294-297, 299,300,305,310,316,324, 340,344,377,418,469,555, 558,559,615,709[9]54,281, 283-287,289,290,293-298,

300, 301, 315, 317, 322, 327, 328, 354, 447, 740, 773, 776, 778 [10] 72, 192, 310, 341, 370, 387, 765, 769, 778, 784 [11] 349, 403, 466, 498, 499, 507, 509, 541, 664, 736, 740, 753

侯友墨[11]505, 506

侯方岳[9]756, 759, 762, 765

侯外廬[4]150[5]169, 301, 302, 321, 325, 326, 366, 418, 442 [6]495, 496, 508, 509[7]83, 585, 586, 588, 591, 600, 610, 615, 620, 627, 629, 642, 646, 648, 652, 657, 663, 670, 683, 685, 689, 695, 704, 706, 744, 749[8]9, 22, 26, 29, 48, 53, 88, 90, 146, 381, 386, 394, 410, 416, 423, 424, 429, 440, 441, 465, 552, 571, 572, 578, 607, 608, 611, 622, 653, 692, 711, 718, 741[9]4, 14, 57, 89, 163, 173, 178, 208, 209, 213, 230, 231, 254, 256, 264, 270, 306, 311, 335, 337, 360, 382, 445, 468, 471, 497, 502, 506, 508, 532, 537, 543, 616, 617, 755,

756, 759, 764, 767, 772 [10] 21, 132, 168, 174, 206, 213, 286, 295, 342, 357, 361, 460, 461, 467, 477, 482, 497, 500, 502, 506, 509, 512, 514, 516, 520, 524, 531, 532, 535, 537, 549, 559, 565, 566, 598, 657, 675, 682, 704, 719, 732 [11] 81, 82, 111-113, 119, 122-124, 128, 129, 224, 495, 561, 641, 652, 670, 752

侯外廬夫人[4]605

侯永奎[3]114, 344, 468, 472[8] 384, 553[9]366, 595

侯益隆[1]115, 543 [3] 114, 468, 472

侯啟明[3]570[4]752[5]31 [6]163

侯紹文[4]603[5]93, 125, 136, 165

侯晴嵐[2]122, 124[5]331, 332, 576

侯堮(芸圻)[2]358, 414, 420, 427, 432-435, 439, 444, 445, 447, 450, 455, 460, 469, 494, 498, 500, 501, 507-510, 512, 513, 532, 536, 538-542, 545,

九畫:侯

546,551,552,555,559,561, 565-567,573,587,588,590, 592-594,597,600,649,651- 653,655-657,660,663,676, 679-681,686,689,690,693, 694,701,707,722,727,730 [3]3,5,14,20,24,38,44,49, 54,58,62,65,84,91,96,98, 115,123,124,128,170,172, 239,269,380,383,452,523- 525[4]685,694-697,700, 703,712,713,723,735,774, 777,778[5]31,45-50,53,58, 69,74,127,148,164,165,183- 185,187,188,194,197-199, 203,205-207,218-221,225, 235-238,249,254-256,259- 263,265,266,275,276,278, 279,284,288,290,291,294, 295,299,302,303,305,306, 308,309,315,317,322,327, 329,333,336,351,352,363, 364,401,407,409-411,420, 425-427,430,436-438,441, 443-445,451,467[6]508, 512,515,574,578,687[7] 227,483,489,600,618-626,

630,639-641,643,644,646, 649,652,662,664,666,668, 669,673,676,681,684,686, 689,705,714,721,733,735, 736,738,742,746,747-751, 753,756,762,770,776[8]21, 24,28,29,36,86,133,138, 147,155,193,251,363[9] 730,791[10]548

侯塽夫人(韓培厚)[5]259,262, 296,326,330,337,425,469, 470,487,488[7]622[8]138

侯碩之[3]185,341,421[4]191, 192,693

侯德封[7]607[8]14

侯德榜[6]252[7]694[8] 214,215

侯憲[2]437,438,443,450,455, 461,465,468,469,503,511, 538,561,583,591

侯樹彤(樹㭋)[3]545,552,553, 569,584,587

侯鏡如[8]453[9]375,491,694, 740,749

侯寶林[7]344,631[8]13,215, 744[9]95,348,494,594,617 [11]499,503,523

顧頡剛全集·顧頡剛日記人名索引

侯寶璋(又我)【4】288,289,294, 296,298,300,301,303,304, 306,309,311-313,315,317- 321,333-335,338-343,346, 348,349,351,355,361,366, 367,371,376,377,378,380, 381,385,387,389,390,392, 394,401,402,408,410,414, 416-418,424,425,441,443, 452-454,458,471,474,478, 479,485,489,490,495,497, 501,510,517,526,530,533, 538,540,564,567,568,574- 576,580,634,637,639,645, 649,650【5】85,369,372,373, 376,378,380-383,385,390, 395-399,411,426,471,545, 632【8】238【9】410-414,417- 419,424,427-429,441,442, 444,455,463,505,509,558, 559【10】180,341,461,638

俞人則【8】452,482,486,495, 498【9】705,706,710,712, 714,715,717,719,721,722

俞大綱(曾昭搗夫人)【4】659, 722,726【10】539

俞大綱【2】568,593【3】19,195,

219,269,271,277,349,409, 414,431,433,460,488,499, 500,511【5】353,440

俞大維【4】546【6】66,67,72

俞大績【4】659,722,726

俞子夷【2】58【8】111,363,546 【10】299

俞巴林【7】181,277,292,309, 339,366,394,404,405,415, 420,424,442,457,459,477, 506,545,547

俞平伯【1】85,95,105,106,108, 111,113,116,121-124,126, 128-131,133,134,137-141, 143,144,146,148,150,152, 156-159,162,164,168,169, 173,177,181,184,187,190, 193,217,220,222-225,227, 228,230,232,234,237,238, 241,244,248,249,276,289, 295,299,303,322,327,329- 333,337,340,347-350,353, 360,364,368,369,373,376, 377,379,383,385,389,391- 393,396,398,401-403,407, 412-415,419,420,422,524- 425,428,431,450,454,466,

九畫:侯命

471-474,477-479,484,486,489,494,499,501,503,509,511,514-517,520-522,524,526,533,536,542,548,557,564-566,577,579-581,584,586-589,593-596,600-606,608,611,612,614,616,617,620,622,624,626,628,631-633,638,640-644,648-650,652,653,655-660,662-666,668-670,674,676,680,683,689,706,707,711,715,716,718,720,722,725,727,734,735,741,742,749,761,762,766-769,772,775,776,779,785,793,799,800,816[2]55,75-80,266,279,280,285,286,293,297,326,329,333,335,345,367,387,393,407,421,451,458,461,463,488,489,494,508,509,534,539,545,546,549-551,553,556,561,570,572,575,580,586,591,593,599,658,659,683,704,709,730[3]13,19,22,23,37,54,107,128,208,220,271,333,358,523,530,540,619,679[5]609,620,624[7]208,301,305,332,478,491,562,610,613,619,688,713[8]19,56,58,211,389,399,417,458,459,469,482,537,611,649,694,695,742[9]26,78,92,99,105,179,181,182,184,187,192,211,228,230,234,235,238,239,257,261,264,265,269,271,275,276,278,309,321,323,326,329,335,339,347,349,351,359,362,370,373,375,376,448,470,473,480,532,539,546,577,579,586,609,611,616,651,671,692,732,740,749,759,761,784[10]174,272,298,328,374,387,430,472,483,506,531,541,551,560,604,658,678,690,737,761[11]39,62,100,104,121,122,148,169,217,280,343,358,364,370,371,411,415,420,422,495,546,551,556,560,570,581,623,624,628,643,652,654,656,660,666,670,688,705,727,728,745

俞平伯夫人(見"許寶駒")

俞旦初〔7〕604〔8〕404〔9〕81, 88,99,107,336,358,508,510, 570,608〔10〕82

俞正燮〔8〕203〔11〕387,388,434

俞守己〔4〕372,375,403,502, 504,568〔5〕220,394,586,604

俞守紀〔4〕489〔5〕192,387

俞式如〔5〕446,563,592,670, 692,693,699-701,703,728, 734〔6〕51,98,151,154,179, 232,233,241,423

俞成(平伯之女)〔8〕23〔11〕 556,558,559,566,583, 588,592

俞佐庭〔5〕516〔6〕223

俞叔平〔4〕593,767〔5〕192 〔6〕100

俞宗杰〔1〕624,677,689〔2〕42- 45,74

俞重展〔7〕95,98,112,119,144, 146,234-236,252,301, 307,343

俞重展夫人〔7〕128

俞飛鵬〔3〕430〔5〕627,631

俞振飛〔3〕577〔8〕702〔9〕5, 346,408,415,419,420,448,

453,545,646,651〔10〕255

俞陛雲(階青先生,平伯之父) 〔1〕477,478

俞頌華〔3〕588,628,633〔5〕638, 732,735,740-742,754-756〔6〕 546,645

俞劍華〔6〕501,545,676〔7〕13, 15,30,34,37,58,64,65,68, 72,77,117,125,126,137,143, 145,146,174,192,201,203, 208,209,234,242,244-248, 256,258,260,261,263,274, 275,278-280,283,284,286, 291,348,427,430,463,509, 524,579,696〔8〕124,132, 139,143

俞慶棠〔5〕755〔6〕39,40,83,87, 171,558

俞寰澄〔8〕12,55,126,424〔9〕 706,708,709,712,713,715, 717,719,720,722,728,740, 772,791〔10〕117,302, 341,762

俞寰澄夫人(胡志珍)〔9〕707, 711,712,718,722

俞樾(曲園,俞氏)〔3〕458〔6〕 180,658〔7〕39,78,173,764

九畫:俞段計

[8] 567 [9] 53, 263, 639 [11]651

俞鴻漸(曲園父)[6]486

段力佩 [8] 21, 111, 535, 545, 383, 553, 567, 617, 740

段玉裁(段氏)[2]172[6]180, 193, 566, 677 [7] 70, 75, 91, 316[9]696[10]217, 265, 266 [11]298

段克興[3]603, 605, 617, 662[6] 89, 91[7]403[11]71, 72, 678

段承澤(繩武)[3]426, 529, 530, 557, 558, 564, 580, 604, 606- 608, 622- 626, 633, 634, 637, 638, 657, 658, 660, 664, 669, 670- 672, 739 [4] 69, 75, 98, 282-284, 291, 403, 700-702[5] 99, 103, 113, 593 [10] 777, 778 [11] 10-12, 15, 61, 176, 177

段承澤夫人(繩武夫人, 段夫人, 段太太, 見"王磨堯")

段承澤夫人(見"齊玉如")

段祺瑞(段氏)[1]728, 734, 737 [7]264[10]229, 230

段晚蘭 [4] 668, 676, 678, 699, 702, 747, 759 [5] 107, 127, 153, 170, 200, 206, 223, 235,

237, 240- 252, 254- 257, 259- 262, 264, 273, 277, 281, 286, 287, 289, 292- 295, 298, 303, 304, 307, 309, 316, 317, 319- 321, 325- 327, 331, 333, 335- 337, 340, 348- 350, 352, 356, 362, 364, 381, 387, 400, 401, 407, 408, 410, 414, 420, 423, 426, 427, 430, 438, 456, 457, 472, 492, 495, 502, 746, 765

段學復[9]535

段錫朋(書貽)[2]52, 198[3] 433, 441, 515, 585, 586, 591, 676 [4] 592, 593, 598, 602, 606, 608, 612, 613, 633, 661, 663, 753 [5] 8, 161, 209, 687, 759

段寶林[9]540, 591

計文甫(見"禚文甫")

計志中[6]248, 294, 458, 673[7] 480, 483, 485, 491, 632, 647, 762[8]485[9]554[10]291, 476, 496

計碩民 [1] 80, 128, 132, 139, 140, 145, 153, 154, 172, 208, 209, 260, 262 [2] 75, 76, 310 [7] 390, 415, 436, 437, 474,

78,172,292,293,305,307,315

施仁(心悦)【4】760,761,769,776【5】11,18,19,22,29-32,48,53,148,183,194,203,205-207,210,217,219,222,234,237,243,244,245,248-250,254,256,259,260,262,263,266,284,287,296,303,306,308,317,327,333,337,352,361,364,409,442,444,509,532,565,569,571,573,574,588,637,747,755【6】47,48,219

施今墨(施老)【7】593,683【8】215,221【9】25,115,116,118,119,131,261,281,284-287,295-297,301,605,706-708,711,717-722,724,725,728【10】115,121,229,464【11】306,419

施今墨夫人(施太太,張培英)【9】281,293,294,707,709,719,722【10】114

施友忠【2】521,594,599【5】369,372

施如雪(施今墨幼子)【9】717,722【10】114【11】419,420,

427,430,431,451

施如瑜【9】707,712,717,718,722【10】114

施宣圆【11】676

施畸(天侈,太侈)【2】289【4】588【6】378,379【7】192,240,252,258,259,261,263,269,271-277,280,284,290,291,295,316,323,333,339,390,393,404,412,416,418,420,429,430,431,456,476,579

施稚墨(今墨之子)【9】281,285,286,288,289,724

施劍翘【4】160【6】29,85,422

施嘯琴【9】85,86,89,91,92,94,97,98,105,106,108-110,115,121,122,174,176,182,195,202,210,215,270,275,279,289

施蛰存【4】160,167,169,190,217,270【6】704【7】503,539【8】363

姜又安【5】362,470,471,500,504,506,516,530,538,539,541,612,663【6】71,84,179,243,275,276,279,283-285,293-296,388,399,400,405,

九畫:施姜

417,468-470,474,475,485,486,489,490,492,518,519,551,620,648[7]7,19-22,24,29,36,42,49,54,60,65,76,78,79,81-84,86-88,92,111,115,185,190,194,200,203,207,212,214,218-227,232,233,235,239,240,244,250,252,269,276,281-283,293,300,306,308,314,315,323,328,329,332,337,338,343,346,347,350,357,358,364-366,368,372-375,378,380,391,397,403,404,417,418,426,428,429,431,433,435,436,448,450,458,460,466,470,475,478,494,502,506,510,511,518,527,532,534,551,556,557,559,562,565,567,572,573,581-584,589,591,593,598,601,605,608,622-624,632,642,660,661,666,674,683,685,687,692,702,705,706,708,713,722,725,731,741,747,748,750,752,756-759,761,762,768,776[8]11,39,42,49,52,58,59,84,89,124,133-135,138,140,142,148-150,189,199,201,210,225,229,238,253,278,282-284,286,306,310,333,341,345,350-352,357,373,376,396,417,419,424,436,443,445,476,486,488,507,510,513,538,539,543,544,575,585,589,604,619,643,650,654,655,692,695,698[9]10,16,37,92,109,120-122,136,137,143,175,184,191,201,208,213,216,217,223,225,227,243,244,256,267,275,309,312,319,321,322,325,335,337,338,354,368,371,382,445,462,464,487,505,507,508,522,530,531,533,544,552,567,577,589,590,611,617-620,628,656,660,668,675,676,684,686,695,696,725,726,738,779,787,791[10]33,34,46,57,61,62,78-80,94,95,106,164-166,174,206,215,234,236,250,269,271,286,287,297,305,306,331,345,347,

361,381,389,414,419-422,472,493,494,515,524,525,531,537,563,570,611,633,637,638,674,713,714,749,757[11]7,41,42,66,82,226,227,611,612,620,621,628,631,683

姜立夫[1]794,820[2]83[4]210[5]439[6]252[7]629[9]350,374

姜克夫[9]24,51,99,119,195,219,249,508,588,594,606,756,758-759

姜君辰[9]250,254,349,452,495,508,531,533,553,616,725,758[11]670

姜妙香[7]541[8]638,715[9]446,448

姜步尧[5]497,539,641,643,652[6]2,105,108

姜和生(逸鸥父)[4]323,331,338,347[5]223[6]13

姜亮夫[2]567,588[3]679[4]394,506,707[5]716,736[6]85,92,236,293[7]394,395,402,494,502,505,525,542,547[8]162,228,600[9]66,68,69,206,791[10]104[11]95

姜治(服膺)[3]704,706,707,708[4]4,6,12,13,21-24

姜修卿(又安父,二姨之夫)[5]647[6]138[9]358,787,788[10]757

姜修卿夫人(見"二姊")

姜淑忍(書忍)[5]647[6]63,73,74,122,124[7]107,314,317,322,511,539,540[8]654,655,657[10]637,674,715,720,723,725,749

姜淑華(姜玉蘭,又安妹,二姨次女)[6]124,703[7]20,121,124,128,138,152,153,203,206,239,295,309,331,341,350,351,373,382,470[8]87,136,141,142,442[9]787[10]749

姜逸鸥[5]649,652,699[6]105,127,226,228[7]19

姜義安[5]641,647,753,757[6]11-13,15,18,27,29,30,57,59,122,389,392,393,410,414,662,671,691[7]4,18,25,36,79,81,85,91,93,99,

九畫：姜洪

109, 115, 121, 144, 149, 151, 173, 180, 181, 185, 188, 190, 272, 283, 286, 293, 295, 329, 332, 333, 345, 346, 357, 358, 359, 362, 363, 374, 378, 390, 391, 416, 419, 429, 437, 445, 449, 450, 457, 459, 468, 470, 473, 476, 493, 494, 518, 524, 526, 532, 558, 559, 564, 567, 568, 571, 586, 589, 595, 597, 608, 611, 644, 648, 652-654, 658, 662, 663, 681, 693, 705, 723, 725, 728, 729, 731, 734, 737, 739, 757, 758, 770-773, 775, 777【8】13, 42, 340, 345, 446, 539【9】83, 84, 133, 160, 163, 173, 175, 176, 616【11】67, 68, 626, 744, 748

姜種因【3】731, 750, 753【4】2-6, 13, 17, 34, 45, 55, 116, 129, 130

姜蘊剛【4】308, 315, 321, 333, 334, 336, 343, 440, 493, 495, 497, 498, 502, 530, 575, 576, 580, 634, 635, 638, 715【5】137, 369-371, 376, 377, 379, 383, 384, 386-389, 393, 394, 397, 414, 445, 471, 761, 762

【6】65【7】224【9】92

洪延彥【5】730【7】11, 105, 308, 366, 394, 420, 506, 529, 558, 741【8】411

洪禹川（謹載之父）【4】78

洪書行（煨蓮弟）【3】214, 215, 538, 575

洪祓（洪絞, 洪思齊）【3】267, 269, 274, 300, 301, 345, 356, 377, 417, 444, 477, 484, 490, 498, 519, 538, 547, 569, 604, 631, 648, 651【4】170, 171, 203, 270, 274, 756, 768, 778 【5】14, 28, 44, 46, 161, 179, 310, 515, 555, 595, 671

洪雪飛【9】193, 352, 651, 687, 727【10】257

洪愛蘭（煨蓮女）【2】677【3】484

洪業（煨蓮, 煨公, William Hung） 【2】436, 438, 439, 442, 443, 445, 447, 450, 451, 455, 467, 469, 485, 487, 491-497, 500, 503-508, 511-513, 517, 520, 524, 526, 532-534, 537, 539, 541, 545-549, 554, 556-560, 562, 564, 566, 567, 569, 570, 572, 576, 577, 586, 591, 592,

594, 600- 603, 608, 610, 611, 613, 618- 620, 626, 631, 634, 636, 648- 650, 655, 656, 659- 663, 671, 676, 679- 681, 683, 685- 687, 691, 693, 694, 697- 699, 706, 709, 714, 717, 722, 725, 730【3】2, 4, 5, 7, 9, 10, 13, 15, 17, 19, 21- 23, 25, 27- 29, 33, 36- 42, 44, 45, 48, 50, 54, 56, 57, 60, 62- 65, 69, 87- 89, 92, 95- 97, 100, 102, 103, 105- 107, 109, 114, 115, 117, 120, 122, 123, 145, 148, 149, 152- 154, 157- 159, 165- 167, 170- 172, 182, 183, 186, 187, 190, 196- 198, 200, 202, 203, 207, 214- 216, 226, 227, 231, 238, 240, 246, 266, 267, 269, 271, 274, 294, 295, 297- 302, 320, 322, 340, 344- 350, 352, 354- 356, 362, 366- 369, 371, 372, 374, 377, 379, 382, 384, 387, 396, 397, 399, 401, 404, 408- 410, 417, 429, 430, 435, 444, 447, 450, 452, 462, 466, 472, 475, 476, 479, 480, 483, 484, 489, 496, 499, 503, 517, 521, 528, 532, 533, 538, 545, 548, 551, 553, 556, 569, 570, 572, 575, 601, 604, 621, 625, 631, 632, 638, 644, 648, 651- 654, 658, 667, 725【4】369, 371, 397, 470, 481【5】162, 522, 598, 600, 612, 613, 621, 655【9】644【10】465

洪業夫人（煜莲夫人, 洪太太）【2】665, 669-672, 677【3】240

洪瑞釗（瑞藻）【7】215, 294, 295, 329- 333, 335, 336, 417, 429, 438, 439, 441, 442, 445, 447- 449, 452, 453, 455- 457, 460, 461, 464, 465, 469, 475, 494, 514, 522, 540, 541, 546, 574, 576- 581, 583, 613, 667, 732, 777

洪德輝【5】45, 60, 157, 164, 362, 505【6】97, 179

洪駕時【6】422, 427, 442, 457, 460, 463, 468, 476, 477, 486, 490, 493, 496, 500, 534, 555【7】61, 69, 72, 77, 79, 84, 97, 104, 110, 116, 120, 121, 132, 146, 149, 152, 171, 184, 214, 249, 446, 474, 545, 547【10】

九畫：洪津郎姚

229[11]174,345,533

洪頤煊[7]378,410,494,742,742[11]429,430,477

洪濤[10]725,733,755,756,760,764,766,773,786[11]139,155,345

洪邁[7]321[8]647[9]516[10]102[11]398,573

洪謹載[3]742-747,749,751,752,754[4]3,4,6-10,12,13,17,21-25,28,29,34,37,40-45,48,49,51,53-58,60,62,66-69,72,75-86,89,90,92,93,97,103,108,110-113,115-119,125-130,191,239,253,319,396,440,442-444,447,448,451-453,456,460,473,474,477,485,487,495-499,501-503,505-507,509,514,516-518,521,523,524,526,530-532,537,541,546,547,561-563,567-572,577,579-581,595,633,634,637-639,641,645,646,648,650,651,655,675,708,727[5]31,39,60,74,127,142,289,374,375,381,386,397,414,505,628-

632,635,638,659,722

洪謹載夫人(洪太太,季飛霞)[4]128,518,567,574[6]283

津田左右助[2]461

郎健寰(郎醫生)[4]291,302,315,339,392

郎晶津(晶晶,津晶)[10]599,608,770,771[11]72,678

郎靜山[4]173,351[7]246

姚文元[10]190,362,369,437,458,461,464,471,474,595,596,597,654,735,738[11]22,668

姚文田[8]146[9]371

姚平[7]542,549,550,551

姚幼琴[1]438

姚永樸[8]385,648

姚石子(姚氏)[7]332,334,337,339,340,343,344

姚名達(達人)[1]698,699,728,758,801,825[2]23,367,478,546,726[3]458[4]397,400,711[6]146,674

姚成(陳達夫人)[9]281,342

姚佑生(右生,啟民)[3]714-716,718,719[4]45,78,128,129,383,394,399,621,628,

629〔6〕325

姚廷芳（馨塵）〔2〕545,558〔5〕179,432,433,491,591〔6〕69,71

姚柏（梓良）〔4〕652,727〔5〕14,28,160,231,310,483,655〔6〕64

姚家積〔2〕568,593〔3〕302,354,358〔8〕124,130,190,194,384,395,417,503,545,571,578,741〔9〕10,14,59,208,471,483,490,497,502,508,543,590,617,739,759,768〔10〕206,253,269,654,675〔11〕54,60,119,133,136

姚振宗〔6〕204〔7〕743,744〔8〕318

姚晋繁〔2〕577〔3〕183,505,520,525,536,541,549,558〔5〕314,365,605,622

姚茫父〔8〕33,41

姚從吾（士鰲）〔1〕310,800,802〔2〕305〔3〕217,297,298,344,350,353,359,372,378,388,489,490,447,499,504,525,532,534,535,538,539,543,547,551,553,557,558,571,573,576,577,584,601,602,618,621,647,664〔4〕166,178,179,204,210,215,217,218,256,261,273,326〔5〕45,47,54,64,747〔6〕124,253,340

姚梓良〔5〕77,201

姚梓良夫人〔6〕47

姚淑芳〔9〕503,504

姚深〔11〕130,134,140,158,191

姚紹華（企虞,姚君）〔5〕193,230,366,368,405,406,498,500,515,541,546,560,593,598,599,603,608,639,722〔6〕560,605,613,626,643,660,675,692,694,705〔7〕9,32,54,70,105,483,493,514,584,587,588,594,595,597-601,606,610,611,616,618-620,624,625,627,629,639,641,644-647,651,655,658,660,661,664,666-671,673-679,681,683,684,686,689-692,694,695,698-700,707,711,713,715,716,720-723,727,730,732,735-739,742,747,749,752,756,757,762,

九畫：姚

766,770,773,775,776【8】4, 12,20,86,21,23,30,31,38, 46,47,89,101-103,115,108, 120,122,123,141,143,145, 166,191,193,194,196,197, 215,223,226,246,248,251, 252,275,278,310,374,381, 382,384-386,398,462,464, 465,472,475,479,483,496, 518-519,525,528,530,533- 535,544,566,570-572,639- 641,651,655,661,695,702, 703,725【9】19,30,39,63-64, 85,160,201,214,217,218, 237,256,272,325,381,493, 542,544,560-562,564,565, 567-569,591,617,644,645, 648,654,677,680,727,734, 764,790【10】12,20,45,214, 306,356,363,387,459,462, 480,487,622,623【11】344, 368,369,518,519,526,530, 531,531

姚紹華夫人（企虞夫人）【8】136, 410【9】588

姚連保【11】122,200,208,231

姚野浣【2】558【3】181,185

姚雪垠【5】418【8】363【11】482, 512,531

姚戟楣（戟楣,表妹丈）【4】131, 316,367,532【5】170,171, 192,230,311,313,314,365, 366,380,498,517,554,658, 730,738,754【6】573

姚智千【8】295-297,300,303, 304,306,307,311,323,329, 338,342,344,345,349,354, 369,371

姚舜欽【6】605,613【7】9,32, 105,181,189,309,323,358, 363,394,420,442,477,497, 506,523,534,558,573【8】673

姚逸之【2】203,205,246, 489,553

姚瑞芳【3】60-62

姚達人【2】539,631,644,731

姚漢源（漢元）【5】378,534 【11】51

姚漁湘【4】414,470【5】29,300, 320,321,367,557【6】216

姚際恒（姚氏）【2】248,373,633 【3】313,332【8】171,274,310, 320,338【9】372【10】749,780 【11】589,599,607,609,615,

616,618,626,634,695
姚蓬子【4】142,150【5】364,418【6】680【7】424
姚鼐(惜抱)【4】203【6】194【7】315【9】330,333【10】46【11】466,467
姚薇元【5】281,541,542,762,772【11】87
姚歸耕【3】747,749,751,752,754【4】47,371,372,379
紅線女(見"鄺健廉")
紀庸(伯庸,果庵)【5】728,754,755,759,774【6】2,4,9,17,18,25,38,43,45-49,51,52,54-57,59,60,62,65,69,75,87,92,96,129,130,147,148,162,170,171,231,237,238,241,243,246,247,269,274,276,277,279,282-284,286,288,289,291,292,294,297,308,325,339,393,401,417,420,437,444,449,467,473,502,578,582,653,685【7】124,126,298-300,302,314,324,342,351,359,371,384,415,417,454,511,519,520,545,569,570【8】165,363,364
紀清漪(馬曼青夫人)【3】118,607【4】466,513,553,558,633【5】580,759,762【6】9【7】767【11】689,690,694
韋士賓【8】149,151,152,154-158,160,161
韋國清【8】150,153,169,173,175【10】722【11】22
韋梅(俞平伯外孫女)【9】182,234,359,448
胥應魁(靈峰)【4】35,38
柔石【10】176

# 十畫

秦川【7】228,229
秦仁昌【7】717【9】778【10】236,241
秦仲文【8】387,406,660【9】772
秦似【8】167,168,173-181【9】245【10】37,41
秦肖玉【8】384【9】193,352,677,727【10】257

九畫:姚紅紀韋胥柔 十畫:秦泰班袁

秦怡【5】375【8】588,611【10】94

秦林舒【4】138【5】70,113,114, 116,125,149,207,218,219, 248,249,546,602,603,649, 654,655,656,693【6】94,595, 632,678,679【7】149,489 【9】281

秦崇模【3】725,733,734,743

秦敏之【7】12,120,168,173, 477,576

秦清宇(元澄)【1】149,150,345 【2】77,78,81【8】502

秦清宇夫人【8】489

秦德君(德鈞)【7】744【8】12, 220,393,485,606,621,646, 705,709,717【9】12,51,119, 174,229,230,241,267,336, 345,455,493,665【10】792

秦德純(紹文)【3】478,547,557, 558,619,658,673

秦嶠唐【1】114,115,455,594【2】 313【7】122

泰戈爾(太戈爾,太哥爾)【1】 409,485【4】609,612【5】314

泰無量(泰戈爾之孫)【6】341

班書閣(曉三,班)【2】330,333, 336,343,346,347,352,353,

360,365,367,369,370,377, 380,381,386,388,392,395, 396,398,401,408,410,411, 444,446,449,455,456,462, 463,465,467,468,486,488, 493,503,513,514,532-535, 537,539,563,566,568,571, 573,577,585,587,590,599, 600,602,618,631,649-653, 655,658,659,729,730【3】 171,175,361,403,473,525, 542【4】58【5】618,619【6】 513,515【7】649【8】194,364, 386【9】19-21,302,533,618 【10】214,644【11】347

班禪【2】716【3】131,135,136, 139,223,294,719【4】546【8】 611【9】192【10】191,211,640

袁文欽【3】117

袁水拍【5】419【8】416,417,458, 460,469,520【9】747,748,754 【10】488【11】409,495

袁世海【9】440,453,457,606, 629【10】311

袁世凱【1】51【2】519【6】188【9】 469【10】29,229,363,717,785

袁丕佑(藎耕)【1】700

袁丕明（岷公）〔1〕700,767

袁兆熊〔6〕705〔7〕35,68,175, 176,185,202,205,296,298, 301,307,320,347,349,359, 364,374,402,413,426,432, 468,477,504,516,530,565, 576,583,584

袁同興〔4〕338

袁同禮（守和）〔1〕597,602,640, 641,653,661,662,691,698, 716-718,756,760,775,776, 800,801,819〔2〕280-282, 330,332,415,559,588,590, 602,656,657,716,730〔3〕44, 71,86,112,123,124,302,344, 351-353,358,367,401,407, 433,447,469,473,484,490, 508,525,570,577,581,583, 602,603,613,615,626,649, 653,659,661〔4〕161,166, 169,177,178,240,261,293, 296,755,767〔5〕8,14,15,24, 25,28,190,207,227,321,578 〔10〕240

袁行雲〔11〕661

袁行需〔11〕526,530,542

袁希洛（傲奋师）〔7〕360,401, 529,540,581,582,747,748 〔9〕609,729

袁昂〔6〕546,626〔7〕65,72,77, 117,119

袁封百〔2〕304〔8〕314

袁帅南〔6〕420,433,451, 459,671

袁洪銘〔2〕601,619,623,631, 655,731〔6〕293

袁珂〔7〕558〔8〕568〔9〕51,54

袁家骥〔3〕34〔8〕300〔9〕759, 761〔10〕1,10-12,14,15,17, 22-24,28,29,61〔11〕130

袁家骥夫人（袁夫人,袁太太,錢國英）〔10〕10,11,15-17,20- 23,39

袁捷（兆陞）〔7〕68,175,176, 185,202,205,206,230,296, 307,321,342,345,347,349, 359,364,374,402,413,426, 432,468,477,502,530,565, 576,583,584

袁雪厈〔10〕261,265,294,308, 332,388

袁復禮（希淵）〔1〕641,775,801 〔2〕146,282,494,654,657, 720,722,726〔3〕186,373,

十畫：袁郝

399,477,519,540,604, 605, 630, 655, 660〔6〕470〔8〕603,615

袁敦禮〔3〕604〔6〕253〔9〕54, 769〔10〕191

袁普（袁溥之女士，大姐）〔4〕237, 239, 242, 268, 271, 272, 274, 281, 284, 285

袁詩亭（廣臺）〔1〕41,46,49,55, 69, 79, 98, 102, 105, 107-109, 114, 156, 160, 162, 163, 179, 388, 390, 392, 433, 567, 603, 646〔2〕69, 279, 280, 368〔3〕11, 189〔6〕82

袁塵影〔3〕222, 224, 225

袁熙之（容元胎夫人，三姐）〔4〕234-236, 242, 250, 252, 254, 268, 270-272, 274〔8〕693〔9〕509, 538, 645〔10〕456, 497

袁震（袁振之女士，二姐，吳晗夫人）〔4〕220, 261, 268〔6〕513〔11〕687

袁翰青〔4〕140, 644, 645, 653, 660〔5〕269-271, 283, 595〔7〕478-480, 482, 491, 493, 505, 525, 547, 626, 627, 629, 654, 655, 657, 657, 670, 683, 688

〔8〕12, 53, 57, 88, 126, 145, 215, 220, 363, 399, 442, 611, 624, 628, 658, 694, 705〔9〕55, 80, 83, 95, 161, 212, 246, 279, 499, 535, 572, 742, 769, 774, 775, 779〔10〕642, 707, 752, 798〔11〕134

袁鴻壽〔4〕264-266, 275〔8〕190, 375, 380, 391, 615 〔10〕189, 213

郝文沖（郝君）〔7〕659, 660, 662, 664, 665, 667, 668, 670-679, 681, 682, 684, 685, 687, 688, 690-694, 736, 739, 741, 750〔8〕26, 32, 45, 194

郝西廣（豐庵）〔4〕4, 5, 9, 12, 13, 22, 24, 26, 33, 41, 42, 48-51, 55, 97

郝更生〔3〕173〔4〕648, 763〔5〕184, 512〔6〕88, 235

郝昴衡（昴衡）〔1〕794, 797, 806, 816, 820, 830, 837〔2〕29-31, 33, 36, 37, 69, 109, 209, 259, 266, 290, 326, 330, 332, 392, 394, 441, 510, 545, 552-554, 600, 657, 659, 663, 680, 731〔3〕66〔4〕203〔5〕705〔6〕

224,469

郝景盛【4】266,622,717,723,772,775【5】27,139,148,149,204,221-222,247,284,305,307,321,425,441,526,563,564,566,572,593

郝紫雲（史念海夫人）【5】185,351,401,426,464,525,527,531,536,545,547,552,553,559,565,568,570,574-576

郝壽臣【1】454,676【2】382【3】572,709【9】360

郝懿行【3】199【6】601【8】307【9】332【11】542

耿式之【1】248,661

耿君（修綆堂）【2】418,443,449,490,493,499,535,536,544,549,553,560,566,583,590,680,686,704,713,717

耿長來（貽齋）【2】650,653,700,710,722,725【3】60-62,65,66,72,78,83,85,88,89,91,93,94,116,122,128,142,149,153,163,187,220,294,300,340,341,345,383,386,402,420,422,428-430,444,445,463,467,473,522,564,568,

641,650

耿淡如【5】646【7】503,506,573【8】88

耿壽伯【3】559,560,563,604,605,622-624,626,627

耿毅【5】433,624,625,628

耿濟之【1】368,536,661,662,664,696

茹恩楓（丹廷,丹庭）【1】663,666-668,676,683-687,696,708

荀慧生【3】59,479【6】509【7】484【8】638

荆三林【3】652,656,661【4】396,471【5】26,46【8】193,227,363,434【11】591,593,596,744

桂瓊英（胡厚宣戀人,胡厚宣夫人）【5】466,486【7】369【8】190,373,375,392,393,397,399,401,406,504,640,718,722,726,730,734【9】7,22,678,688【10】310,506,534,737【11】2,475

格桑澤仁（格桑）【4】140,294【5】434,490,493,494,538

索介然【7】585,586,593,597,

十畫:郝耿茹荀荊桂格索夏

599,600,605,606,610,614-618,621,622,626,645,649,658,659,663,665,669-671,689[8]34,130,147,380,460,536,723,743[9]160[10]260

夏丏尊[3]337,439,512[5]769

夏白龍[3]579,642,648

夏目漱石[9]516,530

夏廷獻(定軒)[3]448

夏宗禹(景凡)[5]522,524,527,544,566,570,572,586,591,592,602,627-629,634,635,639,640[6]514[8]199,417

夏定域(廷械,廷域,樸山,樸三)[2]85,96,104,109,111,113,116,117,127,133,142,145,146,152,153,159,174-178,181,182,197,206,218,239,240,245,266,271,276,290,301,426,623,628,630,632,636,640[3]67-71,202,229,242,243,307,317,319,321,322,346,452,456-458,588,589,685[4]697[5]175,628,630,631,635,758,765[8]89[9]569,697,731[11]609

夏延(康農子)[9]520,524,528,529,534[10]20[11]122,175,179,191-194,200,228,269,283,286,287,296,308,346,350,378,383,385,409,416,545,575,623,696

夏承燾(瞿禪,矍禪,瞿髯)[2]628,630,639,640,696,704,709[3]12,178,215,229,251,263,308,317,435,722[8]607[9]496[10]193[11]387,390,395,396,594

夏衍(丁謙之)[5]264,418[7]294,360,364,396,399,415,578,588[8]126,501,694[9]61[10]280,289,425,426,430,436,440,496,658,664,710,711,786[11]495

夏康農[4]235[8]233-236,239,242,249,253-255,398,562,609[9]161,252,520,524,537,551,553,579,617,651,671,737,759,761[10]1,13,14,20,24,272[11]175,269

夏康農夫人[8]239,243

夏曾佑[1]802[4]202[8]142[9]372

夏雲[3]295,300,468,526,536,

540,545,552,553,556

夏敬農[4]588[5]183,185,201,233,234,237,427,437,524,534,636

夏敬觀[7]450

夏満子(葉聖陶媳)[4]486[8]638[9]246,347,493,555,594-595,747,784[10]307,328,490,754,755[11]179

夏維海[5]439[6]364

夏劍臣(劍塵)[2]198,200,202,203,210

夏慧遠[9]323,329,339,347,373,535,562,609,732,744,535,562,609,732,744[10]167,302

夏緯瑛(瑋瑛,修五)[4]401[7]228,230,669,670,680,682[8]88,553,605,606[9]54[11]745

夏震武[2]500,692

夏鼐(作銘)[5]764[7]587,588,600,663,678,694,696,739[8]2,9,27,35,381,392,555,586,612,614,649[9]29,267,270,279,321,356,362,370,372,451,468,488,495,505,510,537,552,553,571,573,697,756,759[10]78,87,99,174,202,244,283,286,341,477,509[11]390,392,394,409,468,493,495,562,563,641,655,670

夏濤聲(葵如)[1]629,630,638,649,658,659,668,737,741,743,752,759,801[2]6[3]249,251-256,259,260,313[4]685,754,757,758[5]209,758

夏濤聲夫人[6]242

原田淑人[1]665,670

原孝銓[9]544,552,555,559,560,631,642,659,727,734,747,749,757,768,786,789[10]19,27,63,66,67,74,165,191,213,258,310

原宗子[11]739

馬大獻[8]214[9]28,397,398,405,407,408,410-413,418,445,451,768,776

馬元材(非百)[5]400,429,482,747[6]415,417[7]663[8]24,27,133,136,511[9]80,539,659,737[11]731

十畫:夏原馬

馬元放〔5〕312,355〔6〕46,218,294〔7〕10,83

馬公愚〔6〕284

馬天英〔4〕542,543,547,548,728〔5〕25〔6〕216

馬太玄〔1〕478,498,509,534,535,539,540,543,546,547,554,555,568,682,749,750,756,760,763,784,790,800,814〔2〕95,96,98-102,104-106,108,109,111,112,114-116,121-123,127,131,132,134,135,144,146,148,151,155,156,159,161,168,173,177,181,182,187,189-193,196,199,202,203,205,206,210,211,354,393,444,451,458,467,598,662,711

馬文緯〔2〕649,696〔3〕103,111,116,122,161

馬占山〔2〕582,669〔3〕739

馬正信〔8〕486,490,498,507,509,564,628,649,656〔9〕18,29,86,119

馬汝鄰〔3〕27,29,35〔4〕543,545,549〔6〕325

馬伯煌(彭驌)〔4〕154,155〔7〕374,427,446,448,451,452,456,457,459,461,463,465-467,470-472,474,477,496,502,503,511,513,521,525,537,545,551,558,575,577,579,581,583,590〔11〕522

馬伯樂〔8〕229

馬克文〔6〕444〔7〕48,66,146,148,152,187,196,200,276,290,338,339,343,344,433

馬克思(馬)〔6〕525,527〔7〕95,162,167〔8〕425〔9〕3,78,196,379〔10〕18,35,243,263,436,448,503,508,511,522,541,551,564,572,624,678,683,731,751,762,768,769,780〔11〕26,33,47,132,133,135,171,196,268,315,326,508,530,627,698,711

馬君武〔1〕759

馬志崇〔4〕712,721,743,774,778〔5〕7,9

馬步芳(子香,軍長)〔3〕715,717〔4〕122,620,621〔6〕301,341,621〔7〕84〔11〕53

馬宗堯〔5〕680〔6〕224,402〔7〕752

馬宗融[4]621,705[5]196,261,267,418,469,476,502,534,537,749

馬宗霍[9]219,264,449,490,493,767[10]513

馬延壽(子齡,扶提)[4]36,39,82-85,88,639

馬念祖[2]348[9]603,647,649,655,657,671,690,732,761,764,781[10]10,27,119,199,228,349,552[11]202,338,343,379

馬明仁[4]83,85

馬明捷[9]706,708,711

馬松亭(壽齡,阿衡)[3]498,521,523,524,529,531-537,579,591,592,596-599,603,605,607,617,620,621,623,634-638,646,655,660,661,667,697[4]78,542,543,545[5]68,71,87,164,165,171,312,313,405,406,414,500,502,538,540,585,591,592,606-609,620,622-624[6]385,436,438[7]481,592,593,628,641,649,655,656,683,744,751,752,757[8]7,53,126,133,135,141,144,200,213,215,217,363,403,442,446,511,604[9]445[11]653

馬長壽(松舲,松齡)[4]133,134,458,563,636[5]371,389,391,392,397,399,746,755,764[6]90,155,156,159[7]285,292,309,339,345,365,369,370,412,431,442,444,466,477,502,508,519,520,529,534,537,540,553,558,568,573,582[8]140

馬南邨(見"鄧拓")

馬客談(客譚)[5]148,265,441,467,470,492,507,512,547,564,587,588[6]88,456,460

馬建民[11]594,595,610

馬彥祥[2]663[3]433[5]608[9]406-408,411,416,417,426

馬思聰[5]418[8]160,161,196[9]84,419[10]642,727

馬星野[5]165,686[6]74

馬叙倫(彝初,夷初)[1]43,79,129,179,470,780,781[2]9,17,25,35,49,51,68,81,116,493,657[3]426,546[6]10

十畫：馬

【7】445，629，653，654，699，702，754，757-758，766，767，770，775【8】86，88，91，111，136，138，193，211，212，217，231，246，253，383，387，393，489，535，545，726【9】561【10】463【11】207，294，385，468，469，484

馬洗凡（洗繁）【4】555，595，675，676，696，699，722，750，771【5】6，28，41，156，157，159，433，543

馬相伯【2】80【3】699，700【4】595，596

馬約翰【4】666【8】694【9】605【10】639

馬迪章（迪璋）【8】80【9】381【11】346，672，748

馬乘風【3】344，479，607，623，651，656，658【4】213，752，755【5】435，491，634，760【6】654，655，682

馬師曾【6】331【8】217【9】340，773

馬浮（一浮）【7】471【8】203，212，214，218，322【9】54

馬國靖（松亭長女）【5】312，313，353，465，469，500，751【6】97，98，436，437，439，454【7】603【8】148

馬國權【8】657，660，661【9】405，408，427，472

馬培棠（紹伯）【3】217，238，347，469

馬寅初【1】756，808，809，812-814【2】68，70，71，83【3】586【5】117，118，418【6】253【7】632，688【8】132，211，403，611，626，628，646，660，724【9】3，10，13，55，177，229，328，605，667，772，777【10】164，170，314，431【11】349，688

馬常（世珍）【3】704，706【4】5，10，17，22，23，47-49，48，51，53，55，58

馬煥文【3】696，697，709，722，726，729，730，749

馬連良【1】335【2】382【7】410，411【8】215，730【9】193，270，444，466，494【10】191，325，559

馬連捷【4】458，459，506，519，520，527，561，562，564【5】15

顧頡剛全集·顧頡剛日記人名索引

馬巽伯【1】512【2】81,84,85,88,89,115,261,478,554【3】430【5】774【9】441,564

馬景常【5】433,447,463,490,495【6】66

馬爲義【6】13,52,97,99,227,241,276

馬超俊【3】586,615【4】609,700,709,752【5】159

馬詒綏（詒壽,詩塍）【5】693-695,701【6】7,12,14,15,17,23,25,29,30,59,61,63,145,153,155,157,211,212,228,229,244,245,506,702【8】277,278【9】156【10】559

馬廉（隅卿）【1】476,477,480,483,487,505,513,525,603,606,611,622,637,641,651,678,679,716,717,727,765,767-769,775,784,790,799,800【2】5,19,91,101,116,180,279-281,285,288,293,296,329,341,346,376,382,414,420,428,433,452,454,455,459,494,532,536,542【3】199,239,294,296,315,347【8】249

馬裕藻（幼漁）【1】90,91,95,103,104,109,114,129,156,157,162,163,165-167,169-176,178-180,190,194,196-198,200,201,203,209-212,214,218,267,349,353,388,430,450,459,461,463,478,495,499,508-511,513,545,556,559,594,604,621,622,627,629,646,661,665,666,686,719,720,763,769,771,799,800【2】280,281,326,329,349,356,389,393,414,421,438,457,458,493,503,534,542,553,555,651-653,657,695,717,721,730【3】104,145,151,345,447,449,470,487,519,523,633,634,639【5】545,773【9】470【11】615

馬雍【7】659【8】393,397,730【9】7,22【11】119,232,496,652,691

馬爾智【1】800

馬爾濟【5】445,486,487

馬福祥（雲亭）【4】105,106

馬緒傳【9】503,562,573,574

十畫:馬

〔10〕310,329,356

馬蒙〔2〕354,685〔3〕642〔5〕109,110

馬毅(曼青,曼卿)〔3〕606,607,614,651〔4〕227,229-231,233,234,236,238,256,265,280-282,284-287,415,466,537,542-544,546,591,592,598,605,607,612,627,728,701,725,750,751,755,756,773,774〔5〕100,156,160,166,169-171,368,434,489,490,494,498,555,610,614,611,619〔6〕272,368〔7〕645,677,722,758〔8〕4,13,58,86,127,232,385,386,402,403,408,409,427,430,559,571,574,660〔9〕6,32,34,181,188,189,192,201,211,229,272,367〔10〕305,745〔11〕689,690,694

馬毅夫人(曼青夫人,見"紀清漪")

馬薩良〔3〕426,436,459,460,513,519,522,588,589〔5〕692,700,713,714,724,726,731,732,735,737,738,745,755,756〔6〕1,10,12,31,35,40,86,125,161,453〔8〕87〔11〕744

馬霄石〔3〕714-717,719,723〔4〕120,284

馬學良〔8〕389,416,435,447,458-461,469,520〔11〕657

馬衡(叔平)〔1〕113,158,181,388,432-434,461,469,474,477,478,484,495,511,513,525,544,551,592,594,600,606,687,689,690,714,728,752,758,767,770,771,775,776,799,800〔2〕80-82,115,146,219,264,279-282,296,330,341,356,452,457,462,471,489,493,503,553,653,657,660,663,709,719,721,725,730〔3〕20,147,172,191,195,208,294,296,344,399,400,469,546,547,586,587,602,647,649,650,653,675,676,730〔4〕135,136,382,465,593,601,680,718,767〔5〕15,33,171,441-444,445-449,460,461,506,594,597,603,747,748〔6〕495,496,516

顧頡剛全集·顧頡剛日記人名索引

【7】585,608,670,704【9】340【11】564

馬錫用(心餘)【2】651【3】552,648

馬錫珩【4】672,679,680,685,692,700,721,743,767,774【5】8,130,270,403

馬駿程【4】661,719,746,747【6】55,175,215

馬藩之【5】391,393,394【7】730

馬寶珠【3】152,279

馬繼高【5】744,748,755,757【6】52,144,227,442

馬鶴天【3】441【4】707【5】224,225,226,261,268-270,272,629,635,638,639,762-764【6】2,3,20,44,48,52-54,129,510,512,515,539,569【7】232,487,603,632,647,669【8】448【9】621

馬鑑(馬鑒,季明)【2】282,283,324,331,333,341,351,356,368,372,414,419,424,429,431,435,438,442,445,447,450,451,456,468,469,485,486,492,493,496,497,503,533,537,543,555-557,564,566,569,582,583,618,648-650,652,659,660,685,687,691,694-697,706,711,714,717,730【3】5,10,11,15,17,19-22,28,38,41,44,45,50,55-57,60,62,63,65,83,87,88,92,95,101,106,107,109-111,115,117-120,128,145,146,148,149,152-154,157,161,165,166,168,169,184,187,193,195-197,199-201,203,206,207,215,217-219,225,226,266,268,269,271,273,292-294,296,300,302,343,344,350,351,355,373,374,444,452【4】742,743【5】369,372,374-377,380,381,391,398,425【6】661【8】238,507【10】465

馬麟(勛臣)【3】714,716,717【4】105,106

柴德廣(青峰)【7】669,685【8】21,111,522-525,528,533,535,537,545【9】155-157,159,472,473,566,600,611,612,656,693【10】173,202,215,235,245,288,291,301

十畫:馬柴恩時晏倪倫徐

[11]306,571,573

恩格斯[6]525,527[7]95,670 [8]158[9]1,78,110,113, 116,117,134,403,404,605 [10]6-8,263,338,389,402, 424-427,502,522,551,731, 762,780[11]23,26,171

時子周[4]544,545,621[5]224 [6]273

時慧寶[1]27,392,453[3]59 [8]712

晏陽初[5]435[6]259

倪文亞[3]591

倪文宙[2]56

倪青原(清源)[4]385,635,664 [5]369,370[6]225

倪徵㬢[9]385,388,393,701, 740,769,774

倫明(哲如)[2]367,373,393, 395,419,452,534,553,584, 585,590,716[3]187,465, 468,525[11]391

倫達如[2]44,45,109,130,193

徐乃昌[1]416[7]129[11]406, 574,576

徐大綱[7]46,58,64,91,93,95, 98,100,103,105,108,124,

126,127,174,183,184,210, 212,226,234,329,344,428

徐小融[8]640,698[9]459,465, 735,742,744[10]90,112,214

徐中玉[7]444,503,525,535, 539,543[8]363

徐中舒(仲舒)[1]752[2]81, 82,85,90-93,258,259,280, 283,291,292,296,326,330, 376,405,411,421,431,432, 448,449,457,489,490,539, 540,575,587,648,651,660, 657,709,730[3]26,55,56, 96,195,269,342,344,361, 371,386,387,414,423,460, 467,508,510-512,527,587, 615,675,676,729[4]42[5] 372,382,384,385,389,398, 602,763,772[6]20,21,74, 120,195,213,215,216[7]554 [8]88,89,91,99[9]431,433, 446,451,452,489,513,516, 677,682,757,759,766,767, 767[10]2,45,74,109,167, 180,677[11]497,501,658, 680,754

徐仁甫[11]474

徐公起〔4〕612,613,616,652,667,684,712〔5〕46-47,130,192,209,270,283,315〔6〕44,54

徐文珊(貢珍)〔2〕330,359,365,370,378,390,396,400-403,405,411,412,417,438,439,448,449,451,457,463,468,491,493,503,511,513,532,535,538,557,563,573,583,588,636,649,653,682,699,720,723,728〔3〕14,61,69,163,277,299,333,341,344,349,364,365,375,387,400,418,429,430,445,446,449,451,463,473,477,486,488,499,501,505,519,565,583,602,651,676,685,722〔4〕42,78,79,138,142,145,238,239,547,556,754〔5〕25,38,46,88,89,157,164,167,173,225,226,234,319,403,406,420,421,423,439,507,545,557,558,760〔6〕2,38,216〔8〕274

徐日新(于滋潭夫)〔8〕127,217〔9〕85,98,268

徐世勳〔3〕520,568,602,650,658〔4〕133,137,336

徐世昌〔5〕613〔7〕264〔9〕578

徐世信〔8〕453〔9〕587,700,701〔10〕235

徐世槙〔6〕592,602,604,625,627,631,636,644,645

徐平羽〔7〕32,60,181,214,277,377,414,443,469〔9〕298,740〔10〕771

徐正穩〔5〕79,84,169,172,230,232,268,314-316,353-355,363-365,412-414,485,538,539,578,586,601,602,626,652,760-763〔6〕4,392

徐玉諾〔1〕132,133,164,175,196,382,383,615,617,699,799

徐仲年〔4〕717,726,748,762,767,777〔5〕16,28,279〔8〕363

徐仰之〔2〕285,307,613-615,617,622,623,625-630,632,635,636,639-642〔3〕68,69,71,78,319

徐光詠(光泳)〔5〕748,754〔6〕10,12,13,53

徐冰(邢西萍)〔3〕538〔5〕418-419〔7〕631〔8〕20,393,470,

十畫:徐

628,630,661[9]54,106,219, 226,243,244,261,276,497, 504,547,605,612,778[10]6, 195,247,311,330,591,646, 711,786

徐行之[8]510,511,514-516[9] 29,77,98,127,131,228,277, 279,313,336,440,530,532, 537,572,605,663,682,729 [10]12,19,20,24,25

徐行可[7]614[8]140,680 [9]43

徐伯昕[6]467,564,700[7]717, 744,745,749,757,777[8]1, 19,21,27,39,40,43,45,47, 50,57,86,93,102,111,131, 132,164,214,383-387,391- 395,397,398,400-402,404, 408,411-413,416-418,421, 422,424-426,428,429,431, 433,435-441,444-449,479, 481,482,489,520-522,526, 527,532-537,540,541,545, 551-553,560-562,568,572, 577,596-599,602,603,605, 607,608,610,612,616,617, 619-621,624,627-630,643,

648,649,656,660,661,666, 679,687,692,694,698,699, 709,718,720-722,724-726, 730,731,733,739,741,742 [9]5,9,17-18,20,24,29,34, 53,54,57,58,61,62,80,81, 87-90,92,94,96,105,106, 108,109,161,175,178,272, 277,302,304,308,333,334, 341,357,361,369,430-433, 450-452,454,465,473,492, 504,547,551,552,560,568, 570,571,589,600,605,609, 627,639,642,644-645,649, 655,662,663,698,740,742, 747,768,769,774,782,784 [10]2,4,26,55,125,138, 181-187,193-195,201,219, 237,247,357,359,410,428, 479,538[11]89,247,425, 523,661,667

徐伯郊(文珊)[5]719[7]574

徐伯農[4]26,27,29-33,59,60

徐伯璞[4]554[6]239,298

徐志摩[1]414,697,740,756, 759,800[2]583,587,601[3] 289,320[7]246,252[11]172

顧顏剛全集·顧顏剛日記人名索引

徐卓呆〔1〕332

徐季涵(徐醫)〔10〕1,63,66,70, 72,75,76,78,82,85,87,110, 190,328,329,331,335,339, 341,345,348,350

徐芳(舟生)〔3〕400,402,429, 430,444,446,448,452,455, 464,466-469,471,473-475, 484,488,490,499,521,523, 527,532,536,546,549,570, 557,564,567,568,571,573, 584,605,606,613,618,620, 622,623,625,628,633,636, 638,639,642-644,647,651, 654,659,662,665,730〔4〕 160,169,171,173,174,176, 202,205,215,217,220-222, 234,236,265,266,271,272, 414,456,513,545,546〔5〕42- 44,167,191,209,226,268, 516,631,640

徐信符(信孚,信甫)〔1〕730,745 〔2〕39,41,43,44,109,116, 122,137,145,195,196,205, 209,248,253,452〔8〕487

徐姨丈〔1〕68,128,132,206, 268,270,382,821

徐姨母(三姨母)〔1〕125,222, 229,236,244,379,380,382, 384,410

徐春圃〔3〕60-62,183,184,189, 190,192,216,267〔5〕24,28, 38,57,69,74,84,95,109,126, 134,150,151,157-159,161, 163,164,166,170,214〔7〕 639,667,672,684,688,689

徐彦之(子俊)〔1〕44,65,66,69, 79,137,213,466,472,487, 556,563,586,587,598

徐炳昶(旭生)〔1〕308,389,391, 392,434,495,500,510,552, 603,611,612,615,640,723, 758,763,765,766,770,776, 790,800〔2〕24,146,265,267- 269,279-282,284,286,292, 311,326,330,331,355,405, 433,438,439,451,452,454, 455,457,459,462,486,503, 509,523,532,534,549,651, 654,657,661,679,690,691, 712,713,719,724〔3〕69,91, 92,94,96,97,100,169,170, 216,220,291,324,342,343, 359,361,362,370,375,378,

十畫：徐

380, 383-387, 391-397, 399, 400, 403, 404, 408-411, 415, 416, 420-424, 426, 428, 429, 444, 445, 447, 448, 450, 462-464, 469, 471, 480, 489, 490, 498, 511, 517, 518, 520-524, 529-536, 540-543, 545, 547-549, 551, 553, 554-563, 567, 568, 570-577, 581, 583, 599, 602-604, 606, 607, 613, 614, 616, 618-620, 622-626, 628, 629, 637, 655, 661, 662, 665, 666, 668, 695, 696, 710, 723, 738, 741〔4〕61, 77, 98, 167, 169-175, 177, 178, 185, 188, 190-194, 199, 204-207, 209, 211-214, 216, 219, 221, 222, 224, 229, 230, 231, 233, 238, 241, 249, 254, 256, 257, 259, 260, 263, 268, 316, 323, 326, 515, 553, 554, 605, 607, 653, 754, 756, 759〔5〕45, 47, 54, 64, 156, 334, 435, 490, 499, 500, 627, 629, 631, 634, 635 〔6〕261, 508, 509, 557〔7〕284, 588, 646, 657, 663, 749, 587, 607, 652, 695〔8〕9, 276, 381,

382, 399, 428, 465, 529, 649, 711, 739〔9〕32, 57, 230, 236, 250, 254, 264, 270, 321, 349, 356, 362, 370, 375, 468, 488, 495, 537, 551, 553, 616, 667, 756, 759, 764, 737〔10〕174, 202, 234, 180, 245, 542, 619 〔11〕435

徐盈〔3〕730, 748〔4〕280, 495, 556, 605, 606, 665, 722, 753, 757〔5〕54, 71, 77, 311, 354〔6〕 514〔8〕363〔11〕593, 610, 611

徐眉生〔10〕2, 118, 119, 121, 129, 157, 158, 162, 194

徐哲東〔5〕733〔6〕576, 613 〔7〕433

徐振飛(新六)〔1〕758, 759

徐特立(季涵堂兄)〔6〕512〔7〕 330, 358, 413, 480, 492, 628, 632〔8〕128, 618〔10〕348 〔11〕51

徐珠(傅懋勛夫人)〔9〕540

徐益棠〔4〕315, 375, 391, 442, 443, 503, 563, 635, 644, 651 〔5〕376, 379, 386, 746, 763, 764〔7〕87〔9〕558〔11〕74

徐祖正〔1〕723, 800〔2〕280, 372,

466,588[3]104,388[7]655

徐素貞(素真)[3]565[4]238,537,540

徐偉士(駿烈,漱芳子)[1]46,230-232,243[2]54,646[5]678,693,696,700,702,723,743,752,757[6]29,44,58,230,231[7]56[9]158

徐健竹[5]539,585,596,626[7]777[8]87,194,464,528[9]248,557,600,656,700[11]545,549

徐曼英(曼因)[5]254,411-413[6]422

徐國華[5]277,278,297,299,306,308,474,505,535,718,729,730

徐梵澄[4]653[5]208

徐淑希[2]387,400[3]55,270,355,531,538,556,592[4]734

徐紹棨[1]555,620,622-625,643,645,652,673,675,697,712,729,722,730,776[2]275,299

徐連城[8]96,115,121,292,293,295,308,311,315,321,333,365,371[10]158,160,161[11]309,321,326,329,344

徐董侯[7]106,128,136,147,152,168,185

徐堪[5]159,160,629,630

徐悲鴻[2]482[3]430,431[4]724,772[5]44,419,686[6]335,77[7]448,482[8]375

徐悲鴻夫人(見"蔣碧微")

徐勤[1]58

徐嗣山[5]735-737,741-743[7]306,324,342,371

徐敬五[1]509,510,766[5]273,296,552,687[7]316

徐楚波[7]628,631,768,777[8]45,56,58,111,132,138,193,201,219,221,383,386-388,391-398,400,402,408,409,411-413,416,417,424-426,429,431-433,435-437,439-442,444-453,456,462,467,469-471,473,475,478-481,485,487,489-491,493-495,498,499,501,503,505,506,508-510,512,513,515,516,520,525,526,528,531,532,534,535,537,540,545,551,

十畫:徐

552,562,606,607,610,612,616,621,624,626,628,631,639,646,653,656,692,698,699,705,708,713,714,721,724,725,728,730,733,738,739,744[9]4,5,8,17,20,24,27,28,31,57,59,61,63,75,78-80,84-86,88,89,92,106,175,178-180,183,186,187,189,191,194,244-246,248,258,261,272,356,361,366,369,373,390,391,396-398,405,431,433,434,452-454,464,465,492,532,538,544,553,557,557,600,607,610,642,656,661,662,671,680,683,684,698,700-702,726,740,747,768,770,782[10]27,173,181,182,193,194,201,235,249,289,301,317[11]247,381,583

徐稚鶴[7]467,477,496,503,523,575

徐道鄰[4]612[5]314,557,562,564,672[6]49,294,438

徐道鄰夫人[3]359

徐雍舜(擁舜)[3]214,599[4]386[5]397[6]72,551

徐筱汀[5]414,444,469,471,476,485,509,510,514,529

徐嘉瑞(夢麟)[4]170,190,225,252,270,274[8]447,457-459,469[9]778

徐嘉瑞夫人[6]155,231

徐漱芳[1]46

徐碧波[5]743,754[7]35,553,582

徐聚良[6]683,695[7]12,14,18,20,523

徐誦明[2]425[3]431,577,618,623,651,656,658[4]287,382,383[8]214

徐輔德[3]551,554[4]142,151,596[5]380,393,411,414,422,470,542[6]284

徐德榮[6]129,207,247,390,421[7]93,122,218,299,300

徐德璋(德嶙)[5]253,571,600[6]660[7]75,181,277,308,363,366,420,442,477,506,534,558,573

徐澄宇(徐英)[4]608,653[5]233,234[6]550[7]149,231,240,249,464,474,497,498,

501,502,507,530,549,568,575,609,634,639,711,713〔8〕18,22,475

徐瑾(瀛從)〔2〕577,590

徐緯〔8〕422〔9〕303,308,310,327,642,656,700

徐蔚南〔1〕779,785〔2〕81〔3〕456〔5〕171,178,193,209,227,230,367,498,659〔6〕422〔7〕41,177

徐調孚(調甫)〔1〕691〔2〕56,79,258,264,321,472,606〔3〕337,439,512,589〔4〕395,536〔5〕653,654,670,719,727,738,754〔6〕7,79,94,102,520,541,680,682〔7〕491,505,595,612,618,620,639,640,647,657,673,678,731,737,739,769,771〔8〕3,8,11,13,14,15,25,30,35,39,41,45-47,50-53,56,59,137,196,198,201,212,233,332,334,339,343,345,349,350,359,381,392,479,531,615〔9〕541,542,559,560,562,732,784〔11〕305

徐澄秋〔7〕299,302,304,324,339,369,384,385,426,520〔8〕225〔9〕663

徐燕孫〔3〕582〔8〕362

徐應昶〔4〕713,735,763〔5〕24,128,403

徐懋庸〔8〕363〔11〕670

徐聲金〔1〕786,789,794〔2〕12,21,24

徐薄冰〔4〕174,178,289,296,300,318,342,347,348,352,369,416,417,472,518,533,535,539,562,569,634,644,647

徐謙〔1〕728

徐邁進〔8〕631,656〔9〕245,336,361,747〔10〕220,691

徐霞村〔3〕539,622〔5〕167

徐鴻修〔9〕369,370,374

徐鴻寶(森玉,森老)〔1〕555,801〔2〕287,332,414,452,454,455,457,459,514,553,564,580,590,597,653,657,680,681,709,716,721〔3〕20,29,294,296,302,344,360,361,371,407,408,422,479,481,521,547,565,581,602,603,619,626,649,650〔4〕167,189

十畫:徐倉翁

[5]655,657,659,660,672,719,726-730,738[6]51,406,407,413,503,567,569,574,576,665,667,670,675,676,678,683,684,690,695,700[7]6,10,27,30,33,36,43,44,57,60,63,64,99,102,104,109,134,152,158,173,181,186,206,208,211-214,218,220,225,226,232,235,274,291,292,295,297,301-303,306,308,315,316,318,319,323,329-331,337,342-344,361,366,373,382,405,414,419,420,424,429,430,432,434,438,439,443,445,458,461,469,471,472,478,494,502,504,509,526,542,543,554,557,573-575,579,581,604,618,732,733[8]14,15,18,27,201,212,217,218,381,382,611[9]62,779[10]361,544[11]625

徐閨瑞[1]633,658[3]566

徐瀚澄(翰澄)[1]100,187,234,252,592,622,623,698,747[3]193,214[5]30,692[6]

27,29,30,231,288,706,707[7]20,56,144

徐嘀青(恩壽)[2]334[9]158

徐寶瑨(伯軒)[1]132,135,138,518[3]164,171,186,200,272,295,344

徐寶謙[3]164,171,186,200,272,295,344[5]227

徐寶謙夫人[3]377

徐鑄成[6]7,469[8]363

倉石武四郎[7]600

翁之龍[2]183,197,236[4]640[5]10

翁文灝(詠霓)[1]763[2]146,657,700,725,726[3]93,123,124,298,323,373-376,432,440-442,457,573,574,587,596,615[4]652,752,753[5]45,59,128,150,156,627,631[6]68,252,295,439,453,455[7]37,183,626,633,700,744,751[8]12,14,55,59-63,85,90,126,133,211,213,219,393,401,424,442,451-455,501,523,564,569,615,646,661,693,695,703,706,724,735[9]4,22,24,34,38,40,

51,83,99,117,186,201,219,
249,261,279,281,286,287,
288,290,294,295,302,374,
435,440,445,488,491,508,
547,585,588,665,740,773
【10】250,302,341,620【11】
247,281

翁同龢(叔平)【7】619【8】293

翁國樑【2】427【3】10【6】533

翁達藻(大草)【5】137,139,148,
149,195,196,198,200,206,
222,288,327,355,441,745
【6】656【7】464,498,527,528,
544,576,635

翁達藻夫人【5】351,429

翁獨健【2】500,568,652,684,
717,718,724,729【3】57,59,
62,90,91,99,203,204,214,
239,267,268,277,295,299,
302,333,340,345,350,355,
358,360,361,363,378,405,
410【4】177,367,376,383,
385,597【5】522,610,612,
620,621,772【6】496,517,
531,544【7】648,667,683,
699,715,744【8】7,22,23,25,
26,91,253,386,392,504,607,

693,703,724,733-735,741
【9】10,14,20,29,30,32,51,
66,92,99,119,195,208,210,
211,219,332,349,350,356,
361,362,370,372,436,448,
451,452,468,483,502,505,
508,520,521,523,524,528,
537,543,553,559,571,574,
579,590,616,651,740,755,
759,764,771,778,779【10】
111,112,115,116,118,174,
202,234,250,265,267,333,
518【11】113,114,317,322,
325,394,409,495,574,670

奚玉書【4】754,756-758【5】434,
489,490,498

奚倫【4】545【5】433,491,614,
619【6】66,69

師茂材【2】345,366,367,387,
390,404,442

師哲萍【6】519,567,570,592,
593,628,660,663【7】22,78,
84-89,98,103,140,146,188,
211,212,693,695,697-699,
702【8】89,230,245,247【10】
296,297

師覺月（P. C. Bagchi）【6】

340,341

卿汝揖[5]759,762,764[6]3, 5,48

殷汝耕[3]413[6]166[10]184

殷伯堅（柏堅,伯乾）[2]269, 316,317,471,489,509,534, 704[3]77,78,82,189,326

殷孟倫[5]409,470,525[8]88, 286,294,367[9]318,319

殷季達（履鴻,履安兄）[2]269, 316,317,601[3]77,326[5] 693-695,701,702[6]132,402 [7]123[11]422

殷岳母（殷外姑,殷丈母,履安 母,趙太夫人）[1]82,127, 263,533[2]262,269,276, 297,320[3]98,106,189,290, 316,326[5]81

殷品逸（履第,內兄,履安兄） [1]354,529,584[2]269,312, 317[3]77,316[4]396[5]87, 88,522,735,739,752[6]232, 233[7]123[11]422

殷康伯[2]269,316,317[3]69, 77,78,82,325,326[5]704

殷景呂[2]317[5]695,713,714, 738,757

殷景呂夫人[5]694,701,702, 712,739,752[6]293

殷視之（履祥,履安兄）[2]312, 473[3]77,78,98,326[6]239 [11]422

殷雲林[2]359,406,472[3]77, 78,326[11]422

殷琰（涂允檀夫人）[9]705,711, 718,722,745,765 [10] 184,268

殷緩公（季達子）[5]713

殷緩平（薇生子）[4]741,769 [5]11,22,53,58,60,66,79, 84,91-93,95-97,101,107, 112,114-116,118,120,121, 124,126,134,135,140,194, 200,672,704,729,736,738, 742,748[6]12,13,19,38,93, 96,97,123,144,160,161,162, 232,277,293,293,402[7]25, 28,358[11]422

殷緩平夫人（見"顧潔如") [7]128

殷緩民[7]483,492[8]35,44

殷緩成[7]169,172

殷緩育[5]739[8]228

殷緩亞（內姪）[5]698,717,722

顾颉刚全集·顾颉刚日记人名索引

〔6〕16,84,132

殷绶來〔3〕77,326〔6〕27,30,51, 85,394,402〔7〕75

殷绶和〔5〕695,729,738,754〔6〕 132,161,421

殷绶貞（绶真，璞庭，内任女） 〔2〕274,297,316,317,479, 480,482,584,587,603,648, 656,687,694,695〔3〕6,10, 12,15,77,78,326,335〔5〕 662,672〔6〕38〔7〕86,702,617 〔8〕35,38,40,43,44,49,57, 85,86,89,93,127,132,190, 191,196,197,200,223,228, 231,232,237,249,251,266, 373,384,386,571,501,502, 513,619,694〔9〕19,59,201, 218,234,321,332〔10〕424

殷绶淑〔3〕77,78〔5〕664,757 〔6〕16,55〔8〕34

殷绶琮〔8〕228

殷绶達〔5〕654,671,672〔6〕81, 85,145

殷绶遠〔5〕695,702,713,739 〔6〕12

殷履冰（履安妹，嚴良才夫人） 〔1〕407〔5〕656,662

殷履安〔1〕41,42,45-47,49,54, 55,68,69,71,81-84,86-90, 96-98,100,101,103,114,116, 119-123,127,133,135-139, 141-144,146,150,151,153, 156,157,159,161-164,167, 169-171,173,174,176-179, 182-186,189,191-195,198- 200,205,206,208,209,211- 214,216,218-221,223,226, 227,229,231-236,238,239, 242-246,249,250,252-257, 260,262-268,270,271,273, 276,278,280-282,284-286, 288,289,292,294,295,297- 307,309,310,312,314-316, 318-320,322,325,326,328, 329,334-349,353-355,357, 359-377,380,382,384-390, 393,395-399,401-405,407, 409,411-422,424,427-429, 431,434,435,440,441,444, 445,448,453,456,461,463, 465,466,468,471,473-475, 477,478,480,482,485,487, 489,490-492,494-497,501, 502,504,507,509,511,514-

十畫:殷

516, 518, 520, 525- 548, 550, 551, 553- 555, 557, 558, 560, 561, 563, 570, 571, 577, 578, 580- 584, 587- 594, 596, 597, 599- 604, 606- 609, 611, 612, 614- 618, 620- 622, 624, 629, 630, 632, 638, 639, 643, 645, 650, 654, 658, 659, 661, 662, 666, 668, 676- 681, 684, 685, 689, 690, 692, 706- 708, 710, 711, 714, 715, 718- 720, 722, 724, 725, 728, 730, 732- 739, 744, 745, 747, 748, 752- 755, 759- 761, 763, 769, 771, 764, 777- 783, 785, 787- 789, 791, 792, 794- 796, 805- 807, 809, 811- 818, 820- 824, 826, 827, 829【2】1, 5, 7, 12, 14, 18, 20- 23, 25, 28- 30, 32, 36- 39, 41, 42, 44, 46- 48, 50, 52, 55, 57, 59, 61- 66, 68- 71, 77, 79, 84, 86, 88, 89, 91, 95, 96, 98, 100- 107, 111- 113, 119, 121, 124, 126- 128, 131- 133, 136, 142- 145, 147, 150- 152, 154, 155, 162- 164, 168, 170, 172, 173, 176, 178, 182, 183, 185- 190, 194, 195, 197, 198, 201, 205, 206, 210, 212, 214- 216, 218, 219, 223, 224, 226- 231, 233, 234, 239- 244, 246, 249- 252, 255- 263, 265- 267, 270, 271, 274, 276, 282, 283, 285, 290, 292, 295, 298, 299, 301, 304- 307, 311, 313, 315- 318, 320, 321, 323- 325, 328- 330, 332- 338, 340, 342, 344- 348, 350- 353, 366, 368- 374, 377, 379- 381, 383, 385- 387, 389, 391, 392, 395, 397, 399, 400, 403, 404, 407, 408, 413, 418, 419, 421, 422, 424, 428, 430, 433- 437, 440, 441, 444, 445, 447, 450, 454, 458, 460- 467, 469, 470, 473, 478, 479, 482, 484, 485, 487, 488, 493, 495- 497, 499- 503, 508- 512, 514- 518, 520- 524, 526, 528, 534, 536, 538, 539, 543, 544, 547, 555- 558, 560- 562, 566, 567, 573, 574, 578, 581, 591- 593, 595, 597, 598, 601, 603, 605, 607- 629, 631- 644, 648, 649, 655, 656, 658- 661, 665- 674, 676-

679, 681-685, 687-689, 692, 694, 695, 697-701, 703, 709-711, 713, 715, 720, 723, 724 【3】1, 3, 4, 6-13, 15, 17, 28, 35, 41, 43, 46-50, 54, 57, 61, 63, 66-70, 72, 74, 75, 77-79, 81-85, 87, 89-91, 94, 98, 100, 103, 110-112, 114, 117-120, 122, 123, 127, 129, 142, 144, 146, 148, 149, 155-158, 160-162, 164, 168, 174-179, 183-187, 189, 192, 196, 197, 201, 207-210, 213, 216, 218, 222-225, 227, 229, 236, 237, 239-242, 244-247, 249-252, 255, 256, 260, 262, 264, 265, 271, 273, 289, 290, 293, 295, 301-309, 312, 316, 319, 320, 323-325, 327, 334-338, 340, 342-344, 354, 357, 360, 363-374, 376, 378-381, 383, 385, 386, 392, 394, 396-398, 401, 404-410, 413, 414, 417, 419-422, 426, 427, 431, 432, 434-437, 439, 440, 442-444, 450-455, 457, 460, 462, 463, 465-467, 469, 472, 475-479, 481, 482, 485, 491, 499, 501, 503, 504, 506, 512, 519-521, 527, 528, 533-541, 544-546, 548, 549, 555-560, 564, 567-569, 571, 572, 576, 582, 584, 589-591, 597-602, 604, 606, 607, 614-616, 619-621, 623, 624, 627, 628, 630-632, 737-639, 641, 645, 647, 648, 650-655, 657, 659-661, 663, 664, 666, 668-672, 674, 676, 677, 681, 685, 689, 690, 693, 697, 702, 703, 709-711, 715, 721, 724-726, 729, 732, 733, 737, 742, 746, 748-750, 752-754【4】1, 4-7, 9, 11, 25, 28, 30, 33, 39-43, 45-47, 51, 53-55, 64, 69, 70, 72, 77, 87, 92-94, 97, 107, 112, 132, 139, 141, 144, 147, 159-161, 163, 165-170, 172-174, 176, 178, 184, 186, 187, 189, 191-198, 200-204, 207-209, 212, 213, 216, 219, 221, 225-230, 232-239, 242, 243, 250-254, 257, 260, 262-266, 269-271, 285, 287, 288, 292, 294, 297, 303-312, 315, 317-321,

十畫:殷高

323, 324, 327, 330, 334, 335, 338, 340, 342- 347, 349- 351, 353- 355, 363- 374, 376, 378- 381, 386- 388, 390, 394, 396- 399, 401, 403, 404, 406- 416, 420, 427, 428, 431, 433, 434, 436, 438, 439, 445, 448, 450, 452, 460, 461, 469, 471, 472, 475, 476, 478, 491- 494, 496- 510, 515- 518, 521- 526, 529- 534, 536, 538, 540, 542, 543, 545- 547, 549, 551, 553, 554, 556, 557, 559- 561, 563, 565, 567, 571, 572, 577, 580, 582, 584, 586, 588, 590, 591, 593, 595, 599, 600, 602, 604, 606, 608- 612, 614- 616, 618- 621, 623, 627, 630, 633- 635, 637- 640, 643- 645, 650- 652, 655, 658, 660, 665- 667, 670, 675, 678, 683, 697, 701, 702, 706, 710, 725, 727, 729, 737, 744, 751, 754, 755, 760, 761, 769, 773, 776, 778, 779〔5〕10- 12, 16, 17, 19, 22, 29- 33, 36- 43, 45, 47, 55- 61, 63, 66, 69, 74- 77, 79- 81, 83- 93, 95, 97, 98, 106, 108, 111- 113, 115- 122, 124, 125, 127, 131, 133- 135, 137, 139, 150- 152, 154, 155, 158, 161, 162, 173- 175, 177, 178, 180, 183- 186, 194- 197, 199, 201, 202, 204, 210, 211, 213, 217, 222, 223, 228, 229, 231, 233, 235- 237, 246, 248, 249, 259- 263, 266, 270, 276, 278, 284, 285, 289, 290, 295, 323, 334, 340, 407, 412, 415, 451, 454, 457, 468, 475, 478, 484, 509, 601, 608, 609, 611, 614, 615, 653, 656, 660, 662, 664, 666, 671, 682, 712, 714, 725, 733, 739, 752, 757, 768, 769〔6〕336〔7〕109, 202, 538 〔8〕377, 648, 728〔9〕114, 407, 520, 691〔10〕199, 321, 516, 762〔11〕18, 19, 278, 398, 422, 606

殷薇生（履璲, 履安兄）〔1〕241, 398- 400, 408, 452, 500, 529, 530, 692〔11〕422

殷薇生夫人〔2〕262, 266, 470

高一涵〔1〕307, 418, 740, 763, 801〔5〕168, 180〔7〕463, 464

顾颉刚全集·顾颉刚日记人名索引

[10]186

高二適[5]340,410,487,506,536,568,701,728[6]704[7]6,10,35

高士其[7]623[8]282,312,313[9]176,390[11]497,607,753

高仁山[1]765

高文龍[11]401,414,422,438,464,617

高去尋(肖梅,小梅)[3]37,201,267,279,298,376,431,434,441,675[4]77,161[5]760,764[6]5,6,47

高平叔[4]658[5]59[11]663

高本漢[2]399,731[9]82

高玉舜[5]312,348,349,354,355,404,413,423,424,484,641,643-646,647,648,754,755[6]27,31,57,59,105,106,108,109,125,139,143,226-230,387,389,391,399,404,410,411,412,417,418,421,447,454,463,477,478,480,481,484,486,492,589,689[7]91-93,95,98,147-150[8]198,200,201[9]231[10]38[11]83,341,647,648,650,674

高玉華[5]644,646,647,718[6]11,97,124,137,703[7]2,16,21,24,76,79,81,82,89,106,107,109-113,115,126,129,132,138,169,187,196,203,205,207,212,222,227,235,246-249,251,254,257,270,274,276,277,283,286,287,294,295,300,306,317,322,335,340,341,345,347,348,351,358,373,376,382,387,396,401,403,404,412,423,427,437,438,439,440,441,457,464,470,476,497,501,502,504,517,530,544,545,555,564,567,582[8]195[9]382[10]67,218,219,222,228,559,564,627,670[11]228,229

高仲山(仲三)[5]230,232,310,311,315,352,353,354,403,538,597,605,625,635,652,658,663,694,712,727,745[6]518[11]489,490

高全璞(全樓)[9]14,36,94,163,208,210,471,483

十畫：高

高名凱[3]268,483,604,639[5] 613[8]88,699[9]673,755, 759[10]72,194,200

高亨(晉生)[3]380,639[4]297 [6]272[8]91,99,104,105, 122,123,299,300,309,313, 649[9]755,757,758,766[10] 55,66,108,109,112,113,704, 705[11]305,347,495

高似孫[3]332[7]641,649,702

高君宇[1]733[2]703[9]241

高君珊[2]192,199,686,698[3] 17,33,36,38,44,48,50,58, 80,84,87,92,96,101,103, 121,129,132,133,157,183, 186,187,193,198,202,208, 209,256,507,692[4]47,143, 149[5]98,100,655,657,759 [6]457,462,472,473,475, 591,534,546,556,582,595, 596[7]18,114,128,232,278, 502,580[8]522[9]313

高君箴(鄭振鐸夫人)[1]404 [2]587,602[3]268[6]595 [7]651[8]27[9]205,232, 336,346,571,595

高吹萬[7]576[10]235

高吟谷[5]641-645,647-649, 652,703,705,721,725-727, 729-731,739[6]14,17,18, 23,28,29,32,57,61,62,74, 98,105,106,108,109,124, 125,128-131,137-139,147, 158,166,169,170,173,210, 212,214,221,233,290,432, 433,453,548,550,558,571, 572,577[7]35,36,43,79

高希裘[3]557,558,568,575, 603,634[4]543,546,694,697

高廷梓[2]192,195,214,215, 218,232-234,249,256[5]686

高志辛(福怡)[8]374,375,377, 386,388,389,394-399,402, 406,416,418,419,435,462, 475,489,504-506,555,711, 723,726,741[9]6-10,12,13, 15,17,24,26,27,30,36,94, 309,739[10]185,206,675 [11]60,67

高步瀛(閬仙)[2]552[3]187, 198,370,380,383 [11] 350,631

高沖天(天沖)[4]628,757[5] 95,114,157,193,226,555,

590,595,630,634

高亞偉[4]233,275

高其邁[7]117,242,247,256,258,275,278,280,348,430

高宛真[3]121,193[6]546[7]172[8]400,520[9]205,233,313

高尚仁[4]648[5]389,414,505,507,586,587,590,596,597,600,606,611[7]597,678,697[9]205,206,229,242,249,277,488

高長山[4]609,616,639,644,647[5]373,374,378,380,382,389,391,393,397

高厚德[2]570[3]112,158

高昭一(趙儷生夫人)[8]110,285,287[9]766

高星垣(高醫,石齋弟)[4]294,295,298,309,327,349,355,362,367,391,407-410,458[5]387

高洪池[5]310,353,354,539,626,627,675,681,683,684,688,689,692,693,695,697,702,721[9]21

高凌涒[5]644,646,647,652[6]

107,109,133

高崇民[5]418[7]689[8]624,626[9]34,514,517,526,605

高崗[6]522,689[10]546,590,716,786

高張氏(龍書妻,見"三姊")

高惜冰[3]591[4]750,751[5]315,434,491

高啟明[6]611[7]17,28,30,56,477,522,530

高盛麟[6]282[9]430,444

高貽畇(貽芬)[3]57,59-61,64,97,367,589[5]371,376,387,390,399[7]606,697

高嵩(高崧,惠民子)[5]641,643,646,750,754[6]31,33,286,390-393

高楣(梅,煥門,王傳熠夫人,王明生夫人)[6]441,543,558,570[7]18,126[11]365,593

高毓馨(毓聲,顧巘中夫人)[5]389,390,403[6]39,78

高瑞蘭[5]403,413,414,423-425,427,428,437,438,443,471,478,481,484,492,503,505,514,521,527-529,531,538,539,543-545,551,552,

十畫:高

565, 565, 567, 569, 571, 575, 587, 588, 593, 601, 718, 724, 725, 728, 732, 745, 749- 751 [6]8, 9, 22, 24, 27, 30, 35, 57, 59, 82, 83, 85, 86, 105, 108, 126, 160, 163, 167, 169, 160, 167, 269, 274, 277, 279, 281, 283, 288, 290, 294, 297, 387, 390, 391, 393, 394, 409, 417, 421, 422, 425, 436, 438, 441, 442, 447, 453, 455, 460, 463, 464, 469, 471, 521, 537, 540, 543, 544, 549, 553, 555, 562- 565, 570, 594, 597, 607, 650, 651, 661- 663, 679, 683, 686 [7]58, 90, 109, 203, 483, 485, 492, 586, 593, 596, 600, 608, 630, 638, 647, 649, 652, 655, 691, 720, 506, 573[8]13, 20, 52, 94, 141, 191, 385, 571, 582, 714[9]19, 218, 619, 659, 663, 676, 724 [10] 213, 214, 222, 555, 606, 615, 642, 643 [11] 280, 365, 387, 412, 437, 438, 476, 506, 612, 624, 630, 732

高夢旦 [1] 149, 180, 244, 245, 340, 402, 403, 415, 426, 799,

801[2]7, 56, 57, 358, 698, 700 [3]80, 507

高鳳西[4]78, 79

高靜一 [6] 109, 143, 240, 241, 243, 247, 386, 497, 683, 686 [7]84

高龍書 [5] 641, 642 [6] 22, 59, 107, 123, 129, 133, 136, 137, 139, 207, 220, 226, 227, 229, 230, 234, 247, 269, 278, 279, 28 1, 282, 292, 293, 296, 396, 703 [7]8, 19, 20, 76, 79, 147, 150, 227[9]215, 788

高龍書夫人 (高張氏, 見 "張仁韻")

高膺生 [5] 271 [6] 73- 76, 80, 172, 173, 274

高鴻經 (筠之) [5]9, 10, 13

高羅佩[5]334, 404, 442, 443

高羅佩夫人 (見"水世芳")

高耀玥 (惠民女) [5] 641, 643, 646, 647, 652, 693, 694, 695, 697, 698, 702, 731, 732, 745, 754[6]59, 105, 108, 138, 140, 141, 144, 156, 158, 164, 167, 178, 210, 219, 244- 247, 275, 288, 441, 467, 473, 552, 553

[7]109[8]38,51,197,385,482,577,585,605,694,695[10]722[11]385,459,486,497,499,500,540,612,630,653,738

高觉敷[5]534,565[6]213[7]631[8]221,362

高铁嶺（龍書叔）[5]584,641-643,645,649[6]105-107,109,111,123,128,133,142,689

唐子清[3]478,488[9]716,721

唐文光[7]421,426,426,444,464,478

唐文治[8]53

唐兆民[8]251

唐圭璋[4]358,403,548,549,588,659,660,668,704[5]13,685[8]607

唐守文（巴東,卜蕙莧次子）[5]683,693,705[7]647[8]385,573[9]19,462[10]29,49[11]468,565

唐守正（巴西,卜蕙莧子）[5]273,304,307,309,315,319,322,323,325,327,328,332,335,338,341,346,353-355,357,358,363,364,693,697,705[6]122[7]600,647,725[8]57,92,384,385,571,583[9]218,599,617-619,639,667,692,743,743[10]20,206,213,399,746[11]497,571

唐守愚[6]678[7]277

唐守默（倩倩,卜蕙莧長女）[5]307,315,325,335,338,346,350,363,683,693,697,705[7]647[8]385[11]410,425,526,539

唐有壬[1]735,740,763,799,802[2]92

唐君毅[4]658,671,769[5]62,67,68,88,170,298[6]72,292

唐京軒[4]171,205,274,727,728,734,735[5]9,31,59,164,165,172,175

唐佩經（培經）[4]627,658,659,693,706,707,710,722,731,733,741,747[5]13,28,30,51,59,79,83,84,110,111,134,174,177,541[6]327

唐卓群（黃如今夫人）[4]591,601

十畫：高唐

唐長孺〔8〕22，91，278〔9〕759，767〔11〕325

唐殷〔7〕60，539〔8〕202，211，607，612，694〔9〕64，93，183，230，254，375，382，385，394-396，553，740〔10〕341，501〔11〕409

唐柯三〔3〕532-536，592，596-599，620，621，623，646，661，662，721〔4〕41，284，543-454，621〔5〕25，71，191，225，421，603

唐國楨〔3〕493，566，595，611，636〔5〕171，431，433，491

唐啟宇〔6〕626，676，683，703〔7〕2，15，17，28，29，58，65，68，72，117，174，192，205，367

唐棣華（黃克誠之妻）〔9〕254，270，362，370，375，375，382，385，391，431，468，474，537，579，616，651，724，740，759，765，769〔10〕52，174，509，726〔11〕670

唐軼林（師）〔1〕568〔2〕420，424，485，546〔7〕645，647，667，742

唐嗣堯〔3〕558，559，631，651

〔5〕608

唐鉞（擘黃）〔1〕83，398，402，415，709，718，800，801〔2〕503，657，700〔5〕467，512，524，526，675〔7〕646，685，744〔8〕53，126，148，201，215，424，452，514，607，624，625，639〔9〕35，59，76，430，446，605，740，773〔10〕163，282，304，341

唐漢文〔7〕146，151，175，292，292，301，305，320，338，342-344，349

唐肇謨（紹謨）〔5〕267，270，273，274，280，281，288，289，303，307，311，312，315，327-329，340-342，346，347，354，355，357，358，363，401，420，692，693，769〔9〕462〔11〕676

唐德剛〔4〕659，741，772

唐繼堯〔4〕206，213

唐蘭（立庵，立厂）〔2〕551，597，598，603，613，614，632，648，651-653，657，660，679-681，695，696，709，721，726，727，729〔3〕9，11，21，55，58，64，65，82，85，88，89，96，104，106，

145, 155, 158, 168, 173, 198, 200, 203, 215, 240, 269, 294, 296, 342, 344, 353, 373, 376, 380, 397, 408, 409, 463, 468, 477, 499, 521, 523, 525, 527, 535, 537, 549, 551, 576, 602- 604, 634, 661, 664, 666, 667 【4】234, 260, 261, 272, 273, 276, 306, 360, 366【6】195, 496, 509, 510, 515-517【7】482, 511, 588, 651, 653, 671, 689, 696, 754, 757【8】18, 19, 26, 27, 88, 91, 218, 508, 587, 615, 705【9】32, 181, 205, 206, 209-211, 230, 234, 313, 320, 323, 327, 436, 503, 516, 517, 558, 586-589, 640, 654, 678, 681, 759, 767【10】10, 164, 338 【11】372, 392, 589, 608, 609, 621

席振鐸【4】606, 752【5】435, 491 【6】69

席祖德【7】118, 242, 245-247, 249, 253, 254, 258, 260, 262, 272, 274, 275, 280, 348

容七嫱【6】513【7】486【9】472, 474

容伊（元胎子）【7】481【8】378 【9】472

容侃（凱, 元胎子）【7】481【9】472, 481

容庚（希白）【1】433, 434, 446, 448, 451, 455, 456, 458, 459, 462-469, 474, 478, 479, 484, 489, 491, 492, 495, 497, 514, 516, 535, 544, 546, 559, 563, 566, 576, 579, 584, 599, 602, 610, 613, 615, 622, 648, 663, 671, 675, 687, 702, 710, 713, 721, 722, 733, 746, 747, 750, 758, 763, 764, 770, 776, 799, 801, 802, 816【2】3, 18, 23, 28, 35, 69, 91, 115, 122, 128, 136, 137, 148, 167, 180, 184, 220, 263, 266, 275, 278, 280, 282- 284, 286, 288, 292-294, 296, 306, 311, 323-329, 331-338, 340-343, 345, 347, 348, 350, 351, 353-356, 364-369, 372- 377, 380, 388, 418-420, 425- 439, 441-452, 454, 456-461, 463-468, 474, 477, 485, 488, 492-495, 499, 502, 503, 505, 508, 510, 511-513, 518, 521,

十畫:席容

522, 525, 526, 528, 532- 535, 537- 540, 543, 545- 548, 550, 551, 558, 559, 561- 564, 566, 568- 570, 572, 573, 577, 579, 582, 583, 586, 588, 590- 592, 599, 602, 604, 609, 610, 612- 615, 618, 626, 628, 630, 632, 635, 636, 638, 647, 649, 650, 652- 655, 657, 659, 662, 663, 676, 679- 681, 685- 688, 726, 730[3]5, 8-11, 13, 15, 17, 20- 22, 26- 28, 30- 33, 35, 37- 39, 41- 45, 48, 50, 54- 60, 62- 65, 69, 83, 85- 88, 90, 93, 95, 96, 99, 100, 103- 107, 111- 113, 115, 116, 119, 120, 123, 125, 128, 143, 146- 149, 152- 154, 158, 159, 161, 162, 164- 169, 171, 173, 182- 184, 186, 190, 192, 196, 197, 199, 200, 202, 207, 215- 217, 219- 222, 230, 231, 233, 239, 241, 244, 247, 248, 266- 276, 293, 295, 323, 340- 346, 350- 356, 359, 361, 363, 364, 366, 367, 369, 371, 373, 374, 377, 378, 382, 385, 387, 389, 392, 396, 397, 401,

404, 406, 407, 410, 415, 417, 421, 423, 424, 428, 444, 447, 450, 452, 462, 463, 464, 465, 468, 470, 473, 476- 478, 480, 483, 490, 494, 519, 521, 523, 525- 528, 530, 532, 536, 538- 540, 543, 545, 548, 549, 551, 553, 556, 558, 569, 576, 583, 601, 604, 618, 619, 621, 625, 632, 637, 644, 649- 655, 658, 661, 738[4]218[5]72, 522, 600, 607, 608[6]61, 62, 392, 400, 648[7]323, 428, 591, 748, 753, 754, 756, 767[8] 273, 656, 657, 660[9]398, 406, 409, 427, 428, 438, 468, 472, 473, 481, 490, 494, 499, 533, 555, 730[10]120, 136, 151, 180- 182, 194, 228[11] 91, 323, 407, 689, 735

容庚夫人(希白夫人,容太太,麥凌霄)[2]336, 381, 387, 450, 458, 500, 564, 573, 688, 706 [3]478, 521[8]659, 660[9] 310, 555

容玢[3]361, 362, 365, 409, 413, 427, 463, 468, 486, 584

顧顏剛全集·顧顏剛日記人名索引

容媛（八爱，媛君，媛女士，容女士，容小姐）【2】38，40，41，43，175，185，186，207，223，233，236，241，245，254，256，259，266，283，284，286，294，296，311，323-326，327-329，331，336，340，342，345，346-349，352，353，363，365-372，374-377，419，422-425，427，429，430，432，433，435，436，440-443，445，447，449，454，458，462，464，465，468，469，489，491-493，497，499，500，506，508-514，532-536，538-540，542，544-546，549-551，553-562，566，571-573，579-581，586-588，590，592，593，595，598-600，615，623，630，636，647，648，651，652，654，655，661-664，680，682，685-693，695-697，700，703，704，706，708，710-714，717-722，725，730【3】2，5-9，11，12，14，16，18-30，32-34，36-38，40，41，43，44，46-51，54-61，63-67，69，85，87-97，100，104，109，113，114，117，120，125，126，128，142，146-149，157-160，163，165-169，172-175，179，180，182，183，185，188，189，193，196-198，200，201，204，215，217，219，220，228，238，266，267，271，275，277，292，298，300，301，306，308，322，339，344，347，350，354，357，360-367，369，371，375，377，378，382，387，404，415，417，427，444，450，455，462，463，465-468，473，476，477，479，480，484，502，519，528，532，538，545，552，558，569，574，582，600，602，604，605，613，619，624，625，627，632，639-641，651，658，660【4】42，158，366，396，470，546【5】126，135，151，162，193，220，241，255，289，298，319，321，330-343，346-352，355，356，361，362，365，374，381，392，400，401，407，408，410，414，420，421，424，427，428，430，436，438，445，464-466，468，472，473，476，478，481，484，492，496，498，503，505，508，512，

十畫:容

514,545,564,725〔6〕513,516,587,656,664,666,674,690〔7〕10,179,235,314,486,586,646〔8〕163,466,568,569,580,600〔9〕472,474,667〔10〕2,30,31,35,36,72,79,144,309,310,569〔11〕79

容琨〔2〕324,419,441〔3〕415〔9〕406,428

容琬(婉)〔2〕324,371,419,441,458,562〔3〕96,266,378,381,409,465,569,628〔4〕160,167,168,216,218,235,240,262,264,271,275〔9〕496,791〔10〕228

容肇祖(元胎)〔1〕455,478,497,544,576,584,591,613,615,658,659,661,671,675,690,699,710,711,726,731,733,746,747,760,766,767,775,785,787,790,792,799,801,802,806-810,813-825,827,829,830-832,837〔2〕1,2,4-12,14-25,26,28-30,32,36-48,61,65,67,69,78,85,95,96,98,99,101,102,105-108,110,112,113,115-117,119,121-125,127-133,135,137,142-144,146,151,154-159,161-165,167,168,170,171-173,175,177,181-184,189,197-199,202-211,213-215,217-220,223,225,227-230,233,239,240,242-245,248-251,253-255,266,275,276,285,300,318,338,348,355,369,371,393,419,420,424,478,483,489,508,518,535,593,595,608,648,651,652,655,656,663,712,731〔3〕67,78,173,181,214-216,218,219,240,250,267,269,272,316,323,339,344,345,347,353,361,362,364-367,369-371,374,378,381,382,386,388,397,400,407-409,411,413-415,427,430,445,446,448,463,465,466,468,469,474,481,483,490,518,519,523,532,538,552,553,556,557,564,568,569,573,575,582,584,599,600,601,604,606,618,620,628,630,636,639,651,653,654,657,661-

663,665,667,714,715【4】12,42,54,77,97,158,160,168-172,174-179,184,187,193,198,210,214-218,220,222,223,225,227,233-236,240,242,243,250-253,256,257,259-261,263-266,268-277,289,293,297,303,307,317,349,351,395,414,420,470,537,574,596,697,718【5】59,74,95,126,136,144,595【6】496,510【7】291,481,586,588,600,603,608,612,616-621,623,624,626,632,639-646,649,651,652,657,660-662,664-668,670,673-676,678-681,684-690,703,705,714,721,733,735,737,739,741,743,745,746,748,751,753,755-757,762,771,775,776【8】27,40,87,91,146,223,249,273,378,381,389,391,416,385,424,447,457,458,460,469,743,474,651,656【9】20,30,309,310,312,334,448,458,468,470,472,481,499,532,535,543,551,555,591,617,618,626,645,683,686,695,705,726,755【10】89,92,93,213,245,259,269,305,310,334,345,455,476,482,498,509,511【11】132,134,137,368,407,657

容肇祖夫人(元胎夫人,容太太)

【2】21,40,41,101,103,151,171,173,174,185,188,189,193,197,199,215,241,250【3】218,445,448,468,573,584,600,601

容肇祖夫人(見"袁熙之")

凌大夏【6】224,408【7】9,12,16,17,18,21,24,28,31,38,61,74,75,77,78,80,91,100,103,104,106,168,191,282,319,335,347,765【8】23,91,584【9】33,468

凌大夏夫人【8】586

凌大韶【6】602【7】12,16,168,196,335,359,477,576,584

凌大變(凌燕之父)【11】613,675,676,680,694,695,728

凌冰(濟東)【1】731,766,767,801【2】20,21,83-85,91,93【4】143

十畫:容凌浦

凌廷堪[7]356[9]220[11]388
凌其峻[8]128[9]116,117,119, 185,336,346,494
凌其翰[2]77[9]192,234,346, 382,385,393,740, 770,774
凌叔華(瑞棠,陳源夫人)[1] 734,742,759,760,761[3] 537,468[5]595,600
凌珊如[5]419[9]364
凌宴池夫人(賀啟蘭)[2]653 [3]50
凌純聲(民復)[3]615[4]196, 204,210,216,240,562-564 [5]224,227,313,399,402, 483,542,638,762-764[6]4, 21,22,47,71,75,88,90,95, 129,273
凌景埏(敬言)[2]407,470[5] 662,664,665,678,690,696, 699,700,714,723,732,743, 744,755[6]78,219,227,228, 229,700[7]29,111,122,300
凌雲士[5]723[6]233,234[7] 122,123
凌鳳霄(宴池)[2]651-653
凌燕(小凌,堪兒婦)[11]613, 617,618,620,622,624,625,

629,630,634,636,644,648, 655, 667, 681- 683, 713, 716,721
凌濛初[7]172,176,177[10] 775,780
凌鴻勛[5]439[6]252
浦化人[8]706,708,724,728, 738,739[9]28,97,99,223, 228, 242, 277, 303, 346, 357,445
浦江清[2]404,416,420,422, 457,489,535,546,565,594, 599,601,663,730[3]24,37, 49,50,54,58,60-62,64,296, 301,423 [4] 269-271 [8] 88,457
浦熙修[5]496,747,758[6]687, 693[7]10,649,663,721,722, 744,757 [8] 126, 138, 145, 362,421,482,511,511,522, 586,615,661,694,703,705, 706,721,724 [9] 24,28,29, 32,34,37,42,51,52,79,86, 94,99,119,174,195,201,203, 219,229,230,270,346,350, 374,469,508,559,588,659, 740,769 [10] 114,119,123,

250, 305, 340, 341, 410-414, 416-433, 436-439, 441-451, 453- 456, 460, 474, 475 【11】247

浦潔修【8】393, 410, 470, 631 【9】752

浦薛鳳(逸生)【3】621【4】545, 607【5】92, 630

海松芬【3】37, 350, 480, 604, 625, 627

海國春(子光, P. Matthias Hermanns Sud)【3】715, 719

涂子英【4】611, 613, 622, 629, 735, 742

涂允檀【8】216【9】259, 263, 375, 382, 385, 390, 392, 394-398, 440, 483, 491, 571, 599, 705-707, 709, 710, 712, 714-722, 728, 729, 731, 740, 742, 743, 769, 777 【10】6, 113, 115, 119, 184

涂允檀夫人(見"殷瑛")

涂治【3】567, 568【7】632, 639 【8】611【9】54

涂長望【7】628【8】160, 161, 393 【9】485, 486

涂長望夫人【9】312, 618

涂傳傑【9】545, 547, 548, 559, 677, 700

祖母(本生祖母, 本生祖姑, 王太夫人)【1】277, 397, 529【3】236, 510【5】662【8】372, 377

祖母(嗣祖母, 張太夫人)【1】49, 52, 54, 55, 66, 69, 71, 76, 77, 81, 83-86, 96-101, 103, 119-122, 125, 127, 131-133, 138, 139, 142-144, 150, 152, 153, 158, 171, 183, 184, 186-188, 190-192, 194, 198, 204-206, 209, 212, 213, 216, 218, 220, 221, 223, 224, 226, 227, 230, 232, 238, 240, 243, 245, 250-255, 260-263, 265, 266, 270-273, 275-279, 281, 282, 285-287, 293, 294, 306, 312, 313, 325, 333, 334, 348, 349, 355, 359, 371, 374, 382, 386, 394, 411, 447, 450, 452, 458, 471, 476, 483, 507, 518, 523, 524, 526, 527, 529, 530, 541, 544, 580, 584, 614, 618, 626, 629, 657, 671, 715【2】177, 178, 298, 571, 628, 629, 645, 713, 725【3】68, 82, 235, 323, 351,

十畫:浦海涂祖祝孫

354,511,685,742[4]46,153, 176,394[5]80,84,118,124, 134,187,283,563,662,677, 770[6]149,188[7]109[8] 372,377,578[10]516

祝世康[4]140,142,606[7]534 [9]774

祝叔屏(叔平)[1]126,127,596, 700[2]330,442,543[3]183, 273,429,519,631,643[4]680 [6]515[7]639,640,712,715, 758[8]17,23,32,91,215, 246,266,377,572,617,619 [9]93,502,648,657,738[10] 27,471,477,548,607[11] 238,327

祝廉先(廉三)[2]333,351,356, 368,445,451,456,458,459, 464,465,568,591,602,649, 687,691,713,718,731[3]14, 22,23,25,61-63,90,115,149, 153,160,199,341,343,351, 359,360,676

祝瑞開[6]697,703,707[7]10, 21,22,33,49,51,52,63,97, 137,150,181,199,220,224, 268,291,346,379,422,502

[8]193,196,228,278,398, 400,406,408,410,416,419, 420,429,469,504,646,655, 718,724[9]4,5,30,163,178

祝嘉[6]152,153,685[7]122, 124,298[9]785[10]122

祝總駿(念塤,伯岐子)[5]696, 723,744,757[6]29,97,98, 417,685

孫人和(蜀丞)[2]552[3]187, 302,350-352,383,468,524, 525,557,666[6]224[8]54, 381,392,708[9]219,264, 351,493[10]233,632[11]373

孫大雨[8]362,387

孫中山[1]597,598,600-602, 604,652,693,726[2]161, 225,343[5]33,34,695[7]283 [8]140,143,144,146,195, 294,676[10]424,431,433, 445,561,586[11]426,450, 510,555,601,631

孫元良[4]328,330,332,334, 497,498,501

孫升堂[4]451,458,498,500, 523,530

孫友農[3]701,711,749,752[4]

114,115,117,127,128

孙心磐【4】334,490【7】288

孙世偉(似仁)【7】83,305

孙世揚(鷹若)【4】608,694,730

孙以梯【3】154,195

孙本文(時哲)【4】140,595,668,679,714,724,738,771,772

孙永慶(于立)【3】711,734【4】168,263,265,267,271-275,277,284,288,295,300,304,332,341,402,403,405,406,412,415,428,473,474,512【5】371,374,381,384,390-392,395,396,399【11】84

孙伏園【1】117,158,159,163,164,167,169-171,215,222,224,233,295,335,432,446,448,468,471,477,478,484,492,497,527,542,545,546,548,549,552,555,556-563,581,593-595,597-599,602-604,611-613,615-633,637,638,653,656-659,661-663,665-671,673,678,680,682,685,691,707,708,711,713,717,718,721-723,725,728,729,731,732,734,740,750,

759,760,766,775,778,780,781,784-787,791,792,795-797,799,801,803-808,814,815,817-819,822-824,830,832,834-836【2】26,39,186【4】606,752【5】25,70,227,419,504,576【6】260【7】597【9】616【10】398,439,512

孙光遠【4】668,716,726,747,762【5】28,569

孙吉士【3】597,598【4】133-135,139,166,296,297,299,300,343,351,386,500【5】373,378-380【6】233

孙守佩【6】703【7】8,10-13,17,20,27,36,42,44,50,79

孙次舟【4】317,321,323,324,327,330,332-334,336,342,347-349,351,352,354,356-359,361,362,365,367,371,374,376-378,381,384-386,389,390,393,396,397,402,403,414,416,418,420,421,424,425,437,438,441,442,449-452,454,455,474,478,479,489,490,495,497,499,501-503,516,517,526,533,

十畫：孫

535, 544, 561-564, 566, 567, 571, 574, 576, 579, 580, 599, 608, 634, 637, 639, 641, 644, 649, 651, 658, 677, 693, 708, 710, 724, 729, 730, 738〔5〕9, 194, 199, 205, 209, 342, 343, 346, 377, 382, 435, 437〔8〕418, 476〔9〕729〔10〕257〔11〕692

孫汝楠〔6〕307, 309, 314, 316, 326

孫自敏（慰君）〔3〕627, 628, 658, 664, 665, 740

孫作雲〔8〕317

孫伯才〔4〕139, 144, 145, 149, 285〔5〕49, 171

孫伯恒（伯衡）〔3〕194, 463, 549

孫伯淵〔2〕480〔7〕284, 541

孫伯葵 1〕148, 157, 168, 437, 438〔2〕303, 320, 714

孫治方〔9〕758〔10〕431, 682, 786〔11〕545, 669, 670

孫助廉〔5〕611, 614, 695, 698, 705, 714, 719, 770〔6〕512, 537, 694, 696〔7〕108, 479-481, 598, 599, 609, 715, 732〔8〕5, 46〔9〕5-7

孫志祖〔6〕469〔7〕225〔10〕696〔11〕616

孫宗弢（伯南）〔1〕140-142, 153, 208, 248, 264, 268, 270, 281, 284, 287, 292, 294, 373, 377, 396, 410, 419, 426, 447, 453〔2〕53-55, 272, 274, 276, 303, 305, 311, 313, 320, 480〔11〕470

孫承佩〔7〕628〔8〕630〔10〕675

孫明經〔3〕659〔4〕322〔5〕512〔6〕225, 294〔7〕88〔8〕363

孫雨廷〔5〕43〔6〕576, 581, 606, 628, 629, 633, 640〔7〕15, 74, 78, 105, 108, 251, 318, 319, 342, 345, 346, 350, 423, 428, 430, 433, 456, 511, 590〔9〕121

孫怒潮〔3〕461〔4〕133, 134, 307, 312, 323, 336, 340, 516〔5〕379, 383, 384, 392, 397, 399

孫思白〔8〕95, 96, 118, 119, 122, 247, 288, 297, 304〔10〕160

孫春臺（福熙）〔1〕622, 623, 652, 653, 657, 659, 663, 666, 668, 688, 708, 709, 711, 712, 717, 718, 785, 800, 801〔2〕21, 28, 56, 70, 85, 422, 574, 639, 640

[3]459[5]630,635,727,728,731[7]135[9]481

孙星衍[2]429[6]147,185,205[7]43,74,96,538[8]30,370,552,567[9]176[10]46

孙洪芬[2]288,657,700[3]441,447,488,577,583,605,630,653[4]161,599

孙科（哲生）[3]579,586,587[5]482[6]65,68,272,278,391

孙科夫人[3]699

孙英（澄宇）[5]208,310,421

孙伏工[4]337,340,345,353,354

孙伏工夫人（王梅痕）[4]340,349

孙家山[4]668,671,684,741[5]37,38[7]542

孙振邦（醒华）[3]291,389[4]60,61,65

孙时敏[3]622,633,646,654

孙海波[2]343,367,440,441,488,513,532,533,535,537,546,573,588,652,704,705,712[3]11,17,37,44,47,58,62,94,96,122,156,158,164,169,170,172,180,181,185,190,194,196,200,208,220,240,247,267,268,270,273,275,277,294,297,299,300,302,313,323,339-345,348-350,354,357-360,362-364,369,371,374,376,380,387,388,397,407,429,445,449,455,463,467,468,472,477,482,483,485,487,490,518-521,523-525,527,533,537,549,601,604,637,642,643,651,660,661,667[5]607,610,619,622,625[8]363[10]120

孙起孟[8]630,631[9]281,287,296,301,778[11]661

孙起孟夫人[11]720

孙傲仁（傲丞）[6]395,414,415,520,696[7]515,539,558,574,580

孙國封[3]471

孙培良[5]49,53,235,236[6]272,299

孙紹仁（雄才佐）[5]239,245,247,249,253,255,263,277,278,281,309,318,335,349,

十畫:孫

446,456

孫媛貞(元徵)〔3〕370,373,394,456,466〔4〕42,77,93,103,119,125-128,130,131,192,238,321,337,405,410,414,419,420,431,466,513,536,541-543,548,568,573,592,609,625,628,632,633,664,669,676,701,713,733,734,745,761,767,769〔5〕7,13,24,38,55,74,95,124,126,135,146,149,152,233,304,331-335,337,339-343,347-349,355,356,365,366,374,380,382,393,400,401,407,408,410,414,421,423,424,426,427,429,436-438,442-445,469,484,515,545,564,568,576,663,704〔6〕293,325〔7〕382,390,401,414,529,549,575,579〔8〕156,504

孫幾伊〔1〕34,215

孫景潤〔6〕488〔7〕672〔8〕504〔9〕271,777

孫爲霆〔4〕684〔7〕118,340,361〔10〕135

孫欽善〔10〕34

孫琪華〔4〕290,292,294,300,312,328,393,399,415,420,423,430,431,472,512〔11〕500

孫貴定(蔚深)〔1〕701,785,786,802,805,837〔2〕12,19-22,24,25,33-36

孫開太〔11〕420,421

孫雄才〔5〕203,238,239,240,296,526,637

孫雄才夫人〔5〕244,264

孫雲鑄(鐵仙)〔2〕579〔3〕519,551,553〔8〕17,138,219〔9〕246,329,422,427,769〔11〕621

孫詒讓(仲容)〔2〕21,193,705,711,712〔5〕360,566〔6〕185,194,206,545,548,571〔7〕26,39,413,544,554,742〔8〕567,721〔9〕69,177,217,220,327,413,422,423,510〔10〕757〔11〕587

孫傳芳〔1〕830〔2〕19〔10〕393,428

孫傳鳳(伯南之父)〔11〕470,472

孫楷第(子書)〔2〕682,691,704,717,730〔3〕29,61,64-66,88,

187, 194, 216, 240, 269, 344, 358, 370, 371, 379, 468, 581, 626[5]622, 625[6]258[7] 486, 511, 536, 538, 545[8] 234, 242-245, 248, 249, 251, 252, 255, 258, 259, 263-265, 312, 399[10]43, 47, 458, 697 [11]322, 406

孫楷第夫人[8]523

孫殿卿[6]514

孫毓棠[4]174, 176[6]513[8] 363, 711[9]471, 483, 502, 543, 590[10]206, 462, 500, 514, 520, 550, 616, 636, 643, 676[11]60, 325, 652, 670

孫毓華[4]532, 544, 641[6]520, 539, 571, 598[7]18, 171, 456 [8]96

孫照(孫毓汶之孫)[8]648[9] 20, 91, 161, 180, 183, 191, 194, 207, 209, 210, 228, 246, 248, 258, 262, 303, 328, 361, 661, 700, 743, 782[10]173, 458, 463, 476, 544, 638

孫瑞芝[8]202, 214, 215, 510, 512, 513, 514

孫瑞璜(王國秀之夫)[5]657

[6]546[7]358

孫瑜[7]132

孫瑜夫人[7]72, 84, 93, 128, 130

孫道昇(子高)[3]110, 113, 183, 190, 343, 359, 365, 407, 410, 422, 427, 449, 463, 471, 517, 529, 537, 559, 643, 667[5] 317, 400, 405, 531

孫達人[8]119

孫實君[5]672, 719[6]31, 406, 407, 417, 439, 441, 567, 641, 680, 684, 694-696, 705, 707 [7]17, 64, 65, 106, 125, 188, 194, 246, 248, 278, 286, 329, 332, 344, 345, 375, 379, 401, 417, 443, 452, 458, 475, 541, 549, 564, 565, 574, 579, 586, 715, 720, 723, 730, 731, 732 [8]55[9]10, 32, 732[10]730

孫維岳(東生)[4]592, 600, 602, 603, 605, 672, 677, 685, 694, 701-703, 712, 719, 725[5] 375, 377, 383, 393[6]215, 277

孫蒹荃(祥偶, 松泉)[3]522- 526, 529, 530, 538, 541, 545, 555-558, 574[4]612, 695[7] 597, 626, 655, 656, 683, 697,

717,722,725,738,757[8]14-16,53,58,92,93,126,128,133,138,145,200,424,501,528,586,605,610,692[9]32,79,119,235,239,434[10]305

孫劍冰[8]435,456,460,468,520[9]334,506,591,607

孫蔚廷[4]702,706,733[5]63,174,175,177,180,271[6]530,693

孫曉村[8]219,630[9]605[10]192,305[11]583

孫蕙蘭[4]289,291,294,295,312,314,323,327,342,350,356,358,383,390,391,394,406,429,433,436,450,455,456,463,568,569,574,700,702,712[5]132,164,168,229,231,314

孫鴻霖[7]117,242,245,251,252,272,274-276,278,280,290,348,351,430,431,

433,579

孫璧文[9]74,77,172,182,202[10]169,170

孫繩武(燕翼)[3]636,638,644,651,667,696-698,747-749[4]41,52,78,135-137,144,284,543,544,621[5]208,224[6]51,67,270

孫耀卿[7]481-483,485,486,489-493,612,615,617,622,624-626,628,631,632,640,644,646,656,658,660,664,665,670,673,674,679,687,689,692,697,706,748,749,755,764,771[8]5,7,620

桑原騭藏[7]746

納忠(子嘉)[3]659[4]697,703,748[5]7,8,14,26,44,70,158,161,170,191,209,229,231,403-405,421-423,469,486,577,603[8]88,92[11]40,41

## 十一畫

敖景文(雲章)[3]544,547,548,642

堵仲偉[11]344,641,642,731

堵炳元[11]317,571

顧頡剛全集·顧頡剛日記人名索引

莎菲(見"陳衡哲")

莫德惠[4]756[5]167,432,435, 489,491,567,627,632[6]272

莊圻泰[9]535,740,756

莊希泉[8]59,60,63,65,128, 144,145,424,501,694,700

莊良芹[6]171,224,274,392, 408[7]12,115,125,168,202, 283,307,308,316,319,330, 332,333,446,477

莊明遠[3]608,613,614,616[5] 114[8]511,514,515,609,700 [9]59,354,437,491,723, 725,762,763,769,770

莊俞(百俞)[1]149,274,305, 307, 310, 322, 338, 340, 389,413

莊述祖[7]386,747[8]582,583 [9]413,418

莊凌霄[2]127,145,148,152, 154,158,182,201,204,213, 234-236,245,249,252,255, 267,275

莊鳴山[6]327,333,549[7]4,7, 8,13,20,24,33,35,36,41, 46,61,71,73,76,79,80,84, 96,99,102,111,114,125,

128,135,137

莊適(叔遷,百俞弟)[1]305- 307,343,414,427,452[2] 79,472

莊學本[4]437,443,448,485, 516-518,522-524,526,537, 562,563,567,580,635,672, 677[5]356,485,486,492, 493,495,496,498,500,501, 503,561,564,568,595[6] 472,560,561,562[7]408, 411,412,430,632,696,702 [11]689

莊學本夫人[5]501,543

莊澤宣[1]752,762,800[2]12, 17,20,21,25,26,28,33,55- 59,69,85,95,97,104,108, 109,115,122,124,128,131, 134,137,147,148,151,152, 158,174,177,182,183,196, 201,206,208,213,214,234, 235,242,243,245,255,256, 294,532[3]238,239,241, 242,244,252,253,261,264, 319,320,436,437,709[5] 347,463,505,577,578,585 [6]83

十一畫:莎莫莊梅

莊嚴(尚嚴,慕陵)〔1〕539,555, 556,559,560,563,580,584, 585,589,591-593,595-597, 599,600,610-613,615,617, 621,653,656,658,666,672, 673,683,691,707,710,757, 766,768,770,799,801〔2〕 280,281,289,395,409,416, 417,422,431,443,446,448, 452,455,457,459,464,570, 654〔3〕296,547,603,613,676 〔5〕446-449,464

莊嚴夫人〔2〕253

梅公毅〔5〕131,132,161,170, 171,191〔7〕24,57,67,96, 111,114,116,343,442,450, 451,477,534,573,574〔11〕 23,47

梅心如〔1〕324,326,327,331, 360,474,516,567〔2〕39,46, 78,416,422-424〔5〕496,764

梅光迪〔4〕755

梅汝璈〔5〕279,435,588〔8〕629, 705,724,738〔9〕111,112, 117-119,194,205,430,468, 687,731,770,773〔10〕341, 687,773〔11〕21

梅志忠(致中)〔6〕438,648,692 〔7〕12,22,24,45,58,59,62, 74,127,168,181,190,198, 335,477,523

梅思平〔2〕19,30,53,130,136, 143,144,223,368〔4〕189,218 〔7〕458

梅胎琳〔5〕93,118

梅胎琦(月涵)〔2〕657〔3〕108, 123,167,215,431,488,577, 592,629,651,653,675〔4〕166 〔5〕47〔6〕253

梅胎琦夫人〔4〕169

梅胎寶(季洪)〔2〕411,547,696 〔3〕19,99,158,160,163,184, 372,519,545,551,553,557, 558,570,572,574,575,602, 604,605,617,619,625-628, 632,634,637,640,641,644, 646,653,656,658,660,664, 667,691,710,725,751〔4〕 46,114-119,121-123,125- 129,131,137,152,604,619, 621,626,628,663,685,694, 696,697,699,700,702,703, 708,719,734,735,738,740, 747〔5〕227,369,372-375,

377,380

梅贻宝夫人【5】370

梅逸才【2】50【3】454

梅葆玖（梅兰芳之子）【8】638【11】680

梅葆玥（梅兰芳之女）【9】17【11】680

梅应运【4】775【5】10,36,50,175【6】5,47,48

梅兰芳（畹华,梅郎）【1】6,11,14,16,17,20-22,26,30-32,201,451,771【2】649【5】751【6】282,283,588【7】541,545,631,773【8】562,638,702,715【9】41,95,295,303,314,345,346,388,416,454,577【10】378,409,420,442,717,726【11】676,680

梅龚彬（公弢,公彬）【8】494,470,509,510,514,515,516,630【9】117,605【10】311

梅鹜【2】587,589【6】193

麦曼宣【2】293

麦曼宣夫人（麦太太,见"康同薇"）

曹未风【7】294,309,360,547

曹冰嚴（冰嚴,冰岩,冰彦）【6】

298【7】20,316,421,422,424,426,444,446,451,452,454-457,459,461,464-467,469,470,472,474,477,478,482,494,496,502,503,507,511,513,521,530,538,545,551,554,557,575,577,578

曹安和【4】554【9】79,212,226,325,326,726

曹孚【5】330【7】525【10】305

曹序（曹君）【5】526,545,548,558,563,566,567,571,574-576,578,579,585,593,595,596,599

曹谷冰【7】633【9】28,110,111,117,119,346,547,571,740,774【10】322,349

曹叔彦（元弢）【7】151,462,520,545,594【9】221【11】378

曹叔彦夫人（曹太太）【7】520,521

曹孟君（王崑崙夫人）【1】776【3】566,686,700,701【4】147,605,613,758【5】26,122,269,483【7】631,660【9】437,491,769

曹恢先（立齋）【1】698【2】482

十畫:梅麥曹

〔3〕440，515〔4〕298，327，328，355，361，388

曹禺〔5〕419〔6〕289〔8〕688〔9〕298〔10〕19

曹珮聲（誠英，佩聲）〔4〕137〔5〕251，254，255，258，262，265，273，276，279，282，286，288，296，299，303，306，307，313，353，356，430，441，465，471，478，481，503，512，560，569，751〔7〕37〔8〕640-642，645，648

曹翛（漱逸）〔4〕550，551，588，589〔5〕473，483，486，496，497，585，686，758〔6〕21，22，46，75，90，161，175，209

曹國瑞〔1〕664，751，786

曹婉如〔8〕401，410，505，554，557，563，700

曹寅〔6〕675，712〔11〕389

曹寅甫（吟缶，曹潤生之叔）〔5〕172，174-176，204，206，259，290，663〔6〕31，176，565〔7〕19，567

曹祥之（嘉蔭）〔1〕561，596〔8〕415〔9〕80，89，541，363，469

曹紹孔〔8〕88，91，732

曹雪芹〔1〕493，836〔9〕727，729〔10〕761〔11〕461，602，623

曹勝之（珮聲兄）〔3〕174〔5〕314

曹雲（赤霞）〔1〕698，745，752，755，756，759，775，800〔2〕23

曹敬盤〔2〕389，582，710〔3〕47，103，190，664〔5〕612，613

曹綏之〔9〕363，469

曹聖芬〔5〕499，631〔6〕217

曹詩成（子美）〔2〕330，360，370，378，379，402，445，546〔3〕188，602〔5〕230

曹道衡〔6〕414，672，684

曹靖華〔5〕419〔8〕458，461，469〔9〕128，131，133，138，139，141，143，145，163，165-168，170，228，239，360，463，740

曹聚仁〔1〕799，801〔2〕86

曹慶森〔5〕479，482〔6〕233，433，447，617〔7〕5，147，320，379，477，530

曹潤生〔5〕169，206〔6〕107

曹樹銘〔4〕142，701〔5〕132，167，169

曹燕翼（詒孫，貽孫）〔3〕706〔4〕26-30，32，33，34，51，52，59，60

曹鴻嘉〔8〕111,534,545〔9〕432, 436,444,452,453,600

曹觀虞〔2〕480〔3〕147,656〔6〕512〔7〕588〔8〕127

曹繩緒〔6〕503〔7〕17,36,42, 347,567

雪如〔2〕446

戚本禹〔9〕724〔10〕430,437, 497,577,618,625,640,648, 649,677,687,688,697,704, 720,728,731〔11〕668

戚煥壤〔1〕141,169,224,308, 336,567,799,802

戚景龍〔8〕545,606,607,612〔9〕55,57,61,63,607,613

戚壽南〔4〕378,379,403,458, 693〔6〕5

盛成（成中）〔2〕685,687,694, 714〔3〕12,604,606〔5〕512, 607,609,623〔11〕599,653

盛彤笙〔6〕299,300,306,310, 312-314,317,323,326,334, 344,359,364,375,383,385 〔7〕697〔8〕606,607〔9〕336, 769,775,778

常乃惪（燕生）〔1〕311,739,799, 800〔3〕95,744〔4〕297,320,

338,345,351,353,418,495, 530,635,753〔5〕71,369,369, 389,392,394,398,435,491 〔6〕73,155,214,218

常子春（子椿）〔3〕524,592,598, 599,696,697〔5〕623,606,620

常子萱〔3〕524,533,535,621, 661〔5〕606,607,620,623 〔6〕438

常任俠〔4〕549,554,629,681〔5〕168,172,512,513,539〔6〕669,685〔7〕597,655〔8〕32, 60,134,395,417,435,447-461,469,520,700,705〔9〕62, 92,346,355,470,506,507, 589〔10〕53,550,552,760 〔11〕413,657

常香玉〔7〕230〔10〕409

常書鸿〔4〕742〔9〕32

常紹温〔8〕131,399,417,572, 642,741〔9〕14,36,208

常惠（維鈞）〔1〕211,390-392, 399,431,432,473,474,476, 477,479,483,485,487-491, 493,495,497,512,525,534, 538,541,546,548,549,552, 556,559,561,563,567,576,

十一畫:曹雪威盛常崔

579-581,583-585,588-593, 595,597,602,603,606,607, 612-617,619-621,623-628, 630-633,638,639,641,642, 649,650,653,656,659,663, 665-667,671,673,678,680, 691,705,711-713,721,723, 739,740,743,744,752,753, 759,761,768,771,775,779, 800[2]78,279,281,289,326, 330,407,408,414,417,443, 446,448,452,455,457,459, 462,489,493,494,719[3]2, 216,296,349,350,360,362, 364,365,367-370,375,378, 381,382,386,398,399,416, 423,445,446,449,462,463, 471,474,475,481,483,484, 487,509,527,540,543,547, 573,585,613,620,631,642, 655-657,665,666[7]753, 754,763[8]273,416,417, 425,435,447,448,457-461, 469,476,503,520[9]326, 334,337,470,473,490,591 [10]268[11]346,657

常惺和尚(常惺法師)[1]808,

812,816,822[2]25,119,351

崔士臣(理髮師傅)[11]518, 529,534,537,540

崔之蘭(張景鉞夫人)[3]551, 553[4]171,177[8]109

崔元菊(魏孝亭夫人)[5]399, 400[6]124

崔文印[11]356,364,366,388, 413,439,451,589,593, 659,687

崔月秋(崔悅秋,胡庭槐夫人) [10]688[11]22,341,345

崔可石[5]62,75,95,127,135, 138,139,148,153,158-160, 167,168,169,171,183-185, 187-189,197,199,203,211, 217,221,222,235,242,243, 246,249,251-256,258,261, 262,265,272-277,292-294, 301,302,306,309,316,317, 324-326,335,349,387,408, 409,424,430,454,455,456, 480[6]387

崔永安[2]633[11]615

崔竹溪[5]576,672,719,726, 727[6]467

崔述(東壁)[1]286,352,456,

468,470,504,505,509,515, 552,556,564,565,578-582, 594,595,597,598,600,644, 651,653,654,681,695,751, 765,768〔2〕13,97,123-125, 129-131,143,153,155,158, 168,178,237,247,265,267, 271,278,339,487,488,491, 515,538,539,543,545,548, 575,577,581,586,587,593, 602,604,608-614,622,644, 645,714,719〔3〕7-10,25,53, 78-80,127,142,150,155-157, 159-161,163-166,169,170, 181,182,290,307,310,313, 329,332,333,336,337,371, 425,427,434,460,490〔5〕360 〔6〕38,180,186,194,541, 619,714〔7〕663,713,743, 754,763〔8〕273〔9〕372〔10〕 171,698〔11〕337,476,519, 565,567,608,613,614,626

崔敬伯〔3〕367,368,377,388, 400,401,410,411,429,447, 453,471,475,518,551,553, 554,568,630,634,643,645, 646,739〔4〕150

崔载阳〔2〕109,174

崔德润〔4〕342,351,352,383, 391-393,424,426,434, 473,536

崔适(觯甫,怀瑾先生)〔1〕540 〔2〕153,157,161,433,450, 451〔3〕332〔5〕360〔6〕401〔9〕 372〔11〕170

崔迈(德皋,东壁弟)〔3〕289, 290,307,310,313,316-319, 320,329,335,336

崔艺新〔9〕332,459〔10〕582, 665,709〔11〕22,75,163,166, 179,279,281

崔兰田〔8〕736-738

崔灵芝〔1〕6,7,12,14,17,18, 20,22,25,34,604

毕沅(秋帆)〔3〕322〔6〕206〔7〕 681〔8〕204,288,295,297, 307,357,358〔9〕332〔11〕542

毕格(毕克,Cyrus H. Peake)〔3〕 115,171,173,190

裘子匡〔2〕426,502,535,638- 641,643,663,687,712,727 〔3〕68-71,242,248,249,255, 481〔5〕16,27,59,132,133, 144,157,159,163,164,169,

十一畫：崔畢婁萱符許

171，175，201，208，209，220，256，267，268，270，271，279【6】236，276，292【11】29，30，128，129

婁成後【7】681

婁振奎【8】576，586，629【9】457

萱移今【7】144，192，193，234，238，430，579【8】12，17，20，225【9】22，121

符定一【5】230【6】515

許大齡【5】621【8】402【11】305

許子美（高瑞蘭夫）【7】58，90，480，481，484，586，592，600，608，714，762【8】127，191，192，363【9】619【11】624

許心武【4】460，554

許仕廉（世廉）【2】280，285，387，455，466-469，711【3】365

許本謙（奎士）【5】244，245，252，288，291，337，429，436，492，496，497，507，524，529，534

許地山【2】331，341，382，393，399，421，424，431，474，494，495，533，553，561，569，580，583，594，599，602，650，707，726，730【3】13，20，24，27，29-33，35，37，48，54-57，62，65，69，266，269，270，342，349，351-353，355，367，368，372，373，379，388【4】45，566，584，596【7】412【10】199【11】295

許守白【2】296，439，504【3】54

許自琛【2】473，478，479，616-620，623，626，627，630，635，638，639，640，643，681【3】79，235，236，682【5】664，667，670，678，679，735，740，752【6】15，17，97，231，232，700【7】106

許作霖【7】614，615，618，621，624，626，678，681，684，687

許君遠【5】227【7】357，427，428，440，444，446，448，451，455，456，457，461，463，465-467，469-471，472，474，477，478，494，496，502，502，507，507，511，513，516，521，545，545，547，548，551，557，566，575，577【8】363

許志濤【6】611，462，612【7】17，147，168，223，225，226，238，274，276，284，288，290，291，294，301，307，315，318，319，322，323，331，334，342，343，

顾颉刚全集·顾颉刚日记人名索引

349,477,527,528,531,538,543,558,576,579,584〔10〕601

许杰〔5〕654〔7〕539〔8〕363〔11〕652

许雨阶〔1〕786,792,820〔2〕21,23,174,331,333,334

许恪士〔4〕595,717,777,778〔5〕6,14,17,28,54,439〔6〕88,90,233,247,268,288

许衍梁〔10〕2,129,157,162,386〔11〕198

许重远〔3〕576,607〔4〕280,282〔5〕130〔6〕395

许崇清〔2〕226〔5〕756〔6〕18,26,36〔7〕714〔8〕12,111,535,545〔9〕429,406,431,441,452,774〔10〕182〔11〕66

许崇灏(公武)〔3〕440,441〔4〕602,607,614,621,695,712,729〔5〕9,26,43,78,128,159,169,170,178,182,189,209,210,224,268,272,311,475,515,764〔6〕3,4,52,54,70,133,440,475,488,501,575,692〔7〕146,306,359,528,556

许绍棣〔3〕588〔6〕69

许博明〔4〕174,175,177,185,186〔5〕723〔6〕158,160,170

许景澄〔1〕484

许曾重〔11〕157

许钦文〔1〕767〔2〕270〔8〕545

许毓峰〔4〕642,646,741〔5〕136,375,377,397,442,482,506,694,711,748〔7〕37,577,596〔8〕55〔9〕217,218,221,232〔10〕157,159〔11〕132,133,554

许义生〔6〕518,696〔7〕6,46,51,79,91,96,100,101

许道龄(寿堂)〔3〕173,201,207,230,238,268,279,298,355,358,361,362,367,385,388,400,403,413,419,427,430,450,472,478,479,482,484,498,499,504,527,540,546,559,599,625,626,644,655,665,666〔4〕41,190〔5〕601,605-607,611,614,615,620-623,625〔6〕110,508〔7〕587,625,698

许寿裳(季黻)〔1〕834〔4〕345,385,418,503,504,765,779〔5〕93,131,164

十一畫:許

許漢三〔5〕648〔6〕387,407,411, 412,415,420,424

許漢三夫人〔6〕388,390, 402,419

許滌新〔5〕419〔8〕20,631〔9〕 612,758〔10〕26,311,682

許維遹(駿齋)〔2〕728〔3〕36, 85,116,146,152,155,156, 162,169,170,173-175,180, 198,274,358〔4〕190〔7〕53 〔8〕305

許廣平〔1〕446,832-835〔7〕697 〔8〕16,19,32,56,86,93,111, 128,193,201,214,221,383, 387,388,391,392,395,396, 400,402,408,411,412,418, 422,428-430,432,435,436, 438-440,442-447,449,456, 469,470,473,475,478,480- 482,487,489,520,524,525, 527,528,531,535,537,545, 585,586,604,605,608,612, 625,632,638,643,649,651, 656,698,729-731,733,738, 741〔9〕5,20,25,32,54,60, 95,105,161,177,180,183, 186,191,207,208,210,214,

258,272,431,435,442,452, 454,455,465,492,537,605, 607,671,684,701,726,778 〔10〕173,181,195,201,202, 223,334,361

許德祖(張又曾婿)〔5〕675,690, 741,752〔6〕12,30,97〔7〕385

許德祖夫人(見"張毓綺")

許德珩(楚生,楚僧)〔3〕12〔4〕 548,625,751,758〔5〕118, 132,430,435,436,489,490, 499〔6〕67-69,512〔7〕628, 649,722〔8〕57,58,144,145, 211,442,470,624〔9〕62,243, 435,445,486,605,612,772, 774〔10〕19,311〔11〕331, 333,386,652,654

許德珩夫人(楚生夫人,見"勞君 展")

許輯五(禹廷)〔3〕746〔4〕79, 97,117,294,711〔5〕309,319 〔6〕687

許寶騂(俞平伯夫人)〔2〕463, 508〔7〕699〔9〕182,783〔11〕 546,745

許寶駒(昂若)〔1〕104-106,108, 153-156,158-160,162,164,

169,179-181,183,185,252,267,332,343,495,500,540,643,698,699,723,801[2]50,51,261,306[4]132[5]47,195,430[7]660,655,676,751[8]53,126,134,146,537,609[9]10

許寶駒夫人[1]163,168,169,171-173,177

許寶騄[6]252[9]535

許寶騤[7]717,757[8]363

郭一岑(柯一岑)[1]248,320,474,568[4]195[5]727[9]86,89,120,206,279,444,610,625

郭心崧[2]149,150,173,182,183[3]430

郭可珍[3]555,602,603,618,625,640,656

郭四海[4]633[5]123[6]412

郭本道[4]140,141,144,145,147,149,150,177,345,347,348,373,453,458,459,495,507,564,725[5]369,370,373,377,388,390,396

郭仲隗(燕生)[4]622[5]432[6]507[8]363

郭任遠[2]260,261[5]188

郭有守(子杰)[3]471,475,575-577,591,614-616,688,728[4]300,320,327,330,345,372,374,394,403,414,416,418,420,424,427,428,442,450,451,453,454,457-460,469,474,476,486,488-490,496,498,499,502-504,507-509,514,516,563,575,576,579[5]85,274,369-371,374,376,390,398,468[11]345,538

郭有守夫人(子杰夫人)[5]387

郭伯恭[3]515,555,599,627,632,635,652

郭克裘[5]354,539,543,562,576[6]392

郭廷以(量于,量宇)[2]404,405,424[4]595,608,615,622,623,667,668,681,722[5]9,21,73,130,174,175,541,542,631,772[6]64,116,136[7]136

郭志嵩(志崧)[5]556,578,585

郭秀儀(黃琪翔夫人)[9]109,281,289,291,344,770

十一畫:許郭

郭卓吾〔5〕461,462

郭松懋(松茂)〔6〕325,380,384

郭沫若(鼎堂,開貞,郭老)〔1〕746,832〔2〕354,359,377,416,450,458,687,710,726〔3〕49〔4〕49,168,621,631〔5〕255,360,377,411,419,467,555,599〔6〕185,252,332,495〔7〕158,162,164,166,169,208,274,300,324,499,526,587,587,624,625,629,633,649,651,694,694,712,719,720〔8〕10,14,24,26,59,91,134,136,211,217,220,368,389,397-399,417,437,446,458,468,562,566,567〔9〕28,32,60,77,78,82,93,120,183,237,243,284,285,287,298,324,327,390,450,471,500,588,605,616,644,754,766,767,771,777,781,788〔10〕44,68,87,94,102,129,130,141,144,177,181,182,222,311,313,328,331,334,335,372,488,495,507,568,641,768〔11〕26,30,124,322,346,357,372,424,433,473,500,511,561,600,631,639,641

郭春濤〔3〕697,698〔4〕147〔5〕419

郭春濤夫人〔3〕369

郭笋〔3〕30,35,64,92,96,146,148

郭振方〔4〕712,721,743,774〔5〕8

郭寄嶠〔6〕299,301,313,316,332,334,361,374

郭啟儒〔7〕344〔8〕13,215,236〔9〕348,494

郭敏文〔9〕185,213,214,216,220,225,723〔10〕236,241,244,248,327,328

郭紹虞(希汾)〔1〕87-90,103,110,118,126,128,129,133,136,137,139-141,143,145,146,152,153,157,163,169,177,185,223,230,234,249,267,295,326,341,349,356,360,366,376,378,380-386,390,392,393,399,400,405,412,427,458,469,474,479,484,488,489,491,496,501,509,511,532,533,536,554,

557, 565, 583, 592, 602, 607, 629, 638, 651, 656, 665, 678, 691, 696, 707, 711, 712, 716, 730, 747, 749, 753, 779, 785, 789, 791, 799, 801, 815, 816, 823, 837〔2〕3, 19, 35, 47, 50, 54, 55, 62, 65, 69, 78, 82, 101, 115, 147, 167, 189, 232, 257, 275, 278-280, 282-287, 290, 291, 293-295, 313, 323-325, 328, 329, 331, 333, 335-338, 340-343, 345, 347, 349-351, 353, 354, 356, 357, 363, 365-368, 370, 372-374, 376, 380-383, 388-391, 393, 395-398, 400, 401, 403-406, 408, 410, 418, 422, 424, 431, 432, 434-436, 438, 440, 441, 443, 445, 449, 456-460, 464, 465, 468, 471, 485, 488, 492, 495, 497, 503, 509, 512, 514, 532, 533, 536, 537, 539, 542, 544, 545, 547, 549, 551-553, 555, 557, 558, 560-563, 565-567, 570-572, 574, 577-580, 583, 586, 591, 593, 599, 602, 610, 626, 647-649, 651-653, 655, 659, 660, 662-664, 671, 676, 679-683, 685-688, 691-693, 696, 699, 700, 702, 709, 711-715, 719, 721, 725, 730〔3〕2-13, 16, 17, 19, 21-23, 28, 35-38, 40, 41, 43, 44, 47-50, 54-57, 60, 61, 63, 71, 83-86, 89-91, 96, 97, 100, 103-108, 114, 115, 117, 120, 127, 128, 145, 147, 148, 150-154, 156, 178, 194, 201, 202, 206-208, 213, 215-220, 226, 228, 238, 266, 267, 270-277, 292, 293, 295-297, 299-302, 320, 322, 340, 341, 343, 346-348, 350-355, 357, 360, 361, 366, 368, 369, 372-375, 377, 379, 380, 382-385, 387, 399, 408, 411, 421, 423, 440, 444, 450, 462, 466, 468, 470, 477, 482, 488, 512, 514, 525, 526, 532, 535, 538-540, 543-545, 551, 553, 567, 568, 571, 575, 602, 604, 606, 619, 621, 625, 650, 657, 662, 667, 752〔4〕42, 218, 414, 457, 531〔5〕595, 653, 654, 656, 660, 662, 664, 667, 670, 690-

十一畫：郭

692，705，717，718，720，729，738，743，754【6】9，12，18，38，45，57，95，100，106，119，154，158，171，227－229，280，284，286，296，308，387，392，397，412，413，415，421，424，448，450，451，475，504，596，669，685，704，707【7】34，64，82，83，128，185，188，189，191，194，214，224，232，235，244，285，294，365，415，431，477，502，515，525，539，590【9】230，358，555，557，559，560，785【10】721【11】23，55，522，523

郭紹虞夫人【2】335，337，340，346，403，468，562，671【3】2，16，47，63，66，113，154【5】661，662，664，700，717，720，721【6】37，167，227，294【7】103，106，110，111，508

郭普（曉天）【3】743－745，750【4】115，117，118，371，390，394，424，478，479，497，501【6】300，307，310，312，344

郭嵩燾（嵩濤）【5】318【8】252，485，517，544

郭敬（郭敬堂）【3】669－671【4】52，113，115【7】647【8】193，212，381【9】741【11】115，344，453，660

郭敬輝【3】422，525，527，533，541，542，565，574，576，585，599，600，604，620，625，654，658，662，666，689【6】510，515，516【11】10，13，53，56，535，536，539，542，544，547，612，653，657，663，740

郭瑛【5】438，463【6】299，300，304，306，308，311，318，324，325，327，331，337

郭農山【4】351，513【5】230，657，660，680，717【6】79，102，291

郭維屏（子藩）【2】272【3】701，709，710，730，748，749，752，753【4】116，127－129【5】728，729【6】299，309，316，318，385

郭際唐【2】55，299，303，304【3】302，514，678，682【6】296

郭際唐夫人【3】312

郭鳳鳴【4】306，318，331－333，337，338，375，390，612【5】386，396－398

郭蓮峰【4】554，621，691，692，

700,752

郭璞【7】747,748【8】288,295,297

郭篤士【2】141,231,275,287,419,593,724【4】534,621,626,633,653,661,674,677,691【5】39,178,209,213,225,229,267,269,728【9】785【10】124

郭豫才【3】342【5】317,340,356,357,400,409,414,420,424,425,429,502,505,544,549,553,567,568,570,588,772【6】195

郭豫衡【11】660

郭錦薰(劉鴻賓夫人,湘客)【4】529,533,535,537,560,562,593-595,606,615,620,629,630,660,702,734【6】238【8】97,109,280,296,485【11】14,710

郭翼清(程潛夫人)【9】415-417

郭鴻群【5】72,228

郭寶鈞(子衡)【2】433【4】585【6】5,6【7】479,663【8】27,89,286,399,587,612,649,712,713,734【9】32,183,304,309,537,551,553,579,616,651,660,756,759,764【10】180,181,186,202,234,265,328,349

康心之【8】277【9】117,119,120,205,229,254,257,346,483,491,492,494【10】15,20,22,24

康心之夫人【9】494【10】16,251

康心如【5】762【8】363

康生【8】381【9】449,501,508,695,758,771,775【10】497,616,735【11】109,140,435,624

康白情(洪章)【1】179【10】130

康光鑑【4】656,663,679,681,694,696,708,775【5】16,21,136,289,413,538,601,602,772

康同薇(麥曼宣夫人,康有爲女)【2】293,464【3】12

康同璧(羅昌夫人,羅文仲夫人,羅康文佩,康有爲女)【2】462,464,489,557,560,584,586,587【7】631,638,647,649,744,759,760,767【3】12,350【8】13,14,38,52,87,126,

十一畫:郭康鹿宿章

128,129,132,136,137,140,141,144,193,196,200,201,210,213,218,225,401,441,501,522,562,574,577,582,645,694,706,708[9]4,19,20,34,38,39,42,48,61,214,229,230,234,249,260,261,276,305,334,336,345,356,364,407,408,414,415,417,420-423,425-427,429,442,449,471,491,551,562,568,605,614,623,644,647,691,737,740,772,790[10]115,119,165,168,261,265,341,544,768[11]140,338,494,562,649,719

康成懿(樹幬夫人)[7]244

康有爲(長素,南海,康氏,康先生)[1]42,58[2]33,98,151,157,175,221,225,249,250,293,344,346,374,413,415,416,422,429,458,462,464,467,502,533,534,548,584,707[3]332,475,733[6]180,186,194,282,401,711[7]252,253,560,669[8]129,136,137,140,141,276,293,361,401,474[9]372,568,647,674[10]164,167,168,393[11]206,564,579,649,719

康辛元[2]218,224[3]597[4]693[8]20,534

康殿[11]548,559,642,754

康清桂[5]203,207,237,238,306,327,424,527,534,636-637[6]175

康澤(兆民)[5]406,439,440,478[11]134

鹿世灐(世磊)[6]433,434,442,447,448,464,465,467,475,486,518,519,543[7]298

宿白[8]381,382,392[10]38

章乃器[4]754[5]191[8]148,214,259,362,421,433,486,489,493,495,496,498,499,508,606,610,694,705,714,717,724[9]33,37,39,47,48,54,61,92,109,112,117,119,174,177,181,184,210,220,229,242,252,259,261,276,281,293,301,332,345-346,348,471,491,572,621[10]703

章乃器夫人(見"楊美貞")

章士釗(行嚴)【1】58,61,73,327,618,835【2】38【5】435,490,499,760,763【6】66【7】626,649,652,745,751【8】12,33,55,381,381,392,401,403,441,607,661,703【9】32,51,86,94,99,119,341,508,588,594,605,665,694,763,772【10】302,311,768【11】306,312,313,339,378

章士敦【5】563,738【7】485,491,492,639,699【8】24,363

章士敦夫人(王清華)【5】720

章之汶(魯泉)【4】294,330,309,310,331,343,372,376,402,404,418,424,478,576,637,639,640【5】379,381,383,385,397-399,414,471

章之汶夫人(魯泉夫人,魯泉太太)【4】333,338

章元美(元善弟)【4】179,208【9】326【10】556【11】203

章元善【1】585,740,759【2】540,543【4】141,142,144-146,149,150,269,272-274,372,374,375,548,626,629【5】233,528,601【6】76,96,97,219,239【7】490,630,655,660,676,683,697,735,740,744【8】7,16,17,23,41,54,55,59,126,128,200,201,212,214,217,220,393,470,501,505,552,576,586,606,609,615,616,623,625,629,653,660,693,706,707,718,724,742【9】4,17,35,55,61,62,99,174,176,179,184,186,187,190,209,214,226,228,232,234-236,238,241,244,245,249,262,267,268,275-279,281,283,285-288,290,291,293-296,298,300,302,313,323,325,326,329,335,336,339,344,346,347,354,358,360,373,374,381,431,432,445,447,448,468,472,473,480,482,486,491,504,508,532,535,538,539,541,546,551,553,555,561,569-571,574,577,578,586,588,594,605,606,609,623,630,645,649,654,658,665,692-694,728,732,735,740-

十一畫:章

742,744,768,769,776,783,784【10】10,26,58,95,99,132,140,151,164,165,194,196,212,245,250,265,266,272,294,299,300,302,305,309,325,328,330,331,340,343,354,355,363,387,396,400,411,412,414,456,462,477,490,499,502,503,556,562,569,581,597,606,608,616,617,637,655,661,671-673,675,676,678,680-682,686,688,690,692,695,698,699,704,705,710,713,719,720,723,724,730,735,737,743,748,751,755,761,762,765,768,770,771,778,779,781,782,789,790,792,794,796【11】6,10,14,21,22,26,28,30,32,33,45,131,166,178,180,181,183,185,190,198,200,202-206,208-210,213,215,217,219,221,223,224,228,233,236,238,242,243,245,246,249,256,259,261,263,268,269,271,273-275,277,278,280,282,285,287,289,293,294,296,299,301-304,313,317,320,325,329,335,338,355,357,366,376,384,385,389-391,400,406,410,411,415,419,461,477,495,526,531,546,566,589,661,674

章元善夫人(張紹璣)【4】152,165,173【9】34,96,229,281,283,286,287,293,307,645【10】218-219,755【11】42,217,249,303,416

章元群(元善弟)【5】618【9】326【10】556

章友江【3】607【4】287,294,297,300-302,310,315,320,754【5】270【8】145,276,458,700

章有義【8】363【11】670

章衣萍(洪熙)【1】478,558,564,641,648,681,682,731,732,741-743,746-748,799,801【4】132,134,136

章伯鈞【5】435【7】490,492,610,628,629,648,655,667,729【8】11,14,15,132,141,211,215,220,259,266,362,420,408,509,564,586,606,624,

628,639,661,703,724,735〔9〕51,119,195,219,229,234,243,261,281,289,297,301,348,350,435,441,508,594,694,770

章希吕〔1〕352〔2〕82,109,130〔3〕118,124,127,160,164,166,168,170,176,353,383,411,471,556

章廷謙（矛塵,川島）〔1〕558,611,632,650,667,680,683,690,709,715,729,769,778,784,787,799,801,832,829,830,833〔2〕1,2,4,5,7,8,11-15,17,18,23-26,28,29,31,32,50,51,57,59,62-64,68,83-85,87,88,186,260,366,473〔3〕474〔8〕111,193,383,386-388,391,394-397,402,403,411,413,416-418,421-423,425,426,435,441,450,456,462,467,470,471,473,475,478,480,481,487,490,505,506,520,523,525,528,531,545,616,617,660,698,699,704,705,708,721,725,726,730,733,735,739,741

〔9〕5,8,20,31,53,79,98,106,187,210,211,244,246,248,303,329,348,361,373,452,453,504,537,557,600,656,700,703,726,782〔10〕173,235,249,256,307,310,318,439

章志雲〔7〕75,168,185,190,238,274,276,288,289,291,318,322,329,336,337,368,375,380,440,477,508,578,584〔10〕99,175

章雨生（伯寅弟）〔4〕374-376,391,513

章柳泉〔4〕149,522,568〔5〕258,274,380,467,512,524,534-536〔6〕88

章洛聲〔1〕353,362,364,468,370,373,374

章炳麟（太炎,餘杭章）〔1〕56,58,140,678,794〔2〕159,244,245,272,287〔4〕400,666〔5〕188〔6〕194〔7〕63,123,197,332,394,594〔8〕32〔9〕97,184,567〔10〕216,218,242-344,270〔11〕422,426,536,662,697

十一畫：章

章炳麟夫人（太炎夫人，太炎師母，湯國梨）【7】121，123，372，570，572

章郁【11】488，491-494，505，511，515，517，520，521，530，531，535，542，561，567，570，579，592，594，609，627，633，634，637

章桐【4】756【5】159，161，432，434，490，498

章益（友三）【5】52，150，187，188，199，200，239，243，265，282，301，318，319，328-330，336，409，421，437，460，482，492，512，587，588，588，673，698，704，720，730，749【6】3，102，158，253，327，335，463

章真園【10】393，394-397，399，402，423，426，431，440，444，445，449，450

章高煒【5】219，287，293，295，297，298，300，309，334，407，420，424，426，430，442，443，547，556，560【6】235【7】25，34，61，64，77，85-88，92，97，611【8】363

章啟宇【7】18，168，225，335

章清（蔣孝淑夫人，蔣章清）【5】52，53，83，93，100，108，111，702

章淵若（力生）【4】607，735【6】46，47，268

章巽（丹楓）【4】294，722【6】267，507【7】48，51，55，59，65，72，74，75，77，80，82，90，92，97，102，104，106，107，110，115，120，125，127，129，130，143-145，147，148，151，168，169，170，173，175，179，183，185，188-190，193，204，215，233，276，283，286，288，289，291，294，296，298，301，307，308，318-323，331，334，337，338，342-344，349-351，355-357，361，362，364，366-368，373，374，376-383，386，387，389，393，394，396，398，400，402，405，409-413，415-417，420-426，430，433-435，438，440，443，446，447，449，456，459-461，463，465，466，468，470-478，494，496，498，503，504，506-510，513，515-520，522，523，525，527-535，537-

541,545,547,549-551,556-559,565,567,568,573-576,578,579,581-584,589,593,595,599,603,613,616,617,623,637,639,651,664,665,667-676,679,681,684,712,734,768,772[8]18,23,48,57,59,67,157,165,229,246,258,274,305,365,652,660,661,662[9]154,338,556,578,677[11]43,44,532

章钰(式之,霜根老人,章元善之父)[3]401,557,641,647[9]333[10]99,107,337,412,737[11]198

章钰夫人[3]479

章靳以[3]112,116,128[5]419,534[7]539[8]615,714

章漢夫[5]419[7]178[10]691

章熙林[4]767,773,778[5]8,9,15,16,25,26,28,191,192,209,229,284,507,541

章慰高(伯寅師)[1]137,388,428[3]317,318[4]144,145,150,344,359,360,368-370,372,374-377,405,433,435,437-439,446,448-450,454,456,457,459,472,506,512,542,549,606[5]492,502,691,695,699-701,703-705,714[6]39,40,277,369[7]740

章慰高夫人(伯寅師母)[7]122

章學誠(實齋)[2]242,243,287[5]643[6]180[11]466,541,637

章錫舟(雪舟)[3]693,694,726[4]22,42,288,316,344,451,455,457,488,489,504,522,635[5]371,378,387,480[6]174[7]699

章錫珊(雪山,錫山)[3]337[4]255[5]371,378,386,480,540,556[6]161[7]699

章錫琛(雪村,錫村)[1]431,434,715,725,779,784,789,799,801,815,817[2]51,56,79,89,101,258[3]337,437-439,485,486,512,535,588,589,690[5]727-728,738,751,754[6]31,38,94,283,284,387,508[7]491,618,624,639,647,648,691,699,729[8]85,132,205,276,363,496,519[9]183,217,234,

十一畫：章商梁

466,486,784[10]44,47

章駿（錫九，君曙，君宙）[1]428-429[2]54,55,62,116,273-276,299,311,368,426,609,613,616,618,620,622,631,634,639,644-646,655,673,687[3]69,74,514,590[6]478[7]582,583

章鴻釗（演群）[1]801[3]56,123,602[7]236[9]516,517

商承祚（錫永）[1]455,503,567,699,799,802[2]78-80,96,102,121,156,164-166,175,199,215,223,227,242,244,276,285,286,302,303,310,368,419,420,431,439,452,457,463,465,466,482,486,489,490,493,511,514,531,536,566,575,577,580,582,585,589,591,593,597-599,601,603,648,651-653,655,657,660,680,681,692,709,721,726,730[3]12,21,58,96,152,371,380,521,523-525,527,586,587[4]132,133,288,290,297,298,307,349,362,370,371,383,417,

418,420,471,473,474,490,653,662,672,728,745,756[5]16,29,44,45,78,167,171,271,634,750[6]685,686[7]438,574,575,585,588,726,729[8]24,26,273,648,651,660,694[9]350,406,428,599,614,728,746[10]78,84,114,116,170,178,180,194,203,287-288[11]44-46,50,66,486,655,689

商金林[11]344,643,649,651

商衍鎏（藻亭，承祚之父）[5]171[9]406,728

商衍瀛[9]350

商鴻逵[5]605,613,619,622,623[11]515

梁士純[3]417,526,528,536,540,545,547,548,551,553,556,558,570,574,618[4]305,308,733[6]298,301,473

梁士詒[2]389

梁友三[2]613,621,622,628,629,641[3]308

梁方仲（方中）[3]372[4]201,205,209,211,213,220-226,228,232,237,240-242,253,

顧頡剛全集·顧頡剛日記人名索引

254,584,585,664,667,670〔5〕269-272,313〔6〕80,213,215,217,218〔8〕88〔9〕406,428

梁方仲夫人〔4〕205,221,249

梁玉绳〔7〕446,448,556〔8〕517〔10〕75

梁宗岱〔3〕37,38,97,104,107,468〔5〕186,188,196,196,239,266,286,288

梁岱〔5〕528,529,531,536-537,546,547,550-552,567-569,571,580,593

梁明〔7〕703,766,768,777〔8〕45,86,93,111,132,134,139,142,193,201,211,221,383,386,388,391,392,394-398,400,402,408,411,425,438,442,446,449,450,462,464,472,473,475,478,480,481,514,520,523,525,532,537,545〔9〕409,600,609,700〔10〕27

梁岵庐〔8〕189,201,212,213,216,258

梁思永〔2〕433,721〔3〕80,296,361,460,505,585,615,627,676〔4〕167,584〔6〕252〔9〕407

梁思成〔3〕55,551,554,603〔4〕290,743〔5〕10,227,401,578,585-687〔6〕252,490,496〔7〕486〔9〕298,396,407-409,411-413,429,432,493,547,775,777,778〔11〕312

梁思成夫人(見"林徽音")

梁思莊〔3〕15〔6〕513〔9〕560〔10〕72

梁思懿〔3〕529,534,536,540,546,558,572,574,601,613,620,622,633,644

梁纯夫〔5〕419〔8〕19,45,56,93,111,132,193,221,383,395,397,398,411,413,416,417,435,438,442-444,462,473,478,480,481,487,490,497,504,505,521,528,535,545,561,562,588,589,591-593,597,606-608,610,612,616,623,624,629,661,693,697,699,700,702,703,708,709,717,720,726,730,731,739,742,743〔9〕5,9,20,24,26-28,31,37,39,41,49,53,57,

十一畫：梁

61，63，66，92，98，106，109，174，178，187，189，209，231，244，261，272，279，303，308，330，356，375，383-385，394，396，397，430，431，433，434，442，444，452，454，492，537，553，589，597，600，642，662，680，698，700，768，769，782〔10〕27，173，182，184，194，195，201，201，202，205，222，234，255，301，312，317，319，326，359，457

梁釗韜〔5〕373，388，389，392，398，469，471，478，505，590，594〔7〕436，452，574，575〔9〕406，428

梁寄凡〔4〕672，674，677，713，720，735，743，774，778〔5〕8，26，128〔6〕291〔10〕793

梁從誡（梁君）〔7〕669，714

梁措成〔6〕529，546，594，626〔7〕29，33，72，82，117〔9〕344，745

梁啟超（任公，新會梁）〔1〕58，93，122，129，172，215，219，484，656，678，778，800〔2〕231，291，293，422，576，621〔3〕120，158，296，745，746

〔4〕207，209，213，216，224，336，658〔5〕23，250-251，254，260，335，360，419〔6〕117，244，331，338，635〔7〕104，126，194，264，394，669〔8〕534〔9〕394，541，568，43，649，650，653，655，656〔10〕168，371，393〔11〕562，648，649，719

梁啟雄〔8〕91〔9〕198，219

梁啟勳〔7〕524，525〔8〕401，441

梁章鉅〔6〕643〔8〕8〔11〕616

梁寒冰〔9〕758〔11〕663，691，720，721，744

梁寒操〔3〕586〔4〕142〔5〕300，301

梁黃胄（黃胄）〔6〕337〔9〕728

梁實秋〔2〕258，529〔3〕622，646，658〔4〕703，705，765〔5〕49，74，139，148，151，156，188，202，206，218，246，266，279，435，442，444，470，487，491，513，514，536，568〔6〕65，687

梁漱溟（漱冥）〔1〕345，518〔2〕61，137，159，184，188，256，257，324，414，455〔4〕144，292，297〔5〕435，631〔7〕124，

626,630,633,649,652,655,710,717,744,745,749,757【8】16,53,144,200,202,212,215,216,441,501,509,511,514-516,607,717【9】62,112,117,119,174,177,192,229,236,281,313,382,437,441,474,680,705,708,710,712,713,717,719,722,723,740,772【10】113,115,192,341,344,431【11】247,495

梁漱溟夫人【7】701

梁龍光【5】491,495,499,638【6】67

梁濟川【9】456,493

梁鏞【7】770【8】12,19,525

涵天嘯【5】106,120,122,136,180,633

啟功(元白)【3】521【9】490【10】194【11】364,564,660

連士升(伯棠)【2】487,602【3】36,40,43,60,65,68,112,152,156,184,191,215,269,275,301,320,339,341,349,352,355,359,362,364,374,383,385,386,407,412,428,450,465,477,480,517,519,

522,526,527,530,531,534,537,539,552,554,558,565,567,569,572,573,581,584,587,590,602,607,619,622,623,626,627,631,633,634,638,645,650,654,655,656,663,721【4】11,37,45,77,98,151,152,153,193,203,216,238,291,332,335,388,405,456,547,566,577,594【5】628,631,633,636,638,685,687,747【8】56【9】691,756,760【11】681,745

連以農【7】767,772【8】20,43,57,145,494,521,628,632【9】18,54,281,285,336,740【10】10,24,239,302

連僑思(士升之女)【3】189,385,468,527,555,622,628,650,725【4】11,33,43【8】56【11】345

連闓如【7】717【8】218,234,364【9】267,268

張一飛(一貫妹)【5】661,662,666,691,705,751【6】11,12,228,702

張一貫(錢穆夫人)【2】564,565

十一畫：梁涵啟連張

[3]627[5]661,662,664,667,688-690,692,695,696,705,733,751[6]11,36,51,63,98,167,228,233,702

張九如[4]661[5]129,159,758[6]335

張人鑒[3]605

張又曾（表弟）[1]99,100,131,133,136,139,150,186,188,190,247,250,297,520,526,527,535,666,779,780[2]50,66,67,72,75,78,84,89,109,115,137,153,163,198,259,260,266,273,275,285,290,300,301,303,305,308,396,406,413,417,425,472,479,607,608,610-623,625-633,635-641,643,655,681[3]67,69,72-76,79,81-84,87,89-91,93-96,98,110,226,227,229,230,232,235,236,242,311-314,316,320,323-325,327-329,334-336,338,439,442,443,450,452,454,501,502,507,514,528,589,590,670,677-686,688-693,695,698,703,710,714,722,724,726,730,731,741[4]71,111,148,176,187,198,215,238,340,432,448,535,595,678[5]30,39,513,548,595,661,662,664,666,667,673-675,678,679,681,682,684,686,688,690,692-702,704-706,711-714,721,723-725,731-734,736-738,740-744,748,752,754-757,765,769,770[6]1,6,7,11,14,15,17,19,22,23,25-36,39,40,43,46,48,51-53,55,57,59-61,67,74,77,78,82-86,96-99,104,144-146,148,151,155,159,164,166-169,173,177,178,210,212,213,219-221,226,227,229,230,232,234,239,240,243-245,247,266,268,275,288,297,325,352,368,389,392,399,407,410,412,417,422,429,463,472,482,485,486,489,498,502,507,534,539,544,556,561,565,567,575,647,692,702,703[7]24,121,123,124,295,298-300,302,306,314,316,

321,324,327,328,330,334,337,338,343,366,371,384,385,391,402,418,419,427,437,438,457,519,560,564,568,569,571,573,580,599〔8〕94,96,122,155,254,278,296,357,367,372,377,495,535,568,600,632,634,667〔9〕24,94,149,154-158,312,328,531,616,715,730〔10〕19,115,152,199,306,309,310,541,559,562,652〔11〕192,223,276,282,284,642,748

张又曾夫人〔3〕679〔5〕667,676,677,683,713,714,723,725,752〔6〕19,51,83,84,96,98,144,151,229,230,702,703〔7〕207,211,218,298,299,304,328,383,385,389,390,521〔9〕155,159〔11〕387

张士杰〔8〕400,560

张士敏〔5〕653,655-657,660,671-673,717,718,720,738,745,749-751,754〔6〕7,9,11,18,37〔7〕133,174,183,204,209,226,290,380,424,459,498,513,713

张大千〔3〕641,645〔4〕368〔5〕370

张子玉〔2〕715,717,722,724〔3〕33,34,37,40,47,50,62,64,92,104,115,127,151,154,158,172,175,179-181,196,198,199,217,267,272,293,302,304,308,309,311,333,359,380,409,429

张子翊〔1〕437,438

张子翊太太〔1〕363

张子祺〔5〕678,679,691,697,711-713,719,740,741,755,765〔6〕17,23,32,35,48,157,228,269〔7〕390

张子圣〔4〕325,333,431,563〔5〕382,397

张子豐（表弟）〔2〕321〔4〕131,132,135,290,296,299,310,367,369,478,479,513,532〔5〕78,171,371,373,397,398,468,517,590,719,730,738,754〔6〕219,399,411,573〔7〕55,116,152,207,375,433,437,564

张子豐夫人（红妹,红小姐,红表

十一畫:張

妹）〔1〕285，278，288，359，736，738，742，743，752，756，386，396，397〔4〕294，314，770〔6〕17，24，63，64，73，74，479，647〔5〕397，590，719〔6〕105，108，122，124，125，155-161，221，411〔7〕128，211，159，164，166，167，178，207，502，567　220，228，229，247，269，282-

張子文〔3〕541，542，556，573，284，289-291，294，296，392，606，624，625，630，631，633，402，411，421，428，441-445，634，639，641-644，652，654，470，480，481，485，501，505，658〔4〕141，143，144，145，530，531，542，543，547，578，394，544，545，549，577，591　589，597，598-600，610，612，〔5〕618　614，624，648，654，660，662，

張中行〔8〕194　666，674，676，677，706〔7〕2，

張之江〔5〕205，258，433，491〔6〕8，10，11，21，24，28，39，60，65〔7〕626〔8〕12，201，216，68，73，76，78，128，136，138，217，607〔9〕54，444，605，772　141，147，148，172，194，203，

張之洞（文襄）〔1〕495〔2〕691　207，216，222，227，308，314，〔3〕212　362，364，368，393，394，396，

張仁傑（冠軍）〔5〕641-644，649　397，493，503，504，517，530，〔6〕57，59，107，139，283，689　539，549，564，568〔9〕214，〔7〕461，493，584〔10〕361，215，222，225，227，231，382，363，365，370，675，680　596，597，599，610，620，624-

張仁堯（弼唐）〔5〕642-644，646　630，633，639，642，645，647，〔6〕137，139　650〔10〕17，38，50-52，54，57，

張仁韻（三姊，高三姊，靜秋三　67，71，73，78，82，85，629〔11〕姊，三姨，高三姨，高龍書夫　349-351，355，357，361，373，人）〔5〕644，646，647，696，381，392，397，404，410，420，697，704，723，725，729-732，423，424，427-429，433，

613,649

張元和（顧志成夫人）【6】211【7】398

張元濟（菊生）【2】264【3】80【6】252,470【7】221,278,382【8】3,146,206,388,674

張允和【8】537,695【9】359,448

張允侯【9】194【10】189,298,317,327,333,334,336,339,354

張公量（公亮）【3】182,201,202,229,268,279,298,301,342,356,358,367-369,374,381,383,388,397,403,408,427-430,437,448,449,456,464,465,471,476,477,485,489,499,505,508【4】73,282,537【5】157-159,728,759,764【6】47,55,214,244,653

張公輝【4】653【5】597,599,601,629-631,660,679,687,724【6】26,31,34,36,48,61,67,69,555

張午炎【5】497,514,538,539,543,554,557,576,585,592,627,662-664,684,686,688【6】71,387,389,399,428

張友漁【3】669【8】410,649,712【9】349,356,362,370,375,495,537,547,579,604,616,671,729,748-749,758【10】19,174,202,234,245,253,260,480,482,509【11】669

張天群【4】385,392,474【5】381,383,391,395

張天澤【3】337,459,512,513【4】599,604,611,613,614,628,669,735,756,764,768,778【5】8,14,19,24-26,28,31,36,37,40,43-46,55,59,68,70,71,77,79,85,111,128,131,156,158,160,161,164,169,178,179,181,208,225,226,228,231,233,254,269-271,287,289,298,310,314,318,347,348,356,365,366,393,401,403,404-406,414,420,421,423,430,437,438,440,443,445,465,483,492,494,495,499,506,511,515-517,521,524,530,532,533,535,542,543,545,553,555,567,578,595,654,655,658,660【6】223【7】449

十一畫：張

張天翼【7】642【8】60，65，126【9】89

張天廬【2】730

張天麟【5】758【6】20，225，270

張文英【6】142，616【7】7，96，180，274，358，448，452，457

張文郁【4】64，126，127，129，169【7】525

張文清【5】386，394，458【7】34，35，108，110，120，126，127，130，133，135，137，138，140，142，145，147，150，158，172，175，177，188，192，195，199，204，209，215，218，236，279，287，289，293，320，323，329，344，345，403，426，427，445，454，471，510，515，565，618，777

張文理【2】592，601，642，643，660，704，723【3】64，65，80，142，247，148，152，165，182，183，186，188，189，195，196，199，215，250-252，260，554，565【8】568，569

張文鑄【7】616，647，658，681，741，747，752，759，772【8】20，48，58，418

張文鑄夫人【9】223

張木蘭（内佐女，雁秋之女）【5】311-313，317，348，349，352，403，405，413，414，501，505，514，539，541，564，626，627，648，649，681，693，695，697，718，721，723，724，732，743，752，758【6】1，22，30，57，59，64，98，99，122，128，178，210，217，221，227，229，232，307，373，374，399，420，421，477，570，709【7】18，46，76，83，88，89，179，247，269，346，347，351，413，429，430，565，567，568，716，717，719，721-723，735，752，754，758，763，767，768，772，774【8】4，11，13，21，40，43，44，49，50，84，87，89，93，124，127，129，135，140，141，147，190，192，194，277，377，384，408，424，434，480，545，570，582，587，643，743，744【9】19，60，79，98，183，193，201，207，215，217，218，229，231，256，273，281，302，305，307，313，322，359，375，377，382，432，443-445，457，

485,489,493,499,505,506,508,522,534,547,548,560,570,575,598,599,609,617,647,660,680,699,704,705,731,732,734,736,751,755,757,766,774,781,785[10]5,20,34,60,68,69,71,73,92,99,165,168,171,186,192,213,220,285,290,296,310-312,315,331,334,335,351,355,358,376,457,478,501,507,515,536,537,539,540,550,561,562,566-568,570,578,594,602,606,616,636,643,653,655,656,659,660,662,663,668,676,680,684,688,689,705,707,714,715,723,724,732,733,735-737,740,743,744,748,752,753,759,762,764,770,771,778,780,789,793-795,798,800,801[11]18,73,76,77,85,86,96,107,109,111,115,117,122,126,129,135-137,142,150,151,157,159,160,163,166,175,177,178,180,183-185,191,194,202,203,208,212,214,219,219,223,225,226,228,230,233,236-238,241,247,253,263-265,269-271,273,274,277-279,283,289,291,296,298,299,307,314,316,322,327,329,330,332,333,336,340,342,349-351,359,364,383,384,392,397,422,438,447,453,461,468,474,476,486,515,525,531,539,544,550,578,579,583,595,608,612,619,628,630,637,648,653,675,680,688,689,693,709,726,747

張世禄[7]280,394,420,433,435,442,455,456,466,477,503,506,534,558,574[8]88[10]285,325

張令琦[3]732,734[5]44,137,167[6]300,302,306,309,310,332[7]24[8]142[9]487,531,617,619[10]2,25,45[11]404,486,552

張令瑄[6]306,308,318,337,346,357[9]617[10]45,228

張充和[5]437,444,736,755

張北辰[8]703[9]76,77,182,

十一畫:張

185,224,226,235,242,248, 256,411,487,542,543,544, 547,552,555,560,565,568, 571,577,579

張北海【4】612【5】7,49,220, 238,301

張外姑(張氏岳母,高太夫人,靜 秋母)【5】310,311-313,342, 343,348-354,411-413,443, 465-467,470,473,478,481, 484,492,501,508,510,514, 518,521,523,527,529,537- 540,543,544,559,601,614, 626,647,652,675,677-679, 681,683,695,717,723,724, 731,741,748,754,755,770 【6】29,30,31,32,36,37,38, 41,47,51,55,56,57,59,61, 62,63,78,99,133,154,156, 229,247,386,390【10】714

張幼丞(佑丞)【5】526,534,556 【6】692,698,699【7】6,12, 24,31,89,96,149,168,177, 185,188,191,193,225,234, 236-238,279,283,288,296, 301,305,314-316,318,349, 364,367,375,380,386-388,

424,426,432,435,438,443, 446,456,461,465,468,474, 477,496,498,504,507,510, 516,518,523,524,528,530, 535,538,540,550,557,565, 575,576,583

張正宇【4】173,174【5】419,555, 557【9】747

張正甫【1】42,341,373,377, 402,453,629,632,633,638- 643,650,653,655,656,658, 660-663,701,707,799,816 【2】65【3】239,241,242

張玉曾(表弟)【1】132,133,190, 191,206,154,530,531【2】309 【5】665,741,752

張申府(申甫)【2】406【3】272, 538,555,557,690,693 【5】 78,690,365,419,556,631, 639【7】607【8】35,363

張立志【2】375,377,379,380, 389,390,401,402,410,422, 427,428,430,435,439,445, 451,457,469,486,532,533, 536,537,731【3】240

張仲仁【4】632,669,756,757【5】 178【6】161,210-212

张仲述〔1〕802

张仲鲁〔7〕626,641〔8〕16,211,220,363

张光宇〔5〕419,530,531,532,533,557,562,577〔8〕232

张兆和〔5〕736,755

张兆瑾(正甫之弟)〔2〕100-102,113,116,127,131,216,217,327,348,370-372,383,389,394-397,404,405,410,412,413,455,492,505,543,575,593,663,691〔3〕240,386,424,447,529

张兆麟(锺遵先妻)〔10〕500,512〔11〕238,335,336

张全恭〔3〕92,97,99,116,122,152,167,188,197,201,206,208,261,266,277,292,293,295,333,348,396,405,412,415,464,469,476,478,490

张印堂(荫棠)〔2〕533〔3〕9,26,27,48,55,171,267,270,274,477,488,533,538,624,651,664〔4〕268〔6〕470

张同慈〔5〕641-643,645,646〔6〕57,110,137,139〔9〕221

张圭颖〔3〕295

张宇慈〔7〕611,649,656,749〔8〕578〔9〕568,618,654,668

张宇慈夫人(见"陶复和")

张守中〔8〕502〔9〕161,186,194,207,210,228

张守平〔8〕439,453,487,551,559,588,606,616,618,621,649,699,708,721,725,733,744〔9〕5,8,20,24,185,187,248,557,600,661,700,782〔10〕7,173,242,251

张江裁(次溪)〔2〕489〔3〕274,275,320,349,354,362,364,385,392,400,403,419,463,465,471,472,482,484,498,519,520,521,525,527,540,546,599,635,655〔6〕292,511,512,517〔7〕147,600,625,654,655,686〔8〕33,251,401,657〔9〕473,494,508,619,748〔10〕349

张自忠〔3〕673〔4〕425〔5〕141

张西曼(百禄)〔1〕156,165,697〔3〕509,515,592〔4〕664〔5〕159,165,225,229,419,758〔6〕66,87

张西堂〔2〕562,564,566,567,

十一畫：張

569,573,610,655,657,680,686,700,701,710,712,727,731〔3〕25,45,47,49,54,58,62,64,65,150,170,187,188,191,200,270,272,277,291,295,299,300,333,341,362,364,375,380,381,383,386,398,400,403,408,409,411,415,418,421,445,447,453,463-465,467,474,476,488,517,523,525,533,536,537,539,545,570,601,605,623,639,665,666,726〔4〕317,551,554,768〔5〕45-47,64,289,303,316,319,324,331〔7〕641,669,764〔8〕59,530〔9〕31,83

張佛泉〔3〕480,551,553,577,631,645,651,657〔4〕179

張作謀〔3〕701,710〔4〕128〔5〕434,491,496,630

張作霖〔1〕624,738,786,832〔2〕170,227,664〔10〕439,552〔11〕433

張伯英〔7〕610,659〔9〕752

張伯英夫人（段氏）〔7〕586,611,656〔8〕578

張伯苓〔1〕598,619〔2〕78,80,84,85〔4〕696,710,752,755〔5〕24,434,489,491,507〔6〕67,68

張伯楨（簣溪）〔2〕501〔3〕465

張伯楨夫人〔3〕463

張伯達〔6〕591,579,680〔7〕136

張伯齊〔4〕431,432,434,436,438,472

張伯駒〔8〕363〔10〕29

張伯懷〔4〕287,302-305,308,330,331,333,351-353,360,378,382,383,385,386,392,444,474,497,498,501,503,543,544,607,621,635,638,677,679,727,728,735〔5〕60,224,226,372,374,376,386,396,402,403,406,555,590〔6〕126〔7〕102,148,357,375,424

張克剛（克恭）〔3〕57,60,63,88,95,97,102,106,120,148,149,153,182,207,214,219,268,269,294,387,532,570〔4〕496,502,518,639,641〔5〕370,376,384,386,387,397

顧頡剛全集·顧頡剛日記人名索引

張克剛夫人〔4〕495-496〔5〕373
張克寬〔4〕658,667,706,713,719,721,723,731,749〔5〕11,18,19,22,25-27,31,32,39-41,43,55,60,63,66-68,76,77,79,84-86,88,91,128-130,134,135,140,146,150,152,173,174,179,181,182,184,185,188,194,204,240,371,452〔6〕2,3,65,91〔11〕213,214
張君秋〔7〕631〔8〕13,215,571,576〔9〕193,336,788
張君勱(君邁)〔2〕80,81,592,652〔4〕330,331,332,343,348,593,606,618,670〔5〕435,489,619
張君勱夫人〔2〕594
張含青(含清)〔1〕756,800〔2〕542〔5〕270
張含英〔3〕597,615〔5〕270〔9〕31
張孝騫〔6〕252〔8〕219〔9〕442,463,487,654,657〔11〕287,303
張孜〔4〕138〔5〕594〔7〕729〔11〕81

張希魯〔3〕313〔4〕232
張廷休〔4〕148,544,554〔5〕165〔6〕253
張廷孟〔3〕729,731
張志公〔8〕383,387,391,398,408,409,411,413,416,417,419,425-426,450,481,490,505,520,523,525,528,533,540,546,551,699,714〔9〕5,31,175,189,454,492,504,538,557,597,600,607,702,784〔10〕27,173
張志和〔8〕218,363
張志秋(晚霞之妹)〔5〕643〔6〕125,142〔7〕461
張志哲〔11〕500-502,504,739
張志純〔1〕454,456,458,468,518,520,524,533,538,548,554,563
張志廣〔4〕684,754,773〔5〕434,491,634,747〔6〕65
張志毅〔5〕577,578,590,594-596〔6〕163,239,288,408,424,429,432,434,486,490,492,499,557-560,567〔7〕283,286,288,498
張志讓(季龍)〔1〕515,742,773,

十一畫：張

774，800，802〔5〕255，275，280，301，364，419，482，487，492，588，720〔7〕753〔8〕615〔9〕18，29，752〔11〕546

張扶萬〔4〕130，774〔9〕598

張沅長〔4〕663，668，707，710，713，714，719，722，724-726，733-735，741，744，761，777〔5〕12，27，30，31，57，59，74，79，86，119，134，174，267，515

張泊〔10〕577，582，599，607，795〔11〕175，251

張秀民〔6〕514〔7〕607〔8〕35，428，691

張秀亞（于犂伯夫人）〔3〕538，540-543，545-549，559，564，565，568，572-574，582，583，600，604，664〔5〕42，44，69-72，86，95，126，136，138，167，178，191，209，226，271，286，354，365，405，493，497，540，558，628，635

張秀玲（秀齡，馮家昇夫人）〔8〕718〔9〕35，68，271，349〔10〕376〔11〕153，232，264，274，282，283，287，361，326，417，429，439，563，564，681

張良修〔5〕433，490，628，773〔6〕253

張邦珍〔4〕253，260，757〔5〕159，434，491，497，747〔6〕67，71

張佩綸〔7〕710

張佩蒼〔3〕396，400，402-405，408-410，412-416，418，420-424，445，446，449，452，464，518，533

張其昀（曉峰）〔3〕290，373，374，432，433，588，658〔4〕49，53，368，369，371，602，610，613，754〔5〕64，435，629，631，747，760，763〔6〕6，67，68，70，71，253，458〔7〕474

張其春〔5〕301，534，560，587，592，597，599，628〔6〕246-247〔7〕697〔8〕141

張和春〔5〕241，273，289，292，351，363，410，414，426，427，430，453，473，587，593

張孟倫〔5〕70

張孟聞〔5〕419，482，534〔7〕143〔8〕109，363

張季鸞〔3〕280，598〔4〕518〔5〕555

張宗和〔5〕734，736，756

顾颉刚全集·顾颉刚日记人名索引

张宗昌[1]746,779[2]387,660[9]511

张宗祥(朗生)[6]574[8]232[9]53,64[10]326

张宗燧[5]235

张定夫(定甫)[5]419,468,482,502,534,751[9]38

张定和[5]736

张岱年[8]364[11]612

张庚[8]469

张延哲[3]196,460,461,510[4]622,626,661,664,691[5]311,354,366

张忠绂(子缨)[3]490,502,657[4]606[6]119

张承浚[6]456,501,546,556,626[7]15,29,33,50,58,64,65,72,79,82,117,286

张承燠(承幟)[4]707[5]225,234[6]66,90

张抱芝[4]94,97,99,108,112,115,117,130,131,337,372,384,423,573,620,621,628,633,669,749,779[5]289[7]306

张明养[5]419,502[7]649,649[8]45,59,65,67,69,90,111,145,193,200,201,210,226,383,386,387,397,411,412,416,417,424,425,429,438,442,446,449,462,469,475,480,481,486,490,495,498,501,503,505,507,509,529,535,541,546,553,560,572,581,608,612,615,616,631,661,693,699[9]4,5,29,61,106,174,175,179,189,229,242,249,279,330,335,375,383,384,385,389,431,452,453,490,494,537,547,553,597,600,607,610,642,656,700,740,768,782[10]298,318,399[11]605,613

张明善夫人(见"楼朗憬")

张东荪[1]139,317,338[2]445,456,458,459,464,466,546,656,712,723[3]63,64,104,107,120,146,163,164,167,184,190,272,654,658[5]612,620,625,626[6]517[7]200,211

张东荪夫人[3]43

张治中(文白)[5]159,439[6]5,247,299,301,305,307,

十一畫：張

309,314,318,334,355,356,374,399【7】629,633,751【8】148,210,214,509,562,624,728【9】51,53,219,234,243,250,279,407,408,411,417,430,594,605-606,784【10】186,555【11】92

張知行【8】60,63,65,67,69,90,134,142,144,194,413,442,443,511,692,718【9】10,77,119,170,173,185,210,236,249,259,313,336,436,440,444,564,740【10】241【11】118,195

張秉三（西堂之父）【4】589【5】206

張芝聯【6】406【7】179,184,428,430,486【8】88

張金卓【5】695,722【7】616,616,624

張金鑑【5】45,46,433,490,627【6】68,75,244

張長弓（長工）【2】335,336,338,351,353,355,404,406,429,430,601,730【3】660,662,665,667【5】748【6】421【8】459【9】21

張亮采【4】414-416

張保昇【5】373,378,379,381-384,391,394,396,397

張俊德【5】404,407-410,493,515,538,539,541,544,562,576,587,590,591【6】15【7】399,406,547,552

張冠英【2】138,199,253,254【4】355,361,424,426,451,458,460,461,472-474,490,491,493,497,520,530,568,616,635,637,638,646,648【5】69

張勁夫【9】309,535【10】663,578,607

張厚載（翏子）【7】292,506【11】304,305

張宣澤【3】209,212,214,215,219,221,222,225,297,661,668【4】114,115

張屏翰【4】134,502,504,568

張峯（慕騫）【3】242,243,261,306,317,319,321,322,435,436,452,454,456-458,488【5】742【8】163

張建初【1】274,277,279,293,314,340,358【5】704

張思俊【7】675,676,685【8】138

張恨水【2】662【4】148，727【9】364

張政烺（苑峰）【3】298，342，477，499，500，503，504，675【4】364【5】577，585，586，594-597，599，602，605，607，610，614，620，622，623，643，705，767，771，772【6】168，195，470，510，512，516【7】132，445，486，491，591，604，612，620，642，657，663，689【8】3，23-28，31，48，56，58，60，85-88，90-92，124，124，131，147，160，190，223，316，381-384，386，392，397-399，406，428，488，545，571，572，578，586，587，619，628，642，647，649，653，656，657，692，694，714，721，722，725，726，730，732，741，743【9】32，36，92，94，99，172，208，210，226，230，267，318，320，323，325，327，359，432-434，456，471，503，508，543，616，617，625，640，726，737-739，754，756，757，759，764，766，767，781，788，789【10】1，18，26，73，75，185，206，349，386，387，462，497，498，515，518，520，616，643，686，734【11】325，376，402，519，652，679，689，691

张政烺夫人（見"譚慧中"）

張政烺夫人（見"傅學琴"）

張春孝【8】13，312，359，365，367【9】434

張春雨（顧潮子）【11】351-363，366-368，370，371，373，375-384，386，388，390-396，398-402，404，405，408，410-413，416，417，420，425-428，438，439，443-445，448，450，454，456，459，461，463，464，468，495，497，498，501-510，526，527，529，530，534，539，540，547-555，568-572，581-583，593-595，599，605，612，617，630，631，643，648，649，653，659，664，675，677，679，681，685，691，694，705，708，714-718，720，721，723-725，727，729，731-734，737，738，740，744，748，750，752，753

張星烺（亮丞，亮塵，亮臣）【1】767，770-772，804-808，811，

十一畫:張

813,816,817,819,820,829,832〔2〕2-7,11,12,14,16-18,23-30,32-36,44,86,124,280,285,324,327,329,331,332,365,367,393,399,407,424,438,439,442,443,445,449,450,458,466,474,503,532,546,552,556,601,654,682,688,695,709,712,716,719,725,726,729,730〔3〕18,34,39,54,64,90,109,167,168,187,190,341,342,344,347,349,350,355,359,400,410,414,446,469,471,472,475,476,478-480,484,490,527,532,534,535,538,626,634,635,637,648,653〔5〕608,610,622,623〔6〕154,237,288,509〔7〕86〔8〕225-228〔10〕620〔11〕306,361,397,546

張柱中〔1〕102-104,106,110,112,116,142,147,149,157,160,161〔2〕68-70〔3〕360,547,602,603,650〔5〕608,609,615

張查理〔6〕330-332,364,365,

383〔7〕228

張洪沅〔4〕696,723,724〔5〕31,439〔6〕253

張禹琳〔1〕471〔7〕402,580,582

張紀元〔5〕24〔7〕766〔8〕20,45,111,221,383,386-388,391,392,394-398,400,402,411-413,416-418,426,429,431,433-439,441,442,444-450,456,462,464,467,469-473,475,478-481,487,490,520,523,525,535-537,540,546,551,553,562,572,585,589,591-593,596-602,604-,610,612,615,616,619,621,626,629,643,649,660,661,693,699,705,708,714,717,721,725,726,730,731,733,735,738,739,741〔9〕4,5,8,12,18,20,24,27,28,31,34,37,39,40,48,53,54,57,61,62,65,78,89,91,92,96,106,109,216,225,244-246,258,261,267,271,272,313,336,431,433,452,453,463,492,537,594,600,607,613,617,631,642,656,661,671,684,

693,700,702,705,740,742,768,769,782[10]4,5,10,25,26,28,43,110,166,168,169,173,174,181,182,185,195,213,218,225,234,242,247,249,263,272,284,301,302,312,317,328,399,489[11]360,436,541,582,583

張若谷[1]801[2]31,49,78,83,86,90

張若達[7]678,702,703,706,710,714,715,743,756,763,776[8]20,22,26,85,91,124,131,374,386,391,393,507,541,578,692,724,741,743[9]14,36,94,208

張茂春[2]358,393,404,411,435,459,463

張茂鵬[9]604,693,693,744,745,754,760[10]5,44,45,57,107,152,200,228,274,275,275,325,387,396,411,412,647,653,678

張述孔[8]452,511,627[9]119,174,195,219,236,238,243,309,350,374,508,588,594,598

張郁廉[3]694[4]140,661,697[5]230,232

張凌高[4]133,294,296,297,303,320,323,324,331,332,376,382,383,473-475,490,504,561,568,574,635[5]370[7]224

張奚若(熙若)[1]614,699,734,740,756,759,800[2]76,78,82,83,91,92,466[3]220,551,553,577,657[5]435[7]482,485,628,631,655,742[8]16,18,53,145,219,624,626,628,718[9]32,55,396,413,415,416,432,451,514,517,605,612[10]350[11]327

張奚若夫人(見"楊景晨")

張家振[7]91,147,168,185,186,218,238,274,275,288-289,291,307,318,322,331,336,340,342,349,356,374,380,387,405,409,413,426,429,432,516,530,558,565,576,583

張家駒[3]358,499[4]708[6]51,82,97,102,160,224,295,388,401,421,423,492,504,

十一畫：張

535,537,538,552,571,583,672,674,681,694,695[7]3,9,12,18,21,24,25,31,38,58,66,74,75,80,82,90-92,94,97,102-107,128,134,168-170,175,183,335,336,339,341,342,345,347,348,366,502,505,574,584[8]584,586,587[11]59

張家駒夫人[7]111,127

張席提[3]519,605[4]255[10]371,370,376,392,666

張師賢[4]663,669,691,692,695,700,712,720,721,724,752[5]10,110[6]175

張振武(柏森,專員)[3]704-707[4]6,13,22,23,33,34

張振漢(炎生,延生)[5]514-516,538-540,543,554,561,562,577,586,590,591,640,644,670-673,696,701,704,712,716[6]8,26,30,31,58,82,101,109,110,111,122,123,125,161,389[7]56,57,82,89,91,94,147,420,422,423,431,433,436,440,441,444,445[8]134,142,218,

413,511,514,589,602,627,629,700,724,735[9]28,257,345,390,397,707,710,712,722,740[10]265,296,350,351,633,776

張振漢夫人(炎生夫人,延生夫人,見"鄧道生")

張振聲(顧潮之夫)[10]591[11]349-362,364-369,371,375-378,380,386-389,391-395,408,410,411,416,417,432,437,443,444,495,497,498,503,506,507,523,524,539,554,559,572,590,593,594,613,643,646,648,649,651,653,663,665,666,675,685,686,693,694,708,717,718,720,728,745,746,748

張效宗[5]743,753[6]36,37,52,62,64,65,82,243,245,287[8]469

張海鵬[11]402,407

張烈[8]221[11]469,472,476,483,509,571

張益予[6]469,546,552,556,567,676[7]72

張純一[2]78[5]591

顧頡剛全集·顧頡剛日記人名索引

張豊之〔8〕137

張迺芝（迺兹）〔5〕183,205,207, 240,296,409,425,429,445, 478,493,527,546,547,569, 572, 573, 588, 636, 637, 747,772

張抱蘭（友松妹）〔1〕769〔2〕36, 42,158

張偉君（荀慧生夫人）〔7〕300 〔8〕638

張務聰〔5〕52,61-63,139,148, 184,185,188,189,197,221, 243,253,256,304,387,414, 454,455,523,680,719〔6〕 175,236,419,421,432,433 〔7〕18,196

張曼筠（李公樸夫人）〔8〕137, 442,509,717,738〔9〕243, 280,285,287-290,293,294, 327,344,707,709,710,712, 715-717,719,720,722,728, 740〔10〕108,113

張曼漪（羅根澤夫人,雨亭夫人） 〔2〕700〔4〕667,710,713, 737,738,749〔5〕18,56,67, 90,111,133,134,173-175, 177,206,295〔9〕60〔11〕51

張國安〔4〕293,301,306,311, 315,318,323,335,351,377, 498,567,649〔5〕119,369

張國淦（乾若,石公）〔3〕17,87, 123,172,187,215,217,219, 240,269,291,312,340,341, 371,373,381-384,386-388, 395,396,398,402,407,409, 414,416,418,420,422,427, 429,430,436,438,440,442, 444,449,457,463,464,467, 471,474,476,480,485,488, 497,517,518,520,529,542, 555,558,619,661〔4〕617〔5〕 658,659〔6〕462,505,531, 532,537,552,591,605,630, 635〔7〕219,220,277,283, 291,411,416,430,480,491, 608,648,653,702〔8〕11,86, 132,377,408,440,563,564 〔9〕23,201,586,736〔10〕 166,256,702

張國藩〔4〕611,691,762〔5〕433, 491〔6〕296,439〔10〕717

張基綿〔9〕431,434

張執一〔8〕20,486,584,585, 612,628,630〔9〕219,243,

十一畫:張

336,341,440,443,486,547, 599,605,612,736,740,769, 777[10]181,195

張培深[5]260,262,263,275, 283,294,305,307,315,317

張敏[5]181,189,192

張晚霞(濤弟)[6]56,105-107, 109,110,125,128,386, 415,419

張晚霞夫人[5]643[6]423

張清水[2]219,222,266,275, 727[3]353

張清源[4]145,149,585,586 [5]363

張畢來[7]525,541[8]729[9] 437[10]183,187,219[11]660

張紹南[7]19,20,123,299,300, 309,324,327

張紹華[4]565,566,571,576 [6]139

張雪岩[4]438,440,442-444, 452,454,455,474,478,490, 493,498,567,580,635,646, 651,692[5]367

張雪賓[3]702,709-711,724, 743[4]113,115,126,128[5] 366,543,557[6]38[8]223

[9]220

張綱伯[8]126,509,510,514, 516,610[9]228,241,281, 287,288,290,292,294,303, 309,313,325,341-342,344, 345,356,385,388,390,447, 493,605,707,708,710,712, 713,715,717-722,728,734, 740,746,768[10]305[11]179

張綱伯夫人(韓平卿)[9]281, 544,707,709-711,718,722

張博和[5]258,259,423,467, 528,534,537,547

張惠(女醫師)[9]659,662,664, 689[10]4,8,14,17,20,22,41 [11]714,717,723,742,753

張敦[8]425,457-459,469, 520,628

張景鉞[3]551,553[6]252[7] 632[8]294

張景鉞夫人(崔之蘭)[4]177

張景寧[8]21,111,149-151, 174,201,211,522,523,524, 528,537,546[9]5,431,447, 452,487,502,600[10] 182,195

張智駿(又曾長子)[3]677,678

【6】83，85，98，247，417【11】642

張棟銘（季驤，張鴻欽父）【8】374，510，549，674，683，685，691【9】685，785

張森楷（石親）【4】410，411，704【5】186，258

張渲（綬青）【3】361，362，370

張紫晨（紫宸，子晨，子臣）【8】142【9】14，506，540，543，546，591，614，632，679，749-750【10】119【11】613，617，618，620，694

張翔聲（李延增夫人）【3】296，448，588【11】505，598

張爲申【4】162，233，254，260-262【7】680【8】58【9】309，433，596，663

張爲申夫人【4】167

張舜徽【9】217，218，224-226，228，230，233，531，677，684，686，694，791【10】42，43，105，122，280【11】674，676，677，684，686，696

張貴永（致遠）【4】617【5】45，46，233，245，256，367，445，470，541，542，636【6】339

張雁秋（雁）【5】170，173，181，206，225，230，232，234，235，254，257，267，268，270，271，294，295，299，302，310-312，315-317，331，338，343，346，352-355，357，362-365，374，403，405，419，422，480，483，485，493，496-498，500，501，505，511，514-517，537，538，540，541，543-555，557，558，560-564，567，571，573，576-579，585-587，589-598，601-605，611，626，627，636，652，661-664，670，678，679，681，682，684，692，703，715，717，726，729，761，769【6】7，11-14，18，19，22-25，27，28，30-33，35，36，38，51，52，55-57，59-61，85，99，127，129，130，138，141-143，151，165，174，179，227，229，275，364，377，381，382，386-388，391-393，395，400，407，417，420，421，423，425，427-429，434，438，439，444-447，463，465，467，469，472，473，475，478，492，501，504-507，518，519，536，

十一畫:張

538,547,550,551,560-562, 565,567,570,571,576,578, 579,581,582,623,641,642, 644,645,648,649;651,653, 654,657-660,662,665,669, 671,672,674,677-679,682, 683,689,697,700,706,707, 709[7]6,8,11,12,14,17,21, 27,28,30,33,36,42,44,46, 50,54-57,60,63-65,68,71, 73,76,78,82-87,92,94,98, 111,115,140,141,149,179, 247,252,269,274,276,281- 283,287,304,317,346,351, 362,363,375,378,431,436, 440-412,445,449,461,462, 465,467,470,471,493,497, 499,555,563,581,584,593, 643[8]59,89,92,94,223- 225,230,245-248,254,266, 276-278,284,286,290,319, 333,366,373,374,384,385, 392,397,398,401,402,408, 409,414,415,417,419,423, 424,427,430-432,434,436, 438-440,442,443,448,449, 457,462,475,476,478,479, 482,486,489,496,501-504, 506,507,517,522,523,530, 532-536,538-544,551-566, 569-571,573-578,582,584- 589,604-607,609,611,612, 615,617,618,621-629,637- 643,645,647-651,653-657, 659,661,662,695,697,699- 702,704,706,707,711-713, 716,718,720-723,725,730, 738-740[9]5-7,9-11,13-15, 17-19,22,28,30,35,50,57, 60,63,64,66,70,71,79,80, 82,83,87,89,91,92,96,98, 105-107,109,118,120,121, 204,215,233,235,239,242, 246,254,255,257,259,260, 273,277,282,302-305,308, 313,322,323,326,328,329, 335,336,338,341-345,349, 351,352,355,358,363,364, 366,367,370-372,374,375, 381,382,430,432,434,437, 443,445,446,448,451,455, 456,460-474,481,482,484- 486,490,491,494,499,502, 505-508,510,522,525,530,

532,538,541,543,545-547,
552-555,557-561,565,567,
568,574,587,589,592,593,
595-598,603,606,609,610,
612,615,617-620,624,626,
628,629,633,639,641,642,
644,645-648,653-655,659,
660,667,668,675,703,704,
723,729-733,735,737,738,
741,743-747,751,755,761,
763,764,766,768,770-772,
774,775,777,781,782,784,
785,787,789〔10〕4,33-35,
39,41,43-45,50-52,57,58,
61,62,71,73,75-79,81-83,
85-98,107,108,162,163,
165,170,171,191,192,199,
213,214,222,232,240,241,
246,248-252,260,265,285,
287,296,297,299,306,315,
317,322,331,334,335,347,
354-357,359-362,365,366,
369,401,457,458,467,468,
472,478,481,498,499,515,
524,531,537,551,563,602,
633,638,776〔11〕62,74,
131,424

張雁秋夫人（見"褚頤萱"）

張雁稀（雁深，天護）〔3〕525,
528,546〔7〕596,695〔8〕642

張雲（子春）〔2〕128,130,134,
135,245〔4〕605,607,611,
612,655〔5〕269,270,272,
385,386,393,401,439,445

張雲川〔3〕669,672〔8〕140,253,
363,735〔9〕345,471,612

張雲波〔4〕363,458,460,486,
492,497,498,501,502,517,
518,531〔6〕496,508

張雲非（雲飛）〔7〕611,617,640,
644,656-658,663,681,687,
743,777〔8〕48,91,375,〔8〕
397,399,435,578,642〔9〕20,
36,183,185,208,471,483,
590,617,739〔10〕206,
457,508

張雲鶴〔4〕707,711,725,741,
759〔5〕9,36,43,51,58,59,
66,541,542,630〔11〕582

張揚之〔5〕730,754〔6〕31,38

張軼〔8〕33,139,362

張鈁（伯英）〔2〕517,518〔7〕
626,649,651,660,666,717,
744,757〔8〕12,14,15,33,53,

十一畫：張

55, 67, 68, 93, 126, 129, 141, 144, 145, 201, 211, 216, 227, 363, 557, 586, 604[9]167, 201

張匯文[4]676, 699, 762, 771[5] 28[6]477[7]428, 447, 501, 503, 535, 537, 549[8]528

張匯泉[4]288, 298, 333, 351, 378, 382, 383

張慈倫（慈命, 筱石, 仲實子） [5]641, 645[6]57, 109, 110, 121, 122, 139, 141, 503, 505 [11]726

張敬（清徽）[4]229, 266, 272 [5]374, 380, 391, 759

張楚琨[8]13[9]111, 119, 382, 385, 391, 430, 587, 725, 740, 769, 773[10]265

張毓芳（又曾四女, 馬迪璋夫人） [3]677[5]665, 678, 725, 752 [6]14, 99[7]254, 260, 262, 434, 437[9]381[11]346, 672

張毓芬（蘊芬, 小芬, 詩銘夫人, 又曾次女）[3]677, 678, 680, 681, 684[5]693, 694, 724, 725 [6]227, 647[7]150, 219, 245, 327, 334, 338, 385, 570 [9]157

張毓峰[8]706[9]69, 80, 84, 91, 96, 100, 108, 662[10]84, 306, 471

張毓綺（毓琦, 又曾三女, 許祖德夫人）[3]677, 678, 684[5] 752[6]62[7]389, 390[9] 156, 157

張毓蘊（又曾長女, 德輝夫人） [3]677, 678, 681, 684[5] 722, 726, 738, 748[6]14, 17, 23, 27, 29, 55, 84, 98, 190, 285, 287, 290, 292, 294, 296, 299, 392, 455, 549, 556, 564, 601, 631, 647, 655, 701-703 [7]58, 59, 61, 79, 84, 85, 106, 108, 109, 111, 114, 123, 129- 132, 135, 136, 140, 147, 151, 153, 182, 196, 203-206, 222, 321, 329, 332, 334, 349, 351, 356, 358, 364, 374, 379, 401, 437, 459, 521, 522, 527, 555, 569, 602, 605, 625, 641, 668, 715, 742, 763[8]23, 56, 466, 495, 633, 634, 703[9]130, 155, 157, 458, 471, 682, 730, 791[10]135, 144, 145, 309, 310, 353, 395, 529, 559, 621,

631[11]387,555

張準（子高）[2]466,503,549,657[3]123,214,551,553[4]204[7]672[8]611,624,639,693,729[9]451,535,740

張渭江[8]52,129,133,136,140,141,227,645,706[9]4,356,408,414-416,419,421,426,427,429,471,568,647[10]168

張煦（怡蓀）[1]513,567,579[2]330,448,552,580[4]135,306,385,490,524,530[6]87

張萬里[3]297,347,359,361,400,407,542,545,546[4]614[5]54,282

張群（岳軍）[4]453[5]376,385,458,597,628,636[6]65,68,276

張聖棻[4]654,676,683[5]46,248[8]24,26

張葆英[6]302,305,318,324,326,336

張誠孫[3]542,548,620,622,635,638,641,644,646,651,722[4]158

張資平[2]417,418,427[3]228

張道藩[2]96[3]431-433,544,587,588,614[4]139,143,148,199,598,752[5]9,497,499[6]69,72,238

張瑋瑛（侯仁之夫人）[3]358,375,466,477,499,528-530,532,536,539,568,573,617,618,621,632[4]693[5]612[6]516[7]585[8]146,564[11]85

張鈺哲[4]599[5]21[8]288,295-297,303,669

張鈺哲夫人（陶强）[4]691,762[8]297[11]680[11]680

張嘉民[4]7,26-29[6]300,304

張嘉璈（公權）[3]432

張嘉謀（中孚）[1]493[4]762[5]16,18,120,123[11]563,564

張壽林（任父）[1]506,508,509,516,518,816[2]293,325,336,338,354,366,372,386,395,412,443,451,486,555,559,659,574,664,686,691,701,713,727,730[3]22,27,57,69,347,489,490,521,

十一畫:張

523,524,534,648,657,662【4】93

張壽鵬【5】702,732【6】40【7】56

張夢白(蓉初之兄)【5】714【6】229【7】371

張夢麟【7】661【8】193【9】538【10】26

張寯臣(清廉,清漣)【3】596,605【4】73,140,141

張爾田(采田,孟劬)【1】58【2】488,500,502,533,546,549,552,554,650,709,729【3】48,83,518,575,632,733【7】34

張福慶(季善)【2】583,584,597,598,619,632,636,648,652,689,692,714,715,720,729【3】85,372

張綺山【1】448,460,462-464,466,467,476,479,567

張維(鴻汀)【3】710,711,728,731,746【4】2,33,34,36,41,114,116,117,126,127【5】167,323,384,469,761【6】299,300,313,314,317,331-333,342,345,383,385,632【7】82【9】539

張維城【4】133,136,295,391,403,442,479【11】10

張維思(心田)【4】302,303,318,324,333,342,352,374,431,449,458,517,533,568【5】29,181,255,369,380,381,397,398【6】277,494

張維華(西山)【2】375,377,379,382,514,525-527,652,680,681,684,710,713,724,726,731【3】26,27,57,59,65,95,98,116,118,124,125,127,157,175,181,190,194,200,240,274,313,323,436,452,472,488,490,499,507,516,521,524,527,529,530,532,535,536,547-549,555,559,564,568-570,586,587,590,599,600,603,604,607,608,616,618,620,622,623,631,632,634-636,638-641,644,646,650,653,656,659,660,662,667,673,675,685,690,696,710,722【4】25,52,138,140,142,145,148,150,151,167,169-172,174,175,177,178,185-188,190-195,197-199,202,204-207,209,211-

218, 221-230, 232-234, 236-238, 240, 242, 243, 249-251, 254-256, 259-266, 270, 281, 284, 285, 287-297, 302-305, 307-312, 315-319, 321, 323-325, 330-340, 342, 345-366, 368-375, 377-380, 382-390, 392, 397, 399-404, 406-409, 411, 413-420, 423, 424, 426-431, 434, 435, 537-439, 441-443, 445, 448-459, 461, 466, 470-473, 476, 477, 479, 485-490, 493, 496-498, 513, 517-520, 523, 526, 530, 533, 540, 541, 560, 562-569, 571, 572, 576, 578-580, 588, 594, 610, 622, 634-638, 640, 641, 643, 644, 648, 649, 739【5】119, 123, 319, 457, 633, 727, 763, 764【6】518【8】99, 280, 281, 303, 363, 383【9】439

張維新【6】224, 408, 438【7】12, 13, 18, 62, 74, 95, 106, 127, 168, 177, 185, 199, 291, 322, 335, 336, 340, 342, 349, 356, 362, 364, 367, 374, 380, 387, 396, 402, 405, 409, 413, 422,

424, 429, 432, 435, 438, 443, 446, 456, 461, 465, 467, 468, 470, 471, 477, 496, 504, 507, 516, 518, 523, 530, 535, 538, 540, 550, 565, 576

張維楨（羅志希夫人）【2】373, 424, 425【3】493【4】141, 752, 753, 756【5】119, 159, 161, 433, 439, 440, 490, 498, 586【6】127

張聞天【7】189【10】682, 726

張蓉初（楊人楩夫人）【4】131, 314, 338, 350, 359, 367, 380, 402, 418, 424, 512, 535, 562, 569, 607, 639【5】67, 702, 714【6】512, 514【7】663

張蔘芬（張星烺之女, 蕙芬之姊）【3】618【11】545, 546

張銓【2】694, 714, 722, 724【3】50, 87, 115, 165, 168, 655【4】644, 648, 664【5】379, 414【8】610, 615【9】61, 63, 451, 775, 778

張銓夫人【5】398

張鳳舉【1】495, 763, 800【3】588

張劍秋【1】209, 260, 288, 292, 293, 340, 341, 343【2】274,

十一畫:張

310,543[3]416

張屬生(廳生)[3]591[5]164, 357,496,630[6]67

張廣仲(姑丈)[1]169,173,198, 233,277,279-281,289,294, 301,304,309,323,338,398, 404,779[2]57,75,321,606 [3]507[4]131,134,135, 317,337,372,473,479,644, 647[5]373,397,554,577, 590,626,635,639,729,730, 738,749[6]161,162,411, 537,573,655[7]116[8]667 [9]172[10]169

張廣仲夫人(張姑母,午姑母) [1]120,150,170,171,176, 182,194,200,210,216,306, 315,321,338,343,346,421, 528,779[2]48,89,258,301, 303,304,606[3]80,235,236, 443,501,510,681,686[4] 131,318,329,337,344[5] 373,397,554,589,590,719, 754[6]411,537,655[7]116, 128,207,211,349,437,501, 502,564,567[8]245

張德生[3]122,125,132,161,

347,387,486[10]590

張德鈞(德俊,德峻)[7]584, 585,591,592,596,598,599, 601,602,604,607,610,613, 615,616,618-625,640,641, 644,652-655,659,662-664, 668,678,690,692,698,702, 703,706,710,712-714,718, 720,740,742,743,749,753, 755,756,758,759,761-763, 765-772,775-777[8]2,3,19, 22,24,39,48,54,58,85,89- 92,124,130,131,190,192, 199,275,374,382,384,388, 390,391,396,397,399,401, 406,410,429,504,505,508, 518,519,521-523,536-538, 543,545-557,570-573,578, 617,620,642,655,721,724, 741,743[9]7,19,20,36,107, 160,163,183,185,208,218, 237,371,471,483,493,500, 538,543,590,617,617,739, 764[10]206,288,289,387, 462,585,639,643[11]88, 131,204,317

張慶孚[8]664,665,667,673,

683,685,691,715〔10〕120-124,126-129,132

张慕骝〔7〕118,258,259,260,262,274,348,383,430,579

张慰慈〔1〕716,759〔2〕48,56,91,92〔6〕431,635

张 乐 天 〔9〕 581,587,620,671,674

张乐古〔5〕434,490,495

张乐平〔6〕656

张毅彬〔11〕299,300,303-306,308,309,313,334

张潜华〔5〕434,491,610,614,626〔6〕67

张稼夫〔7〕631,694〔8〕327〔9〕507,758〔11〕658,686

张缃〔5〕434,491

张蔚西〔1〕237,448

张荫麟(素痴)〔1〕680,800〔2〕278,283,474,730〔3〕54,161,167,168,171,183,197,214,215,267,269,274,293,345,356,367,372-374,397,417,444,477,522,532,537,538,551-553,569,573,581,604,651,654,655〔4〕151-154,161,166,167,170-172,174,

176,177,179,191,198,263,265,275,564,567,602,708,728〔5〕321〔6〕118

张质君〔4〕578,776〔5〕31〔6〕301,323,326,328,360〔8〕469

张震泽〔5〕242,772

张鲁青〔6〕496,549,560,561,580,610,638,645,661〔7〕43,82,128,129,203,226,283,328,329,346,388,401,494,501,512,528,551,556,574,578,581-583,590〔8〕24

张需青(需卿)〔7〕670,675,676,681,684

张儒秀(孙宗彭夫人)〔5〕183,203,244,266,284,319,329,361,409,444,587,634,635,638,639,771〔7〕52,53

张学良(汉卿)〔1〕743〔2〕441,456,597,657,674,686〔3〕16,19,22,37,45,426,427,560,562,563,571,573〔5〕556

张学润(润妹,闻表妹,表妹,张姑丈之女)〔3〕507〔4〕131,314-316,323〔5〕314,590

张树声〔5〕48

张泽咸〔10〕803〔11〕74,151,

十一畫:張

163, 167, 177, 186, 189, 191, 192, 194, 196, 198, 200, 208, 212, 216-218, 225, 229, 232

張燕多【10】709【11】22, 51, 68, 280

張翰庭【6】584

張翰蕃【5】193, 207, 209

張蕙芬(惠芬, 張星烺女)【11】306, 309, 310, 312, 313, 439, 491, 549, 595, 658, 750

張謂儕【7】642-644, 676, 750, 776

張遵騮【6】675【7】181, 657-659, 663, 682【8】54, 90, 136, 642

張錫君【5】562, 589, 628【6】160, 434【7】5, 9, 48, 66, 196, 278, 290, 387【8】363【11】104

張錫彤【8】581【9】538, 557 【10】340

張靜江【2】48, 49, 52, 146【6】50

張靜江夫人【2】308

張靜秋(顧夫人)【5】88, 170, 172-177, 194, 199, 203, 204, 206, 207, 210, 217-223, 230-232, 234-290, 294-315, 317-321, 323-333, 335-343, 346-348, 350-354, 356, 357, 362-

364, 366-387, 389-401, 404-415, 420-430, 435-442, 444-448, 457-461, 463-473, 475, 476, 478, 481-488, 492-502, 505-513, 515-519, 521-523, 525, 527-532, 535-544, 546-548, 551-556, 558-564, 566-569, 571-579, 585-597, 599, 603, 605, 607-610-614, 618, 619, 622-624, 626, 627, 629, 630, 635, 638, 639, 641, 642, 644-650, 652-658, 660-664, 666-668, 670, 671, 673-678, 680-684, 686, 688, 690-694, 696-706, 712-718, 720-722, 725, 726, 728-738, 741-745, 748-751, 755-765, 771, 772 【6】1-5, 7-9, 11, 12, 14, 15, 17-26, 28, 30, 33-40, 42, 45-49, 51-58, 61-78, 80, 81, 83-88, 90-94, 96, 98-111, 121-134, 136-139, 141-148, 151-156, 158-179, 189, 192, 207, 210-221, 224-249, 267-306, 308-312, 314, 315, 317, 323-325, 327, 329, 331, 333, 334, 337, 339-342, 345, 346, 348, 352-

355, 357, 359, 362-366, 368-370, 373, 374, 376-383, 386-393, 396, 399, 400, 402, 405, 408, 411-413, 415, 417, 419-435, 437, 438, 440-447, 449, 451-463, 465, 467, 468, 470, 472, 474-478, 480-485, 487, 491, 493, 497-501, 503, 505, 507-514, 516-518, 520-522, 528-535, 537-539, 542-547, 549-556, 558, 559, 561-565, 569, 570, 572, 574, 577-581, 583, 584, 586, 587, 592-600, 602, 604-608, 611, 616, 617, 619, 624, 626, 630, 631, 634-645, 648-652, 655, 657-659, 661-663, 665, 670-674, 676-679, 682, 683, 685-687, 689, 691, 695-700, 702, 706 [7] 1-9, 12, 13, 16, 18, 19, 21-25, 27, 29, 30, 32, 36, 37, 39-44, 46, 48-58, 60-64, 66-69, 71-74, 76-78, 80-89, 91, 92, 94, 96-99, 101, 102, 106-115, 120-127, 129, 130, 132, 133, 135, 136, 138, 140-142, 144, 147-150, 169, 170, 175-177, 179, 180, 185, 187, 191, 192, 194, 196, 197, 200, 202-205, 207-210, 212-214, 216, 221-224, 226-229, 231-234, 239, 242-244, 246-249, 251-253, 255-259, 262, 268-274, 276-280, 282, 283, 285-287, 289-292, 299-307, 309, 314-317, 319-324, 327-334, 336, 338-341, 343-352, 355-358, 360, 362, 363, 366-369, 371-375, 377-381, 383, 384, 387-390, 392-394, 397-404, 406-408, 410-412, 416, 419, 422-425, 427-430, 435-438, 440-442, 446, 447, 449, 450, 452, 455, 457-460, 462, 465-471, 473, 476, 479, 480, 482-487, 489-494, 496, 497, 499, 501, 502, 504, 506-509, 511, 512, 514, 515, 517-519, 521-523, 526, 528-532, 534, 537, 539, 541-545, 547-553, 555-559, 562-565, 567-574, 577, 579-582, 585-591, 593-612, 614-619, 622-627, 629-632, 634, 638, 640, 643, 646-649, 652, 654-656,

十一畫:張

658-665,667,669,672,674, 465,468,471,474-476,478, 677-681,683-690,692-707, 483-485,488,489,491,496, 709-712,715,716,718-735, 501,502,508-511,513-515, 737,738,741,743-746,748, 518,523,525-528,531-534, 749,751,754-765,767,769, 537,539,543,552,556,558, 772-774,776,777【8】2,4-6, 560,561,563,564,566,569, 10,11,13,14,17-21,23,25, 571-573,576-580,582,583, 27-30,32-44,46-51,56-58, 585-592,595,599,600,602, 60-71,73,74,76-80,84,86, 603,608,609,612,615,617, 87,89,91,92,94-96,98-100, 618,620,622-625,628,629, 102-104,106,108,110,112, 634,637,638,642,644,645, 119,120,123,124,127,130- 647-650,652,653,655-659, 133,135,136,138,140,143, 662-664,668,671,673,674, 144,147,149-152,154-165, 676,678,681,682,684,686, 167,171,173,178,181,184- 688-690,692,694,696-700, 187,189-193,195-199,201, 702-704,706,708,710-714, 211,213,216,219,221-249, 716,720-723,726,733,734, 251,253,254,256-261,263- 740,743【9】1,4,7-10,12,15- 267,275-288,290-293,295- 17,19,20,24,26,28,31,33- 297,299,302,304,306,307, 37,39-41,44,48,49,51,52, 310-312,314-324,326-343, 58,64-67,70-73,75,76,79- 345-356,362,365-367,369, 84,87,90,92,94,95,98,99, 371,373-378,380,382-385, 105,108,110,112-118,120, 388,391-397,401-403,406- 122,123,124,126-128,130, 412,415,418,426,428,430, 132,133,136-138,141,142, 431,433,436,438,440,442- 145-147,149-151,154,155, 444,446,449,457-460,463, 157,160-162,164,167,169,

172-180,182,183,185,186, 191-194,199,204-206,210, 211,214-216,219,220,222, 223,225,227-235,237,239, 240,243-247,250,251,253, 255-269,271-279,282-286, 288-298,300-313,318,319, 321-323,325-330,332-341, 343-347,349-358,360-374, 378,382-384,386-388,390, 392-398,405,409-411,413, 415,416,419,421-423,425- 427,430-433,441,442,444, 446,448,449,451,455-463, 467-474,480-484,486-493, 501-507,509-514,517,519, 521-523,525-527,530-532, 534-538,540-542,544,547, 551,553-555,559-565,567- 578,580,581,585-593,595- 599,604,605,608-611,614- 620,623-631,633,639-651, 653-678,680-705,707-718, 722-738,741-755,757,761- 767,769-771,778,780,781, 783-787,789,790 【10】1,4- 55,57-91,93-100,107,108, 110,112-116,119-121,123- 127,129-131,133,135,136, 139,140,142,144,145,147, 148,150,151,153,156,157, 162-165,167,169-171,175, 176,178,179,183-187,192, 194,196-202,204,205,213- 215,218,219,223-225,232- 234,237-245,247,248,250- 252,255,257-260,263,265- 271,273-281,283,284,286- 294,298-301,304-307,309- 313,315,318,319,321-332, 335,338-340,342-345,347, 348,350-367,369,370,372- 374,376,378-382,384,385, 390,393,394,397-400,402- 405,409,412,418-420,422, 426-431,436-438,440,442, 444,446,448-451,454,455, 457-470,472-478,480-487, 489-506,508,509,511-513, 516,518,519,524,525,529, 530,532,533,535-540,543, 544,546-571,573-582,584, 585,589,594-600,602-611, 613-618,621,623-625,627-

十一畫:張

638,641-646,649,652-656,659-663,665-671,673,674,676,677,679,681,684-686,688,691-693,696,698,701-709,712-716,718,720,723-726,728-732,734-736,738-743,745-748,751-758,766,767,769,771-773,775-780,784,785,788-791,793,795-801[11]3-10,12,14-25,28,30-32,34-43,45-48,51,53-55,58,59,65-70,74-76,78,79,82-87,91,93,95,99,100,102,105,108,110,111,113,117-124,126,127,129,131,132,134,136,139,140,143,144,147,148,149,153,156,159,160,162,163,165,176,179,181,182,184-191,193,194,196,198,199,204,205,207,208,212-218,220-257,259-271,274-280,283-306,308-314,316-319,321-325,327-334,335,337-342,349-354,356-364,366-368,371,373-376,379,383,386,387,389-393,396-400,402-405,407-417,421,423,425-432,437-442,445,447-450,452,453,455-459,461,464-470,473,575-494,497-505,507,509-523,525-527,529,531-538,542-544,547-557,559,560,562-574,576-597,602,606,607,609-612,617-619,621-623,625,629,631,632,636,641,643-651,653-664,666,667,675-677,679,681-695,697-700,702-705,707,709-718,720,721,724-727,732,733,735,739-742,744,745,747,748,750-754

張靜廬[5]419[7]557,597,604[9]446,507

張頤(真如)[2]385,657[3]367,506[4]442,133,135-137,300,305,311[9]233,263,605,772[10]2,59,62,350

張頤年[2]438,440,441,444,446,461,463,485,535,536,540,570,581,599,702,727[3]7,28-31,35,38,47,49,64,93,139

張默生〔4〕148〔5〕196,241,244,527,588〔6〕78〔8〕363〔9〕322,757

張默君〔3〕595

張聯潤（辛元）〔1〕710,723,733,735,742〔2〕347,359,429,467,548,554〔3〕650

張駿祥〔4〕545,598,631〔5〕419〔10〕191

張鴻翔（藝汀）〔3〕61,92,173,423〔5〕610,622〔9〕729,791〔11〕13,14

張鴻鈞（雁秋子）〔5〕305-308,317,323,324,326,327-330,332,338,340,341,346,348-353,355,373,405,412,413,497,501,502,505,508,509,512-516,538,540,591-593,641,643,648,649,681-684,688,689,694,695,697,698,706,714,720-724,732,735,739,743,752,754,756,770〔6〕2,4-13,15,18,30,37,45,56,59,61,63,64,66,269,275,386,387,393,399,420,421,497,503,505-507,530,531,533,543,556,558,562,564,565,570,572,599,601,610,624,627,631,635,637,640,657,660,671,682,685,699〔7〕4,6,18,24,25,40,54,60,71,79,84-86,88,91,96,103,115,120,121,124,126,128,135,144,147,149,151,173,177,180,181,185,188,190,209,219,221,222,226,227,233,235-237,247,406,408,426,427,430,435,438,498,505,506,571,579,585〔8〕345,366〔9〕497,617-620,625,627,628〔10〕165,204,213,220,224,225,232,234,235,248,251,254,255,259-261,268,271,287,293,302,322,331,335,336,340,342,356,358,401,458,461,462,524,531,537,599,601,602,610,620,623,627,629,637,638,643,651,652,656,658,660,662

張鴻鈞〔2〕389,496〔3〕83,531〔4〕619,621,626,628,661,669,670,697

張鴻鈞夫人〔5〕226

十一畫:張

張犖（季直）[2]668-670[7]441 [9]770

張禮千[4]778[5]14,28,30,46, 71,77,161,198,214,231, 405,421,440,499,506,516, 570,578,579,655[6]517,710 [7]7,15,20,28,38,61

張豐胄[8]44,59-61,65-67,69, 78,85,87,90,137,148,402, 454,409,714[9]31,83,119, 185,277,322,740[10]270 [11]426

張璽[3]518[7]698[8]103, 123,299[9]55,610[10] 153,194

張鏡芙（康生之叔）[8]685,688, 691[9]749[10]120,124

張難先[4]752,757[5]433,490, 763[9]38,605[11]33

張鵬（友松）[1]507,638,649 [2]118,158[4]143,149,192 [8]363

張鵬一（扶萬）[3]426,559,560, 562,563,696-698[6]529[9] 779-781,784

張鵬彩[5]721,728,735-738[6] 108,151[7]140

張寶堃（寶坤）[5]525,529 [7]671

張瀾（表方）[4]300,530[5]435 [6]522[7]526,654,655

張競生[1]747,798

張繼（溥泉）[1]552[2]146,671 [4]609,628[5]8,64,164, 617,763[6]45,65

張耀曾（表兄）[1]42,100,101, 128,130,135,142,143,146, 148,189,193,205,220,225, 228,244,252,254,263,267, 284,285,292,293,365,366, 374,394,395,527,530,531 [2]266,304,314,479,613 [3]439,514,680-683,685[5] 661,665,740,741,752[6]97- 98,227,233,276[9]159

張藎真[5]747,748

張覺非[7]647,649,679,699, 709,712,725,746,771[8]9, 93,193,194,384,430,487, 569-571,578,583,688,694, 722[9]19,50,69,73,183, 209,217,240,268,270,273, 278,279,304,308,310,312, 319,322,325,328,329,332,

334,337,339,341-343,346,348,354,356,358,360,363,368,371,373,381,435,437,443,455,462,487,490,503,510,537,551,553,554,557,560,563,568,570,589,590,595,609,617,626,628,643,654,683,693,704,741,747,765,776,780〔10〕26,54,57,82,107,165,171,178,198,199,213,222,238,281,299,321,335,343,346,348,366,457,464,467,471,484,491,499,502,514,553,554,594,618,622,628,633,637,640,644,648,652,655,659,665-667,671,685,693,712,724,734,739,747,748,766,775,777,778,783,794,795,798〔11〕156,242,246,283,285,286,288,350,351,365,390,403,414,417,438,489,492,509,512,540,593,634,681

張覺非夫人〔11〕177,183,201,208

張齡遐(率天)〔3〕705,706〔4〕3,4,33,34,40,48,53

張鐵生〔9〕254,311,349,356,362,370,375,468,579,651,737,759,765〔10〕174

張鶴林〔4〕463〔5〕751,754〔6〕99-104

張權中〔5〕198,200,201,205,207,211,221-223,237,239,241-243,247,248,252,255,260,266,273,278,279,281,292,293,299,301,302,304,305,307,308,310,316-318,320,333,335-341,346,352,364,365,374,387,392,401,407,411,425-427,437,438,441,451,452,453,456,457,471,488,493,545,588,589〔11〕111

張鑄荊〔4〕93,102,103,108,117,127

張鑒文〔3〕228,229,307,318,322,434-436,450-458〔5〕661,662,664,666,667,677,681,688,690-691〔6〕84,232,561

張顯清〔11〕397,401,457

張體學〔9〕40,56

屠思聰〔6〕680,683,687〔7〕3,

十一畫：張屠陳

12,13-14,18,20,138,272,335,366,464,477,497,503,579,619,667,669,670,675,676[8]91,138,190,426,584,616,660,707[9]71,73,487,503,504,557

屠思聰夫人(黃竹雲)[9]469

屠叙臣[2]631,638,642[3]239

屠烈煌[7]356,357,508,675

陳乃乾[1]386,387,402,699,800,801[2]5,12,22,24,49-51,53,55,56,59-63,65,67,69,71,75,76-83,85,86,87,89-93,101,107,109,110,115,117,125,132,133,158,219,264,283,302,311,552[3]320,337,438[5]659,719[6]204,448,538,694[7]181,309,338,339,420,442,452,456,506,558,573[8]85,124,127,132,205,381,382,392,414,472,496,519,531,537,587[9]67,96,100,108,160,161,223,235,254,262,264,265,269-271,278,323,329,347,359,360,361,373,448,451,482,483,486,490,

493,500,507,523,535,539,546,554,555,559-561,574,577,671,672,729,732[10]47,220,276,278,291,363,513[11]307,396,573

陳三立[1]739

陳士奎(石渠閣)[2]616,628,632,637-640,642,655[3]68,69,72

陳大齊(百年,伯年)[1]629,799,800[2]325,329,330,337,356,431[3]214,267,431,441,454,485,505,506,590,597[4]143,588,679,724,767,779[5]93,156,159

陳子展[5]248,265,279,296,300,324,330,337,425,442,445,470,487,524,525,534,537,547,564,566,749,750[7]34,519,521,525,532,574[8]327,363[10]123

陳子彝[3]74,75[5]699[7]238,282,284,580

陳之佛[5]419[9]447

陳之邁[3]577,636,657[4]140,149,607

陳之邁夫人(黎劭西之女)

[4]140

陈仁炳[7]525,531[8]259,362,387

陈仁烈(吴维亚之夫)[4]583[5]226,238,245,294,303,304,309,316

陈介[3]432

陈元弘(雪如夫婿)[7]767[8]20,94,127,193,384[11]731

陈元柱[2]197,199,201,211,220,236,240,246,255[5]595[7]587[8]58[10]228

陈公培[2]395[7]630,649,717,757[8]55,93,136-138,144,509,511,514,615,627,649,661,703[9]38,43,51,85,86,93,119,185,195,211,313,322,508,588[10]341

陈友松[2]73[6]21,22[7]646

陈友琴[7]702[9]309

陈友業[7]585,586,589,596,599,601,618,623,640,641,645,659,670,684,690,692,775[8]9,10,31,37,40,44,48,86,92-95,124,126,131,136,140,147,275,385,400,409,416,418,508,519,618

[10]803

陈友端[5]463[6]232,240,242

陈天木(木天,見"成覺")

陈文仙[2]406[4]444,453,503,518,538,648,702,751[5]386[6]225

陈文彬[7]118[8]626,639,656,694,700,735[9]32,34,37,42,85,88,89,98,181,203,239,246,259,267,281,286,294,295,300,306,313,315,326,344,432,440,491,492,546,551,555,559,561,562,571,572,574,663,665,693,740,768[10]248,251,341

陈文鑑(文鑒)[4]599,600,602,604,619,620,631,675,677[6]137[7]96,632,699[8]90

陈方(芷町)[5]440,464,693[6]69

陈世杰[4]630,654,724,727,764[5]27,31,58,74[6]359

陈世驤(世襄)[4]705[5]535[8]465

陈功甫[2]45,122,266

陈半丁[7]757[8]211,424,501,522,615,693[9]32,274,341,

十一畫:陳

440,547,605,665,769,772,776[10]768

陳去病(佩忍)[1]428,559

陳可忠[2]128[3]173,431-433,505,597[4]139,141,142,145,147,148,203,548-554,556-558,561,588-590,593,594,596-603,609-613,615,617-620,629,632,633,641,656,665,666,672,684,685,694,695,700,703-706,712,726,734,741,749,752,768[5]7,12,13,31,49,50,53,95,145,148,160,183,185,187,188,198,206,226,243,248,250,256,258,274,278,295,305,330,352,408-410,420,426,427,430,444,445,466,467,478,487,527,534,537,546,547,565,568,588,593,597,599,602,637,685,686,746,762[6]175,295,400,446[11]744

陳可忠夫人[5]203,256,306

陳布雷[3]212,597,598[4]557-559,602,755[5]76,440[6]68,377

陳永熙[7]451,496,511,513,514,516,521,545,551,556,557,566,577

陳玉符[2]151,358,413,424,433,442,444,449,462,484,485,492,493,496,497,499,500,560,561,651[5]586,594,595,597[6]1[11]512

陳白塵[10]691

陳石珍[4]574[5]157,190,225,469,493,557,562,563,663,704,735,736[6]31,48,128,289,538

陳石遺[1]825[2]8,18,33

陳立夫[2]53[3]195,198,591,596[4]150,460,544,553,554,557,558,618,634,639,724,753,755,757[5]7,28,30,45,95,148,206,224,453,454,513,630,763[6]65,272,285[10]535[11]61,78,79

陳仲和[4]630,726,762,767,770,772,775,777[5]16,22,79,92

陳仲益[1]602,637,767,770[2]355

陳仲瑜[1]463-464,616,638,

667【2】61，87，306【4】613，616，644，656，665，668，676，681，693，696，699，726，740，745，767【5】9，16，19，22，24，27，54，59，494，495【7】539，556，564

陳任中【3】341

陳光垚（光堯）【2】364，459，492，546【5】632，635，638，639，697【9】181，572

陳守寬（守實）【6】613，626【7】32，105，125，181，188，194，277，292，308，442，444，502，508，553，559【8】88，89

陳守禮【4】136，739【5】7，72【6】300，302

陳安仁【5】45-48，54，64

陳旭輪【2】275，310，368【3】81，512【4】658【8】212

陳旭麓【6】626，643，660，675，694【7】9，32，70，104，105，181，189，277，292，308，335，350，358，359，363，420，442，457，467，477，497，503，506，523，534，539，547，573【9】347

陳次園（中輔）【11】380，384，545

陳此生【2】198【8】153，160，161，630【9】118【11】352

陳汝衡【3】752【5】535【7】294，416，469【8】404【11】323

陳行可【4】319，458，502

陳行素（旭輪弟）【4】658，731，733，744，776【5】16，17，30，36，42，55，76，79，83-85，90，111，134，152，174，176，412，413，546，601，685

陳西源（陳醫）【8】406，420，536，574-576，700，70【9】161，172，174，178，182，185，195，2147

陳伯吹【5】365，468，469，471

陳伯莊（百莊）【4】612【5】8【6】34，431

陳伯華【9】41，56

陳伯達【3】644，657【7】85，86【8】15，100，725【10】497，500，507，520，597，619，641，735，752【11】24-26，73，75，85，90，109，123，571，668

陳伯誠【4】542，597，607，633，669，720【5】15，47，68，71，72，87，182

陳伯稼（百稼）【4】614，699，756【5】54，120，122，124，157-159，169，172，209，235，272，

十一畫:陳

313[6]21

陳君璧[1]157,489,490,536, 586,598,623,656,659,720, 801[2]287,291,294,330,332 [4]210

陳孝威(向元)[5]760,762

陳希三[4]488,525,539,561, 636,642,646,650[11]126

陳希文[3]478

陳序經[4]267,270,271[5]109 [8]11,200,215[9]55,60, 63,396,405-406,429,449, 452,772,775[10]127,194, 638,751

陳志良[5]444[6]76[7] 419,526

陳汶(竺可楨夫人)[7]685[8] 20[9]17,236,357,570,571, 669,783[10]284[11]618

陳秀波[1]5,7,8,15,18,20-22, 25,28,31,34

陳兔[7]282,549,592[8]28[9] 32,516,528,529[10]59,147 [11]389,483,632

陳育麟[8]233,235,236,238, 239,243,244,249-261,263, 513,649[9]93,174,263

陳良佐[8]212,363

陳邦哲(趙樸初夫人)[10]419, 454,440,448

陳邦傑[4]750[5]28,111,149, 152,166,233[7]718,720

陳邦楨[6]174,268,680[7]396, 459,499,527,548

陳邦賢[5]185,186,197,202, 222,236,238,242,249,289, 512,575,588,636,637,745 [6]48,68,416[8]88[9]232, 446[10]341

陳邦懷[10]254

陳里平[7]12,34,168,298,477, 576,584

陳里寧[10]604,663

陳勗先[6]509[8]211,222,409, 606[9]38,54,64,68,79,186, 320,599,694

陳勗先夫人[8]413

陳邵丞[2]587,588[3]314

陳亞三[2]324

陳佩真[1]702,793,814,823[2] 35,109

陳佩馨(王興瑞夫人)[8]314, 403[9]391

陳其五[7]249,280,288

陳其尤[8]216[9]606,612,762, 775[10]311[11]226,267

陳其可(祖源)[1]665,667,671, 701,705,711,728,756[2]5, 275,310[3]676[4]581,582 [5]586,689,734,745[6]12, 227,231[7]394

陳其田[2]570,572,580,591, 602,686[3]143,145,146, 209,212,214,220,221,224, 225,241,266,270,272,273, 277,294,351,371,430,449, 466,526,529,531,536,540, 542,545,547,548,551,553, 556,619,631,646,725[4]42, 54[8]278

陳其通[7]697,628,638,670, 757[8]610[11]676

陳其鹿(苹子,萍之)[1]794, 797,802,806,820[2]33, 35,479

陳其業[4]757[5]433,490

陳叔通(敬弟)[5]673[6]395, 539[8]7,14,20,33,34,41, 136,142,211,212,218,428, 441,442,447,486,564,572, 584,607,609,628,630,713

[9]54,59,60,70,183,188, 219,229,243,249,346,375, 383,443,450,547,605,612, 665,768,772,775[10]26, 217,302,354,414,415,792

陳受頤[2]582,614,693,697, 715,721,730[3]3,37,67,82, 83,88,90,107,175,220,298, 342,344,353,367,377,384, 386,403,405,415,447,448, 450,472,478,675

陳奇獻(其獻)[5]728[7]537, 539,542,550,568,576,710 [8]518[9]77,655,657[10] 104,119,713[11]110

陳孟槐[1]389,500,501,506, 533,534,539,545,562,568, 570,571,577,579[2]74,77, 78,83,90,92,260,305-307 [3]228

陳宗祥[4]727[6]296,693 [7]359

陳宗舜(會計師)[6]211,290, 401[7]12,16,66,146,148, 152,168,290,387,388,428, 433,445,477

陳定評(英庚會)[4]605,612,

十一畫：陳

652,677,680,699[5]46 [5]288,297

陳定閣[5]248,252,255,265, 陳武民[4]377,391,538,645 266,280,300 陳治策[2]367

陳定謨(延謨)[1]789,790,794, 陳直[8]24,27 802,805,812,814-817,820, 陳秉立[8]442,453,456,523, 825[2]16,18,21,28,31, 524,551,553,577,618,699, 34,202 733[9]454,505,553,557,

陳延進[1]813[2]29,31,40,43, 572,597,609,656[10]173, 44,96,97,99,101,107,111- 235,301,314[11]545,571, 113,124,132,134,136,139, 583,621,741 144,146,165,173,177,178, 陳秉直[8]741[9]5,20[11]612 181,182,197,205,210,215, 陳芳芷(芳芝)[4]498,734[5] 233,249,251,254,290[3] 372,384[10]72 238,436 陳苳香(芷香)[4]668,672,675,

陳念中[3]587,614,615,728[4] 684,690,747,763,767[5]7, 771[5]78 28,46,74,77,136,171,201,

陳昌期(昌祺,中心)[2]713, 208,760 715,725[3]1,19,33,38,104, 陳金生[11]329,332-334,336, 150,170,173,207,396,419, 338,339 555,619,625,629,655,667 陳俊傑(雋傑)[4]678,681,696,

陳杭(濟川)[1]698[5]608[6] 699,741 431,432,446,514,536[7]48, 陳則光[4]659[5]50,638[7]70 483[8]486[10]254 陳厚燿[5]503[6]713[11]206

陳東原[3]321[4]554,607[5] 陳咨禹[3]472,666[4]235,236, 46,64,190,763[6]6,21,22, 252,266 45,53,88,92,102,175 陳垣(援庵,援老,陳老)[1]308,

陳果夫[3]432,433,590[4]149 422,430,432,448,463,467-

469,472,474,484,485,487-490,495,496,498,499,504,509,510,517,524,538,539,543,544,547,553,555,559-561,563,585,602,606,607,619,628,650,656,664,665,672,679,690,691,705,711,712,723,724,741,750,752,759,763,765,767,775,776,784,799,801,817〔2〕3,13,107,128,191-193,279-282,286,297,324,326,329,331,338,341,342,345,347-350,365,367,369,370,372,382-385,387,389,395,396,399,401,404,408,411-414,421,424,427,429,431,439,442-445,447,449,450,455,457,458,460-462,468,469,477,486,490,503,505,507,513,524,533,540,545,556,569,580,590,648,654,655,657,659,697,716,719,725,726,729,730〔3〕85,90,104,106-108,166,170,269,296,310,344,350,361,367,400,422,447,525,532,538,539,557,583,602〔5〕608,621,623〔6〕195,252,495,496,510〔7〕651,689,694,695〔8〕22,35,91,381,441,532,564,609,653〔9〕32,209,245,361,372,543,767〔10〕530〔11〕306,313,322,342

陳宣〔6〕211〔7〕290,373,387,394,417,428,433,445,474,477,525,528,576,584〔11〕92,102

陳宣人〔5〕562,576,589,628,631,634,638,659,660,672,673,680,701,751,754〔6〕7,34,49,77,94-96,100,104,211,223,248,291,339,409,411,412,423,532,562,627,649,685〔7〕4,6,7,9,12,14,16-18,21,32,35,37,38,48,56,57,61,64-66,70,75,78,80,83,90-92,95,97,102,105,107,108,115,116,120,127-129,131,132,134,136-138,142,146,148,168,125,170,176,177,179,181,182,185,187,193,196,200,202,203,204,210,216,218,219,

十一畫：陳

222，223，238，240，256，272，273，276，282，283，290，316，319，320，335，338，339，344，347，348，355，358，359，366，373，387，393，394，400，417，428，454，477，498，512，522，530，579【8】652

陳宣人夫人【6】102，621【7】175

陳宣昭【9】246，306，344，464，570，625【10】276

陳封懷【4】185

陳建晨（于振瀛夫人）【3】697【8】453，455，493，498，501，502，507，510，512，514-516，521，522，539，562，564，575，606，628，656，700，724，735，736【9】28，29，33，34，60，83，187，192，201，229，240，245，344，434，740，769，772【10】654

陳柱【3】733

陳柱麟【7】339，417，429，443，449，456，457，464，469，478，535

陳省身【4】264【6】252

陳省身夫人（鄭士寧，桐蓀之女）【4】264

陳秋安【8】111，525，529，533，535，545【9】5，63，384，397，398，431，452，605【10】182，194

陳秋帆（陳麗華，陳秋子，陳秋芳）【2】136，261，262，265，305，638，663【8】364【11】11，45，649

陳紀瀅【5】227，434，491，624，628，640

陳茂賢【5】219，220，239，242，243，248，252，257，262，266，273，279，300，304，316，328，333，336，341，355，357，365，400，401，407，408，410，414，423，429，445，466，484，493，504，507，525，545，547，564【8】133

陳苗林【6】290，408，409，432【7】26，61，62，78，127，168，181

陳述（述之，玉書）【3】267，378，416，434，460【4】161，196，201，212【5】772【6】119，496，508【7】528，645，653，660，663，689，698【8】23，70，88，90，649【9】30【11】322，325，338，351，373，388，392，408，

430,431,437

陈若之【1】806【2】7,9,11,14,18,25,29-31,35,36,55,82,83,87,109,118,124,368,385【3】8

陈修和【8】68,137,138,144,402,403,589,661,692,703【9】31,51,86,195,219,239,268,277,303,350,374,375,389,508,532,588,594,606

陈兼善【8】520,523,725,730,731【9】24,32,53,75,78,80,86,92,98,106,161

陈兼善夫人【9】661

陈凌云【5】404,405,440,499,515-517,570,577,578,598,655【6】223

陈原【5】419【11】535,542

陈家芷【3】661【4】299,300,318,322,332,337,353,369,497,502,503,514,516,531,563,573,633,639,648,651,710

陈家康【6】10,496【7】399,482【9】701【10】743,744

陈家庆（徐澄宇夫人）【7】497,634,641

陈家驹（德甫）【3】169,171,185,206,207,279,308,340,352,354【4】132,133,290,308,309-311,315,318,320,367,418,479

陈师曾【1】38【8】130

陈恭禄【4】383,385,669【5】384【6】116

陈晋湛（子清）【1】46,49,60,69,82,100,125,140,153,157,161,170,175,182,183,185,186,190,193,207,222,249,263,267,282,293,304,364,365【2】304,311,377,480,646【3】49,75,590,605【7】302

陈悟麟【5】740,741,752【6】105,219【7】521,569

陈海澄【1】255,262,288,292,296,325,339,345,363,378,386,395,702,799【2】311,313

陈淏隐【7】310,324【8】524,525,533

陈训慈（叔谅,馆长）【3】242,261,588【4】53,68,321,557-559,592,612,672,756,777【5】26,45-47,54,64,76,77,78,128,130,131,164,169,181,227,229,231,234,314,

十一畫：陳

365，366，392，402，440，442，504，505，541，542，595，597，599，686，687［6］472，592［7］362，392

陳豹隱（啟修，惺農）［3］646，651［4］606，754，758［5］193，435，490，498，633［6］68，71［8］612［9］236

陳高華［11］652

陳高傭［3］591［6］429

陳國符［4］762，766，770，772［7］585

陳國勛（國勳）［8］525，533［9］384，397，398

陳國樺［5］369，372，374，385，389，390，393，394，414，597，705，774

陳寅恪［2］78-80，280-283，330，341，376，430，433，466，490，503，590，657，692，716，725，726，730［3］18，25，93，220，296，302，344，361，408，653［4］167，206，225，445［5］64，72，368-371，374，376，378，380，384，772［6］120，178，195，252［7］317，453，454［8］203，316，691［9］291［10］549

［11］317，602

陳康［4］733［5］253，293，294

陳彬鈃（賓禾）［1］586，648，696，799，801，837［2］3，13，24，52，56，57，59，62，75，76，78，80，83，86，90-94，137，147，149，222，264，275，496［3］323，349，370，383［5］70

陳彬鈃夫人（賓禾夫人）［2］76［5］394

陳從周［10］471［11］483，492，551

陳啟天［4］586［5］435，489，491［6］68［8］515

陳望道［1］357［4］201，704［5］52，248，328，330，468，482，514，526，537，564，569，720［7］188，189，235，283，285，288，289，295，412，415，529，540，683，695［8］610，615［9］54，447，452，605，756，759，768［10］120，124，126，130，133，136，599［11］512

陳望道夫人（見"蔡葵"）

陳盛清［4］619，620，622

陳統（彥文）［3］208，271，298

陳紹賢［4］547，598，600，612，

613,631,660,661,662,669,674,677,696,697,700,713,721,735,739,742,753,773〔5〕8,14-16,44,47,71,72,116,130,190,225,312,433,489,490,759〔6〕296

陳逢衡〔7〕437〔8〕269,620〔9〕413,421

陳雪屏（雪平）〔3〕296〔4〕152〔5〕46〔6〕235,238,247,407

陳雪廬〔4〕631〔5〕270,405〔6〕177

陳翊周〔4〕666,682,698,709,732,749〔5〕63

陳博生〔1〕716,740,756,759,766,801〔2〕466〔4〕622〔5〕435,489,491〔6〕65

陳尊泉〔3〕715,717,719〔4〕123

陳景鑒〔9〕81,82,85,92-94,100,108,160,163,173,175,205,230,243,538,542,543,560,570,582,588,589,596,629,641〔10〕33,34,47,49-51

陳智超〔10〕500,512

陳登原〔8〕506,577,583〔10〕105,120,136,228

陳筑山〔4〕136,343,345,372,

508〔5〕381,383-385,397,399,414

陳善祥〔11〕545,552,553

陳翔鶴〔9〕576〔10〕642

陳萃芳〔8〕227,646,699〔9〕593,600,607,614,638

陳逸雲〔3〕492,493,593,594,608-611,636〔5〕99,171,435,491,759〔6〕65

陳鈍（驥麈）〔2〕111,112,141,218,140,387,698〔3〕80,431

陳雲章〔8〕297,610〔9〕55,61-63,408,417-419,429,432,441,449,452,771,772〔10〕183

陳黃榮〔2〕138,254,551,571,730

陳絜（矩孫）〔3〕367,536,574〔4〕251,252,259,260,263,265,266

陳意〔2〕698〔3〕171,201,406,415,619,626〔4〕160,187〔7〕486〔8〕391〔9〕557,557,661,702,782〔10〕72,173

陳敬容〔5〕497,500,505,541,559-567,570,572,573,575,579,587,588,592-597,604,

十一畫：陳

626,696,721,751,766

陳業恒［7］426,446,470,496, 507,511,516,521,545,551, 557,566,577

陳楨（次山）［2］425［3］551 ［6］252

陳源（通伯,西瀅）［1］433,445, 446,474,484,510,564-566, 584,585,587,592,603,605, 608,609,612,615,621,623, 627,630,652,674,678,689, 712,715,716,719,722,724, 731,734,740,741,745,746, 748,749,753,754,756,758- 761,763-766,768,799,800, 835,836［2］15,24,38,75,76, 78,81-83,91,92,128,368, 487,523,536,540,542,544, 546,547,553,554,562,565, 566,611,651,657-659,680, 682,712,731［3］48,58,220, 221,452,505,519,565,675, 693,694,726［4］145,581- 584,605-607,609,751,753, 755,756,758［5］45,433［11］ 133,172

陳源夫人（見"凌叔華"）

陳源遠［2］568,593［3］8,24,27, 33,35,43,48,57,217,219

陳準（繩夫,繩甫）［1］698,745, 814［2］24,69,79,85,115, 147,159,285,426,445,508, 536［4］397,398,415,420, 460,562［11］357

陳煙橋［4］260［5］419,540,654

陳瑛（沉樓）［3］128

陳群［5］687,711,729

陳虞孫［7］140,141,308, 311,523

陳裕光［2］570［4］297,331,345, 378,473,490,495,649,755, 757［5］434,490,495,497, 499,629-631,634,746-747 ［6］68

陳誠（辭修）［4］69［5］39,370, 494,496［6］68,372

陳軼（仙泉,華秋）［3］142,169, 170,172,173,175,179,181, 182,189,191-193,195,198, 207,216,217,219,227,239, 240［11］359,369,410,438

陳達［6］253［7］705［8］363, 705,706,724［9］32,85,117, 119,121,161,175,184,195,

209,211,219,229,259,281,287,306,346,350,369,374,508,559,588,594,605,606,740,768,770【10】117

陈达夫【2】131,266【4】660-663

陈达邦【8】588-590,592,593,595,597,598,600,601,608,709,714【9】4,34,37,38,83,447,581,625

陈颂平（懋治,世丈）【1】308,427,453,487,726,800,801【2】462,464,543【3】373

陈颂禅【1】308,360,409,411,455【2】68,70

陈炜湛【9】746

陈嘉庚【1】802,816,832,833【2】18,168【8】211,218,609【9】305

陈嘉藳（家藳,杭甫,伯衡）【2】38,109,153,196,205,248,253【7】507,513,521,545,551,590【9】785【10】119,124,229

陈寿祺【7】183,319,344

陈梦家【3】164,358,404,462,478,479,543,552,625,626,635,639,650,654,661,709

【4】42,45,46,99,152,160,168,174,178,234,260,265,270-273【6】361,363,374,516【7】58,72,85,89,91,96,104,429,432-434,440-441,452,479,481,482,579,586-588,600-603,641,644,651,657-659,663,695,696,698,706,776【8】17-19,26,89,141,218,362【9】30,83,619,645,648,691【10】76,87,94-97,175,528,550【11】573,670

陈梦韶【2】6,275

陈荣芳【5】432,435,627【6】66

陈槃（槃庵,槃厂,槃盦）【2】138,146,148,150,152,166,171,173-177,183,191,196,203,204,211,213,223,234,235,245,248,249,253,254,285,290,292,438,482,570,571,575,583,587,589,598,600,648,668,681,691,727,730【3】20,36,146,166,266,269,277,339,362,373,376,385,388,396,414,425,430,431,433,440,441,460,483,500,502,503,505,508-510,514,

十一畫：陳

515,584,592,614,668,675,729[4]97,161,169,186,188,191,194,196,197,200,203,211,212,216,219,221,224,232,233,237-239,242,268,270,296,317,382,388,584,585,658,777,778[5]128,129,153,696,772,728,746,760[6]5,47,54,85,89,168,204

陳漢章（伯弢先生）[1]165[6]215[10]28

陳漱琴[2]636,637

陳碧笙（雨泉）[4]261,262,264,267,274,294,327,466,498,540,549,645[5]635[7]715,716,755,756,770[8]20,26,47,53,363[11]657

陳福清[5]732[6]13,14

陳維輝[8]703,706,707,728,734,741[9]27,34,80,101,121,123,160,654,657,658,661,665,670,673,681,687,692,694,733[10]113,119,141-143,203,228,301,357,386

陳綏生[4]553,558,621,625,691[5]156

陳遠生[2]571,591,599

陳銘鼎（德新）[3]705,707[4]5,6,8,10,12,13,17,41,43,54

陳銘德[4]613[5]432,490[8]44,201,202,218,363,421,482[9]463,491,769[10]113

陳銘樞（真如）[2]137,236[3]113,165[7]678,683,732,734,742,743,746,748,752,755[8]14,44,53,55,93,128,137,141,214,216,227,238,239,246,258,259,266,362,421,482,511,606,694[9]54,105,257,267,272,344,346,348,395,396,397,471,491,544,551,605,666,775[10]270,274

陳銘樞夫人（真如夫人,朱玉淑）[7]746,748-751,755

陳銓[5]105,160,205,211[6]30[8]363

陳鳴一（選善之兄）[8]391,462,467,470,525,528,581[9]183,184

陳劍脩[1]758,767,802[2]53,

198, 199, 479 【3】440, 441 【5】512

陳劍薪【4】714, 740, 760, 762, 766【5】11, 18, 30, 38-40, 43, 84, 765

陳劍鑥【1】813【2】19, 31, 124, 205, 215

陳嘯江【4】191, 195【5】39, 47-49, 54, 55, 199, 230, 251, 252, 255, 266, 300, 301, 312, 313, 315, 329, 408, 443, 476, 527, 547

陳增敏【3】529, 536, 547, 555, 568, 600, 604, 616, 618, 629, 640, 651, 655, 664【4】696, 713, 721, 742, 751, 763, 766 【5】150, 157, 551【6】700 【10】107

陳德霖（陳石頭）【5】172【6】588 【9】453

陳慧（陳薏, 叔通之女）【7】757, 768【8】111, 132, 193, 383, 386-388, 391, 395, 398, 400-412, 418, 421, 426, 428, 429, 431-433, 435, 440, 445, 447-449, 462, 464, 67, 469-471, 473, 475, 478-481, 490, 514,

520, 525, 528, 531, 541, 545, 551, 553, 560, 572, 584, 585, 617, 619, 628, 629, 643, 657, 661, 699, 702, 709, 713, 714, 718, 726, 730, 731, 739, 742 【9】5, 9, 18, 20, 24, 31, 53, 74, 75, 78-80, 92, 106, 108, 109, 161, 163, 178, 186, 229, 231, 244, 261, 312, 337, 346, 356, 369, 431-434, 448, 451, 452, 459, 465, 470, 491, 504, 557, 585, 589, 600, 607, 610, 613, 642, 683, 684, 698, 700, 747, 748, 754, 778【10】2, 24, 26, 125, 138, 225, 245, 250, 263, 284, 302, 354, 355, 358, 359, 361, 363, 414, 415, 457【11】238, 347

陳樂素【5】728【7】181, 277, 663 【8】14, 22, 32, 381, 383, 578, 692【9】210, 471, 557【11】326

陳毅【6】470, 522, 557, 697【7】10, 204, 206, 289, 358, 360, 415, 469, 529, 629, 688, 694, 695, 697, 700【8】11, 17, 18, 20, 128, 403, 461, 519, 529, 580, 612, 742【9】8, 28, 33, 89,

十一畫：陳

219,220,229,231,318,424,426,430,435,447,449,450,453,488,492,520,553,605,758,767,771,773〔10〕15,191,251,345,433,484,487,583,599,604,616,649,652,653,673,691,698,718,723,724,731,736,744,760,762,769,770〔11〕479,523,527,625

陳瑾昆〔7〕649,753〔8〕12,145,222

陳瘦竹〔5〕530,544,566,593,602

陳穀岑〔7〕299,304,369-371,384,385,393,414,587

陳調甫〔4〕513〔8〕15-17,24,213,214,221,609,615,616〔9〕28,54,381

陳霆銳〔4〕752,756,763〔5〕159,165,434,629

陳墨遜（墨筏）〔7〕370,302,385,474,541

陳學昭〔1〕718,780,785〔8〕362-363

陳憲章〔8〕149-151,177-179,181,363

陳樹人〔3〕524,533,534〔4〕755〔5〕439,623

陳橘驛〔7〕352

陳澧〔2〕241〔6〕180〔7〕219

陳獨秀（仲甫）〔2〕700〔3〕212,586〔4〕350,405,684〔7〕264

陳璞如（趙光濤夫人）〔5〕500,551,576,649,652〔6〕106,107,124,505〔7〕25,40,58,169,468,470〔9〕381

陳穎〔9〕234,359〔11〕570,580,583,593,595,624,679,684

陳翰伯〔4〕297,299,303,316,338,357,392〔5〕419〔9〕759〔10〕507〔11〕345

陳翰笙〔1〕641,697,727,752,763,765,769,770,772,776,800〔2〕264,266〔3〕43,66〔7〕166,626,627,638,688〔8〕26,53,91,424,508,589〔9〕84,88,185,206,212

陳翰新（秦似夫人）〔9〕322

陳衡哲（莎菲）〔1〕357,697,800,801〔2〕280,283,297,326,407,416,465,466,600,659,700,726,730〔3〕618,636,637〔5〕46,64

陳遵嫗【4】558,600【6】89【7】448,452,456,698【9】535【10】26,27

陳選善(叔通之子)【8】111,132,193,383,387,388,391,411,412,423,429,435,438,442,471,473,528,545,551,656,705,717【9】178,180,183,184,186,187,189,191,192,194,210,244,246,336,446,452,505,538,557,593,600,681,782【10】173

陳錫祺【4】582【5】389【9】89

陳錫襄(式湘,式襄)【1】469,567,583,595,615,622,638,784,796,799,801,818【2】3,5,7-12,14,15,19,24,28,31,37,57-59,62-66,68,69,85,91,95,99-101,107,110,111,115,116,119,121-123,128,132,135,143,144,151,154,156,160,162,167,168,177,184,191,197,199,208,209,216,223,226,227,229,231,233,234,243-246,258,266,277【3】361【4】283,556,557,625,633,653,661,669,674,676【5】39,102,130-132,178,224,229,593,629,635,759【6】217,422,424,440,697【7】7,17,18,40,46,50,71,94,95,99,103,104,106,120,128,148,181,278,574

陳錫襄夫人(式湘夫人,見"鍾素吾")

陳懋恒(穆常,趙泉澄夫人)【2】440,445,448,460,489-491,511,513,542,557,558,561,568,573,579,600,620,650,694,726,731【3】8,47,48,60,77,111,113,114,153,166,181,208,214,217,238,270,272,274,301,339,340,361,372,377,378,401,414,429,436,444,447,481,490,524,527,529,534,535,548,549,558,567,568,600,623,625,652,661,665【4】207,238,464【5】658,722,738,759,764,772【6】72,73,91,92,162,214,244,268,272,445,505,528,535【7】15,27,32,34,36,41,43,64,67,71,72,76,77,79,80,82,84,89,90,94,99,

十一畫:陳

104,105,108,113,128,130, 137,138,140,147,150,158, 174,175,190,206,215,222, 232,274,275,279,288,291- 293,305,308,314,315,318, 319,321,330,331,334,337, 338,340,343,345,346,355, 356,363,365,373,376,382, 388,390,408,425,432,451, 459,463,473,510,519,524, 534,539,544,565,575,579, 581,583,595,771【8】23,48, 59,93,227,376,390,416, 522,568,574,575,667【9】25, 534,682,790【10】31,104, 123,134,135,151,154,201, 205,227,780【11】148, 408,655

陳總(岱孫)【2】692【3】577, 592,599,636【4】251【8】58, 148,424,510,511,514,516, 615【9】5,54,267,437,551, 649,740,758,774【10】341

陳翼文【4】418,451,458,497, 498,530

陳翼龍【1】558【3】465【8】415, 434【9】80,89,377,469,470,

480,604,723

陳謙受(益,蔣恩鉅夫)【5】 443,469

陳鍾凡(中凡,斠玄,覺玄,覺元) 【2】546【3】342,343,432, 433,505,506,509,510【4】 132,133,135,137,289,291- 298,301,303,305,307,313, 315,318,324,330,334,338, 340,342-347,350-354,356, 357,360,363-367,369,371, 374,375,376,378,380,381, 389,390,392,393,401,403, 410,416-418,424,427,429, 441,442,444,452-455,457- 459,461,471,473,474,477, 478,499,506,509,516,530, 534,538,563,564,568,569, 571,572,574-576,579,635, 636,638,639,640,644,648, 651,693,715【5】19,23,85, 137,268,370-372,374,376, 379,380,383,384,390,393, 398,399,502,687,734,746, 747【6】236,440,495【7】587 【8】609,611【9】58,101,204, 206,230,435,451,651,769,

771,775[10]225[11]58

陳鍾浩[5]77,179,640[6]613 [7]117,119

陳鴻舜[2]445,460,485,538, 564,650,651[3]360,533, 545,552,569,627,632,647, 648[6]10,516[7]486[10]72

陳鴻楷[8]111,525-527,532, 546[9]384,397,398,429, 431,435,452,454,600

陳禮江(逸民)[3]505,524,536, 586,615,635,676,728[4] 141,603,618,619,666[5] 463,464,475,512,515,676, 677,690,735,759[6]17,19, 21,22,26,40,43,58,59,78, 86,89,125,132,135,153, 164,167,225,230,232,273, 341,368,703[7]54,56, 62,206

陳禮節[8]111,201,524,528, 533,535,545,607,609[9]55, 57-59,61,63,431,432,434, 441,452,454,600,768,772, 776,777[10]182,183,184, 193,194

陳鵬(萬里)[1]92,105,108, 109,112,136,137,142,158, 161,165,168,172,196,214, 215,235,236,237-242,244, 247,249,250,275,287,295, 307,319,328,341,343,349, 353,360,365,379,383,390, 392,393,395,398,400,402, 405,411,419,424,429,432- 435,440-443,445,446,448, 449,453,459,460,466-474, 476-479,482-485,487,488, 490,491,493,497,498,502- 505,507-510,515,516,525, 533,534,536-540,542,543, 546,547,549,553,555-563, 565,568,577,579-582,586, 588,590,594,597,614,615, 623,649-652,655,657,660- 666,670,671,673-675,677, 678,680,685,686,688,689, 691,706,708,710,712,713, 715,717,719-723,725-729, 731,733-740,743,751-754, 756-758,761-767,769-772, 775,780,782,783,785,786, 788,790-793,795-797,799, 800,804,805,807,810,811,

十一畫:陳

814,817-819,821,822,824-827,829-831,833[2]2-4,6,9,13,14,20,25,26,33,51,54,57,59-61,63-65,68,70,74,84,85,87-89,91,115,137,197,260,261,275,299,305-307,312,315,473,477,478,605,608,611,623,640[3]70,71,144,226-228,241,244-249,251,253,261,263,289,305,308,309,323,436,446,451-454,457[4]661,707,714,721,778[5]14,18,59,207,238,270,279,289,548,700,702,712,739[6]44,237,240,507[7]481,482,661,728,750,754,770[8]227,537,581[9]32,119,211,242,264,265,268-269,271,275,277,278,328,329,347,351,373,356,360,482,496,503,533,535,538,539,544,546,553,555,560,570,577,585,586,608,648,650,654,665,700,728,732,747[10]1,9,11,13-15,295,344,387,439[11]55,317,573

陳鵬夫人[2]1,54,306[3]256[5]677,693[10]5,23

陳寶琛[1]559

陳繼珉[7]585,588,644,646,648,667,671,677,691,714[8]116[11]40

陳攖寧[8]610[9]772,774

陳鐵凡[5]648,649,652[6]107,108,139

陳鐵民[9]150[10]34

陳譯（稼軒）[5]183-192,197,198,203,244,246,253,255,408,455,554,556-558,561-563,573,576,577,585,586,589-592,640,653,655,657,658,660,717[6]8[7]11,12,18,67,97,131,138,158,181,183,335,393,400,402

陳顧遠[5]300,301

陳鶴生（鶴聲）[6]411[7]17,147,168,170,319,348,392,402,422-424,429,432,448,477,494,513,516,527,528,531,533,535,556,558,575,576,579,584[10]599,601

陳鶴琴[5]195,196[7]629,631[8]16,215,220[9]22,54,

109,395,452,605,773,776

陳顯榮（耀棠）〔3〕720〔4〕121-123,620,621

陳體誠〔3〕729〔4〕47,118,120

陳麟書〔7〕477,576,584

陳麟瑞〔7〕777〔8〕193,383,386,388,391,392,394-398,402,411,416-419,425,428,429,435,438,439,441,444,446,449,450,456,464,469,475,478,480,486,487,490,492,493,495,498,514,520,523,525,528,531,533,537,540,541,545,551,553,560,572,577,585,618,619,622,623,629,699,714,718〔9〕5,20,106,175,186,248,249,258,309,431,432,434,442-444,452,504,538,553,587,600,642,671,684,700,782〔10〕168,173,182,195,234,245,301,312,318,356

陳觀勝〔3〕126,145,147,157,161,180,197,198,214,351,374,387,466,477,483,484

陳驥塵〔2〕117,124-127,131,145,147,162-164,167,168,171,176,177,206,208,210,211,708

陸小曼（陸小蠻）〔1〕734,759〔7〕252〔9〕53

陸尹甫（姻丈,太表叔）〔1〕308,391,433,456,696,697,726,800,801〔5〕739,743,752〔6〕13,15,19,36,44,78,79,83,146,154,174,228,233,241〔7〕19,298,300,564,569〔9〕96,97,108,156,159,697

陸平〔8〕732〔9〕261,758〔10〕470,471,477,496,497,540,765,786

陸幼刚〔2〕221,248〔3〕591〔5〕494

陸石如〔10〕463,464,468,472,481,485,489,493,497,501,505,509,513,525,529〔11〕103,127,185,193,204,207

陸志韋〔2〕324,368,387,464,466〔3〕37,63,64,294,350,351,362,373,482,502,503,529,531,538,572,577,592,618,619,629,631,651,653,658,668〔5〕548,565,612〔6〕517〔7〕585,588,600,663,694

十一畫:陳陸

〔8〕33,96,215,649〔9〕181, 230,254,264,270,309,349, 356,362,370,375,451,537, 541,542,553,579,617,651, 671,737,759,765〔10〕174, 202,234,253,518〔11〕670

陸步青〔1〕420,421,428,432, 447,766,800,802〔2〕655〔4〕 471,507〔5〕148,185,186, 198,199,248,287,296,297, 320,341,426,443,465,484, 512,529,533,572,577,589, 597,599,636,637,694,720, 746,751,758〔6〕161,270,626 〔7〕27,42,48,58,65,66,71- 73,77,146,148,152,172, 200,278,279,298,406,532

陸秀(佛農)〔1〕389〔4〕493〔5〕 386〔7〕630〔8〕13,213,220, 610〔9〕59,61,446,451,776

陸侃如(山大副校長)〔1〕665, 671,677,698,747〔2〕69,83, 124,198,258,264,359,360, 368,406,420,421,424,426, 439,545,547,648,651-654, 731〔3〕352,354,358,360, 362,370,410,423,445,457,

470,473,476,478,481,482, 486,499,525,526,530,532, 536,538,543,545,549,551, 553,582,629,639,648,650, 653,654,658,725〔4〕174, 459,735〔7〕627,629〔8〕88, 96-99,101,105,214,217, 280,281,363〔10〕160〔11〕 14,72,372

陸佩萱〔5〕203,284,287,319, 351,469,475,478,500,506, 534〔7〕122

陸宗達〔9〕264

陸宗騏〔3〕148,149,222〔5〕159, 160,433,491,497,627

陸定一〔7〕694,697〔8〕134〔9〕 61,74,112,250〔10〕225,482, 492,500,527,578,590,599, 612,617,639,653,657,658, 682,697,704,710,711,729, 760,774,786-788〔11〕89

陸定一夫人〔10〕485

陸承曜(曜姑,尹甫女)〔6〕83, 146,228

陸峻嶺〔11〕118-120

陸高誼(高頤)〔8〕86,193,363 〔9〕160,490,539,544,546,

555,559,568,574,747

陸國光(啟鏗,木蘭子)[10]165, 285-287,322,331,334,335, 347,457,458,467,472,478, 498,499,567,568,578,579, 663,665,680,684,705,706, 724,743,744,752,753[11] 76,77,85,86,109,135,180, 183,237,238,247,269-271, 274,276-279,321,323,330, 332,336,340,349,539,578, 580,630,728

陸啟鏗[9]377,444,456,457, 499,506-508,534,599,617, 618,651,704,705,734,751 [10]20,33,34,59,68,73,95, 95,106,260,265,266,311, 312,322,335,355,364,457, 499,507,549,573,578,579, 643,663,665,705,724,752, 803[11]1,76,77,110,183, 184,247,272,273,321,337, 340,415,475,539,379

陸棣威(鴻儀,大表叔)[1]168, 193[3]76,[4]139,145[5] 137,158,165,191,207,209, 669-701,712,723-725[6]15,

36,233[7]298

陸欽壎[3]384,385,387,470, 477,478,499,532,539,542, 604,617,618,632,634,641, 645[4]405,569[6]18,19, 26,55,156,166,219,228- 231,233,245,590[7]19,20, 122,123[8]294,363

陸欽頤[9]265,268,271,277- 329,354,360,373,469,472, 473,532,535,544,546,555, 570,586,609,648,654,661, 728,732,735,744,784[10] 291,496[11]345

陸欽頤夫人(黃樹芬)[9]700 [10]289

陸費伯鴻[4]569

陸軼程[9]351,373,538,541, 562,577

陸詒[5]419[7]548[8]363

陸殿揚[5]708,709[6]88,594

陸殿棟(史良之夫)[8]626,628, 639,717,724,739[9]5,34, 37,49,54,95,375,434,769, 776[10]52,166,341,757 [11]21,360,399,473

陸萼廷(萼庭)[7]426,446,469,

十畫:陸陰陶

472,496,507,511,513,516,521,545,551,557,566,577

陸頌侯【1】437

陸福亭（福廷）【5】405,765【6】12

陸福亭夫人【5】311【6】12-14

陸慶（勉餘）【3】221【5】15,494

陸慧剛【1】437

陸慰利【7】367,370【8】392,393,397,424

陸慰萱【1】1,11,20,603,603,614-616,620,624,631【2】482,603

陸潤庠（鳳石）【2】665【7】1,56

陸翰芹【4】545,556,558,590,598,652,661,677,680,694,712,739,742,773【5】15,18,26,47,128,129,171,312

陸應雷（連樑）【2】317【6】233

陸懋德【2】334,360,424,443【3】344,525【5】64【10】413,415

陸繡（啟鏐、木蘭女）【11】77,109,183,247,263,264,265,336,349,351,397,422,453,474,476,531,539,550,578,630,675,693,727,728,744

陰法魯【7】584-586,588,591,

597,599,601,602,604,606,607,613,616,618,620,624,625,641,652,664,666,678,689,698,702,703,706,710,714,743,763,768【8】22,26,48,85,91,124,125,128,131,133,136,137,146,190,231,275,278,373,375,383,387,391,398,400,403,404,409,415,417,419,485,503,505,519,521,536,537,544,545,578,586,605,617,620,627,628,639,642,715,723,741【9】32,36,80,94,99,107,245,320,243,338,366,593【10】18,19,21,23,27-31,33-37,40-42,46,47,49,54,60,61,67,79,89,386【11】325

陶才百（才伯）【3】376,378,382,386,388,396,397,402,404,410,412,413,416,420,422,423,428,429,445,447,448,467,504,508,518,540,545,556,564,565,568,590,599,602,607,644,664,667,668【5】594,605,619,623,624【7】615,661,714,728,741,

749,752,762,763,772,773,775〔8〕21,30,55,94,132,135,146,194,200,248,373,386,394,428,439,460,483,513〔9〕20,88,91,107,108,120,171-173,179,205,219,228,243,254,265,273,444,539,570,577,590,618,633〔10〕214,457-458

陶元甘〔4〕407,413,414,416-418,424,427,430,431,437,438,448,449,452,454,456,457,472,490,498,512〔11〕599

陶元珍(雲孫)〔3〕356,402,411〔4〕396,471,611,641,727〔5〕38,58,74,126,175,470,505,761,762

陶玄(孟晋)〔2〕76,85〔4〕753〔5〕435,490,493,630,638〔6〕71〔7〕528

陶百川〔5〕434,490,540,629,657〔4〕607〔6〕79

陶希圣〔2〕59,489,564,571-573,581,594,650,654,664,703,726,730〔3〕12-14,16,20,66,172,174,193,238,241,256,269,273,274,296,300,301,342,344,349,350,364,372,373,379,381,397,400,401,423,463,472,479,499,518,522,525,526,531,532,534-537,542,543,545,551,553,555,558,567,569,570,572-577,581,584,586,591,602,605,607,616,617,619,631-633,635,638,641,646,647,649-651,654,656-658,676〔5〕14,16,44,68,128,130,140,169,230,314,321,636,638〔6〕2,139,179,423

陶叔南〔6〕701〔7〕19〔8〕18〔9〕155,159

陶松雲〔5〕548,551,558,569,571,575〔7〕189,365,370,394,411,420,663

陶知行(行知)〔1〕731,801〔2〕83,84〔3〕438,439〔5〕44,226,279,366,405,419,441,497,502

陶峙岳(岷毓)〔6〕301-303,305,307,309,310,313,314,316,317,322,323〔11〕76

十一畫：陶

陶建基[4]608[8]193,231,240, 380,389,393,402,416,417, 435,447,458,459,462,464, 520,525,531,539,545,568, 572,581,588,606,623,626, 628,705,714[9]5,93,95, 245,334,337,470,505,506, 537-538,540,557,618,764, 782[10]52[11]660

陶秋英（秋瑛）[2]588[4]525, 530,531[5]715[6]97[7] 386,408,414,423,426-428, 431,434,436,440,448-449, 455,465,471,503,541,546, 550,589[8]714,728

陶秋舫[1]438

陶桓連[1]475,499,501,548, 584,609,638,659,701,711, 759,766,799,800[2]428

陶復和（張宇慈夫人）[7]654 [8]21,196[9]567,568,574, 580,585,586,591,630,643, 665,668,670,672,673,675, 741, 752 [10] 175, 213, 288,344

陶景遷[8]393[9]270,562,593, 609[10]304,463,496,524,

544, 638 [11] 303, 304, 334,336

陶爲江（岷原）[1]6,243[2] 52,495

陶湘[7]346

陶鈍[8]416,417,458,461,469, 628[9]26,78,95,245,493, 506,591,607,747,748,754

陶瑞伯[2]375[5]696[6]509 [8]5[9]541

陶載厚[5]696,702,723,744, 752[6]29,58

陶夢雲（丁陶夢雲，丁山夫人） [4]738,740[6]571[8]96, 97,299,311,313,676,689, 691,699[9]68,88[10]386

陶蓉初（曾元）[1]267,283[2] 54,273,312[3]74,79,100 [9]158[10]465

陶履恭（孟和）[1]683,734,740, 756,759,760,763,801[2]78, 288,330,657[3]176,220, 363,372,581,687,688,690, 693,695,701,709-711,723, 725,735,745,754[4]41,173, 178,187,190,196,230,278, 584,585,603,607,739,743,

753,755,758【5】26,434,762【6】253,470【7】585,695,697【8】7,9,16,20,126,128,144,146,213,215,427,611,716【9】22,32,34,35,67,71,693【11】523
陶鑄(【9】411,412【10】480,482,491,503,549,597,598,599,612,619,649,685,716,729,738,786,787

# 十二畫

堯樂博士【4】419,513,752【5】543
博晨光(L. C. Porter)【1】698,748,753,766,800【2】324,331,341,342,381,382,387,399,402,408,412,443,444,450,451,456,503-505,507,533,537,690,697,717,718【3】5,13,29-31,34,45,54,55,62,87,89,116,120,142,146,155,163,167,183-185,190,199,266,301,350,355,367,369,373,415,478,480,489,499,519,526,538,579,625,641,653,654,658
博晨光夫人【3】604
喜饒嘉措【4】752,754,759【5】432,435,491,495,764【6】70,309,310,314【7】628,700【8】53,211,424,509,586,609,611【9】54-55,547,605,775【10】186
彭一湖【2】256
彭子岡【4】588【8】362【9】559,576,693
彭文應【7】525,531,541【8】363
彭邦炯【10】537【11】102,104,110-112,120
彭枕霞【3】233,234,236,325,328,443,514,685,690【4】740【5】59,75,129,209,311,354,544,548,598,755【6】65,71【7】569
彭枕霞夫人【5】752【6】12,14,82,233
彭林蕒【5】765【6】227,405【9】523,709
彭芳草【2】472,473,487,536,

十一畫：陶 十二畫：堯博喜彭越項斯

593,644

彭柏山[7]523,524

彭英（亦洛）[5]641-644,646,652[6]105,108,109

彭個臣[2]314

彭恭甫（功甫）[5]696,723,744,752[6]29[7]19,20,298,302,324,582

彭珮雲[10]470,471

彭真[7]630[8]20,408,480,487,519,562,608[9]4,54,605,610,611,671,695,701,778[10]193,249,315,342,471,474,477,488,492,500,526,527,546,576,578,581,589-611,617,621,639,649,653,657,658,697,708,772,786,793[11]626

彭基相[3]397

彭啟周[3]724,730,744,753[4]1,116,127,128,131

彭飾三[6]167[9]37,44,48,49,186,245

彭道真（道貞）[1]475,480,502,503,548,560,581,582,589,596,609-611,618,625,626,628,639,657,658,671,711,

716,740,744,758,759,775,799,800[2]24[3]17,607[4]552,699[5]98,207,595,597,687,688,759[7]660[8]645,650,653[9]92,160,277,578

彭椿仙[4]328,329,367,373

彭煒棠[2]132,134,138,144,146,147,161,167,173,177,181,205,249,252,254[3]748,750

彭德懷[8]514[10]431,438,716,733,771,786

彭學沛（浩徐）[2]78,83,91[4]753[5]686

彭濟群[3]576,634

越特金（ВЯТКИН）[8]708,550,709-711,715,718,722,723,726,736[9]1,4,6,8,10,13,17,18,21,22,24,26,28-30,68,74,121,162,200,253,328,341,342,457,531,561,598,620,667,668,683,705,753,787

項英傑（英杰）[5]410,411,519[7]555

斯大林（史大林,史太林）[6]75,

340, 525, 527, 563, 602, 690【7】95, 352, 357, 358, 361, 394, 514, 609【8】41, 43, 55, 667, 670【9】78, 341, 346, 363【10】204, 231, 235, 263, 522, 551, 609, 731, 756【11】8, 26, 37, 39, 48

斯文赫定【2】268, 269

斯行健（行建，斯君）【2】123, 124, 129, 143, 146, 150, 165, 183, 189, 190, 197【3】155, 186, 498【5】472【6】461【7】695【8】607【9】418【10】97

斯坦因【3】616

斯诺（史诺，司诺，Edgar Snow）【3】206, 412, 426, 569, 570【11】319

黄子卿【3】551, 553

黄子通【2】280, 294, 324, 332, 344, 381, 382, 399, 425, 434, 445, 450, 458, 465, 466, 493, 494, 496, 497, 503, 533, 537, 546, 556, 586, 593, 649, 659, 723, 730【3】2, 13, 22, 29, 36, 38, 41, 45, 47, 50, 61-64, 68, 219, 220, 232, 234, 239, 241, 245, 246, 266, 270-272, 275-

277, 292, 293, 295-297, 299-302, 305, 322, 337, 339-341, 343-345, 348-355, 359-361, 366, 367, 369, 377, 387, 397, 401, 410, 421, 470, 591, 592【4】265, 266, 269, 470【7】586, 646, 685【9】261【10】29, 30, 48, 72, 339

黄子裳【5】484, 487, 501, 508-510, 512, 524, 525, 527, 528, 537, 545, 547, 551, 558-560, 564, 568, 570, 580, 637, 638

黄子箴【4】490, 491【5】633【6】543, 577【7】79

黄公渚【8】107, 108, 112, 123, 290, 295, 297, 299, 309, 313, 346, 604, 672, 680, 684, 685, 688, 691【10】112, 114, 124, 125, 160, 313, 315, 320

黄少荃【4】665, 668, 747, 750, 762, 775, 776【5】7, 10, 13, 17, 21, 22, 28, 29, 57, 73, 127, 165, 173, 188, 194, 214, 471, 772【8】165, 600【9】784, 785【10】6, 123, 228【11】355

黄文山（凌霜）【3】434, 445, 446, 460, 464, 500, 509, 515, 528

十二畫:斯黃

[4]280,631,704,705,727,733,741[5]188,252,255,266,280,292,300,764

黃文宗(鄭德坤夫人)[2]538[4]131,294,302,368,385,390[5]371[11]680,693

黃文弼(仲良)[1]132,160,163,166,183,186,194,214-216,218,220,222,225,228,235,239,241,247,252,259,267,327,340,360,376,406,408,431,490,493,497,499,514,517,522,534,548,549,552,554,559,576,579,584,585,595-598,602,604,607,610,615,618,619,622,625,627,630,631,634,640,645,671,708,714,719,729,750,757,763,771,775,776,799,800[2]443,446,448,450-452,457,464,466,492-494,525,545,549,554,559,562,600,648,650,655,657,677,679,680,725,726,730[3]85,88,257,380,383,386,398-400,403,407,408,410,413,445,456,480,560,562,563,568,

584,613,695,696[4]304,320,415,424,466,513,536,543,544,554,620,621,638,644,645,647,697,707,725[5]224,225,227,230,321,644,685,686,687[6]3,74[7]601,652,653,657,659,663,677,694,698,721,754,763[8]10,54,89,92,193,212,612,649[9]10,30,32,89,483,537,553,579,616,650,659,671,737,756,759,764[10]180,182,245,265,286,327,341,489,619

黃文源(正清子,廳長)[5]41,42[7]491,492,493

黃以平(秉維女)[7]627,649,713[8]52,135,196,266,384,401,435,481[9]76,618

黃可莊(中天佺)[3]706,707[4]5,9,25,45,47,54,56-58

黃正清(子才)[4]89,91-93,97,98,100,101,109,118,127[5]42,142,224[6]217,219,230[8]609[9]740,778

黃永平(秉維女)[7]627,649,729[8]135,196,266,384,

顧頡剛全集·顧頡剛日記人名索引

401,481【9】76,203,206, 618,751

黄永年【5】717,726,727,751【6】 6,9,11,99,171,249,277, 278,390,404,442,473,502, 533,571,612,651,675,683, 705【7】5-7,10,11,15,21,84, 89,100,126,134,136,137, 152,175,176,188,189,202, 211,214,232,272,278,280, 288,319,339,342,347,349, 351,386,392,393,396,412, 415,419,431,432,435-437, 443,454,455,466,471,473, 495,498,499,501,510,513, 515,544,555,564,751【8】 58,165,193-197,227,283, 285,290,291,668【9】32,78, 80,101,123,130,487,494, 575,677【11】386,390,539, 540,612,622-624,741

黄永漢(仲琴之孫)【8】656-658 【9】341,342

黄石【2】583,726【9】351, 354,363

黄石公【4】590【7】287

黄立人【6】306,323,329【8】147

黄立孫(樹宸)【1】173,175, 177,397

黄仲明【6】73,79-81,91-96,100, 163,172-176,210-213,215- 220,225,231,233,235,236, 238,239,248,268,271,274, 277,279,286,287,289-291, 294,297,298,391,406,450, 451,463,474,537,680【7】 103,128,363,427,459,464, 502,503,530,578

黄仲琴【2】17,20,24,25,33, 116,124,128,137,142-144, 154,165,167,168,173,175, 180,181,197,203-205,207, 209,211,213-215,218,220, 222,223,227-229,233,234, 239,241,244,248,253,254, 256,270,276,300,313,369, 420,445,486,535,588,655, 731【4】177,250,514【8】 656,658

黄仲憲【3】230【4】691,692,695, 696,700,711,726,735,739, 763,778【5】8,15,25,703

黄任初【2】529-533,542,731

黄光鉞【7】117,242-255,275,

十二畫：黃

278,348,430

黄先義（葵）[10]33,43,54,61-64,72,79,80,92,110,200,201,329,330,338,343,346,350,354,359,686[11]500

黄如今[3]672[4]547,548,591,594,601,613,614,625,627,630,655,659,663,678,699,700,703,711,720,734[5]8,403,483,497,571,572,603,759[6]67,424,439

黄宇人[5]170,434,440,490,610,611,614[6]285

黄次書[4]537,543,545,546,558,573,599,619,631,675,677,712,721,763[5]9,25,54,70,72,128,129,132,158,159,169,178,181,182,192,193,206,208-210,224-226,259,268,269,270,272,290,299,302,311,313,387,406,483,484,500

黄良庸[4]151[8]498,735[9]34,37,46,48

黄克平（秉維子）[7]627,649,713,729[8]13,135,196,266,401[9]76[11]401

黄君坦（公諸弟）[8]297,672,685[9]82[10]114,124,229

黄孝徵（雪明女士）[1]475,480,481,563,609,711,740,799,800[2]5,267[3]693[7]598,600,617-619,638,757

黄希濂（佛生）[3]166,170,456,696

黄沖（太沖）[2]109,248,253[4]702,703

黄汶清[3]605[5]471,479,535,546,547,564[6]252[7]656[9]740,752,753,757[11]550,552,557,612,653,663

黄良[8]363[11]367,369,405,406

黄侃（季剛）[8]202[10]170,217,287,386

黄卓（公度,公渡）[2]405[4]621,626,628,652,697,712,739[5]540[7]341

黄和繩[4]172,173,177,179,357,368,369,377,436,497,499,522,526,541,594,602,604,633,665,668,671,696,708,712,714,729,730,736,762[5]18,30,39,58,69,74,

136,153,162,171,201,241,254,280,300,356,367,411,422,425,438,439,441,494〔6〕10

黄和繩夫人〔5〕440

黄季高〔4〕423,426,429,431,449,463-466,472,520,639〔5〕30

黄季陸〔5〕370,385

黄季寬〔3〕245〔5〕183〔7〕757〔9〕305,453

黄居素〔8〕238,239

黄昌祚〔2〕124,138,146,150,177,185,188,205,214

黄明信〔6〕357,375-377,512

黄松齡〔7〕610

黄炎培(任之)〔4〕297,298,300,305,457,478,542,549,664,754,756〔5〕159,160,171,404,435,489,491,494,499〔6〕31〔8〕133,136,139,211,217,397,425,441,486,505,562〔9〕17,249,322,503,547,605,612〔10〕15,26,217,379,792

黄秉維〔7〕601,630,649,655,677〔8〕35,135,266,384,385,582,610,625,694〔9〕5,19,20,79,82,203,206,209,225,228,230,332,341,382,418,430,469,618,666,751〔10〕53,76〔11〕401,409,495,539

黄秉維夫人(見"王愛雲")

黄芝岡(芝崗)〔4〕753〔5〕54,209〔8〕389,416,435,447,457-459〔9〕31,38,47,259,317,491,593,736

黄俊三〔4〕54,55,70,74,86,466

黄厚端(字一中,黄克强次子)〔2〕603,604〔3〕189,192,193〔4〕139,141〔5〕99,183,184,269,275

黄宣民〔11〕208,599

黄建中(離明,海平子)〔1〕697,700,714,761,802〔3〕132,133,137,354,363,365,371,433,441,586,591,700〔5〕289,304,372,373,380,382,393,433,466,468,491,497,502,547,575,634,760,762〔6〕69

黄洛峰〔5〕419〔7〕483

黄胄(見"梁黄胄")

十二畫：黃

黄英〔5〕539〔6〕29，30，58，399，435，553，556，562，565，570，572，573，579，592，600，604，612，663，666〔7〕16，183〔8〕128〔11〕117

黄述職（正朝，黄老先生）〔5〕462，463

黄重憲〔4〕542，607，664，685〔5〕39，159，193〔6〕440，475，545〔7〕646〔8〕29〔10〕228

黄家駒〔8〕252，253

黄席群（濟生）〔2〕684，693，713，724〔3〕157，175，308，436〔4〕139－142，609，628，669，680，694，700，734，742〔5〕232〔6〕68

黄庭堅（魯直，山谷）〔3〕199〔5〕672〔8〕203〔9〕134

黄振輥（振鯤）〔6〕574，586，611，612，664〔7〕12，18，91，103，168，191，202，205，216，223，238，290，333，348，367，390，421，423，425，426，432，435，438，443，444，446，461，465，468，477，496，507，518，523，528，530，535，538－540，557，565，576，579，580，583，584

〔10〕601

黄振鑄〔2〕330，378，388，397，410〔3〕198，206〔4〕340

黄烈（仲良子）〔7〕652，663，689〔8〕190，375，384，386，397〔9〕30，772〔11〕691

黄珮（佩，張西堂夫人）〔3〕523〔9〕68

黄素封〔4〕513〔5〕730〔7〕149

黄偉勝〔8〕524，525，527，533〔9〕384，397

黄國光〔8〕581〔10〕173，182，195，248，309

黄國璋（海平）〔3〕541，648〔4〕554，598，606，608，611－614，620，685，686，690，692，705，707，741，751〔5〕53，139，200，202，203，206－208，222，223，243，276，283，288，289，292，304，305，307，313，317，319，322，331，355，362，363，401，408－410，483，487，504，510，519，530，547，718，719〔6〕339，467，469，508，514，516，517〔10〕628

黄國璋夫人〔5〕235，243，255，532，546，574，575，637

黄堅（振玉）【1】510，516，524，544，565，585，606，770，772，776，781-783，785，788，791，795，796，802，805-807，810，825，829【2】1-3，6，11，12，14，16-27，29-32，64，90，91，165，259，264，291，312，364，604

黄淑範【8】238，248，255，259，260，265

黄淑蘭【5】370【11】39

黄淬伯【2】212，216，220，239，250，254，358，529，530，533，544，546，656，726，731【3】215，430，431，433，508【4】630，690，702，715，727【5】59，136，164，165，214，321，497，05，685，718【6】72-75，80【7】87【8】88，91

黄焕文（俊保）【2】54，125，315，646【3】73【4】172，591，726【5】674【7】710-712

黄現璠（西大）【5】600【8】363【11】622，659

黄紹竑（紹雄）【2】104，137，149【3】100，101，110，113，116，118-123，129-134，137，138，166，176，184，211，248，250，251，257，261，268，727【5】99【7】649，757【8】33，93，147，153，212-214，216，266，289，362，421，611，624，703，724，735【9】12，22，38，51，53，105，119，184，195，201，214，219，239，242，257，259，272，276，281，287，344，346，348，350，374，491，551，587，588，594，605，665，734，740，741，750，752【10】311，620【11】709

黄琪翔（琪祥）【2】117【7】753【8】211，218，362，724，735【9】24，38，49，50，194，220，233，242，249，281，287，304，346，396，397，440，492，511，513，594，665，680，740，749，750，752，770，775【10】311，526【11】266

黄琪翔夫人（見"郭秀儀"）

黄華（王汝梅）【3】201【11】483，612

黄雲伯【3】625，631，656，658，668

黄雲眉【8】95-97，104-108，114，116-120，122，123，125，280，

十二畫：黃

288，297，301，304，325，370【9】124，125，134，755，759，766【10】160【11】309

黃雲眉夫人（徐飛卿）【8】99，101-104，116，304【11】738

黃慎之【7】712，713，746【8】735【9】92，559，612，718

黃新彥【9】59，429，773，778【10】193

黃萬里【6】301，302，312，314，383【8】362

黃節（晦聞）【1】767，799，802【2】157-159，184，188，191，202，221，226，255-257，407，439，552，569【3】172，195

黃雍【8】220，453，735【9】117，119，120，188，208，239，277，281，287，288，326，346，444，486，491，493，494，662，724，749，750，752，753，757，763【10】341

黃頌堯【2】314，319【3】221，314【11】533

黃鼎臣【8】393，631【9】398，776

黃壽成（永年子）【8】668

黃寶（薦秋）【4】229，233，234，261

黃賓虹【2】202【3】314，483【7】116【8】130，375

黃鳴龍【8】213，292，300，610【9】55

黃德奇（仲琴之子）【2】251【8】658，718，723

黃德茂【8】219，610【9】771

黃德祿【4】700【5】366，393，542

黃慶雲（漢勳）【5】448，460，461【9】580，581，697

黃慕松【3】481，505，506

黃懋萱【6】82，83，209【7】19，299，369，385，570

黃毅民【3】652，658，666

黃璇文【11】188，194，208-210，213，214，302，303，306，307，350，729，732，734，737，738

黃奮生【4】537，543，545，546，595，597，599，600，604，605，611，615，620，628，631，659，669，675，677，679，683，692，697，701，725，727，735，740，763，768，773【5】8，16，27，38，43，54，61，67，68，74，85，88，126，129，132，158，160，165，169-172，176，198，201，204，206，208，210，220，222，

224,226,230,256,267,269,270,272,294,389,404,406,470,483,500,506,521,548,556,590,635,729,748,760,763,764,768〔6〕2-5,17,20,22,40,44-49,53,54,60,67,70,74,76,90,91,123,129,132,161,169,213-217,224,236-238,244,271-273,285,288,295,325,339,394,400,407,416,417,424,437,438,473,497,502,531,533,539,578,656,675,687〔7〕131,138,188,195,230,272,315,350,374,378,380,382,386,393,402,405,411,414,423,470,509,552,590,617〔8〕20,21,56,623〔9〕24,247〔11〕78

黄颖先〔6〕571,613,626,675,694〔7〕9,32,75,105,136,181,277,292,323,339,366,394,420,534,558,573

黄應榮〔5〕77,161,164,179,208,228,231,310,404,440

黄濤川〔5〕393,414,430,437,445,464,466,467,469,480,483,485,495,496,500-502,504,505,507-511,513,519,521-528,530,531,535,536,544-547,551,552,554,555,558-560,563,564,566,567,569,570,593,653,655,671,672,704,728〔6〕9,63,312,669〔7〕515〔8〕618

黄濬〔8〕195

黄藥眠〔8〕147-155,157,161,170,211,362〔9〕375,382,396,407,495,740,768

黄鏡吾（譚健常之嫂）〔4〕605,780〔5〕93,95,97,103,104,107,109,111,112,116,120-122,126,127,136,142,152,207,554〔6〕514〔7〕638,655〔8〕408,433

黄鏡湖〔5〕206,221,242,243,246,253,256,267,275-277,281,307,309,317,329,340,346,349,355,387,454,455,746〔6〕218,539,672〔7〕9,12,26,28,34,51,65,75,103,168,202,601

黄鏡澄〔5〕182,184,185,187-189,194,197,204,205,221-

十二畫：黃華

223,225,234,242-244,246,247,251-253,256,259,260,263,264,266,267,273-277,281,293,307,309,317,324,326,329,339,349,352,387,410,454-456,746【6】419

黃覺民【1】824【2】5,21,23,159,169【4】735,763【5】70,71,370-372,377,394,396,398,414

黃鐘（警頑）【2】9,78【9】92【11】96

華一鳴【4】223,229,233【6】172

華汝成【6】625,627,629-632,634,636-638,640,646,660-664,666-670,673,674,676,678-681,684,692-694,696-700,706,709【7】4,5,6,7,8,15,17,18,21,23,28,31,34,37,39,44,47,51,54,58,61,65,68,72,74,77-79,82,84,89,92,94,98,99,101,106,107,113,120,125,129,131,134,136,138,143,145,146,150-152,168-170,172,175,180,182-186,188-190,192,195-197,199,203,204,206,210,220,221,223,224,226,233-235,237,238,240,241,244,246,248,252,253,256,257,268,273-276,278,281,288,290,291,294,296,301,304,307,314-319,321-323,329-332,336,340,342,348-350,356,357,359-362,364,367,373,374,378-380,382,386-388,390,392,393,396,398,399,402-405,407-409,413-415,423-427,429,432,433,435,438,440,442,443,446,447,451,454,456,457,459,461,465-468,470-472,474,475,477,493,496,497,500,502-504,507,510,513,514,516,518,519,522-524,527,529-535,538,540,541,546,547,550,552,553,557,565,568,574-576,579,580,583,584,603,665【11】51

華君武【10】603

華忱之【5】369,390,469【7】647,687,702,715,729,755【8】23

華林【5】419,54【7】419,432

華訓義【9】94,96,98,105,106,

108,122,158,174,184,202,227,244,293,382,455,488,496,535,586,629,655,790〔10〕117,397,681

华问渠〔5〕529,530,556-558,595,603,606,635-637,639,697,701,702,716-719,747,748,765,771〔6〕3,7,9,128,132,145,151,161,163,168,231,434,549〔7〕226,286

华国锋〔3〕459〔11〕439,443,471,482,494,507,511,515,530,544,584,586,673,698,699,700,702-704,712

华岗〔6〕496〔7〕683,696

华罗庚〔6〕252〔8〕215,221,735〔9〕384,387,408,412,443,535,769〔10〕242,535〔11〕362,437,439,441,443,449,452,455,561,562

华耀明〔5〕544,696〔6〕210-211,224,408〔7〕12,168,477,576

辜孝宽〔4〕605,742〔5〕72,271,759〔6〕5

惠栋〔1〕825〔2〕590〔3〕332〔6〕205〔10〕43

粟显俌〔4〕95〔7〕228,230〔8〕20

〔9〕54

粟显运〔1〕463〔5〕8,9,191,223

覃异之〔8〕212,213,216,219,220,413,610,611,625,661,703,724,738〔9〕17,24,34,38,43,44,51,86,99,119,174,192,195,203,219,276,303,328,335,350,374,430,468,493,547,588,594,665,740-741,774〔10〕341

云王〔3〕130,137,138,225

景培元（蘭墅）〔5〕620〔6〕312,514,643〔7〕69

贾睦德〔4〕606,692〔5〕8,160,192

单士元〔3〕530,539,547,555〔9〕32〔10〕392

单士魁〔7〕671

单不厂〔1〕447,468,484,495,498,499,603〔2〕60,61,70,84-88,261,264,265,290〔3〕321

单化普〔3〕472,498,523,524,535

单庆麟（庆麿）〔5〕287,414,436,438,443,469,471,478,482,502,504,510,524,536,569,

十二畫:華辜惠粟罩雲景買單喻閔惲程

573,575,637

單鎮(東笙)〔5〕702,724,732, 740,743,752,757〔6〕15,18, 25,36,40,44,105,701,702 〔9〕97

喻世海〔4〕596,598,599,762〔5〕 188,276,323,365,420,423, 425,430,438,442,467,470, 471,476,478,482,487,518, 536,537,570,588,589, 593,597

喻宜萱(管夫人)〔6〕305,307, 310,318,323〔7〕630,703, 706,710,714,743〔9〕740

喻培厚〔8〕90,399,521〔9〕 23,326

喻傳鑑(傳鑒)〔4〕696,697,719, 723,724,727〔5〕21,24,505 〔8〕546

喻權域〔11〕547,551,552,565

喻鑒(廬潤)〔1〕652,696,776 〔3〕67

閔元召〔1〕639,799,801

閔俠卿〔4〕293,298,424, 568,579

閔剛侯〔4〕150〔8〕509,630

閔賢村〔4〕545,599,620,631,

753,763〔5〕132

惲和卿〔4〕376,394,403,404, 406,427,433,449

惲逸群〔7〕657,685

程十髮〔10〕771

程千帆(會昌)〔4〕727,751〔5〕 372,378,384,386,388,391, 397,398,470,545,548〔8〕 91,362

程天放〔4〕490〔5〕686

程宇啟(楚潤)〔6〕299,300, 546,638

程宇啟夫人(熊淑平,叔平)〔6〕 322-323,545,546,561,637

程百謙〔9〕785,786

程西園〔4〕599,612,628,631〔5〕 26,37

程西筠〔9〕483,508,543,617, 756,759,767

程含玉(朱士嘉夫人)〔3〕577 〔8〕21〔9〕40

程希孟〔3〕584〔4〕549-551,589, 692,694,697,710,713,721, 727,752〔5〕435,490,499, 628,630,635,686〔6〕213〔7〕 660〔8〕141,200,214,221, 403,424,442,501,514,607,

615,724[9]5,12,22,28,34, 211,229,245,307,318,455, 520,524,526,527,537,581, 740,752,755[10]341,345

程其保[4]550,551[5]224[6] 47,71,88

程昌祺[2]717

程枕霞[3]569,604,605,607, 613,614,617,619,622,625- 628,633-636,638-640,651, 653-656,658,666[5]181, 601,607,614,623,748,773 [7]28,30,36,73,97,121, 177,233,372,376,391,413, 428,504,506,509,510,541, 569[9]409

程枕霞夫人[3]658[5]605

程金造(建爲)[3]651[5]506, 772[7]649,658,665,669, 688,725,754[8]254,283, 293,376,385,402,415,536, 572,663,731[9]19,29,73, 80,98,218,222,228,253, 373,509,551,598,617,692 [10]8,213,343,350[11] 344,350,509,555,557,574, 628,631

程思遠[5]433,439,491[10]311

程恩澤[6]672[7]448,452[9] 166,259[10]203

程時煌(柏廬,時蜂)[3]67[6] 88,533,676,683[7]44,206

程國任[1]3,92,102,106,181, 182,217,308,391,392,408, 409,434,503,505,528,539, 555,561,578,589,604,605, 611,624,626,627,657,664, 666,670,673,675,722,739, 742,743,751,753,754,767, 769,776,799[2]263,646[3] 180,312[6]484[7]145,152, 226,580,582

程國任夫人[2]263,311

程紹德[4]756[5]14,28,46, 161,179,268[6]628[7]118

程景皓(月亭)[3]743,750 [4]118

程硯秋(艷秋)[1]116,392,676 [3]576,577,582[8]395,428 [9]290,306,449,450

程逸波(王紹鑒夫人)[9]181, 281, 344, 518, 522, 524 [10]254

程滄波[3]506,528,567,687

十二畫：程稅

程椿蔚【5】447，448，449，460，467，470，538，539，541

程演生【1】137【6】639【7】293，295，323，339，420，442，472，506，516，517，526，549，583【11】388

程銅士【5】725，764【6】13，26，63，97，102，169，210，228，236，308，475，483，534【7】51，58

程憬（仰之）【1】702，752，785，792，801，804，811，812，814-817，819-822，824，830【2】2-4，11，12，14，16-26，28-32，34-36，41，69-71，78，85，86，90-93，98，109，123，174，198，236，258，264，285，302，307，310，321，360，425，427-429，431，433，445，483，487，546，589，604，613，614，615，617，622，623，625-630，632，635，636，639-642，687，731【3】452，460，461，500，502，506【4】139，141，548，549，589，608，615，627，629，632，654，656-658，671，675，675，681，683，698，699，711，722，723，725，726，728，729，747，764，765，767【5】10，58，73，110，111，130，233，234，325，367，450，502，503，505，506，523，524，527，536，541，542，576，602，640，746【6】4，618【7】675【8】419【9】310，544【10】3，386

程憬夫人（仰之夫人，見"沙應若"）

程毅中【9】213

程潛（頌雲）【4】621，622，625，661【5】499【6】272【8】211，217【9】61，12【10】633，776

程潛夫人（見"郭翼清"）

程樹德（郁庭）【1】642，800【7】191【8】466【9】367【10】315

程滄如【4】452，458，473，486，487，494，526，651，726【5】110，118，269，324，325，354，355，641

程應鏐【4】260，267【6】436【8】363

程鴻【5】474，749，752【6】83，84，291【7】232，279，315，406，411

稅西恒【4】353【8】213【9】445，771

稽文甫（計文甫）〔2〕429,448,458,459,505,510,544,545,562,726,731〔3〕373,375,376,415,664〔6〕496,497〔7〕662,696〔8〕381,490,604〔9〕61,183,452,615,746〔10〕694

喬廷琦（琦廷）〔5〕434,491,610,611,614,762

喬冠華〔11〕306,397

喬笙亞〔1〕199,214,392,400,433,503,555,578,588,589,600,605,607,611〔7〕351,357,578,580〔11〕224

喬樹民〔6〕300-307,310-313,316,317,322,324-327,329,330,332-335,338,340-346,352,356-358,360-365,371-375,378-380,383,384〔7〕270

傅子東（振烈）〔7〕171,176,211,213,226,283,290,295,336,516

傅仲德〔1〕802〔2〕276,656〔3〕11

傅安華〔3〕601,665,685,687,695,696,697,710〔4〕42,131,253,537,600,658〔5〕38,67,127,545〔6〕242,339

〔11〕17

傅成鑌（韻笙,韻孫）〔1〕380〔3〕383,463,465,477,491,499,505,520,530,535,541,602,603,638,664,665,685,721〔4〕42,97,132-137,238,289-291,298,304,305,308,311,322,329,332,334,336,343,344,362,364,387,390,392,405,413,435,466,531,532,644,645〔5〕30,317,321,705〔7〕681

傅作義（宜生）〔3〕116,143,213,221,222,225,538,572,580,594,628,629,656,667-672,681,685,724,739,740〔5〕303,548,637,729〔7〕626,630,688〔8〕12,16,17,33,216,539,609〔9〕59,61,62,243,408,409,612,774〔10〕311,350,555〔11〕327

傅吾康（Wolfgang Franke）〔5〕622,623,773

傅角今〔5〕195,196,275,324,358,426,456,469,470,523,575,625,696,718,746,758〔6〕31,75,94,218,270,419,

十二畫:稽喬傅

696,704,705[7]5,6,24

傅承義[8]399

傅抱石[5]419,555[8]16,201,215,217[9]61,773[10]340

傅東華[3]121,337[6]105,106[8]205

傅況鱗[4]137[5]15,39,214

傅秉常[3]586[4]306,728,734,752[5]14

傅芸子[5]623[7]451

傅侗(西園)[3]590

傅彥長(緯平子)[1]398-400,434,459,474,605-607,609,618,623,628,648,653,744,746-749,751,761,778,779,785,799,801[2]49,77,78,83,90,124,135

傅述堯[2]676[3]159,187,279[4]133,134,356,385,397,466

傅家麟(家鱗,衣凌)[3]624[8]741[10]115,116

傅振倫(維本)[2]522[3]183,528,544[4]614,684,691,694,708,719,720,724,774[5]15,70,76,129,168,189,190,192,198,204,205,208,218,224,226,234,279,281,286,294,297,298,302,304,305,307,308,316,317,320-325,329,331,334,336,342,350,351,355,357,362-365,376,381,387,392,400,407-409,411,414,420,423-426,428,429,436,441-447,449,456,464,466,468,469,471,472,476,478,479,481,482,484,485,487,488,496,498,501,504,507-510,511,513,518,519,521-524,527,530,531,534-537,545-547,551,553,554,558,559,564,568-574,579,587,588,592,593,597,599,602,629,633,637,638,697[6]2,511,545[7]482,611,648,704,709[8]24,27,35,133,134,136,142,145,155,196,363,402,471,511,572,706[9]20,218,542-544,558,617,640,663,727,747,749[10]21,68,96,213,799[11]325,563,564

傅矩生(爲方)[4]172,287,288,291,292,294,298,304,305,

顧頡剛全集·顧頡剛日記人名索引

317,320,324,325,333,334,339,342,350,352,370,385,392,393,394,396,415,416,420,425,432,440,451,453,458,461,473,474,478,479,492,494,500,523,533,541,562,569,573,576,577,594,635-638,640,643,644,647,648,651,736〔5〕126,151,160,169,171,176,177

傅崇蘭〔10〕497,502,514,643,675,719,731,792〔11〕139,142,157,172,409

傅彬然〔5〕419,540,653,727〔6〕10〔7〕483,491,618,624,660,691,697,700,717,729,744,757,766-769〔8〕15,19,22,51,111,229,383,393,404,518,546,554,608,618,620,627,631,649,693,694,696,698,704,705,708,721,729,730,733,739,740〔9〕5,8,24,27,52,62,65,78,84,87,106,176,179,183,192,212,244,263,357,431,508,538,539,547,560,607,614,656,656,700,702,726,740,

749,769,784〔10〕16,173,182,195,202

傅惜華〔3〕524,576,638〔5〕608,610,620,623〔6〕514〔7〕450-454,457,461,470,478,479,482,489,491,505,513,527,539,545,552,557,577,603,649,652,688〔8〕58,416,435,447,458,459〔10〕505

傅啟學〔1〕657-659,669〔6〕434

傅斯年（孟真,Herrn S. Fu)〔1〕44,45,56,62,64,65,79,134,224,448,701,767,769,799,802,811,813,816-818,822,824,826,833,834,836〔2〕3,19,22,25,27,28,30,33,34,37-50,52,55,58,59,61,62,65,66,68,74-82,85,86,95-98,100-112,114,121,122,125,128,131-137,143,144,146,148-163,159,165-167,169-171,173,175-177,181-187,192,197-199,202,208,210,213,215-218,220,222,226,227,231-233,235,236,239-242,244-256,265,266,275,280-282,285,286,292,

十二畫:傅

293,295,296,326,329,331,349,365,369,376,383-385,387,394,395,401,403,411,421,422,431,432,433,437,438,441,442,447,448,464,466,489,490,493,502,503,509,511,518,532,536-540,543,546,549,558,561,562,569,578-582,590,598,648,654,656,657,659,663,672,673,681,700,708,716,721,725,726,730〔3〕12,26,51,68,105,107,112,150,155,162,163,168,170,172,202,207,217,220,247,294,296-298,303,342,344,348,351,353,361,371,372,374,377,384,400,401,403,410,412,414,422,431-433,444,447,449,452,454,457,460,485,487,489,490,499,500,504-506,508,509,511,514,515,576-578,581,583,585,587,588,590,591,597,599,614,615,620,622,623,676,687,688〔4〕98,143,148,151,176-178,194,197,210,217,223-

226,232,233,256,261,267,278,291,364,369,371,387,414,426,447,555,605,651,752,753,755,756,758〔5〕45,54,64,71,72,156,160,163,166,171,179,181,269,270,271,365,366,433,439,440,489,490,494,495,504,505,518-520,541,578,631,685-687,746,747,759,762,763,773〔6〕5,6,21,67,72,120,195,252,285,377,406,407〔7〕2,107,142,143,170,183,190,232,276,281,283,357,375,386,457〔8〕314〔9〕187,362,439〔10〕89,210,439〔11〕60,171,250,287

傅葆琛〔4〕309,323,497,635

傅銅（佩青）〔2〕490〔3〕383,397,415,525,623

傅增湘（沅叔）〔2〕725〔3〕602〔11〕333

傅樂煥〔3〕342,397,489,675〔5〕759,760〔6〕5,54〔7〕511,632,663,689〔8〕21,22,26,29,88,91〔9〕209,211,259,673,755,759,761,767〔10〕

480,483

傅緯平〔1〕398,407,415,799,801〔2〕49,89〔3〕80

傅學文(邵力子夫人)〔6〕64〔7〕481〔8〕393〔9〕328,341,346,461〔11〕409

傅學苓(張政烺夫人)〔9〕325,432,486,503,660,742

傅築夫〔4〕550,552,588,590〔5〕49,53,60,62,138,139,148,149,183,185,191,195,240,243,255,266,267,278,279,292,300,305,317,318,322,325,329,330,348,351,365,407-409,426,482,484,500,502,532,542,549,567-570,635,640,773〔7〕104,115,120,125,140,276,298,399,435〔8〕86,363〔11〕566,568,586,587,656

傅築夫夫人〔5〕401

傅懋勣〔7〕657,676,695〔8〕649,650,694〔9〕60,230,264,270,349,362,370,375,468,488,495,506,537,540,551,553,579,616,644,684,740,759,776,778〔10〕174,202,234,272〔11〕409,495

傅雙無〔4〕136,137,303,362,379,419,435,449,523,530,532,648

傅鷹〔8〕465

焦小魯〔5〕541,575,579,590,630,636,705,725〔6〕9

焦發奎〔5〕502,523,527,537,547,551,559

焦菊隱〔5〕419〔6〕50〔9〕425,426,429,500〔10〕321〔11〕389,457

焦實齋〔3〕552,554〔7〕626,630,649,655,683〔8〕12,15,16,33,211,424,489,501,609,698,706〔9〕34,95,96,111,112,117,119,163,167,229,259,327,350,374,375,389,508,588,594,741,749,753-757〔10〕219〔11〕324,381

舒大楨〔1〕432

舒同〔7〕241,254〔10〕590

舒宗鎏〔8〕60,65-67,69,90,429,430〔9〕185,228,375,740〔10〕498

舒舍予(老舍)〔2〕526,527〔3〕352〔4〕49,141,142,148,

十二畫：傅焦舒鈕童

150, 151, 316, 317 [5] 14, 222, 325, 363, 409, 418, 444, 513, 537, 536 [6] 620 [7] 388, 603, 757 [8] 126, 417, 425, 458, 469, 501, 514, 520, 646 [9] 5, 23, 86, 184, 249, 298, 419, 463, 470, 547, 593, 607, 749, 750, 756, 763, 774 [10] 311, 553, 620 [11] 557, 672

舒思德（Carl Shuster）[3] 359, 369, 635, 637

舒振邦 [8] 191, 194, 384, 393, 397, 444, 504, 718, 722, 726, 730 [9] 7, 22

舒連景 [4] 337, 470, 531, 532 [5] 601 [8] 91

舒新城 [1] 707 [5] 722 [6] 680, 692 [7] 413, 713-716 [8] 86, 202, 381 [9] 181

舒維清（丁瓚夫人）[5] 419 [8] 237, 243, 245, 248, 255, 323, 329, 330, 338, 339, 344, 348, 349, 351, 355, 356, 365, 371, 372, 457, 576, 577, 721 [9] 33, 81, 87, 89

舒蕉（見"方管"）

鈕仲勛 [10] 177, 213 [11] 346

童世亨 [7] 18

童冠賢 [3] 433, 696, 697 [4] 549, 559, 595, 632, 665, 668, 675, 690, 693, 699, 702, 726, 745, 760, 767, 775 [5] 6, 9, 14, 21, 29, 41, 156, 157, 159, 193, 232, 233, 253, 439, 440, 615, 746, 760, 764

童家珽（家誕）[2] 314, 327, 346, 484 [5] 98

童振藻（仲華）[3] 435, 436, 440, 449, 527, 574

童書業（丕繩, 吴流）[3] 144, 196, 229, 239, 244, 246, 247, 250, 255, 259, 261, 264, 268, 285, 290, 307, 316, 322, 333, 343, 355, 359, 360, 363, 364, 368, 372, 375, 378, 381, 385, 387, 389, 399, 400, 405, 409, 417, 421, 425, 429, 436, 445, 447-449, 452-455, 457, 465, 468, 469, 471, 476, 477, 481, 482, 487-489, 499, 501, 504, 516, 517, 519, 522, 528-530, 532, 534, 542, 543, 549, 556, 564, 570, 574, 582, 584, 586, 597, 601, 608, 617, 626, 627,

633,637,641,647,649,650,652,653,655,658,659,663,665-668,674,676,745【4】180,186,204,207,221,238,250,319,349,366,387,394,405,421,456,475,512,536,646,677【5】31,32,39,387,500,537,540,548,549,556,562,564,581,594,654,656,657,659,660,666,673,679,680,689,691,694,704,715-717,719,721,726,727,729,730,748,754,770,772【6】3,6,7,9,10,15,18,31,32,36-38,55,56,63,77,93,95,101,121,130,148,160,161,171,174,179,195,209,210,224,227,229,233,238,246,249,267,269,273,274,276-279,281,283,284,286,288,290,293,297,325,386-388,390,402,404,408,410,411,417-419,424,425,437,455,473,477,478,483,490,503,536,556,579,582,638,653,657,658,681【7】11,15,20,24,96,108,198,218,226,244,245,250,252,271,297,298,314,345-347,436,441,590,617,651,662,668-701,721,729,736,746【8】1,23,86,87,88,91,92,95-103,105-110,112,114-123,115,132,269,273,274,280,281,283,285,288,290,291,293,294,299,301-303,306,308,309,313,315-319,320,333,342,348,364,370,523,664,671,673,668,689【9】33,121,122,149,369,370,372,374,639,677【10】24,31,36,76,85,95,122,126,157,158,160,161,200,202,310,321,327,355,357,364,367,387,399,404,466,684,734【11】473,573

童書業夫人(蔣詠香,丕繩夫人,童太太)【5】697,704,712-714,723,725,729,737,743,752,754【6】14,33,36,39,51,59-61,96,97,146,152,212,219,226,277,278【7】501【8】96,97,100-102,109,110,113,116,117,122,123,283-

十二畫:童富曾

285,295-297,301,303,321, 367[10]160,161,397

童教英(書業三女)[8]95,280, 306,668[9]366,367,368 [10]121,158[11]473, 474,506

童教寧(書業女,黃永年夫人) [6]98[8]285,668[9]366

童第周[6]252[8]53[9]62[11] 637,701

童第德(藻孫)[3]69,70[9]548

童養年[6]478[7]288

富介壽[8]221,393,462,464, 485,503,505,532,656,699, 731[9]5,593,600,782 [10]463

富伯平[4]418,442,489[5]383

富路德(富路特)[2]597,662, 663[3]623,635,637

曾世英[5]46,49,53,61,67, 259,690[6]656[7]86,87, 675[8]138[9]203,313,463, 499,772

曾次亮[7]648[8]6,59,60,142, 146,382,392,519[9]373, 471,484,552,572

曾志雄(何定生弟子)[11]

698,710

曾建民[4]709,732,743,774[5] 8,9,26,63

曾昭安(城孟)[2]308[4] 581,583

曾昭掄[3]630,643,650,663[4] 576,659[5]615[6]252[7] 485,722[8]211,218,362 [9]55

曾昭燏(昭琳)[4]141,516,576, 577,641[5]192,746[6]213, 234,345,655[7]55,83,88, 414,484,587,630,632[8] 12,26,211,216,218,611[9] 55,775[10]225

曾炳鈞(仲剛)[3]372[7]611

曾省之[4]338,375,509, 658,745

曾省齋[4]602,603,609

曾特生(李素英之夫)[3]354, 528[4]544,599,721[5]78

曾健華[5]732,743[6]11,15, 19,227

曾國藩(滌生,文正公)[3]194, 485[7]703-706

曾虛白[4]662[6]75,77

曾祥和(沈剛伯夫人)[4]620,

699,741[5]45,46,110,357,525,527

曾琦(慕韩)[1]802[2]175[3]572[5]435,631

曾運乾[9]324,325,327[10]2,132,142,159,196,213,215

曾毅公[7]489-491,511,516,527,586,611,616,618,679,759,775[8]36[11]708

曾震五[6]322,371[7]626,633[8]214,218,221

曾養甫(蔡元培夫人)[2]53[4]234,545,557

曾憲九[10]190,354,355,357,360,364,368

曾憲通[9]350,472[11]659

曾憲楷[3]485,486[4]301,306,308,309,311,315,318,336,346,359,395,398,406,415,418,430,433,512[7]632[8]142,648[9]111,112,218,359,577,770

曾憲樸(憲楷弟)[4]306,309,315,318,320,359,398

曾澤生[8]493,498,502,521,586[9]33,38,773,778

曾濟寬[2]128,129,185,186[4]

133,136,137[5]759,761

曾繁康[4]316,335,344-346,349,354-358,360-362,365-369,374,377,378,383,386,388,392,393,398,399,402,404,415,428,472,513[6]49,413,562

曾騫(資生)[4]711,712,742,758,762,768,774,777,780[5]8,14,44,128,130,157,158,169,226,314,440,541,548,631,687[6]2,80,213[9]233,249,313,782

曾繡香[3]103,526

曾覺之[3]624,626[6]514

勞君展(許楚生夫人)[2]651[4]544[6]71[7]660,722[8]58,126,144,211,430,742

勞榦(貞樾,貞一)[3]166,184,195,242,266,269,277,349,376,377,428,431,433,445,469,470,487,504,511,592,675[4]77,161,196,203,212,584,585,661,662,664[5]327,381,429,468,505,549,746,747,760,762,772[6]5,6,47,54,74,89,196,

十二畫：曾勞馮

213,215,217,308

馮乃超【5】419【8】339,344,349,357,367,372【10】124,127,129,150,154,194 【11】538,566

馮乃超夫人【10】132

馮公焙【6】501,546,676【7】72,118

馮友蘭（芝生，芝孫）【1】445,447,448,452,454,466,472-474,479,484,486,490,494,501,503,509,511,513,522,524,562,583,592,628-631,638,691,696,712,714-716,719,732,734,737,740-742,744,745,748,750,751,753,756,758,765-767,772,775,776,784,793,799,800,814,817,821,825【2】3,5,13,18,25,37,90,107,115,128,147,167,189,190,219,278,280,283,285-287,293,295,323,324,326,328,329,333,336,338,340,341,346,349,355,365-367,369,370,376,379,386,387,392-394,398,400,401,403-405,407,408,412,415,417,418,420,422-424,427,429,431,436,437,439,446,448,449,457,458,466,488,493,503,534,535,545,553,559,562,571,585,599,601,611,636,649-651,654,657,658,659,668,679,692,699,707,714,723,730【3】10,12,13,84,85,266,268,272,302,344,348,351,352,358,360,363,367,397,445,455,489,522,529,532,534,551,553,571,573,575,581,585,591,619,621,625,631,648,653,655【4】152,160,188,189,204,229,237,261,262,269,326,425,514,571,666,667,670【5】21,25,229,439【6】252,390,396,513【7】281,586,587,626,631,632,642,683,695,700,744,749,753【8】7,11,12,15,40,53,91,200-202,217,223,381,393,398,442,454,482,501,522,610,626,646【9】28,32,37,39,86,87,88,92,192,205,222,236,276,277,430

[10]44,183,282,298,311,535,573,621,648,658,682,688[11]426,433,466,492

馮友蘭夫人(芝生夫人,馮太太)[2]340[9]246,490,495,544,658,753,758,771,772

馮少山[8]111,546,607,608,612[9]5,57,61,63,431,433,768,776[10]182

馮文炳[2]49[3]34,468

馮文華[10]402-404,409,414,416,419,421,423,425,428,436,444,454

馮月樵[4]135,136,451,455,489,504[5]391,392,414

馮世五(續昌)[1]679,745[2]286-288,290,296,305,320,325-327,329,330,333-335,343,365,377,388,399,400,404,418,435,436,441,444,469,473,497,538,557,562,571,592,593,604,623,632,653,658,669,671-674,676,681,682,685,693,695,698,704,706,711,722[3]2,3,13,14,27,38,48,61,66,68,69,71,78,84,87,90,91,94,95,154,182,184,227,229,238,241,248,271,294,302,316,333,350,352,361,364,365,371,375,376,381-383,388,389,400,402-404,407,409,411,414,424,427,428,430,438,444,445,449,452,455,457,471,485,498,499,501,502,505,506,508,522,523,544-548,555,564,565,600,620,625,650,656,661,663,665,667,668,725[4]41,42,44,471[5]605,606,609,612,618,619,621-624[6]169,292,509,512,513,516[7]70,82,107,131,135,220,298,483,486,525,577,586,589,603,616,647,658,685,693,741,750,752,772,774[8]2,5,20,26,29,85,192,255,384,486,503,571,574[9]19,218,282,338,349,460,618[10]213[11]49,347,576

馮世五夫人[6]509[8]380

馮四知[5]447,487[6]226

馮幼偉(耿光)[7]536

十二畫：馮

馮玉祥（煥章）〔1〕545，728〔2〕225，227，597〔3〕42，479，579，585，586，590，591，615，643，644〔4〕393，504，752，755〔5〕48，49〔6〕50，611

馮亦代〔9〕38

馮仲平（馮醫）〔2〕335，336，346-348，350，352，395，436

馮仲雲〔7〕607，671〔8〕126，246，694

馮列山〔5〕28，46，77，382，384，395，404，405，414，492，502，515

馮列山夫人〔5〕396，398

馮至（承植）〔4〕267〔8〕545，562〔9〕759〔10〕682〔11〕652，670

馮亭嘉〔8〕439，453，487，503，506，699，731〔9〕5

馮沅君（淑蘭，叔蘭，陸侃如夫人）〔1〕503，651，748，764-766，769，770，775，784，789，796，799，800，814，817，821，823，825〔2〕3，5，13，29，33，37，41，47，62，72，86，101，109，116，147，198，421，426〔3〕345，351，352，360，375，377，448，508，517，552，554，601〔4〕175，203，419，641，735〔8〕88，96，101，229〔10〕109，160〔11〕14，372，431-433

馮其庸〔11〕660，664

馮定〔7〕213〔9〕758，773〔10〕203，648，658，682

馮承鈞〔2〕582，588〔3〕638〔6〕195〔7〕406，472，496，527〔8〕222，227-229，246，248〔9〕312〔10〕620

馮英子〔7〕548

馮家昇（伯平）〔2〕440，488，512，537，540，541，558，563，568，581，588，589，593，648，652，655，681，686，692，698，713，718，721，724，729〔3〕7，8，11，16，18，20，29，34，37，48，55，56，59，60，64，78，83，90，95，96，98，104，109，125，152，169，171，181，183，190，194，197，200，207，214，229，240，266，274，275，277，293，296，297，312，333，339，343，347，349，353，358，360，361，368，381，382，385，387，389，409，411，418，419，422-424，427，434，444，445，447，449，451，

462,464,465,468,470,476,477,480,485,489,496,498,499,505,516,517,519-521,525,528,530,532-534,538,545,548,552,553,557,558,574,575,582-584,599,601,602,604,606,613,617-620,625,628,629,633,636,640,642,644,646-648,651,655,662[4]236,466,512,513[5]772 [6]52,237,293,338,339,345,352,395,508,509,512,516[7]487,608,632,653,659,663,705,759[8]13,22,26,70,88,90,92,273,385,476,657[9]254,264,267,270,311,349,350,354,356,362,370,375,468,488,495,537,553,616,651,671,672,741,755,759,764,767 [10]174,180,202,234,265,284,322,350,387,483[11]95,96,294,562

馮家昇夫人(伯平夫人,馮夫人,見"張秀玲")

馮國治[2]561,571,575,577[3]56,61[4]204

馮國瑞(仲翔)[5]39,47-49,214 [6]301,306,313,315,327,330,337,338,353,360,362,370,385[8]139[9]761

馮國寶(君寶,馮醫,馮公)[8]395,424,449,450,463,466-469,471,472,475-477,480,528,643,650,652-660[9]239,246,249,261-276,278,289,302-310,318,320-330,332-335,337-340,343,344,351,352,354,356-358,365-371,373,374,432,440,457,459-461,463,467,469-473,480,482,489,490,492,499,501,503,504,506,509,510,522,532,534-538,540,546,563,565,567,570,572,573,574,576,597,660,624-626,663,686,723,726,745,781 [10]107,220,241,273,325,332,335,350,458,489,542,597,656,657,707,732[11]22,31,123,165,231,236,246,293,302,303,320,327,329,333,351

馮國寶夫人[9]509,657,681

十二畫:馮

[10]484[11]351

馮雪峰[5]419[8]363[9]502

馮惠民[10]37,43,51

馮景蘭（淮西）[2]95,97,102, 146,723 [3] 84,519,524, 527,550,605,617[10]534, 594[11]433

馮棣[3]530,544,546,564,568, 582,664,668 [5] 372,373, 542,773,774[11]210

馮雲仙（楊質夫夫人）[3]566, 701 [4] 691,692,700,721, 751,758,768,773[5]15,70, 71,117,118,125,130,132, 143,401,403,745,759,763 [6]302,303

馮筱軒[4]27-30,32,43,59,60

馮夢龍[2]180[3]144,238,291, 378[6]477[7]408,472[8] 59,216,448,575[9]548[10] 780[11]415,460,678

馮漢驥 [4] 289,290,292,344- 347,353,357,402,403,418, 424,450-453,478,479,485, 488,497,498,517,530,533, 563,638,645 [5] 287,299, 370,384,386,389,394,601,

739 [6] 195,212 [8] 24,27 [10]402,425[11]496

馮漢鑄 [5] 523,524,543,545, 548,558,559,563,571,575, 579,587,592,593,596,598, 599,694,722,726,728,731, 732,735,736,738,739,741, 742,748,751,752[6]7,13, 23,26,27,32,36,57,64,294 [7]304[11]87

馮賓符（都梁弟）[7]768,770 [8] 45,111,132,193,201, 221,383,387,388,391,393- 396,432,435,437,438,442- 444,446,448-450,456,462, 464,465,467,469,478,480, 481,487,490,501,503-506, 514,520,521,523,528,535, 536,541,546,553,572,585, 588,606,608,612,661,693, 698,699,729,730,731,741, 743 [9] 5,53,62,174,192, 215,228,244,258,267,302, 303,308,313,430,435,437, 446,452,600,607,642,656, 664,671,742,744 [10] 172, 173,182,194,281,282,302,

327,350,353-360,432,433,489,638

馮潤琴【6】302,306,317,323,357,360,361,363,368,369,376,380,384,385【7】24,452

馮繩武【6】300,317,330,353,384【11】52

馮繩武夫人【6】385

馮蘭洲【8】233,239,242,243,248,251,254,264-266,277,443

馮蘭洲夫人【8】237,245

馮讓蘭(張岱年夫人)【11】612

温源寧【1】711【2】356【4】661,697【5】269

游本昌【8】387

游國恩【4】214【8】457,458,469,545,562,606,619【9】192,261,313,440,470,551,759【10】28,37,341【11】426,580

湯用彤(錫予)【3】124,268,397,422,433,484,499,522,592,604,621,648【4】166,172,175-177,210,250-252,366,379【6】510,516【10】58

湯用彬(颐公)【3】604,655

湯吉禾【5】31,42,57,110,119,135,283,289,319,368-371,373,374,376-380,382,383,385,390-392,396-398,401,439,457,470,483,499,503,540,632,635,638【4】288,293,297,298,301,306,311,315,318,319,323,324,330,333,335,339,342,351,356,370,375,386,390,392,393,424,426,444,452,453,487,489,490,501,510,524,526,527,533,564,575,579,580,598,606,618,633,639,649,660,662,677,702,703,745,778【6】277,474,594【10】532

湯吉禾夫人【4】634

湯克之【7】117,242,247,251,256,257,259,274,275,278,431

湯志鈞【9】307,413【11】579

湯佩松【6】252【8】290

湯孟若【4】323,335

湯定宇【4】434,503【5】371,372,374,392,726,731【6】455【7】578

湯若望【3】117【9】371

湯茂如【4】304,305,311,315,

十二畫:馮温游湯逮費賀

320,341【9】307,462-464,496,538

湯惠蓀【4】262,263

湯象龍【3】363,372【4】195,196,201

湯逸人【5】371

湯爾和【3】749

湯徵予(警予)【7】639,646,716,754

逮欽立【6】47

逮劍華(劍花)【5】661,662,664,671,690,693,694,699,703-705,732,743,745,757【6】12,14,18,31,32,59,174

逮劍華夫人(逮太太)【5】676,700

費正清(J. K. Fairbank)【5】181,193

費仲南【4】185,193,222

費行簡(號敬仲,筆名沃丘仲子)【7】360

費孝通【2】722【3】9,16,477,480,483,488【4】160,162,182,185,187,192,233,234,248,260,466,469【7】418,482,487,645,651,653,655,753【8】16,35,53,158,209,

215,362,421,442,482,511,586,606,624,626,628,639,693,724,730,738,742【9】28-30,54,184,230,242,259,261,346,558,559,740,769【10】341,420【11】409,583,624,730

費青【5】292,300,353,430

費爾樓【3】470,471【4】298

費賓閣臣夫人(Mis. Frame)【2】326,385,505,533

費鴻年【2】43,44,97,104,149,205,221,564,687【5】543

費彝民【8】200,201【9】429,444【10】192,194

費耀普(王興城)【6】328【8】439【9】407【11】10

賀次君【3】108,181,182,201,202,207,217,240,267,269,275,297,342,348,356,358,367,379,421,436【4】132-135,367,392,405,414,426【5】396-399,426,607,609,618,620,623,624【7】585,589,590,592,593,596,598,599,601,605,608,612,615,616,621,622,624,632,638,

640,641,644,645,647,652,656,659,660,662,665-667,670,671,676,679,680,681,685,688,691-693,697,699,701,704,706,710,713,714,716,719,721,722,724,725,727,728,731,737,738,741,742,745,747,749,750,752-756,758-760,763,764,766,769,771,772,776,777〔8〕2-5,7,9,11,13,20,24,28,30,34,38,40,43,45-51,54,56-59,85,89,92,94,96,99,101,108,124,127-130,132,136-138,140,142,145,147,155,165,173,189,190,194,198,212,214,222,224,227,229,230,232,233,246,247,252,255,264-266,269,277,299,304,310,335,347,374,376,377,379,380,384,385,391,396,397,402,403,437,464,465,471,486,496,509,510,518,519,522,534,553,556,571,605,608,612,628,638,663,679,692,701,706〔9〕4,7,19,77,91,121,160,186,199,205,223,256,270,323,436,567〔10〕419,420〔11〕115,547

贺次君夫人（凤淑英,凤淑琴）〔9〕19,186,273

贺昌群〔2〕536,555,571,573,651,658,706,709,726〔3〕6,10,13,37,49,58,88,102-104,106,175,185,294,296,313,340,344,345,347,358,371,375,380,398,440,446,447,452,465,468,469,558,576〔4〕133,136,137,324,594,608,615-617,627,654,669,671,722,723,726,730,747,759,764,765〔5〕6,27,28,46,64,73,128,130,139,143,152,172,366,367,440,542,549,685,726,744,746,764〔6〕213,308〔7〕86,87,337,584,585,587,589,591,593,600,601,607,609,611-613,618-620,624,626,641,647,651,655,657,663,668,670,671,673,675,689,702-704,715,739,743,754,757,759,765,767,772〔8〕9,10,

十二畫：賀

21,22,26,28,34-36,39,40,49,85,87,92,124,132,134,140,147,190,192,198,212,215,246,276,278,281,282,284,287,288,290,373,374,381,382,384,385,396,412,434,457,465,468,471,485,501-504,508,510,530,543,545,571,572,575,578,582,587,605,615,619,620,642,644,649,651,653,654,663,664,692-694,701,708,709,712,741[9]14,19,22,30,32,35,67,92,108,118,160,161,172,185,195,208,209,214,223,237,240,252,259,262,270,271,282,302,304,305,310,337,348,375,430,431,451,460,468,471,483,485,495,502,502,506-508,510,531,532,537,543,553,554,579,590,595,616,617,631,643,645,651,670,671,675,727,737,738,745,754,756,759,764,766,767,784[10]8,76,84,92,109,110,115,169,174,176,180,202,206,265,272,280,325,354,387,464,478,482,499,509,515,520,529,532,598,616,652,692,797[11]162,229,232

賀昌群夫人（賀太太,夏志和）[7]698[8]31,36,43,211,661,662,701,726[9]82,84,98,172,216,222,530,570,574,624,659,672[10]280,457[11]250

賀師俊[4]604,605,625,629,652,662,685,742,774[5]171,181,473,483,497,687[6]75,294

賀師俊夫人[5]71

賀渭南[3]143,210,212,214,221[5]250

賀逸文[3]539,546,547,549

賀敬之[11]660

賀銀清（銀青）[4]722,750,769,772,773,775,778[5]10,315

賀緑汀[9]63[10]481

賀龍[9]12,186[9]777[10]590,599,604,610,612,673,714,720,731,786[11]480,687

顧頡剛全集·顧頡剛日記人名索引

賀耀祖（貴嚴，貴巖）〔3〕726〔4〕545〔8〕53，630〔9〕51，209，210，233，292

賀耀祖夫人〔3〕747

賀覺非〔4〕499，510，573，658〔5〕31，74，543，544，546〔9〕579，617

賀麟〔3〕272，539，621〔4〕602〔5〕439〔6〕253〔7〕631，640，749〔8〕9，128〔9〕183，230，254，258，264，270，309，311，362，370，375，468，488，495，537，551，553，616，671，729，758〔10〕109，174，180，181，183，186，187，202，234，255，305，498，579〔11〕114，137，378，394，409，495

隋樹森〔4〕552〔5〕139，331，348，361，375，423，423，468，471，476，527，532，536，536，573，588，593，597，636，637，747〔6〕48，71〔7〕483，632，647

陽翰笙〔5〕419〔8〕417，458，459，462，469，520，609〔9〕93，134，136，141，142，163，218，754，763〔10〕94，122，431，658，710，786

## 十三畫

載濤〔8〕129，221，393，401，631，661，703〔9〕24，51，62，86，119，177，188，192，195，203，210，219，226，228-230，242，249，259，261，267，306，346，350，448，471，491，493，508，547，588，594，605，612，740，772〔10〕219，254〔11〕240

萬國鈞〔6〕680〔7〕18，480〔10〕128，139，146，148，154

萬國鼎〔4〕186，549〔7〕680〔8〕87，88

萬紹章〔6〕45，75，153，157，158，175

萬斯同（季野）〔1〕817，824〔2〕244〔3〕624〔6〕539，601

萬斯年〔3〕653〔4〕173，175，191，198，204-207，210，260，261〔5〕191〔6〕514〔7〕592，606，607，678，679，698，702，703，

十二畫:賀隋陽 十三畫:戴萬葉

706, 708, 710, 714, 738, 743, 763, 765- 768, 771, 772, 775 【8】2, 3, 14, 22, 48, 58, 85, 90, 91, 124, 131, 194, 374, 391, 399, 408【9】471, 590【10】206, 654

萬德懿(文淵)【2】473, 477, 478, 607, 612, 613, 619, 631, 635, 640, 643【3】67- 69, 71, 126, 150, 227, 228, 240, 242, 250, 252, 265, 323, 434- 437, 454 【5】201

葉子剛【7】518, 531, 539, 618, 689, 693, 703, 704, 713, 749, 769, 771, 774 【8】14, 20, 23, 496

葉小沫(至善女)【8】38

葉公超【2】683, 703, 709, 720, 725【3】93, 164, 167, 448, 455, 474, 522, 551, 553, 569, 581, 603, 626, 653, 654, 655, 665 【4】661, 662【5】685-686【6】65, 169

葉以群【5】419, 474【10】691

葉正甲(琼生)【1】44, 62, 80, 88, 89, 107, 109, 111, 144, 147, 152, 153, 175, 183, 185, 239,

240, 242, 296, 484, 494, 531, 737, 785, 817【2】54, 305, 319, 646【6】12, 14【7】527, 570, 571, 572, 578 【8】23 【9】158, 611

葉永和(至善子)【7】772【8】38 【10】759

葉玉華【8】190, 193, 195, 196, 347, 376, 378, 379, 396, 397, 399, 406, 417, 424, 643

葉立群【5】547, 551, 558, 569, 571, 752【6】88, 94

葉企孫(企蓀)【3】174, 599【4】593, 598, 599, 612, 632, 661, 666, 668, 691, 753, 765【5】26, 45【6】252, 510【7】615, 617, 624, 695, 765【8】22, 53, 88, 409, 424, 501, 637, 662【9】5, 60, 185, 309, 455, 494, 535, 551, 610, 611, 740, 759 【10】27, 59

葉兆言(聖陶之孫)【11】215

葉至美(聖陶女)【4】486【5】392 【8】212【9】214

葉至善(聖陶子)【4】488, 635 【5】384, 540, 563, 563, 565, 680【6】515, 520【7】490, 651

[8]38,126,201,212,214,424,501,521,607,656,660,714[9]4,32,57,119,214,329,341,373,447,740,772,784[10]26,173,182,195,242,457[11]566,741

葉至善夫人(見"夏滿子")

葉至誠(聖陶子)[4]149,486[8]212[10]755

葉良輔(佐之,左之)[1]468,567,776[2]43,62,97,101,110,114,148

葉昌熾[6]180[7]99,386,546,549

葉采真[1]784,790,792,803,810,811,816[2]11,16,25,26

葉席儒[4]381,384,388,395,404,412,426,435,440,486,487,492,499,511,528,537,538,561,641,647,737

葉恭綽(譽虎,玉虎,遐庵)[2]494,704,705[2]390[3]459,463,570,588,589,614,615,633[5]658,742,743[6]224[7]302,458,480,482,491,493,515,619,631,648,649,655,683,753[8]14,35,53,55,93,126,129,146,194,196,200,211,213,218,251,363,384,421,661[9]236,249,435[10]543,768[11]245

葉笑雪[7]208,210,235,278,281,284,301,330,333,336,358,375,383,403,413,415,425,446,453,456,457,495,500,529,532,573,762

葉國慶(谷馨,怡民)[2]35,131,285,360,406,434,435,438,440,447,461,468,488,489,498,537,541,552,553,556,558,566,568,577,593,599,602,631,648,726[3]158,240,268,456,531[4]572[5]705[6]293[7]583[9]730,731,758

葉彬如[4]393-395,398,412,415,427-429,437,446,469,477,478,488,495,498,515,561,569,573

葉淺予[5]419[7]757[8]631[9]78

葉渚沛[8]14,15,122,123,278,281-284,286,287[9]61,551[10]70,75

十三畫：葉

葉盛章[9]406-408,413,414,416,418,419,421 [10]559,634

葉盛章夫人[9]427

葉盛蘭[8]571,576,629,743[9]406,407,414-416,421 [10]634

葉盛蘭夫人[9]427

葉紹鈞(聖陶)[1]4,5,8,11-14,18,20,37,38,55,59,69,78-82,88,89,92,98,103-106,113,114,120,124,126,128-132,135-139,141,142,144,145,147,152,154-157,161,162,164,170,171,173,175,177,183,184,187,190,193,201,206,208,209,212,213,215,217-220,223,224,227,228,230,231,234,236-241,244,246-249,252,255,260,262,265,267,270,271,274,275,277,279,281,286,288,292,293,295-300,302,304,305,310-312,314,316,317,321,324,325,328,332,333,335-341,344,346,350-352,356-360,362-369,371,376,378-381,383,385-387,390,392,393,395,398,405,412,418,424,427,432,437,444,446,450,459-461,463,469,473,476-479,484,487,491,498,499,501,509,522,535,536,540,553,558,578,582,594,597,603,607,608,610,611,632,638,756,663,691,696,707,711,713,775,778,779,784,785,789,791,793,796,798,799,801,810,813,815[2]28,33,35,42,49,51,56,59,61,64-66,75,77,79,81,89,90,109,124,219,258,264,317,321,333,336,343,368,406,420,435,472,486,526,536,585,606,607,611,612,636,663,731[3]67,69,72,79,80,311,379,439,501,512,588,589,604,678,685,689,690,691,704,723,748 [4]22,47,77,138,139,141,142,144,145,148-150,158,238,265,292,300,363,369,375,382,387,394,406,407,413,450,451,458,485,486,

488, 503- 506, 525, 543, 547, 561, 566, 573, 580, 594, 636, 638, 647, 651, 676, 677, 688, 714【5】8, 58, 60, 74, 95, 126, 157, 371, 375, 377, 378, 382- 384, 386, 392, 394, 398, 467, 480, 540, 576, 640, 653, 654, 656, 660, 669- 671, 673, 680, 710, 718, 719, 728【6】9, 10, 94, 283, 288, 382, 387, 470, 509, 512, 517, 531, 563, 564, 590, 597, 638, 670, 677, 681, 699【7】7, 134, 474, 478, 479, 479, 482, 483, 490, 491, 511, 554, 585, 620, 624, 630, 631, 647, 651, 656, 705, 706, 739, 740, 747, 772【8】32, 35, 42, 51, 87, 126, 140, 142, 192, 212, 219, 220, 273, 316, 381, 424, 471, 482, 486, 501, 518, 607, 660, 694, 695【9】32, 87, 88, 96, 162, 166, 185, 187, 214, 218, 221, 232, 234, 236, 298- 300, 329, 339, 341, 347, 359, 373, 431, 447, 532, 538, 555, 593, 607, 609, 662, 732, 734, 740, 744, 747, 748, 783, 784

【10】26, 47, 76, 156, 173, 180, 182, 194- 196, 219, 225, 242, 248, 263, 268, 302, 305, 328, 341, 355, 387, 400, 556, 607, 621, 720, 755, 759, 763, 768, 770, 773, 800【11】179, 190, 213, 215, 258, 385, 408, 426, 472, 477, 484, 523, 538, 566, 570, 589, 643, 644, 649, 651, 652, 654, 660, 741

葉紹鈞夫人（聖陶夫人, 胡墨林）

【1】335, 413【4】142【5】540, 653, 720, 738【7】699【8】31, 38, 211

葉鹿鳴【5】369, 383, 396, 398, 442, 465, 471, 487, 503

葉景莘（叔衡）【5】614【7】534, 536, 537, 670【8】53, 126, 424, 461, 607, 610, 625, 627, 661, 703【9】11, 28, 51, 60, 86, 119, 220, 232, 234, 235, 238, 259, 265, 268, 269, 271, 276, 278, 281, 279, 345, 347, 350, 444, 448, 465, 492, 508, 509, 533, 551, 588, 589, 605, 609, 665, 693, 726, 771【10】163, 167, 214, 222, 236, 263, 290

十三畫：葉葛

葉景葵（揆初）[3]401,547,636 [5]655,657,659,672,673, 722,726,729,731,738[6]10, 51,162,224,406,407,420, 425,426,450,475,478,483 [7]470[8]263[9]609

葉匯（達三）[5]365,466,506, 508,524,525,535,560,571, 636[6]213,214,216,219, 235,271,298

葉楚生[3]202,274[5]512,513

葉楚傖[2]52[3]441,500,506, 512,515,544,579,584,585, 591,592,615,616[4]148, 545,555,609,752,753[5]36, 42,159,165,192,450

葉德光[3]120,161,190,196, 200,201,215,220,293,294, 314,382,626[4]278[5]512

葉德均[6]82-83[8]339,342

葉德輝[1]59,150[2]42[6]180 [9]577

葉適[7]763,765[11]358,360

葉震（溯中）[3]373,432,440, 449,456,460,628,633,635, 676,688[4]692,755[5]55, 433,445,490,498,512,534,

634,655,657,672,673,717 [6]79,113

葉曉鐘[5]170,171,192,193, 208,226,230,233,245,271, 280,313,406,498[6]692[7] 607,647

葉篤義[8]363,626,628,735, 738[9]239

葉瀚（浩吾）[1]58,178,181 [2]280

葉蟄生（聖陶子婿）[6]496,512, 514[7]7,479,663[8]38,212, 445[9]689

葉籟士[9]759

葉麐（石蓀）[1]149[2]416, 419,506,552[3]153,155, 161,166,350,358[4]133, 135,137,300,345-347,350, 569,582,583[8]364

葛志成（志誠）[7]629,744,745 [8]45,56,59,93,111,132, 148,193,201,211,222,383, 387,388,408,411,413,416- 419,424-427,429,435,437, 438,441,442,444,446,449, 450,456,462,464,467,469, 471,473,475,478,480-482,

487,489-490,501,503,505,506,508,514,520,521,523,525,531,535,536,537,540,541,544,546,551,553,560,562,564,572,585,606-609,616-619,623-626,628,629,643,646,649,661,692,699,700,705,706,709,714,717,725,726,730,731,733,735,736,739,743【9】4,5,18,20,24,27,31,34,57,59,61,63,79,80,86,87,90,92,106,160,161,178,180,183,186,187,189,191,194,206-208,210,211,213,216,226,244,246,248,258,261,262,267,302-304,308,361,366,373,389-391,396-398,405,433,452,454,465,473,491,537,544,551-553,557,565,587,589,600,642,656,661,663,671,684,693,694,700,701,703,726,740,768,769,782,785【10】5,26,181,182,194,195,318,320,330,331,341,356,399,462【11】247,350,360,381,410,413,426,437,527,541,583,591,611,667

葛邦任【4】704【5】241,268,280,287,326,353,407,410,414,426,427,430,457,476

葛武棨【4】22,59,103,114,118【5】123【8】504【10】594

葛建時【3】638,721,722,726-728,754【4】42

葛砥石【5】645,648-650,719【6】100,108,606【7】577

葛啟揚【2】370,378,439,446,467,468,533,535,541,657【3】25,33,35,36,47,48,51,54,56,59,60,61,63,97,100,101,123,180,190,191,197,202,371,404,410,452,528,635,638,639,645,649,652,656,657,660,666,725【4】238【6】72

葛喬【5】589,628,680,774【6】161,444,649

葛綏成【7】18,106,107,129,134,136,137,141,144,145,147,151,174,176,185,188,190,192,193,195,198,201,202,204,210,213,219,221,224,233,238,272,274,276,

十三畫：葛董

283，288，305，307，315，318，333－335，337，359，375，398，405，424，454，455，459，466，477，497，498，503，506，513，535，579，596，619，647，667，669，670，674－676，715，724【8】51，56，124，196，362，385，619【10】540

葛毅卿【2】124，129，138，176，177，217，244，254，266，284，288，289，295－297，299，318－320，327，348，355，370－372，383，389，392，394，410，413，425，458，546，575，655，726【3】238，431，432，441【4】140【6】64，400

葛蘭言【7】108【10】319

董允輝【2】380，386，387，392，400，404，406，407，410，412，413，416，427，435，440，444，456，510，532，535，536【3】70，238

董必武【5】435，489【6】592，689【8】14，17，29，211，216，425，611【9】335，450，605，611【10】561

董玉杰【7】258，260－262，268，271，272，275，278

董石聲【6】402，421，426，432，433，438，492，504，530，539，552，571，583，633，645，662，672，675，695【7】9，12，26，28，31，38，65，69，74，75，103，106，139，168

董守義【5】577，686【6】235，298【8】111，201，211，221，222，383，395，397，399，411，416，437，442，449，462，464，467，469，520，528，531，534，541，546，560，572，606，608，612，615，619，621，629，643，649，656，661，694，698，702，705，708，709，714，718，721，724－726，728，730，731，733，735，739，742【9】5，8，9，20，24，27，31，63，65，75，78，80，84，92，106，175，178，179，189，215，228，231，242，244，258，261，272，304，308，335，356，361，373，390，397，398，431，435，452，453，482，492，504，505，537，553，600，642，656，662，671，698，700，726，740，773，777，782【10】27，173，182，193－

195,234-235,317,320,326,341,490[11]381,565

董竹君[8]220[9]61,62,119,346,775[10]792

董作賓(彥堂,燕堂)[1]458,483,485,488,489,491,493,497,500,508,509,534,540,542,545,546,549,552,559,561,562,568,576,581,582,584,585,594,595,602,615,622,634,637-639,642,666,698,700,706,716,747,760,800,801[2]69,78,85,95-98,100-102,105,108,137,190,252,253,285,288-290,293,295,330,337,341,369,370,371,383,384,392,399,400,411,417,421,427,431,433,437,443,446,448,489,493,515,516,534,536,539-541,543,562,575,655,657,663,664,681,686,726,730[3]58,123,220,431,432,441,460,503,505,508,509,510,514,527,585,587,592,596,615,675,729[4]42,161,168,172,196,197,204,212,216,219,221,222,225,240,268,326,584,585,653[5]9,505,673,746,747,760,762[6]5,6,120,252,395,622,629[8]238

董伯豪[2]482,483[7]580,582

董每戡[5]680[6]546,560,570,605,626,634[8]363[11]195

董家遵[4]191[9]406,428

董純才[7]610[8]111,383,546[9]414,425

董問樵[5]28,179,181,186,187,226,366,404,421,426,471,494,495,511,516,543,628

董康(紹經,綬金)[3]78,383,647[11]646

董爽秋[6]299,301,302,304,305,309,314,317,318,325,327,329,330,332-334,338,339,341,346-348,359,361,363,368,370,371,373,375,378,385[7]628,632[8]12,200,213,215,219,596,597,599,607,610,615[9]54,55,62-64,409,416,429,441,446,449,452,767,768,774,778[10]186,187,192,193[11]56

十三畫：董靳楚楊

董紹華〔9〕562，564，567，570，580，581，585

董森〔8〕712〔9〕168，660〔10〕52，124

董渭川〔5〕732，735，765〔6〕14，15，26，56，63，86，98，228，230，511〔8〕15，54，202，217，218，363，486，489-491，496，498，499，508，656，705，717，721，724〔9〕192，241，242，322，325，346，710，712，715-718，722，775

董渭川夫人〔6〕34

董道寧〔3〕432，433，440，441，449，506〔6〕622

董漢槎〔5〕642，644，648〔6〕110，124，176，177，179〔7〕51

董璠（魯安，魯庵）〔2〕372〔3〕352，355，448，470，525，536，543，545，552，650〔5〕386

靳自重〔6〕435，445，480，482，655〔7〕86，107，126，136，183

靳自重夫人（靳太太）〔6〕425，430，436，443，445，447，448，453，455，457，463，468，474〔7〕86

靳毓貴〔4〕604，656，675，732，733，746，767〔5〕17

楚存海（高玉華夫）〔9〕348，349〔10〕218，219，221，222，238〔11〕256，428，592，629

楚明善〔4〕545，621〔5〕159〔7〕669〔8〕501

楚溪春〔7〕649，660〔8〕12，33，200，215，218，226，393，410，412，430，452，453，509，562，575，576，638，661，693，703，705，706，738〔9〕24，25，83，88，236，281，287，289，329-330，513，514，517，527，588，590，666，694，769，775〔10〕85，118，119，363，620〔11〕676

楚溪春夫人〔9〕295，594，697

楚圖南〔4〕166，172，190，195，260，261，714〔5〕438，485〔6〕10，496，512〔7〕630〔8〕219，631，659，666-669，671，673，735，738〔9〕55，188，243，535〔10〕187〔11〕538

楊一波（立賢）〔4〕154，155，156，159〔8〕626，628，639，654，656，721，724，735〔9〕5，177，260，346，536，775

楊人楩（張蓉初之夫）〔4〕292，

353,354,489,579,722,724〔5〕319,714〔6〕512,514〔7〕426-428,430,482,486,587,614,622,663,689〔8〕26,88,363〔9〕192,740,758,767

杨大钧〔4〕554,602,652,662,664〔5〕71,132,179,404〔8〕586

杨大钊〔3〕271〔4〕598

杨大膺〔6〕501,502,529,530,546,549,552,556,559,567,570,572,590,594,603,626,628,683,693〔7〕29,33,34,37,64,65,72,102,117,127,143,201,206

杨子廉〔7〕626〔8〕213,616〔9〕773

杨子毅〔2〕259,299,306,308

杨小楼〔1〕31,201〔3〕574〔6〕588〔8〕428〔9〕416,430

杨小霞(鸿烈)〔4〕26,27,29-32

杨公素(见"余贻泽")

杨公庶(杨度之子)〔7〕649〔8〕33,93,136,145,213,215,735,742〔9〕83,112,117,119,120,346,491,740〔10〕113,340,490〔11〕572

杨公达〔2〕482〔3〕590〔4〕591,602,603,613,763〔5〕380,686

杨升南〔10〕794,797,804〔11〕2,82,84,85,91,133,149,151,156,667

杨天石〔10〕234

杨天骥(千里)〔7〕472,474,527,543

杨丙辰(震文)〔3〕37,107,415〔5〕609,624

杨世华〔4〕227,273

杨以增〔11〕646

杨令德〔3〕222〔6〕218,343,347,373,385〔8〕211,213,215

杨冬麟(王大瑛之夫)〔7〕479,492〔8〕61,483,572,647〔9〕175

杨生华〔4〕73,74,82,466〔6〕69,92

杨石先〔5〕109〔8〕111,533,535,546,608〔9〕63,431,434,454,600

杨立奎〔3〕544,629〔4〕620,661

杨立诚(以明,颖门)〔1〕641-643,648,800,801〔2〕60,61,84,85,88,260,261,306-308,318,368,478,479,516,523,

十三畫：楊

538,658【4】156

楊亦周【3】561,695,696【4】298, 595,596,600,601,699,703 【7】700【8】53,213,219,403, 429,606,700 【9】 54,769, 772,778

楊亦農【7】316,430,497,517

楊仲子【2】709【4】550【5】536 【9】447

楊兆鈞（濬新）【4】543,546, 548,748

楊冰（抱一）【4】692,700,721, 743,774【5】8,130

楊向奎（拱辰,拱宸）【2】715【3】 25,29,37,48,50,55,59,61, 139,195,201,207,238,267, 279,297,298,309,311,320, 322,333,339,341,352,358, 372,385,396,399,402,404, 405,407,416,420,421,427, 452,455,467,469,482,486, 488,490,499,571,619,658, 660,665,666,745,752【4】2, 3,5,7-13,17,21-24,28-30, 40,41,43,46,51,59,60,62, 64,72,78,92,108,112-117, 119,125,126,128-131,152,

154,176,177,192,202,203, 228,238,239,263,267,270, 291,317,321,324,334,341- 345,347,349,354,356,358- 361,363-365,369,371,380, 382,384,386-389,391,394, 397,400,401,403,407,410, 412-414,417,419,426-429, 436,449,471,537,551,566, 573,606,637,640,641,693, 707,715,743【5】37,38,59, 74,95,124,127,153,174,199, 200,206,222,256,319,321, 468,545,549,560,594-597, 599,602,696,705,709,728 【6】53,237,288,292,310, 312,360,437,479,483,487, 489,497,504,507,511,516, 519,537,561,653,656,672, 675,678,681,685【7】7,13, 24,46,47,49,74,81,82,89, 96,125,136,198,211,213, 250,252,271,290,314,331, 374,383,386,511,515,598, 601,613,639,646,647,702, 713,762,766【8】1,87,88,91, 95,96,100,122,123,147,148,

190,193,197,211,224,248,275,278,334,335,340,344,345,373-375,380,383,384,386,391,393,395,397,399-401,465,483,488,503,508,519,520,523,536,545,578,587,588,605,655,663,664,677,689,692,711,729[9]14,15,19,80,83,91,94,113,114,117,121,150,208,210,304,307,370,434,502,508,534,536,539,617,648,739,756,759,767,781 [10] 11,206,213,298,302,313,350,363,409,410,412,413,415,456,481,488,497,500,512,515,520,539,559,571,616,617,633,643,646,658,659,721,725,730,735,756,757,759,773,783,793[11]2,107,122,131,138,142,298,378,392,411,438,468,546,652,673

杨向奎夫人(拱辰夫人,杨向奎妻,尚树芝)[8]96,102-104,121,123 [10] 280,298 [11] 298,367,392,468

杨守敬(惺吾,邻苏老人)[1]391

[2]253,293[5]371,467[6]636 [7] 462,533,609,610,657,684,730[8]29,131,293,556,662,691[9]573,685[10]214,386

杨成志 [1] 702 [2] 40,44,96,184,722 [3] 155,385,386,436,456[4]205,206,235,537 [7]487,632,652[8]40,156,389,459,469 [9] 334,337,431,470,506,576,591,625,675,682-683[11]70,657

杨佛士(定襄)[4]728,739,774 [5]72

杨伯峻(徐季涵女婿)[8]363,637 [9] 351,548,552,588,603,617,649,650,655,668,669[10]63,201,367,412,460 [11]206

杨廷福(士则)[5]291,339,340,474[6]8[7]144,539,566,582 [8]23,363[9]749[11]508,522,543

杨志玖[4]233,275,569,595[6]195[8]88[11]516

杨扶青 [9] 380,389,390,394,395,398,405,431,532,740

十三畫:楊

[10]254,257,340

楊秀峰[3]552,554[7]482,485[8]29,30,91[10]589,590,606,682,786[11]652

楊見心[2]61,73,74,84,621,633,634

楊叔明[4]289,320,335,338,524,580[5]546[6]242

楊季威（孝通之姨母）[4]162,164

楊宗億[5]617,619,622-624,773[6]65,66,71,92

楊尚昆（楊）[9]60,695,773,775[10]578,590,612,617,639,647,657,658,697,786

楊明軒[8]148-153[9]606,612[10]187,731

楊明堂[3]706,707,724[4]7,11,23,56

楊明照[3]585,640[8]88

楊東蓴（東蒞）[6]496[8]111,383,393-396,400,402,408,411-413,416-418,421,425,426,428-430,435,437,438,443,446,449,450,456,462,464,467,469,471,473,475,478,480,481,482,485,489,494,495,501,503,505,506,508,519,520,523,527,528,532,534-535,537,539-541,544,546,551-553,559,560,572,581,585,588,606-609,612,616-619,621,623,624,626-628,630,639,643,646,649,656,660,661,698,703,704,705,708,717,729,731,733[9]5,12,27,51,54,62,65,78,94,106,119,161,175,179,180,183,186,191,195,207,208,210,219,220,228,229,231-234,236,239,242-244,258,261,276,308,350,431,433,437,442,453,463,482,492,495,503,508,537,553,557,559,566,571,588,594,671,684,700,702,723,724,736,755,759,761,764,768,777[10]15,17,22,27,173,181,182,195,301-303,311,317,330,352,425,432,433,544,638,765[11]247,381,479,480,495,523,652,654,693

楊沫[10]190,339,343

杨牧之[11]687

杨虎城[3]560,562,563,571

杨雨亭[5]146,148,150,172,173,185,195,197-200,206,210,220,221,223,234,237,238,240,293,387

杨亮才[9]334,337,437,470,506,591

杨亮功[2]478,494,657,710[4]648[6]400,439

杨俊民[4]526,528,534,535,757[5]193,230,495,620-622[7]601

杨俊傑[10]413,414,416,417,419,420,422-424,427-431,436,444,448,450,451

杨品泉[7]585,586,590,603,647[8]135,137,278,397,587,617,639,655,731[9]739[10]206[11]102,626

杨度[11]572

杨思(深之,慎之)[6]309,332

杨思曾[5]465,467,511,531[7]527,542,553,555

杨昭恕(心如)[1]113,160,176,568,610,615,617,697[3]313

杨星川[3]198,219

杨柏如[6]616,672[7]18,103,138,168

杨美貞(美真,章乃器夫人)[4]428,440,475,486,487,491,492,511,529,537,576,635[5]191,193[7]660[8]133,363,421,717,740[9]28,229,260,322,329,463,680

杨述[10]480,509,514[11]669,670

杨刚(見"杨繽")

杨家瑜[4]622,668,681,745[5]72,109,112,132

杨家骆[4]76,148,470,704[5]48,51,52,186,196,217,220,235-237,255,258,261-263,265,273,279,308,318,324,325,332,333,335,346,350,357,376,390,410,411,414,421-423,427,430,437-439,441-444,446-448,460-462,465,467,470,472,485,487,488,503,504,506-508,513,515,516,519,523,524,526,532-534,546,547,553,655,658,671,696,728,738[6]10,49,168,223,237,325,473,597

十三畫：楊

楊家駱夫人【5】478,503
楊振聲（今甫，金甫）【1】542,
544,545,565,566,580,585,
656,661,714,715,717-721,
734,735,737,740,743,749,
754-757,759-763,765,767-
769,779,800,816,817【2】76-
78,81,82,95,96,100,106-
109,113,115,117,124-128,
130-132,135-137,143,145,
146,148,150,151-161,168,
171,173,181,182,213,232,
278,280,293,295,311,324,
329,344,351,355,356,373,
375,380,386,387,389,406,
408,425,520,528,529,531,
536,542,545,631,731【3】12,
37,60,103,104,128,363-365,
504,528,545,547,551,554,
568,577,657【4】173,177,
555,607,609,611,612,751,
753,755,758【5】435,604,
606,608,614,619,624,759
【7】143,429,707【8】31
楊效曾（中一）【3】201,271,274,
277-279,339,344,348,349,
352,359,376,410,655,658,

659,666【4】541-543,548,
553,557-559,561,566-569,
572,573,580,591,593-598,
600,603,604,606,620,631,
640,656,659,680【5】34,35,
39,450
楊時逢【4】584,664,665
楊浪明【4】317,365,405,416,
575,576,579【5】31,70【11】
34,35
楊浪明夫人【6】356
楊莊甫（芒甫，芒蒲）【3】741【4】
138【5】113,114,207,546
楊堅白【8】523,534,546【9】708,
709,713,714,758【10】168,
182,183,185,193-195,
431,676
楊培蘊【5】362【7】31,44,51,74,
75,79,125,168,222【8】586
楊堃【3】376,498,551,554,658
【5】72,609
楊堃夫人（張若民）【3】624
楊崇瑞【9】34,37,88,112,115,
116,119,260,267,323,346,
492,605,740,750-752,763,
768【10】768
楊晦（興棟，慧修）【1】568【3】

104〔5〕419〔8〕381〔9〕759〔10〕343〔11〕652

楊清源〔8〕611,735〔9〕281,295,296,440

楊紹和(以增子)〔11〕646

楊紹曾〔5〕77

楊紹萱〔6〕495,496〔8〕457

楊訪〔11〕350,652

楊惠之〔1〕241,359,364,365,367,376,382,412,431,662,762〔2〕352-356,358,365,368,614〔6〕712

楊景周(明堂弟)〔3〕707,708〔4〕3,4,6-9,12,22,23,39,43,48,51,53-58〔7〕375

楊景晨(張奚若夫人)〔9〕194,229,234,236,262,625〔10〕52

楊絳(錢鍾書夫人)〔11〕548

楊超〔8〕137〔11〕94,158

楊鄉生〔5〕226,227,229,230,356,383,397-399

楊開道(導之)〔2〕455,466,490,491,493,514,602〔3〕20,163,184,365,464,470,471〔5〕9,226,403,423

楊寬(楊實,次弓)〔2〕330,370,378〔3〕357,379,382,397,399,436,452

楊廉(四穆)〔1〕651,681,682,782,802〔2〕50,51,58,64,65,67,75,86,87,89,128-130,260,306,506,534,556〔4〕133,136

楊敬之〔2〕582,658,685,697〔3〕112〔4〕112,509,510,531-533,601,604,611,621,633,652,660,674,680,691,721,728,729,739,742,763,770,773,778〔5〕15,72,190,209,515,620,622-624〔6〕176,178

楊殿珣〔3〕412〔7〕602,607,647〔8〕33,36

楊毓鑫〔3〕87,148,166,171,279

楊瑞五〔3〕706,707〔4〕4,5,22-24,36,41,47,48,54,732

楊筠如〔2〕28,208,209,212,220,229,245,276,285,290,358,368,402,419,474,546,656,726〔6〕338〔7〕315〔8〕567,569,580

楊壽祺〔1〕426〔2〕78,259,609,644,690〔5〕705〔7〕304

楊夢賁〔3〕400,401,429,607

楊榮國〔5〕419〔8〕22,636,702

十三畫：楊

[9]91,758[10]116,705

楊端六[2]49,52,78,89-92[3]80[4]751,753,755[5]435,490[6]67

楊銓(杏佛)[2]250,259[3]10

楊衢晉[4]139-141,145-147,158,705,708[5]62,89,95,148,149,153,159,171,176,183,189,193,194,200,203,210,223,237,240,244,245,249,252,260,261,280,282,298,299,358,429,436,749-751[6]171

楊寬(寬正,劉平)[5]537,548,594,654,656,657,659,660,671,673,679,694,699,704,716,719,720,726,730,737,754,765,772[6]9,49,95,160,165,246,280,400,410,436,437,505,508,555,607,613,620,626,637,675,694,705[7]11,36,70,75,103,105,107,126,128,153,181,185,189,214,218,225,240,244,246,277,279-281,292,307,308,314,318,319,329-331,335,336,342,364,394,396,414,420,443,472,473,476,477,496,497,503,506,523,532,534,535,547,558,573-575,590,592,593,605,675,678,756,766[8]22,23,25-27,91,316,583,587[9]511,516,754,756,759,765[10]2,68,114,120,164-166,176,190,228,355,372-379,399,522,672[11]514,730

楊德芳[1]110,117,164,169,170,176,178,180,202,220,457,462,472,504,562,579,581,615,617

楊慕時[4]602[5]157,166,167,497,685

楊毅之[3]724,751-754[4]2,34,46,58,111-113,127,129,130

楊蔚如[5]643,647[6]108-110,125,176,178[7]51

楊蔭杭（老圃，楊絳之父）[11]548

楊蔭深[7]426,446,465,470,472,496,507,511,513,516,521,545,547,548,551,557,566,577[8]458,458

杨荫榆〔1〕446，659，835〔2〕227，262

杨荫瀏〔3〕543，552，572，650〔4〕177，662〔5〕514，570〔8〕610，700，717，733〔9〕28，31，34，38，61，79，86，95，212，226，245，325，326，607，726，763

杨衛玉〔5〕159，512〔7〕7，493，722〔8〕7，16

杨賢江（英甫）〔1〕323，399，424

杨質夫〔4〕601，625，666，682，698，728，732，742，743，745，751，759，763，765，773，774〔5〕8，16，70-72，105，119，128，130，132，143，402，403，406，483，498〔6〕49，52，53，65，302，303，305，306，317〔7〕82〔11〕52

杨適夷〔1〕446，486

杨憲益〔4〕562，564〔5〕206，255，525，536，746〔6〕178〔7〕440〔8〕17〔9〕693〔11〕656，660

杨樹達（遇夫）〔1〕698，712，721，800，801，835〔2〕290，372，431，435，552，601，728〔3〕521〔4〕535，588，674，727〔5〕549〔6〕252，288〔7〕125，131，551，608，744-747，760，763，767〔8〕7，23，296，210，215，246，402，643〔9〕247，318，325，327，328，542〔10〕127，236，488，673〔11〕363

杨錫鈞〔4〕655，658，667，680，727，731〔5〕391，393

杨龍章（羲兆揚昊）〔11〕628

杨鍾健（克强）〔2〕462〔3〕429，445，518，519，559，560，563，568，603-605，628-630，634，637，652，657，660〔4〕41，52，92，97，160，166，177，192，234，262，264，656，668，678，705，741〔5〕139，197，248，270，694，759〔6〕252，292，375，395，515〔7〕517，672〔8〕505，735〔9〕32，181，187，209，211，236，237，304，346，740〔10〕607〔11〕556，612，621

杨鍾健夫人（克强夫人）〔5〕183〔7〕685

杨鍾羲〔11〕355

杨鸿烈〔2〕360，424，429，430，598，611，730〔3〕156

杨蓋卿〔2〕342，367，389〔3〕100，271，341，561

十三畫：楊雷

楊鵬升（蓬升）[4]137,301,335, 346,517,527[5]396,398

楊獻珍[8]102,425[9]758[10] 122,431,510,590,591,658, 682[11]662,669,670

楊績（楊瑱,楊剛,季珍）[3]341, 346,347,350,354,365,376, 378,386,388,389,396,402, 405,407,411,412,429,466, 467,487,491,498,499,508, 518,521-523,526,529,531, 533,534,537,538,542,543, 545,546,648,557,558,564, 565,567-569,571,582,600, 604,617,620,623,627,655, 662,664[5]68[4]151-153, 294[5]58,77,78,83,95,131, 143,159,161,178,181,188, 223,230[8]273,377,378,530 [9]694,752

楊鑒[6]503[7]33,116,128, 211,212,220,270,330,542

楊鑒初[8]286,290,292

楊霽青[4]131[6]327,364

楊顯東（楊績弟）[3]664[7]680

雷天模[5]402,448,449,460, 462,469,631

雷守廉[2]439[4]299,323,340, 348,417,648

雷沛鴻[5]37,433,490[6]69 [7]629[8]134,211,212,615 [9]428,429

雷雨辰[5]447,449,461,470, 487,488,506,512,530

雷海宗（伯倫）[2]411[3]490, 620,638,655[5]45-49,54,64 [6]118,513[7]89,429[8] 315,363[9]611

雷浚[7]293,294[9]371 [11]467

雷敢[5]464[6]173[7]658 [9]590

雷榮珂[5]47-49,54[8]151, 167,170,174,200,210-212, 496,522[9]62

雷潔瓊（嚴景耀夫人）[3]30,35, 50,55,57,58,102,103,116, 122,143,201,206,209,212- 214,221,266,271,272,320, 350,406,407,415,436,477, 530,531,536,545,548,552, 553,556,619,632,646,660 [4]51,238[5]655,657[6] 516[7]638,648,652,655,

677,683,688,745,754,766,768,777〔8〕10,53,56,87,93,111,132,138,145,147,193,201,221,383,387,388,391,393,394,396,397,400,401,408-411,418,421,423,424,426,428,429,435,438,442,444,449-453,456,462,464,467,469,471,473,475,478,480,481,489,490,493,495,498,501,503-507,509-512,514,516,520,521,523,525,527,528,531,533,535,540,541,544,546,551,560,572,581,588,608,612,616,619,628,629,639,643,661,694,714,726,731,738,739,743〔9〕5,20,53,62,91,96,106,185,236,249,258,303,308,375,382,384,396,397,431,435,448,452,454,492,537,600,642,671,684,693,700,724,726,740〔10〕172,173,182,195,317-319,322,356〔11〕381,397,409,708

雷鋒〔9〕647,649,651,652,662,672,676,680,743〔10〕32,220,411,452

雷震(儆寰,警寰)〔4〕141〔5〕442,444,472,510,626,629,631,763〔6〕58,67

雷學淇〔4〕213〔7〕80,464,476,691,740-742〔8〕269,585〔10〕46,51〔11〕464,485-487

裴子元(籽原)〔1〕555,660,663,665,682,684,763,774,776,800,801〔3〕193,194,196,197,374,375,378,418,503,504,602,603,604,614,627,675,676〔4〕150,283,700〔5〕182,193,209,225

裴盛戎〔8〕215〔9〕444〔10〕325

裴善元〔2〕657〔3〕367,592

裴開明〔2〕500,503,538,545,555〔3〕648,693

裴錫圭(錫珪)〔7〕367,370〔8〕191,392,393,397,424,718,730〔9〕7,22

賈光濤〔4〕637,642,646,648,719〔5〕127,289,522,528,530

賈芝〔8〕389,416,417,425,435,447-459,469,572,628,744〔9〕77,93,167,183,240,243,245,249,264,275,334,337,

十三畫:雷裴賈虞路愛解詹鄒

470, 486, 493, 506, 540, 562, 591, 607, 615, 644, 684, 759 [10]46, 117[11]354, 635, 657

賈祖璋[7]491[9]702, 784[10] 235, 309, 318

賈維茵[4]115, 117, 128, 130, 321, 523

賈蘭坡[3]143, 186

虞宏正(弘正, 叔毅)[7]228- 230, 596, 679-682, 694, 717 [8]144, 694[9]55

虞俊芳[9]209, 243, 338, 366, 465, 545, 548

路大荒[10]159, 161

路工[8]380, 389, 416, 417, 447, 456, 458, 520, 545, 562, 568, 571, 580, 628[9]14, 93, 268, 506, 591, 619, 738, 744, 748, 753, 754, 757, 774

路翎[5]419

路葆清[6]301, 310, 313, 314, 316, 329, 332, 334, 359[7] 228, 229

愛立才夫(愛立資夫, 艾立雪夫, 愛立旋夫, 葉理緩, Elisseeff) [3]62, 653, 654, 657[4]470, 473, 603

愛般哈特(愛盤哈特, 埃伯哈特) [3] 144, 249, 298, 300, 359, 374

愛羅先珂[1]321

解方[5]524, 525[10]161, 292, 293

詹天佑[3]559[10]377

詹安泰[8]300

詹銘新[9]302, 303, 304, 314, 433, 464[10]308

詹鍈[4]669

鄒明誠[5]45, 483, 764[6]238, 293, 416, 424

鄒秉文[6]71[8]219, 510, 514, 515, 516, 539, 557, 562, 607, 706, 717, 724, 738[9]4, 28, 34, 59, 72, 89, 94, 181, 206, 229, 239, 241, 254, 395, 396, 723, 771, 773[10]113, 119, 192, 736

鄒珍璞[4]711[6]239, 393[7] 80, 99

鄒新垓[5]557[7]3, 11, 12, 13, 15, 16, 17, 18, 20, 21, 25, 26, 29, 131, 132, 135, 138, 146, 148, 152, 272, 282, 290, 316, 333, 335, 337-339, 344, 387,

394,417,428,433,445,446,459,474,477,498,499,508,522,527,528,579,619,641,647,669,670,671,675,676,728,755,765【8】20,36,56-58,134,138,247,277,305,584【9】34,468,503,532,557,560,562

邹範文【1】92,110,168,170,177,179,180,214,322,639,696【6】160

邹鲁(海濱)【2】222,226【4】136【5】12,64,405,763【6】65,71,116

邹树文【4】145,671【5】224,687,759【6】4,420,448【9】30,31

邹韬奋【3】379【4】645【5】347

意希博真(意彬如)【3】535,536【4】205,206

新城新藏【2】479【9】340,342,367

新鳳霞【7】584【9】358,483

靖芝園(靖君)【3】273,298,299,302

雍鳳武【10】174,596【11】69,104,105,158-160,229,237,534-537,551

義兆揚【11】296,368,467,470,628

慈丙如【6】299,300,306,327,334

資耀華【8】220,221【9】99,119,195,262,335,346,350,374,440,588,770,774

溥侗(雪齋)【3】23【8】586【9】78,276,341,494,594,772【10】662

溥侗【2】382,398

溥傑【7】420【9】506,741

溥儀(宣統帝)【1】550,587,670【2】170-171,724【4】417【6】50,569【8】730【9】199,219,226,229,328,350,447,448,505,508,556,588,594,606【10】58,92,180,187,265,307,537,595,671,708,762【11】754

溥儒(心畬)【3】107,648【10】158

達浦生【4】284,752【5】161,164,435,491,494,629,630,761【6】76,414,442【7】697,697,751,752【8】7,128,141,199,211,215,410,562,609,611,

十三畫:鄒意新靖雍羨慈資溥達經　十四畫:臺趙　377

631,648,660,706,728,729【9】92【10】291
經利彬【3】518,568,666【4】171,176,177,220,266

# 十四畫

臺静農【2】289,407,443,446,552,651,685,701【3】371,665【4】550-552
趙九章【5】525,547,585,588【6】470【7】597【8】306,399,436,607【9】54,245,535【10】703
趙人龍(孟軺子)【5】752【6】295,448,702【7】27,28,34,37,44,84,106,122,140,177,184,570,578
趙人麟(公振,孟軺子)【4】345,517,567【6】657【7】13,14,27,90,90,97,128,176,581【9】690
趙人驥(孟迢三子,頡剛義子)【4】344,360,397,403,460,533,594,634,644,651【6】480,481,498,656,665,667,685,702【7】103,106,294,446,570,572
趙士卿(吉雲)【2】196,218,230,231,234,236,240,246,251,252,256,462,510,549,558【3】441,515【4】139,140,145,254,256,260,267,549,550,588【5】185,202,275,279,300,305,512,524,534,565,575,630,685,746,760【6】20-22,45,46,54,60,64,74,75,80,88,89,92,212,225,238,270,271,298,407
趙丹若(廷炳)【1】391,453,461,462,467,469,471,472,477,479,485,534,580,586,701,728,737,770,775,776【2】59,65,72,305,306,307【4】723,747,759,777【5】9,28
趙之華(泉澄子)【10】751【11】151,347
趙之雲(泉澄子)【9】657【11】151,347,396,408,551,655
趙仁鑄(漢威)【1】391,433,458,459,461,463,468,470,473,539,737【2】280,534

顾颉刚全集·顾颉刚日记人名索引

赵介文（孙元徵之夫）【4】568，729【5】126，135，351【7】387，390，401，414，517，529，579【8】504，518

赵元任【1】801【2】187，222-224，226，228，229，233，249，279-282，293，330，341，344，397，433，503，573【3】431，441，509，615【6】252【9】439

赵公绂（公懿，内表弟）【2】274，276，319【3】77，234，238，241，334【5】693，694，695，702，711，739，765【6】13，14，23，29，32，56，62，105，147，228，229，233，276，382，569【7】284【8】277，409，411，559【11】344，422，645

赵公勤【9】215，275，276，511，514，517，528-530，666，706-708，711，712，717，719-722，728，741【10】6，10，18

赵少昂【5】375，376

赵少侯（太侔）【1】734【2】529【3】665，693【4】753【5】14，71，473，507【6】102，253

赵少侯夫人【5】604

赵世兰【9】51，508，588，594，750，762，777

赵仙舟【3】238【5】56，57，69，77，214，320，321，400，401，407-409，424，492，531，566，572-574，590，593，596，597，626，627【7】550，556

赵仙舟夫人（赵太太）【5】466，573

赵幼文（友文）【8】190，397，399，406，410，417，429，504，515，519，538，542，544，545，554，711，715，718，722，723，726，741【9】6，13，17，19，21-26，36，83，94，208，471，483，500，502，590，617，739【10】185，462，498，509，643，694，708，711，713-715，718，720，723-725，729【11】142

赵石溪【4】557，558，672，684，692，700，703，712，721，743，774【5】68，70，85

赵仲玉【3】93，98，302，445，449，620【11】388，389

赵仲舒【5】243，259，265，279，282，308，427，467，487，507，508，524，527，534，537，547，564

十四畫：趙

趙光〔8〕492,493,499,500〔9〕319-325,327-334,336-340,341-351,354,356-359,360-363,365-374,382,430,432,433,435-437,441-443,445,446,451,452,454-458,460-464,466-474,480-482,484-492,494,495,610,611,614,616,618-620,623-627,629-632,638,639,641,642〔10〕32-41,50,54,59,63,73,75,84-86,88,89,91,93,96,98,100,328,335,388 〔11〕349,380

趙光賢〔5〕622

趙光濤〔5〕414,561,562,642,644,646,649〔6〕488,507〔7〕40〔8〕87,230,397〔9〕381

趙光濤夫人（見"陳璞如"）

趙守鉞（友琴）〔3〕294〔4〕523,539,619,620,763〔5〕128,129,132,319,336,505〔6〕22,44,54,270,271,273〔8〕188

趙守儼〔8〕212,605〔9〕747,767〔11〕322,325,332,656

趙伯庸〔3〕622-624,626

趙君實〔11〕510,512,515,519,529,539,561

趙君邁（君勱）〔8〕218,721〔9〕34,37,44,81,83,111,112,116,117,119,177,185,230,249,261,274,326,328,354,491,554,740〔10〕114,119

趙宏宇〔4〕727,733,737,738,777〔5〕17,28,43,50,367

趙廷祺〔5〕753,757〔6〕27,82,83,307,344,345,360,379

趙叔玉〔3〕62,90,98,104,108,109,161,272,302,358,364,365,368,371,373,397,445,620,626,627〔4〕658〔5〕69,77〔9〕704,705〔10〕358〔11〕153,155-158,161-166,232,346,369,370,387-389,395,397,518,519,553

趙叔雍〔3〕653-655

趙孟頫（孟調,善昌）〔1〕13,17,30,67-69,142,144,152,158,162,216,222,252,254,266,340,394,397,405,415,419,459,607,716,747,785,796,817〔2〕5,54,55,80,81,91,267,271,273,304,360,426,480,482〔3〕82〔4〕295,297,

298,301,305,307,323,334,337,341,342,344,345,354,357,360,368,369,372,376,382,394,397,403,425,427,432,433,438,441,449,460,461,473-475,477,488,498,517,533,567,573,580,594,634,635,638,639,644-646,648,650,651,658〔5〕18,31,59,95,126,373,375-378,380,386,394,396,696〔6〕359-360,369,400,473,502,660〔7〕9,13,14,24,44,73,82,101,122,128,244,299,327,351,418,441,451,515,518,528,532,565,569,570,572,579,580,592,625,714〔8〕24,56,59,165,600〔9〕70,80,85,88,94,101,130,135,139,142,156,158,159,166,177,179,190,194,209,228,267,351,594,611,674〔10〕139,201,356,386,396,465,759,770〔11〕212,213,218-220,223,224,275,276,302,325,367

赵孟頫夫人〔5〕386〔6〕480,481

〔7〕122

赵宗英〔5〕641,647,648,652〔6〕18,55-57,127,133

赵宗復〔3〕572,585〔4〕267,269〔6〕656,669

赵宗彝（惠人）〔2〕388,390,394,400,411,413,418,419,426,430,433-435,437,438,441,446,449,450,456,457,459,463,468,491,493,495,511,536,555,556,570,582,584,588,590,600,656,681,685,687,690,694,696,700,704,714,724〔3〕6,34,40,53,54,63,65,87,93,106,124,128,139,149,163,173,180,181,272,296,299,341,360,363,366,372,380,382,387,407,444,447,449,451,455,457,475,501,505,508,513

赵岡（呂甫）〔4〕536,573,580〔5〕20,52,58,153,195,198,219,241,256,279,361,408,409,430,436,446,481,546,588

赵忠堯〔6〕252〔7〕697〔8〕282,286,290,295,424〔9〕79,257,

十四畫：趙

332,348,535

趙忠堯夫人〔8〕292

趙承信〔3〕271,531,545,552,553,599,620,624,631〔5〕612,622〔7〕768〔8〕10,41,364〔9〕32

趙承緩〔3〕143,178,210,211

趙承嶽〔8〕252,254,255〔9〕128,130,132,137,138

趙南淇〔4〕302,305,307,335,340,342,347-349,351-369,374,377,378,380,384,386,388,393,394,398,401-403,407-409,420,428,433,472〔5〕137,289,498,499,545,602,603,613,615,623,773

趙泉澄〔2〕436,542,561,592,649,650,653,661,680,682,694,701-703,708,726,731〔3〕8,55,64,148,204,215,238,272,295,301,312,353,356,358,361-364,368,372,374,381,385,396,422,465,467,476,482,483,486,488-490,501,508,517-519,521,524,529,536,539,545,546,558,567,573,574,582,584,

590,600,603,605,607,613,617,624,628,635,639,647,656,657,660,661〔4〕47,97,210,370,383,401,536〔5〕630,658,729,735,759,762,764,772〔6〕2-4,6,47,61,67,214,534,595,684,685〔7〕17,19,57,105,114,120,128,180,181,235,287,346,356,412,432,433,450,501,503,553,556,567,581,583,590,610,729〔8〕157〔11〕347,408,655

趙洛〔11〕514

趙洵〔9〕616,759,765〔10〕174,202,234,509〔11〕669

趙紀彬〔3〕291,373,388,396,505,506,508,584,615〔4〕138,145,150,286,600,601,607,641,676,679,707,727,739,744,763〔5〕16,59,113,114,125,137,157,376,680,693,705〔6〕85,86,479,489,497,511,586,631,632,639,653,656,672,674,678,680,681,685〔7〕89,96,108,135,646,685,689,732〔9〕277,

顾颉刚全集·顾颉刚日记人名索引

724,758,766,767【10】39,164,387,679,789【11】15,409,411

赵贞信(肖甫)【2】456,459,463,467,468,482,483,485,488,492,500,505,538,539,543,544,562,565,571,572,574,575,581,586,589,591,599,600,603,608-611,616,623,635,636,648,650-652,654,658,659,661,663,680,683,686,688,692,693,695,697,698,701-703,706,708,712-714,717,719,722,723,727,728,730【3】1,5,6,8,11,16,18,22,23,27,33,36,40,41,44,45,47-50,54-57,59,61,64,66,68,69,79,83-86,90-92,94,97,100,102-104,107,111-113,115,117,120,127,149,154,156,160-162,166,169,170,172,175,183,188,190,191,193-195,203,206,208,217,226,238,270,292,301,333,339,347,350,356,367-369,372,374,375,379,380,384,393,398,414,417,420,422,424,430,436,444,454,465,466,476,485,487-490,501,504,505,510,512,518,526,527,529,540,544,547,548,555,559,565,570-572,574-576,582,586,599,600,602,607,617,621,624,626,627,650,651,657,659,661-663,665-669,721,746【4】6,40,46,86,93,97,158,178,207,238,239,269,294,387,414,450,470,537,565,594,599,708,724,725【5】18,67,74,92,95,112,123,127,137,151,152,155,162,172,214,219,250,371,373,376,381,385,387,393,394,414,511,519,540,570,597,609,691,697,765,772【6】5,11,37,168,168,169,274,293,296,301,310,382,395,404,408,417,477,509,510,512,515,516,695【7】70,82,108,172,173,197,295,351,359,429,449,536,565,586,669,672,679,713,721,729,745,758,761,763,764【8】5,55,

十四畫：趙

115，343，388，391〔9〕349，363，487，500，683

趙家璧〔5〕657，680〔6〕172，270

趙席慈〔3〕360，414，415，547，602〔5〕609〔6〕281，283，285

趙振武〔3〕498，523，524，534-536，548，559，567，573

趙振鐸〔9〕672

趙純〔3〕521，563，695，697，710，726

趙迺摶（乃摶，迺摶，述庭）〔3〕584，647〔5〕53，578〔6〕88，703〔7〕37

趙健〔8〕392，393，397，425，504，718，719，722，726，730〔9〕7，22，161，329，333，337，382，488，664，691，724

趙國儔（國俊）〔3〕746，747，749，752，754〔4〕11，51，54，57-60，72，94，238，466，470〔5〕203

趙啟驥（啟祿）〔7〕678，722〔8〕403，468，611〔9〕22，88，213，259，266，332，345，375〔10〕57，83

趙望雲〔4〕490〔6〕329，331，334，337，374

趙清閣〔5〕438〔7〕250，252，258，270，474，493，547

趙惠如（沈長鉞夫人）〔5〕254，346，412，413〔9〕99，100，105

趙景深（景琛）〔2〕79，392〔3〕481〔5〕654，696，720〔6〕79，211，268，692〔7〕191，233，294，427，446，452，469，502，539，540，547〔8〕88，368，458，461，468〔9〕122，134，783〔10〕135〔11〕29，30，314

趙景深夫人（李希同）〔6〕211〔7〕464

趙曾儔（壽人）〔2〕466，489

趙琪〔9〕545，562，572，578，582，729

趙琛〔7〕607，609，618，639，653〔8〕192

趙紫宸〔2〕325，363，431，434，458，464〔3〕76，111，117，148，160，164，167，184，186，349，355，488，575〔4〕153，160，161，260，270，272，371〔5〕339，613，696，705〔6〕516〔7〕211〔8〕7，699，716，742〔9〕211

趙紫宸夫人〔5〕612〔6〕516

趙華璧〔8〕5，19，22，23，25，26，28，31，36-39，55，60，86，131，

顧頡剛全集·顧頡剛日記人名索引

134,211

赵敬謀（元成）【4】648【5】214【7】541

赵瑞生【4】51,52,97

赵萬里（斐雲,畫雲）【1】678,751,752,800【2】280,285,288,289,292,296,330,348,394,405,432,439,459,466,469,494,514,536,539,542,564,580,590,653,656,657,660,680,681,685,686,692,709,710,715,716,720,721,729【3】20,21,24,27,29,37,60,96,102,104,107,175,181,187,306,310,320,344,361,377,384,397,403,407,419,549,581,602【5】608,622,625【6】204,510,567,569【7】588,607,609,611【8】17,36,194,381,382,637【9】26,32,162,230,234,235,268,437,442,444,493,495,624,729【10】304,344【11】465

赵羲漁【3】473,524,546,577,585,590,599,633,666【4】238【7】600

赵誠【9】264,264【11】355,360,423

赵夢若【4】133,134,136,290,296,297,303,307,314,316,320,322,331,336,348,363,403,410,412,416,476,494,495,500,522,531,536,567,592,645,660,683,697,706,713,720,767【5】6,17,18,22,24,25,27,31-32,36,39,41,42,55,56,60,66,67,69,78,79,81,84,86-88,91,97,101,103,104,106,110-119,121,122,124,126,134,146,149-151,164,174,176,190,194,204,451【11】105,116

赵夢若夫人（赵太太,見"李延青"）

赵榮光【4】725,743【5】48,49,53,74,183,206,207,222,223,256,296,303,304,306,308,317,327,330,337,485,512,532,560,569,571,574,588,593,597,603,612,636,637,745,747,760【6】46,48,219

赵維峻【5】675,676,681,683,684,689,690,699,701,706,

十四畫：趙

711,714,755,757,770【6】12,13,18,19,23,29,32,36,43,58,82,84,153,167-169,226,228,231,241

趙維峻夫人【5】695,699,700,734,752【6】26,28,55,83,146,159,167,229

趙維慶【11】634,647

趙鳳喈（嗚岐）【2】77,79【3】384,652【4】185,192,256,261,263,264,275【9】364,539,570

趙鳳喈夫人【8】625

趙廣順【3】62,87,98,160,161,302,362,364,620,621,627,683【4】339【5】56,77,115,283,400,401,414,420,424,429,467,481,505,522,527,537,545,547,566,571-574,576,579,588,626,627【6】37,422,653【7】556【9】83,190,423,424【10】571【11】161,165,388,389,391,395-397,679

趙慶杰【8】489,490,498,499,501,508,611,692【9】279,303,437,494,610-611,753

【10】341

趙慧娟【8】458,459【9】70,219

趙澄（巨川,巨淵）【2】440,503,561,564,568,575,583,585,586,588,593,600,631,648-652,685,689,694,708,713,715,728【3】11,12,16,24,26,30,31,34,38-40,48,50,51,53,146,147,151,154,157,158,209,210,214,221-223,272,299,333,346,352,418,419【7】679

趙蔭棠（憩之）【2】491,495,536,542,543,553,652,653,726【3】12,371

趙震奇（自明次子）【9】191【10】306,348【11】389

趙震瀛【3】449,604,666【5】607

趙震堃（仙孫,自明子）【5】338,407,414,429,430,435-437,478,481,492,502,505,507,522,531,547,558,559,560,566,572-574,578,627【9】191【10】348,571,576【11】232,389,393

趙搢叔【8】375

趙璇（趙瑱）【3】399,407,436,

444,635,639

赵學南[1]396[11]404,577

赵樸初[7]768,777[8]93,111,141,193,200,215,216,222,383,393,426,428,429,431,435-440,442,449,456,469,470,473,475,478-482,487,490,504-506,510,514-516,520,523,528,533-535,541,545,560,577,581,585,588,632,661,694,705,714,721,725,730,731,733,739,741[9]5,53,75,78,84,180,186,192,228,244,246,258,332,335,431,435,452,454,558,612,684,774,777[10]186,190,218,370,371,374-378,380-383,391,393-405,407-411,413-415,417-419,423-425,427,429,432,433,435-439,441,443,445,447-450,454,466,468,603,765[11]247,583

赵樸初夫人(見"陳邦哲")

赵樹理[8]389,417,468[9]517[10]598

赵興茂[5]720,722,730[6]408,409

赵錫麟(錫林)[10]27,169,180,183,191,458,571,579,636

赵濟年[8]417,422,442,453,456,487,505,506,520,523,524,533,581,656,698,699,708,726,731,740[9]5,8,20,65,161,176,180,191,194,207,244,248,538,557,597,702,726[10]173,235,357

赵璧(洪書行夫人)[5]463

赵豐田[2]330,370,376,378,382,439,442,447,458,467,468,502,503,532-534,541,557,560,568,573,577,581,593,600,649,657,698,711,724,725,726[3]39,54,93,112,165,180,196,198-202,206,207,214-216,219,220,227,230,231,239,240,270,277,293,296,299,339,452,456,461,467,475,487,488-490,529,545,567,570[5]619,622,625[6]395,513[9]559,562,564,568,647,727[10]164,165,167,200,227[11]50,52,510,562,564,648,649,719

十四畫:趙慕蒙蒲蓋

趙儷生[7]675[8]96,101,108-110,113,116,119,122,123,280,282,283,285,286[9]757,761,766[10]123,128,139,153,154,351[11]17

趙儷生夫人(趙太太,見"高昭一")

趙蘿蕤(陳夢家夫人)[2]363[3]164,664

趙靈飛(魏趙靈飛,見"賽金花")

慕建鑑(孟璞)[5]185,250,266,291,317,323,333-335,436,465,481,534,571,574

蒙文通[2]346[3]90,162,192,207,215,268,286,356,365,370,380,426,477,501,518,522,549,598,601,602,604,635,639[4]24,25,287-290,292,296,337,338,350,357,358,366,375,402,403,405,410,473,475,478,485,488-490,493,495,496,501-503,529,530,533,538,539,541,563,567,568,574,575,577,579,580,635-638,641,644,648,743[5]64,86,371,374,390,391,394,398,637,773

[7]149,151,457[8]36,88,89,91,246,275,277,280,282,286,288,290,291,293-295,297,305[9]539,757,759,760,767[10]120,234,687[11]308,573

蒙季甫(季弟)[4]496,571,639[5]398,772

蒙思明[3]402,478,484,499,530,536,557,618,633[4]132,133,288-290,293,307,313,316,318,320-323,330,332,337-339,353,357,360,365,368,371,374,376,385,389,392,396,402,403,413,419,420,423,424,429,435,442,452,453,455,457,460,463,474,479,488,494,497,502,512,530,532,561,576-578,580,634-636,644,668,675,706,707,715,724,729[5]9,74,129,133,137,209,391,772[8]587

蒙默[8]587[9]19,83

蒲輔周[8]717,724[9]242,243,446[10]351

蓋叫天(張英傑,號燕南)[1]

4,14

臧克家〔5〕419〔8〕417,430〔10〕114,116,120〔11〕527

臧啟芳〔3〕696,697〔4〕365〔5〕44

裴化行（號治堂,Pere Henri Bernard)〔3〕484,521

裴文中〔2〕579,726〔3〕143,185,186〔5〕606,610,622〔6〕299,495,496,660〔7〕587,626,688,695,697,700,744〔8〕53,54,126,128,147,166-168,173,174,181-186,200,210-213,391,393,399,410,441,562,603,607,615,693,742〔9〕59,87,92,186,211,230,335,474,680,740,768〔10〕341

裴學海〔8〕567,637

裴艷玲〔9〕253

聞一多〔1〕734〔2〕196,300,529,731〔3〕97,104,128,164,167,426,539,541〔4〕274〔6〕389-390,396,551〔9〕638〔10〕299,337,598

聞宥（在宥,野鶴）〔2〕306,315,318,359,360,369,424,431,432,445,483,502,536,555,562,57,588,636,648,708,731〔3〕83,84,86,87,90,91,95-97,104,112,114,147,151,153,162,163,169,194,199-202,206-208,213,215,218,220,238,266,271,272,274,275,294-297,300-302,312,320,340,343,346,348-351,353-357,361-367,370,376-378,381,384-386,388,389,436,597,652〔4〕45,55,78,93,141,151-158,160-162,167,169,173,175-177,186,187,189,190,192-194,197-200,204,206,209,210,214,215,217,218,220,222-225,227,233-235,238,239,249,252-256,259-261,306,318,343-346,350,352,354,357,359,362,363,365,366,370,374,376,378,381-383,385,389-391,393,402,403,405,412,414,416-418,441,443,444,452,455-461,473-475,479,485,490,495,497,498,501-503,513,517,538,540,541,561,563,564,566-568,

十四畫:臧裴聞管端齊

574,576,594,634,635,640,649,693,697,727,744【5】370-373,380,398【7】497,501,504,505,514,639,652【8】55,87,201,363【9】253【11】549,564,633,657

聞宥夫人(在宥夫人)【3】147【6】101【8】193

聞家騣【9】34,37,39,42,44,49,54,446,532,769【10】47

管公度(叔同)【4】748【5】233,234

管夫人(見"喻宜萱")

管平湖【9】276

管汝玉【1】254,437

管變初【9】537,541,542,640,756,759

管翼賢【3】471,538,619,635

端木夢錫【5】45,214,383

端木蕻良【11】660

齊文心【10】206

齊世英【5】434,491,611,634

齊玉如(段繩武夫人)【4】705【5】114,139,197,218,249,286,293,307,317,357,505,510,560

齊白石【7】289【8】16,375【9】770【10】718

齊如山【1】27【2】354【3】52,400,524,545,564,576,583,584,590,602,606【5】609,623【6】540,545

齊念衡(樹平,樹屏)【1】658,666,669,678,696,770,800,801【2】79,80,82,280,408-410,426,452,457,494,552【3】368,409,486,487,602,603【4】135,761【5】209【7】680,702【8】363【5】624【6】65,236【7】595,696

齊思和(致中)【2】330,337,350,370,378,380,382,394,396,397,400,402,416,422,426,431,439,448,450,460,462,465,467,468,487,493,497,500,502,507,509,511,526,532,535,536,538,540,543,554,670,718,726【3】361-363,374,400,407,418,423,445,452,472,473,480,481,484,487,489,490,528,533,537,538,540,541,543,547,551,554,567,569,590,602,604,617,619,630,631,635,

639,644,645,647,651,652,656,657,665[4]170[5]522,612,613,772[6]293,513,516,531,555,583,664,674,699[7]20,28,49,58,64,72,74,77,102,134,190,275,172,173,211,486,487,586,612,620-622,657,661,663,664,689,733,752[8]9,381,382,392[9]32,40,123,211,222,758,761,763[10]31,41,53,55,68,72,73,75,387[11]562,588,626

齊雲青[4]171,172,224

齊燮[5]192,197,198,202,259,504,534[6]332

齊燕銘[6]496[8]128,381,392,441,542,661[9]32,86,88,196,219,234,259,264,592,736,767[10]431,682,710,761[11]367

齊璧亭[3]66,322,354-356,369,370,397,518,618,619,752[4]42,685,694,696,700[5]705,747[6]4-6[8]16,211,219

廖孔視[4]324,325,330,359,389,394,398,414,426,449,453,472,512,712,762

廖世承[7]525,530

廖平(季平,井研廖)[2]415,690,694[3]270,289,333[7]394,522,523,560,760[8]276,279,280[10]29,104

廖仲安[11]660

廖冰兒[8]363

廖季文(友陶)[3]409,420,427,488,498,624,652

廖承志[8]20[10]662,685,708,718

廖沫沙(繁星)[5]419[10]444,445,456,532,691,786

廖華[8]137,489,493,495,498,499,508,714[9]92,272,303,313,326,350,390,397,398,444,455,494,508,559,588,594,723[10]201,341

廖學章[5]432,490,631[6]69

廖靜文[5]419

寧可[9]759,765

寧恕人[1]473,580,581,599,600,606,614-617,630,632,633,641,642,650,651,689

賓板橋(Woodlridge Bingham,Ph.

十四畫：齊廖寧賓榮漆滁福褚 391

D.）[3]473,474
榮孟源[7]660,689[8]21,101,363[11]670
榮東淇（方震）[9]130,135
榮祥（榮詳）[3]672[4]244[5]764[6]6,48[8]362
榮照[5]432,434,489,490,610,611,614,619,634[6]69,270
榮毅仁[7]220,254[8]562[9]466[10]622[11]473,667
榮毅仁夫人[10]305
漆俠[6]512
滁廛[3]484
福開森（福茂生）[2]341,399,712[3]193,359,361,401,407,409,412,469,484,488,602,635,648,653
褚民誼[3]440[5]568
褚保權（葆權,沈尹默夫人）[1]548,609[2]360,422,663[3]459,588[6]676[9]61
褚聖麟[4]171,261[5]621[9]37,39,46,210,573
褚輔成[4]418,754,757[5]164,433,489,490
褚頤萱（頤萱嫂,頤嫂,褚嫂,內嫂,舅嫂,妗,張雁秋夫人）[5]

305,307,308,343,354,355,364,412-414,442,501,505,514,538,540,557,626,627,647,648,682,692-695,697,712,715-718,720-722,725,726,732,734-736,739,741,752,765[6]9,63,77,78,83,98,99,106,107,122,129,137,139,157-159,178,216,226,229,234,247,275,399,411,420,421,433,484,487,538,544,560,561,634,636,648[7]21,37,73,91,98,99,103,106,107,115,134,136,138,142,147,170,180,204,227,235,237,256,258,280,283,304,314,348,362,364,398,400,423,427,430,433,444,445,447,450,455,457,462,469,473,493,507,526,528,545,557,564,567,596-598,601,605,608,611,624,649,656,677,727,683,692,694,696,714,728,752,761,773,777[8]43,46,49,52,5-60,94,123,132,140,142-144,147,190-194,197,201,223,

226,402,410,416,427,437,441,459,466,472-476,484,486,518,539,543,551,558,563,566,570,587,611,624,637,643,644,648,650,653,654,662,715,716,718,721,723,725,740,741【9】10,12,15,29,30,65,70,71,88,90,91,100,105,107-109,112,162,167,176,184-186,190,213,215,218,222,223,225-227,229,258,273,278,279,282,307,320,335,339,345,359,362,374,382,455,456,463,493,508,522,525,540,547,556,557,566,572,575,577,578,599,600,627,640,644,645,671,693,702,704,705,725,727,732,746,751,764,770,771,775【10】25,26,35,41,59,61,68,76,88,92,165,213,265,312,322,334,401,457,531【11】460,461,515,518,540,578-580,630,675

熊十力【3】604【5】445,528【8】18,221,612

熊子麟【4】695【5】129,161,163,208,421

熊正文【3】99,607【5】611,624,625【6】512

熊正刚(仁卿)【3】30,32,34,35,54,68,146

熊式辉(天翼)【5】439,499,556,568【6】20,33

熊佛西【2】280,372,466【3】395【4】135,319【6】260【7】233,626【8】14,200,215,220,607,610【9】54,425,426,433,436,775【10】186,717,727

熊克武【8】258【9】335,606【11】240

熊会贞(会之)【3】483【6】636

熊嘉麟(家麟)【4】414,415,419,436,444,449,469,477,487,491,507,513,518,520,534-536,538,553,569,574,577,578,593,616,629,662,698,707,762,768【5】30,63

熊寿农【9】173,174,179,180,188,195,203

熊梦宾【3】565,570,571,586,676

熊德元【4】115,117,128,601,

十四畫：熊翟

658,699[5]377,401

熊德基[6]623,624,645,646[8] 198,275,375,391,417,425, 504,507,642,646,649,653, 661,718,734[9]14,50,163, 183,206,208,210,256,258, 335,349,433,471,483,502, 507,508,543,590,616,617, 737,739,756,759,764,767 [10]4,19,27,206,295,314, 353,383,457,482,499,506, 508,585[11]53,60,68,70, 80,86,94,95,102,104,107, 119,129,224,435,440,692

熊慶來(迪之)[3]551,554,747 [4]93,151,152,161,167, 210,260,272,556,557,559 [5]47,595,596[8]607,610, 611,624,625,629,639,663, 669,694,706[9]55,60,62, 64,111,113,115,117,119, 211,240,250,281,282,285, 287,288,293,296,300,309, 436,447,449,457,506,534, 535,605,680,707,708,711, 717-722,728,751,754,768, 778[10]40,64,113,117,266,

535,549[11]73,77

熊慶來夫人(迪之夫人,姜菊緣) [9]115,281,283,286,287, 290,722[10]64

熊樂忱[3]552,554[4]685

熊緯書[6]46[9]735

熊餘[11]591,594,596

翟少屏[3]628,654

翟宗沛[4]701,706,707[5]62, 138,139,188,235,237,238, 286,324-327,330,367,387

翟俊千(覺群,覺宧)[1]113, 128,131,138,825[2]124, 128,318,419,428,542[4]612 [5]585[6]600

翟道剛(道綱)[5]72,117,125, 131,141,164,175,192,215

翟福辰(福臣,翟君)[7]775[8] 92,95,400,711,712,734[9] 604,788,789[10]25,45,46, 85,206,302,511,515,634, 675[11]75,90,117,551

翟毅夫[4]549-551,559,595, 633,653[5]8,55,59,70,132, 160,161,200,262,274,286, 315,483,596,686[6]20,45, 92,175

# 十五畫

慕少堂【4】127,449,513,566【6】306,494
蔣力【11】74,182,187,188,191,291,292
蔣大沂(焕章)【2】507,511,535,542,552,562,563,568,571,572,592【3】590【4】640【5】370-374,376,377,379,383,385,389,390,396-398,411,471,505,654,656,659,660,671,673,678,679,691,694,697,713,715,716,719,720,726,754【6】9,10,31,160,161,165,171,174,210,249,279,283,284,286,288,298,387,400,408,413,415,418,425,440,455,477,520,548,559,560,563,675【7】11,36,210,280,281,292,316,319,342,429,444,447,465,466,469,472,473,504,532,575,577,675,678【11】395,533
蔣子英【4】603,611,612,614,625,626,662,663,667,684,700【5】24,25,150,167,687【6】388,576,578
蔣介石(中正,委員長,委座,總裁,中大校長)【1】834【2】36,225,332,375,387,590,635【3】24,37,116,353,426,427,571,598,659,736【4】48,89,103,114,292,553,557,558,602,732,752,754-757【5】18,29,33,34,37,50,58,164,229,295,356,357,362,439,440,450,453,495,497,499,521,537,548,568,627,631,633,634,638,695,763【6】42,68,95,213,214,217,359,399,408,437,453,455,456,458,461,462,471-473,475,478,480,481,483,488,534,548,557,576,593,603,616,651【7】264,298,449【9】71,462,485,489,491-493,505,513,516,621,743【10】138,170,210,211,306,319-321,435,445,451,469,531,532,537,

十五畫:慕蔣

566,585,633,666,691,712,715,742,778[11]36,61,88,89,103,171-173,250,281,464,641

蔣天格(天樞弟)[5]185,187,217,247,277,303,307,327,329,337,531,532[6]424,559[7]34,36,126,319,411,532,575,675,678

蔣天樞(秉南,炳南)[2]653[4]731,768[5]196,217,218,257,281,326,329,337,408,409,428,436,442,445,476,500,501,507,524,532,534,561,588[6]8,432,463,468,483,675,694[7]9,34,75,181,277,292,339,454,476,506,508,534,558,577[8]90

蔣孔陽(述亮)[6]533,535,556,566,574,593,598,603,605,616,638,655,665,670,674,679,683,685,698,709[7]5,24,194,691

蔣孔陽夫人(濮氏)[6]565

蔣心存[1]3,124,268,295,308,370[2]273

蔣仲川[1]17,59,72,87,88,96,99-103,106,108,113,115,117,120,156,160,180,182,199,203,216-218,222,224,234,297,298,308,326,360,370,382,388-392,431,434,445,450,453,454,461,472,492,503,505,511,513,516,517,520,523,535,539,540,546,553,555,561,563,571,578,580-582,584,586,588,589,593-595,597,598,600,603,610,611,614,617,622,624,626,631,642,643,650,651,656,666,667,669-671,673,675-677,683,690,706,707,709,712,720,722,729,730,732,734,739,740,742,743,745,746,748,751,752,754,757,758,769,771,772,775,776,778,784,793,799,805,822[2]2,22,25,55,62,77,78,83,97,249,263,299,311,313,314,348,394,481,482,593,603-605[3]29,98,179,180,184,244,312,313,436,443,590[5]665,666,670,678,681,711,714,724,

725,732-734,739,752[6]11, 13,18,24,27,28,31,39,43, 52,58,62,231,386,387,652, 701[7]101,104,108,122, 123,128,131,133,135,299, 554,557,564,572,573[8]7

蒋仲川夫人[2]263,311[3]236, 338,443[7]573

蒋仲川如夫人[7]554

蒋光煦[11]405

蒋光甫[8]451-454,470[9] 277,606

蒋兆和[7]617[9]341

蒋冰之(见"丁玲")

蒋冰壶(连㮨)[2]317[3]326

蒋圭贞(江泽涵夫人)[1]805, 807,811,812,825[2]1,12, 13,28,31,34,281[3]568, 564,571,628[4]167[6]517 [10]250

蒋旨昂[4]752[5]229,370 [8]217

蒋旨昂夫人(谷大夫)[5] 386,397

蒋百幻[4]667,681[5]541 [7]87

蒋百里[6]5

蒋吟秋(鏡寰)[2]480[5]664, 665,684,690,705,706,732, 743,745,756,757[6]13,18, 27,39,44,58,78,82,86,92, 97,98,166,233,242[7]19, 123,300,324,371,651[9] 156,158

蒋孝秀[5]693-695,700-702, 734,739,752[6]229,233

蒋孝亚(陈福清夫人)[5]701, 702,757[6]229,233[7]121

蒋孝淑(姨甥)[4]25,737,779 [5]52,53,55,79,83,84,92, 95,101,108,111,112,118, 120,121,124-126,140,149, 289,319,701,702,757[6]13, 81,82

蒋孝淑夫人(见"章清")

蒋希曾(孝丰)[1]702,796[2] 87,101,118

蒋廷锡[8]387

蒋廷黻[2]420,435,436,439, 449,505,513,545,546,554, 559,561,599,727,730[3] 491,492[4]139,559,757[5] 46,64,165,166[6]116,117, 120,577[10]447

十五畫：蔣

蔣抑厄〔6〕162

蔣季和〔1〕42,428〔2〕408

蔣建白〔6〕65,72

蔣星煜〔5〕759,760

蔣恒石〔1〕438

蔣徑三〔2〕41,43,96,121,122,125,135,142,144,154,156,172,175,177,182-184,189,201,205-207,211,212,216,218,230,235,249-254,256,266,276,286,290,294,301,425,472,606,619,624,627,628,658〔8〕273

蔣恩鈿〔3〕83,142,176,177,221,368,535,599,610,611〔5〕99,443,444

蔣國彥〔9〕333〔10〕354〔11〕327,331,333,335,337,339-341,373,414,425,439-454,459,481,482,487,489,491,556,562,574,575,585,587,623,636,658,659,661,667,682

蔣崇年〔1〕588,589,624,673,675,691,709,711,712,720,722,733,734,737,741,759,764,767,769,771-773,775,776,778,786,793,795,799,800,816,819,822〔2〕3,13,22,23,25,41,62,69,83,84,89,91,92,109,115,116,129,132,147,163,167,184,263,266,290,310,311,320,343,348,359,370,402,445,473,481-484,487,559,588,602-605,607,612,635,639,731〔3〕191,196,233,312,513,514,678〔5〕665,666〔6〕55〔7〕97,99,104,122

蔣崇年夫人〔3〕236,338

蔣得標(德標)〔4〕672,700,729,750,777〔5〕9,128,496,499,501,502,508,510,511

蔣復璁(慰堂)〔1〕682〔2〕281,289,330〔3〕81,256,261-263,432,433,504-506,538-540,543,586-588,614〔4〕139,141,143,144,148,214-218,293,358,359,361,548,557,558,590-593,600-602,604-607,609,610,612-614,618-620,661,663,666,677,680,703,712,715,720,723,724,739,742,751,753,754,765,

767〔5〕8,14,38,45-47,54,59,64,70,74,129,164,166,168,171,192,208,225,274,286,311,312,319,363,367,403,406,414,437,439,440,512,580,629,630,640,641,655,684,686,687,727,747,758,760,762〔6〕5,23,34,38,158,168,175,213,225,407〔8〕238

蒋景文〔8〕655,656,557,575,582,605,612,619,627,640,646,651,743〔9〕33,64,233,237,250,255,260,276,305〔10〕345,356,490,617,666,643,772

蒋智由〔1〕58〔6〕647

蒋犀林(原名辉)〔2〕312〔5〕681〔6〕15,26〔9〕158〔11〕224

蒋瑞生〔5〕237,241,245,263,264,283,287,409,532

蒋瑞生夫人〔5〕254,409

蒋瑞藻〔2〕311〔8〕306,457〔10〕705〔11〕324

蒋梦麟(梦鹰)〔1〕392,430,446,448,495,559〔2〕50,51,57,63,72,85,276,492,496,497,503,506,510,525,534,549,561,564,614,656,680,725〔3〕172,195,488,544,547,577,629,630,647,650,651,653〔4〕664,668,675〔5〕14,99,181,497,686,759〔8〕428〔10〕90

蒋碧微(徐悲鸿夫人)〔4〕148〔5〕762

蒋维乔(竹庄)〔1〕79,411,426,428,766,797,800,802〔3〕446〔6〕456,471,491,492,499,501,502,536,546,549,556,567,570,572,573,575,577,590,660,683,692〔7〕91,97,184,186,187,208,294,360,528,539,581,608,737〔8〕388〔9〕86

蒋肇曾(企瞿,绍曾,姻叔)〔1〕42,144,260,261,271,333〔2〕271,305,313,471〔3〕73,236,312,514,690〔5〕666,670,675,740,752〔6〕12,61,84,233〔7〕569〔9〕70

蒋肇曾夫人(企瞿夫人)〔3〕328〔5〕752

蒋荫恩〔5〕378,384

十三畫：蔣蔡

蔣蔭恩夫人〔6〕516,517

蔣蔭棠〔2〕112,143,169,174, 242〔3〕520,533,603〔4〕283

蔣翼振〔4〕445,497,498,501

蔣禮鴻〔5〕16,30,626,772 〔6〕204

蔣鐵如〔7〕292,308,318,329- 333,333,342,380

蔡一諤〔2〕547〔3〕45,57,60,62, 63,66,84,85,88,91,96,199, 215,231,373,387,388,450, 470,482,545,551,553〔5〕 612,620,621

蔡一諤夫人〔3〕64

蔡元培（子民,子師）〔1〕164, 169,171,176,181,203,204, 207,218,231,235,261,267, 275,338,376,674,716,765, 797,799,801,805,817,819, 832,835〔2〕9,17,25,47,49, 50,54,57,63,75,81,146,147, 160,170,185,192,233,259, 264,275,321,422,539,541, 657〔3〕256,433,438,440, 502,512,513,555,589,617 〔4〕350,352,354〔5〕36,98, 136,188,393〔6〕50〔7〕264

〔9〕378,592,593,614〔10〕3, 56,157,196〔11〕576,613, 632,634,663

蔡元培夫人（子民夫人,元配） 〔1〕88

蔡元培夫人（子民夫人,蔡師母, 周養浩）〔2〕23,48,49〔6〕470 〔7〕542,564

蔡方蔭〔8〕137,218〔9〕117,119, 187,228,336,348,369,684

蔡守堅〔5〕36,51,83,367,498, 737,742,748,751,756,758, 759,765〔6〕12,18,19,24,30, 38,56,62,82-86,97,144,147, 152,158,167,178,240,242, 247,277,281,339〔7〕639 〔11〕54

蔡希陶〔4〕166-168,170,172, 184-187,191-193,199-201, 207-209,221,228,249,267

蔡希陶夫人〔4〕191

蔡廷鍇〔8〕509〔9〕606,771〔10〕 191,311

蔡沈（九峰）〔2〕146,151,365, 475〔5〕552〔8〕380,567,576 〔9〕559,561,562,564,572

蔡尚思〔3〕506,509,531,545,

559,591〔4〕238〔6〕10,560, 612,620,675,705〔7〕24,75, 181,277,285,308,309,311, 323,335,339,365,415,432, 457,476,497,503,506,523, 540,553〔8〕583〔9〕19,614, 759,764,767

蔡美彪〔7〕612,620,663,673, 714〔10〕510〔11〕670

蔡若虹〔9〕164,166,167,168, 171,175〔10〕419,420,422- 427,430-432,437,438,444- 446,448,449,603

蔡哲夫〔2〕255

蔡渭源〔1〕190,222-224,231, 238,326

蔡無忌(元培子)〔4〕177,190, 203〔9〕572

蔡雲笙〔1〕428〔2〕305〔3〕73〔5〕 737〔7〕556,572,652,742

蔡晫盎(元培女)〔7〕542,564

蔡義江〔11〕660

蔡葵(慕暉,希陶之姊,陳望道夫 人)〔4〕201,219

蔡淑六(李小峰夫人)〔6〕211 〔7〕464,478,479,480,482- 485,487,490-493,503

蔡儀〔5〕419〔7〕685

蔡樂生〔2〕657〔4〕309-311,318, 348,351,354,649〔5〕369, 370,371,376,439,440〔6〕87

蔡馥〔6〕252〔9〕245,382,397, 398,418

蔡懷新(元培子)〔7〕542

樓公凱〔5〕382,389

樓幼靜〔1〕213,216,220,221, 228〔2〕51,69,71,89

樓石庵〔4〕595,676,695,699, 724〔5〕28,110,111

樓光來〔5〕21,28〔6〕47,67

樓邦彥〔4〕770,771〔7〕722〔8〕 138,148,363

樓朗懷(婁朗懷,張明養夫人) 〔8〕466,553,572,650,700, 743〔9〕11,18,36,37,98,190, 246,272,571,661,746,780 〔10〕26,48,357〔11〕605, 613,643

樓適夷〔7〕481〔8〕468〔9〕759

樊弘(樊絃)〔4〕678,708〔5〕 328,426,471,478,529〔9〕758

樊漱圃〔2〕627,627,631,633, 634,637,640,642,643,709 〔3〕68-70,76,228,231,243,

十五畫:蔡樓樊屬歐暴黎

247,255,265,306,316,318,436,437,451-453,456-459[4]142,143,149,150,550,552,727[5]69,74,127,174,294,542,543,591,595,596,598,629,630,635,639,746,747,758,760,761[6]34,35,45-47,54,65,66,70,75,90,415

樊際昌[2]657[3]630,647,650[4]270[6]40

樊繢(見"李丞庠")

屬乃驤(勵乃驤,勵德人)[2]9,14,15,49,50,68[3]547[4]601[5]8,9,209

歐元懷[5]512,513[6]444

歐陽予倩[1]317,335[2]232,240-242,244,245,255,267[5]107[8]469[9]95,128,129,134,545[10]496

歐陽邦華[1]576,799,801[2]28,70[4]145[7]670,730,754[8]92,129,137

歐陽修[2]215[3]332[7]315,763[8]40,281[10]366

歐陽竟無[4]590

歐陽壽(鐵翅,鐵橋,鐵槌)[4]146,494,612,613,622,623,

632,654,659,668,671,672,676,681,690,691,699,722,726,737,745,767[5]8,13,21,110[6]74[7]237[8]15,140[9]558

歐陽靜戈[7]688,689,690,692,693,695-699,701,703-705,712,713,755,769,770,772[8]26,31,196

歐陽纘[7]619,657,667,675,685[8]20,138[9]444

暴步雲(子青)[3]544,548

黎世蘅[1]513[4]58

黎光明(勁修,靜修)[2]104,112,116,138,187,188,192,328,347,358,389,401,411,432,447,469,489,502,503,522,532,536,548,553,566,569,581,655,727-729[3]60,82,83,85,86,89-91,93,95,99,102,105-107,109,113,119,123,154,166,215,260,305,333,334,346,452,459,506,528[4]284,306,307,327-329,331,332,334,340,348,388,401,443,444,466,497,500,501,505,509,510,512,

573-575,577-581,593,602,634,635,645,647,719[5]47,67,68,73,95,137,140,372-373,375[6]2[9]620[11]673

黎光明夫人(勤修夫人,見"伍敏如")

黎明暉[8]3

黎東方[2]564[4]374,395,405,433,545,549,554,603,619,621,762[5]45,47-50,52,54,58,64,71,74,78,202,219-222,224-228,235,238,240,244,254-257,259,261,263,276,280,281,287,288,305,307,329,330,343,351,365,366,373,403,405,406,440,493,494,497,500,541,595,599,687,774[11]61

黎東方夫人[5]183,222[6]5

黎庶昌[7]377[11]572

黎然[10]353,457,498[11]409,495,544,610,743

黎琴南[3]522,523,530,531,533,538,548,552,554,558,565,568,570,583[7]228

黎雄才[6]325,329,337,347

黎澍(伯季)[6]70[7]610[8]

146[9]200,270,274,371,372,375,377,451,508,533,616-617,682,759,761,764,767[10]286,510,657,682,704,732,786[11]492,527,554,654,670

黎澤渝(黎劭西之女)[11]586,613,643,650

黎錦熙(劭西)[1]614,731,801[2]296,406,424,430,467,474,486,490,503,562,566,575,657,685,691,725,730[3]175,198,272,275,362,368-370,373,376,380,383,384,408,416,446,462,479,481,535,541,551,554,570,577,604,639,641,653,666[4]267,294,303,573[5]45-47,54,64[6]87,91,242,243,495,510,512,514,596[7]629,631,651,652,695,722[8]7,16,128,138,144,693[9]259,497,603,605,692,699,701,702,704,759,765,767,772[10]23,233,261,388[11]558,586,613,620,643

黎翼墀[2]121,122,127,132,

十五畫：黎德衛滕魯

133,176,208,215

德王[3]130,134,137,138,144, 223,224,350,351,727

衛中(西琴)[2]92,172,215,221

衛立煌[8]12,15,33,128,132, 133,145,217[9]14,15

衛挺生(琛甫)[2]723[4]602 [5]49,265,487,506,524, 526,534,561,564

衛惠林[3]615[5]526,534,763, 764[6]20,90

衛聚賢(懷彬)[2]147,220,264, 310,319,439,486,493,494, 505,536,546,556,565,567, 580,587,591,599,684,730 [4]349,363,421,424,530, 619,620,672,677,698,710, 755,756[5]44-48,54,59,64, 69,70,73,78,163-165,167, 171,172,178,181,182,193, 209,210,227,237,241,294, 366,404,421,444,445,479, 480,500,517,541,587,596, 599,639

衛德[1]162,165

衛學達[5]24,59,67,72,178, 181,189,190,193,207,209,

224,225,229,245,254,451

滕仰支(仰之)[4]554,621[5] 399,512,539,576,586,592 [6]3,215,271,287,295, 502,503

滕圭(白也)[2]648-650,684, 686-688,694-696,704,706, 713,718,720,721,726[3]8, 22,30-32,34,35,55

滕固(若渠)[3]538,539,540, 543,586,587,614[4]215, 216,275,319,721

魯仲華(名麟光)[1]458,466- 470,476,477,488-490,495, 498,501,504,513,517,520, 524,535,536,538,543,544, 547,549,553,567,579,581, 595,606,609,610,612,615, 684,687,711,717,722-726, 730,733

魯迅(見"周樹人")

魯格夫爾(魯道夫爾)[4]182, 229[5]353

魯實先[4]578,610,616,727, 751,753,761,768[5]52,127, 137,151,196,199,235,238, 239,251,256,291,318,327,

330,353,401,420,425,426,445,465,470,476,478,518,524-526,534,537,587,593

鲁儒林【4】620,625,626,628,631,632,633,661,679,685,701,711,712,721,735,751,768,777【5】401,441,568【6】71

刘乃和(迺和)【9】210,245,543,767【11】305-313,322,328,330,338,342

刘力行(绍闵,绍闻)【7】753【11】36

刘三【7】750

刘大白【1】730,801【2】20,72,74,87,261,306,555,602,731

刘大年【6】45【7】481,521,523,533,585,588,597,600,610,657,663,685,689,695【8】22,26,96,134,146,194,386,436,441,474,564,661,703,708【9】16,24,29,51,76,99,119,350,375,451,468,508,594,616,758,766【10】286,470,477,510,598,657,682,704,732,786【11】561,589,591,592,669,670

刘大志(大治,顾洪之子)【11】482,511-513,516,518-524,527,534,535,540,542,545,547,548,554,555,569,580,582,583,589,590,598,610,613,619,628,630,645,653,662,664-666,674-676,680,692,699,715,719-721,726-729,730,732,734,740,743,745,748,750,752,753

刘大杰【1】615【5】726,728【6】38,546,704【7】280,294,439,503,539,543,546,547,564【8】88,89,203【9】436,444,452,759【10】186

刘子庚【1】202,213,216,217,513

刘子乔【5】754【6】9,10,34,93,99,102,103,161,210,224,290,295,325,387,392,402,405,406,408,409,411,430,432,444,446,471,473,476,480,483,484,492,520,531,532,571,577,586,602,609,611,612,615,620,621,624,625,627,633,646,656,664,695,705【7】10,11,12,13,14,

十五畫：魯劉

16,17,18,26,35,61,96,103,104,115,125,133,136,149-151,168,173,176,181,186,192,199,205,214,218,219,222,223,225,226,238,274,276,288,290,291,301,307,308,318,319,322,323,335,336,342,446,454,456,477,522

劉子潤(甲長)【6】208,238,239,248,279,288-290,292,412,414,415,420-423,440,442,453,598,604,606

劉子潤夫人(張靜梅)【6】248,387,389,402,411,449

劉小薰【7】464,471,473,475,658

劉不同【6】285【8】362

劉仁成【4】770【5】37,49,51,127,289,762【6】45,47,48,53,219,298

劉及辰【4】551,588【5】185,275,428,442,463,488,756【6】15,36,167,230【7】618,628,652【8】51,442,574,619,626【9】192,211,309,755【11】122

劉天華【4】591

劉少奇【6】522,689【7】186,265,508,592,607,630,638【8】20,128,437,438,611,701,713【9】4,88,279,284,611,612,618,619,671,707,711,714,735,742,754,766,767,771【10】150,417,433,438,478,487,498,501,546,547,551,554,569,581-583,589-592,595,597-600,604,609,612,615,619,620,636,639,646-649,654,657,658,666,670,674,678,697,704,708,710-712,714,718-721,738,741,752,756,757,761,772,773,776,785-787,790,793【11】47,63,65,90,130,169,172-174,315,626,709

劉心源【2】193

劉文典(叔雅)【1】518【2】439【3】363,380【4】262【7】232【8】1215,201,202,216,307,554,718

劉文輝【8】16,211,214,216,258【9】243,346,707,717,750,752,757

劉文興(詩孫,詩生)【3】463,

[3]520,522,523,530,531,533,547,643[5]682,688,690,696,700,701,704,714,725,728,733,737,741,754,765[6]12,171,633,657,669[7]18,24,29,37,57,72,79,81,89,102,108,342,393,429,582

劉斗魁(斗奎)[3]541[9]270,311,375,488,537,553,579,616

劉王立明[8]216,363,511,612,615[9]357,576,740[10]374

劉世傳(書銘)[4]57,172,226,227,251,255,266,287,288,294,297,299-302,305,309-312,320,331-335,338,348,365,372,377-379,382,383,385,386,392,397,403,408,411,414,418,420,424,432,433,442,444,450,451,452,458,459,468,473,479,489,495,497,502-504,515,517,530,533,541,561,567,568,572,575,576,579,591,594,634,635,637,638,640,644,647-649,651,670,708,719-

721,739,742,754[5]371,383,391,457

劉世德[11]602,660

劉世點(吾與)[7]589,591,595,614,618,638,644,660,701,704,741[8]13,30,33,50,228

劉占鰲[11]387,395

劉巨全[4]742,773[5]171,312

劉平(見"楊寬")

劉旦宅(小粟)[7]106,147,168,185,208,215,225,238,274,291,296,307,319,340,349,359,364,374,402,413,420,432,443,452,468,477,496,504,506,513,516,517,530,553,565,566,576,578,579,583,584[10]601[11]750

劉永濟(弘度)[4]581,582[6]329,619[10]741

劉玉山[2]289,435[3]99,293,346,389,418,516,518[4]44[5]98,612[8]40,276,477

劉甲華[4]656,660[5]50,136,152,541,602

劉白羽[5]419[10]630,682

劉仲容[8]15,452,453,486,489,490,493,495,498,501,

十五畫：劉

507，521，522，606，738，741〔9〕406-408，412，415，416，419，421，423-428，493，508，769，778〔10〕164，305，311

劉仲容夫人（張敏華大夫）〔9〕414

劉仰嶠〔11〕382，511，530，557，733

劉光一（叔和）〔1〕564，577，585，614，640，660

劉光華〔8〕363〔9〕267，306，344

劉多荃〔7〕649〔8〕214，615，692，718，740〔9〕4，18，28，34，38，54，441

劉成禺（禺生）〔6〕55，66，72，76〔9〕307

劉次簫〔4〕621，632，721，724，729，734〔5〕14，121，190，402，433，491〔6〕66，67〔7〕38

劉汝霖〔2〕727〔3〕536〔7〕607〔8〕35

劉汝醴〔6〕676，683，684，690，695〔7〕10，27，33，36，60，81，99，102，104，113，128，134，137，223，330

劉百閔（伯閔）〔3〕590，591，615〔4〕145，149，601，607，620，

677〔5〕44，167，433，490，497，762〔6〕79，101

劉位鈞（子衡）〔3〕430-434〔4〕507，509〔5〕157，158，164，165，168，170，192，642-644，646，647，649，652〔6〕73，75，122-126，129〔8〕588〔10〕108，110-113，116，157，159-162，172，251，265，339，386〔11〕326，675，677，678

劉伯量〔4〕133，134，137，320，345，544

劉克讓〔3〕556，569，619，625，640，694，710，722，737，746〔4〕8，29，30，38-40，42，46，51，55，58，62-64，66，68，72，74，77，82，83，85，87，90，92-94，96-101，103，108-118，127，172，215，239，466，479，518，646，652，692，697〔5〕31，137，287，393，530，534〔6〕2

劉廷佐〔2〕694，710〔3〕6，8，62，64，66，103，122，192，266

劉廷芳（庭芳）〔1〕767〔2〕293，324，331，341，382，436，438，443，450，464，503，537，545，553，555，558，559，580，591，

593,718,730〔3〕37,54,96,107,120,175,219,220,271,350,431,472,474,483,488,586,592〔5〕46,48,202,255,288,409,445,488,509,511,527,547,567,588,636〔6〕96

劉廷芳夫人〔2〕553〔3〕340

劉叔遂〔4〕497,502,503,645〔5〕372,389,746

劉叔模〔5〕433,490,631

劉和珍〔1〕729

劉奇峰〔2〕95,173,366,369,420〔3〕432,433〔4〕723

劉孟純〔8〕630〔9〕117,119,280,300,301,437,447,605

劉季洪〔5〕257,310,317,319,716,719,722,761〔6〕45,133,134,136

劉季高〔7〕420,495,496,498,506,506,517,556

劉季康〔6〕79,92-94,96,100,102,174,211,248,268,274,406,432,680〔7〕408,426,427,461,464,503,530,539,547,578

劉宗鶴（辛樹幟女婿）〔5〕687〔6〕300-302,309,313,314,

316,322,325,326,328-330,335,337,338,340,342-345,347,348,352,353,355,356,431,432〔7〕229,230,236,606,614,627,629,638,639,669,679,680〔8〕12〔9〕58,771〔11〕346

劉尚一〔3〕704,706-708,724,742,751,752〔4〕3,4,6,12,17,22,26,28,33,34,40,501〔5〕44,45〔6〕310,374,376,384

劉延陵〔1〕248,320

劉承釗〔4〕293,648〔5〕379〔7〕697

劉承幹（翰怡）〔9〕685

劉承璐（姨甥婿）〔6〕518-521〔7〕116,331-333,337,339,340,548〔9〕267,266,268

劉拓〔2〕621〔3〕577,651〔4〕121

劉明淑〔5〕479,502,514,519,523-525,527,547,560,580

劉明揚〔5〕380,384,391,393,432,491,499

劉治平〔3〕85,302,354,356,358,359,363,366,373,382,485,530,532,533,537,544,602

十五畫：劉

劉治洲（定五，定武）【3】538，545-548，558，565，567，574，601，605，607，633，634，637，651，660，688【4】131【7】626，649，656，688，700，708，729，731，744【8】12，15，53，126，133，145，200，409，412，419，433，559，564，569，576，609，615，660，692，716【9】33，54，120，170，174，181，189，205，211，228，239，267，482，551，605，697，753，756，757，773

劉牧【8】149-151，363

劉秉麟（南陵）【1】492【2】78【4】582

劉俊民【7】246，250，253，255，256，278

劉俊生【11】37，39，49，52，53，59，66，67，71，539

劉厚祐【7】654【8】127，137，398，406，503

劉厚滋（佩韋，薰孫）【3】350，364，400，403，404，408，410，420，422，423，449，455，462，463，473，476，477，481-483，489，504，520，521，525，527，529，530，531，533，536，540，546，547，599，626，629，632，644，652，653，660，662，664，666，709【4】41，180，238【5】548，571，580，581，594，604，605，608，610，611，614，619，620，622-625，630，773【6】237，510，529，550，635，639【7】24，34，57，61，97，102，188，351

劉厚澤（佩韋弟）【5】611，610，613，622【7】57-58

劉咸（重熙）【7】143，182-183，191，221，237，514

劉咸炘【6】565

劉型【8】683，690，699【9】232，551，578，594

劉垣（厚生）【5】419【6】671【7】440，441，513，535，536，576，576，583，596，683【9】770

劉峙（經武）【3】37【4】591

劉思源【6】402，421，423，530，552，571，583，672，695【7】18，31，38，74，75，106，168，288

劉思慕【9】441，759【10】270，274

劉盼遂【2】450，512，513，532，567，580，613，649，651，653，654，657，691，693，696，700，709，721，726，727，730【3】36，

65,85,98,116,123,170,180,187,198,196,302,340-342,352,354,363,375,377,380,407,408,423,444,445,470,472,523,525,536,543,545,552,629,634,639,650,661【4】514【5】606,772,773【6】204,516【7】624,651,737,742,743,747【8】36,58,91,227,381,392,413,480【9】279,434,592,596,665【10】553【11】372

劉秋英【5】202,240,242,255,286,291,296,300,303,305,308,320,327【6】533

劉英士【3】173,431-433,505,697【4】449,471,537,545,548,595,596,603,616,623,629,654,657,684,759,774【5】13,24,68,72,130-133,170,209,270,271,286,365,399,473,594,638,685,686,746【6】22,45-47,67,73-75,79-81,88,90,92,175,218,225,238,270,272,287,298,406,447,570【11】46

劉述周【8】220【10】320,311,

462,485,646

劉風竹【3】223【4】754,763【8】68,216,220

劉修業(王重民夫人)【8】21

劉家駒(劍秋)【4】543,545,546,599,600,619,620,675,677【5】763【6】3,4,54,70,71,271-273,407【7】700,721

劉家駒夫人(王珍拉母)【6】271

劉師培(申叔)【1】56,58,246【2】148,157,242,691【5】614【6】402,445,542,605,693【7】638,693,756【9】8,413,422,423【10】68,236【11】396,472,475,700

劉師儀(淑度,叔度)【2】587,591,593,598,656,704,710,713,731【3】112,209,268,275,298,313,318,349,353,355,356,377,384,385,388,392,403,436,446,451,455,472,482,483,499,501,504,520,527,540,546,585,626,629,631,645,662,666,668,685,689,690,701,709,722,726【4】21【5】697

劉恩蘭【6】253【8】611,615

十五畫：劉

【11】74

劉振東【2】80,81,96,112,113, 152,184【3】592,597【4】142, 606,752【5】77,687,745【6】4

劉書琴【4】402,420,424, 472,635

劉書傳【4】625,660,662【5】53 【6】213,277

劉桂五【7】600,663【8】9,441 【9】250,274,756,759【10】510

劉桂東【5】331,423,437,460, 463,464,512,515,578,644, 649,650,665,674,675【7】324

劉海粟【1】356,364【8】364

劉浩然【8】397,399,521,642, 646,649【9】471,483,502, 508,590,617,739

劉真如【5】432,433,489, 490,762

劉起釪（劉）【4】678,724,727, 733,738,747,767,772【5】6, 10,13,16-18,20,23,28,32, 36,39,41-43,51,58,83,118, 298,367,445,502,542,594, 596,604,627,636,687,695, 697,702,719,721,723,725, 727,728,730,737-740,742,

744,748,751,752,757,758, 765,768【6】2-7,21,35,36, 48,57,59,64,70,72,73,75, 87,89,129,175,360,425,473, 497,653【7】58,87【8】23,410, 418,432,434,440,663,664, 671,672【9】21,25,377,407, 466,468,469,485-487,493, 494,496,500,508,532,533, 556,569,578,579,581,586, 591,596,597,599,611,630, 632,640,645,653,654,658- 660,665,673,676,677,681, 683,685,690,692,693,695, 699,701,702,704,705,708, 719,725,727,729,733,746, 747,750,753-755,757,766, 768,771,775,776,780,786, 788,789【10】5,7,10,12,13, 16,19,20,22,23,31,44,56, 58,63,66,67,75,81,88,89, 97,107,108,117,124,125, 139,140,146,151,152,163, 166,171,177,194,197,201, 205,213,216,221,224,226, 233,237,240,244,248,257, 259,263,264,271,275,278,

282, 286, 288, 298, 301, 305, 308, 310, 311, 314, 317, 320, 327, 329, 334, 337, 340, 345, 347-349, 351, 353, 356, 358, 386, 387, 401, 474, 483, 507, 514, 623, 634, 686, 734【11】54, 58, 74-76, 86, 142, 152, 174, 325, 350, 351, 355, 356, 364, 366, 369, 375, 380, 382, 386, 388, 391, 392, 394, 397, 400, 406, 408, 412, 413, 415-417, 419, 421-424, 426, 429-432, 435, 437-439, 441, 444, 451-454, 457, 458, 464-467, 469, 470, 472, 475-477, 480, 482, 484, 486, 489, 490, 493-495, 498, 499, 502, 504, 507, 510, 511, 513, 515, 517, 518, 520, 522-526, 529-531, 534, 535, 538-545, 548-551, 554, 557-562, 564, 568, 570, 573, 574, 576, 578-580, 582, 585-587, 591, 596, 598-600, 608-610, 612, 614, 615, 618-620, 628, 629, 631, 636, 645, 647, 648, 650, 652, 654, 655, 659, 662, 664-666, 672-675, 677,

678, 681, 683, 686, 687, 689, 691, 697, 703, 708, 712, 717, 719, 723, 727-729, 734, 741, 750, 752

劉起釪夫人(彭湘綺)【5】634, 636, 759【9】702-704

劉起釪夫人(李瑛)【11】723

劉曼卿【3】246【4】140, 344, 382, 395, 448, 466

劉國鈞(衡如)【2】332【4】290, 300, 310, 311, 313, 315, 331, 335, 351, 353, 376, 383, 385, 391, 402, 416, 418, 420, 452, 494, 533, 563, 569, 640, 651 【5】44, 46, 286, 746【6】298-302, 306, 310-317, 323, 326, 329, 332, 334, 343, 345, 347, 361, 370, 381, 383, 417, 418 【7】532, 663【9】155, 156, 193, 486, 707, 709, 710

劉培德【3】706【4】4, 11, 33, 34, 54, 56, 58

劉崇傑(子楷)【7】536, 537

劉崇鋐(壽民)【2】449, 505, 725 【3】472, 490, 521, 524, 534, 539, 541, 619, 655, 664【4】168, 177, 178

十五畫：劉

劉彩玉［9］36，39，558，560，568，569，670，695，750［10］265

劉啟明［4］133－136，296，298，339，341，358，379，462

劉清揚［4］700［5］419，446［7］630，685［8］18，55，211，218，442，609，611，717［9］61，175，242，243，279，281，287，291，292，301，328，644［10］311

劉淑昭［5］331，332，576［6］124，125，177，216

劉淑珍［3］574，576，613，619，656，694［4］533，553［7］606［11］209，210

劉虛舟［1］389，390，423［5］501，515，516，663［6］39，132，175－177，219，237，244，247［7］219，232

劉盛杰（小劉，顧洪之夫）［11］509，590，598，610，630，685，693，715，724，729

劉連城（周亞衛夫人）［9］229，281，284，287，302，322，354，367，703［10］746，776

劉逢祿［2］136，216，425，426［3］332［5］511

劉雪松［4］98

劉挾藜（楚賢）［1］361，393，398，420，588，662，663，699，707，799，801，802，816［3］291，398，429

劉珏［8］657，712，732［9］9，18，64，220，249，282，726［10］499，730［11］415，416

劉傑［1］612

劉喜奎［1］10，11，15，22，25，26，31

劉尊一［1］475，509，510，520，552，616，619，620，633，637，642，648，651，660，807［7］47［8］165

劉復（半農，半儂，劉）［1］63，64，409，593，594，599，663，668，671，672，674，700，709，712，717，724，725，727，752，753，755－762，765，771，772，775，790，799，800［2］20，146，279－282，330，366，387，493，496，503，535，542，560，651，657，716，721，725，726，730［3］20，37，88，104，107，175，185，187，207，212，348，513［6］258－259［7］315［10］408

劉復夫人（半農夫人）［3］660

劉惠之〔4〕194

劉敦楨〔3〕552,554,603〔4〕290,585〔7〕418,440,587,651

劉敦愿〔8〕107,288,299,311,319〔10〕68,73,146〔11〕187,312,318,322,349

劉斐（爲章）〔8〕452-454,705,735〔9〕22,38,41,42,49,59,86,94,185,195,236,239,242,243,350,407,410-412,414-419,421-423,430,508,544,547,594,665,741〔11〕333,473,562,671,685

劉景健〔5〕433,489,490〔6〕68,69

劉景曦〔4〕117,118〔6〕302,310,342,344,379,385

劉曾若〔3〕538,541,545,558,676,690

劉爲濤〔3〕518,568,666〔4〕177,217,250,265

劉朝陽〔2〕74,84,86,96,100,111,114,135,174,175,177,197,221,230,240,249,252,254,266,276,285,351,360,369,384,390,404,405,417,420,423,424,435-439,441-443,445-450,455,459,460,464,465,468,474,475,485,486,490,492,493,498,505,512-514,532,533,537,541,542,545,548,550,558,593,598,655,658,663,665,666,673,676,677,679,690,701,724,729,731〔3〕68,71,72,313,414,658,659〔4〕151,160,172,174,175,218,220,243,249,252,254,259,260,265,328,373,387,462,547〔5〕153,370-373,390,396,398,500,549〔6〕120,195,404,413,563〔8〕86,88〔11〕113

劉策奇〔1〕800〔2〕110

劉超〔8〕435,628〔9〕219,334,337,506

劉逸楓〔7〕13,68,175,176,185,202,205,206,230,231,238,274,291,296,307,319,332,340,342,345,349,359,364,374,402,413,426,432,443,468,477,502,504,516,530,565,576,583,584〔8〕200

劉鈞仁〔7〕638〔9〕463,464,473,

十五畫:劉

486,509,544,554,618,658,664,727,729[10]2,5,20,57,74,144,165,213,318,319,387,462,540[11]206

劉開申[6]405,429,434,636,656,660,664,666,674,676,678,694[7]38,198

劉開渠[1]395[4]300,320[8]26,735[9]32,64,65,165,166,168,170,171,173,191

劉聚散[5]310,314,421,425,426,440,516[7]118,579

劉廉克[4]134,135,750,751,759,773,774[5]7-8

劉毓才[3]155,369

劉毓崧[11]463

劉煜(熹亭,西亭)[3]575,659,696[4]357,389,401

劉萬章[2]101,151,153,160,176,180,181,186,187,198,200,204,215,239,243,250,251,253-255,266,276,277,285,313,369,454,483,489[3]528,685[4]218,221

劉節(子植,劉)[2]432,514,521,522,539,544-547,551,562,570,580,593,597,613,648,653,655,657,660,679-681,694,709,710,721,727,730[3]14,16,21,25,26,29,30,54,55,58,60,61,88,96,103,104,109,112,115,121,152,155,158,159,193,216,269,273,274,277,295,296,340-342,344,351,352,355,358,359,361,362,384,397,398,399,401,408,409,422,423,430,444,448,463,470,480,483,486,525,533,536,540,545,552,553,605,624,649,650,655[4]189-191,203,362,368,370,385,386,403,406,459,659,679,684,685,719,727,734[5]30-31,126,136,153,169,171,193,224,287,294,319,367,470,541,542,594,772[6]294,322,629,648,669,675,684,685[8]88,91,363,400,702[9]305,406,428,468,761,767[10]94,194,688,736,743,759[11]1

劉經庵[1]135,161,177,219,222,241,243,450,697,741

【2】275，358，411，425，459，539

劉夢溪【11】660

劉漢川【5】643，644，648，650【6】108，123，124，176，177，216，412，413【7】149

劉熊祥（中立）【4】233，275，758，763，764【5】23，25，46，59，70，71，130，208，403，405，541，542【6】300，301，306，311-313，345，365，378【7】670【8】446，529

劉瑤章【4】753【5】433，490，494，610，611，614【8】12，14，54，126，214，214，220，363，604，612【9】440，594，752，756，760，762，763，770

劉福同【4】294，295，312，323，327，342，350，356，390，406，407，430，431，448，487，509，521，568，694，700，702，712【5】28，132，164，168，229，231，314，556

劉維漢（鐵生）【2】52【6】3，4，69，70，158，215，217，226，227，232

劉銘恕（叔遂）【3】366，487，523，535【4】497，502，503，645【5】69，372，389，746【8】20，193

劉魁立【8】459

劉廣志（廣智）【2】373，388，435，448，485，486，493【3】10，100，230，447，529，565

劉樊【4】337，370，386，397，415，420，445，448，472，512，522，524【8】409

劉澄清（潛哲）【1】559，564，576，584，593，597，599，638，665，669，689，732，733，745，750，771，784，800，801，819【2】279，285，569

劉儒林（雅齋）【1】772【2】414

劉導生【8】536，724，734【9】210，230，264，270，273，311，349，375，451，452，468，471，488，533，537，551，579，594，616，644，645，647，650，666，737，758，761，765【10】27，41，44，302，306，353，457，480，482，509，643，688，704，706【11】81，82，89，394，530，670

劉憲子【9】739【11】23，175，222，304，407，425

劉樹杞（楚青）【1】783，802，805，

十五畫：劉

809, 829, 832〔2〕3-7, 196, 197, 657

劉篤（志純）〔4〕383, 458, 497, 510, 517, 522

劉翰章（合初）〔1〕388

劉興唐〔3〕464, 479

劉選民〔3〕358, 422, 456, 466, 536, 540, 543, 555, 565, 601, 618, 621, 638, 639, 644〔4〕513

劉錫五〔2〕522, 545

劉錫琙〔7〕627-629, 632〔8〕12, 18, 220, 612〔9〕55

劉錫誠〔9〕312, 321, 334, 337, 437, 506, 540

劉縱式（縱一）〔3〕602, 617, 638, 652, 657, 662, 663, 667〔4〕78, 99, 142, 143, 204, 255, 265, 289, 292, 293, 298, 313, 343, 353, 493, 532〔5〕383

劉聲木〔11〕399, 400

劉鴻賓（雁浦）〔4〕120, 123, 124, 449, 523-528, 537, 541-545, 547, 556, 559, 560, 573, 591, 598-608, 610-612, 616, 618-620, 622, 626, 628, 629, 633, 651-653, 655, 660, 664, 669, 672, 695, 696, 699, 700, 702,

715, 719, 720, 726, 728, 731, 734〔5〕31, 34, 35, 136, 289, 450〔6〕238, 287, 407, 416, 449, 458, 489, 497〔7〕729〔8〕52, 96, 97, 99, 100, 102, 107, 109, 115, 118, 121, 123, 166, 275, 278, 280, 286, 314, 363〔11〕14, 710

劉鴻賓夫人（雁浦夫人，見"郭錦薰"）

劉薰宇〔4〕178〔7〕491, 699〔8〕14

劉釀〔8〕15〔9〕775

劉瀛〔8〕706〔9〕64, 65, 75, 77, 81, 83, 105, 617, 678〔10〕213

劉鏡秋〔5〕231, 232, 268, 270, 271, 310, 311, 314, 315, 353, 354, 362-365, 374, 403, 405, 413, 421, 492, 500, 539, 555, 578, 641, 649, 685, 686, 688, 718, 745, 746, 748, 761, 768, 770〔6〕53, 137, 147, 213, 231〔7〕111, 130

劉蘖仙（蘖先）〔4〕294, 300-302, 308, 321, 323, 346, 350, 356, 392, 497, 580〔5〕389, 393〔7〕224

顧顏剛全集·顧顏剛日記人名索引

劉寶全〔6〕80〔8〕82

劉寶楠(劉氏)〔7〕196,197,220, 204,207,209,212,215,223

劉齡九〔4〕321,440,532,635〔5〕 374,378,386〔7〕655〔8〕363

劉鶚業〔8〕85,398,408,411, 417,422,429,434,435,442, 444, 446, 449, 453, 462, 487,503

劉縵九〔4〕338,341,351,356, 361,379,395,399

劉體仁〔11〕176

劉體乾〔8〕741〔11〕319

劉體智(晦之,惠之)〔2〕558〔7〕 448,452,453,494,499,500, 519,522,527,537,554,564, 579,606,651〔8〕557〔10〕98, 293〔11〕400

劉麟生〔3〕488

談家楨〔9〕773

諸有仁〔10〕139,144,145,241, 370- 372, 375, 377, 378, 381,384

諸祖耿(祖廑,佐耕)〔3〕338〔5〕 772〔8〕58

廣玉(閩卟)〔3〕42,178

翦伯贊〔5〕279,280,301,302, 324-326,405,419,468-470, 482,503,604,728〔6〕10,495, 496,513,517,706〔7〕285, 323,330,442,443,482,484, 486,586,610,632,652,663, 685,689,695,697,698〔8〕10, 22,26,48,88,91,128,229, 381,382,392,441,642,694, 731,732〔9〕32,87,330,372, 537,759〔10〕12,389,430, 431,448,469,495,577,641, 648,657,682,704,732〔11〕 268,273,627

鄭大章(彩庭)〔3〕605,634, 637,660

鄭之藩(桐蓀)〔4〕264〔9〕754

鄭允明〔3〕567,573,574,583, 585,601,602,604,605,621, 628,656,657〔4〕205

鄭天挺(毅生)〔1〕307,368,391, 392,395,479,483,486,488, 534,535,538,567,642,646 〔2〕68,69,71,74,84,85,161, 170,174,177,182,184,188, 192,193,199,201,202,203, 260,261,305,306〔3〕344, 350,353,397,582,650〔4〕

十五畫：劉談諸廣翦鄭

167，177，205，210，563，564【5】45，46，54，606，624【6】495，496，510，512，514，516，685【7】429，685【8】22，88，91【9】79，372，564，743，759，763，767，776【10】34，68，182，554【11】92

鄭文（天叔）【4】663，679，681，690，694，759，775【5】16，27，50，150，151，173，174，413，601，602，639，772【6】65【7】552，591

鄭文夫人（天叔夫人）【6】21

鄭文英（小姐）【6】502，503，626，628，676【7】33，34，65，72，73，102，103，118，286

鄭江濤【1】816，836【2】2，19，25，28，30，35，124，147，275，285

鄭西谷（通和）【4】142-144【6】271

鄭侃嬉（連士升夫人）【3】24，25，27，28，34-36，38，40，41，43，45-47，49，53，56，57，59，60-62，66，68，80，86-88，90，93，97，103，108，112，115，118，120，121，127，145，147，148，151，156-158，160，161，168，

169，175，179，182，189，193，198，200，216，219，230，231，238，269，292，294，300，312，315，318，323，335，339，340，343，345，349，353，361，364，368-370，372，373，375，376，378，379，381，382，384-386，389，395-397，401，405，407，408，411-415，420-422，428，429，436，437，444，447，449，452，456，462，464，465，467，468，470-469，481，483，485-490，501，503，507，508，517，519，521-527，529-531，533，534，536-538，542-546，549，555，556，558，559，564，565，567，568，576，582，583，590-592，599，600，602-604，616-623，626，628，630，633，635，640，644，650，652，653，655，656，658，661，662，664，666-668，676，685，694，709，721，725【4】37，43，47，98，113，151-153，295，570，693【5】44，525，530，656【6】2，261【7】265【8】273

鄭宗海（曉滄）【2】272，307，308，

479,621〔3〕227,228,250,320,322,436〔6〕87〔8〕200-202,211,216,219,222,608,609,615〔9〕58,62,431,772,773〔10〕181,193

鄭昕〔3〕397,621〔4〕175,251〔7〕753〔8〕60,65,126,145,607,626,694〔9〕60,758,768〔10〕187,341

鄭林莊〔3〕214,574〔5〕372,378,379〔8〕571,706

鄭芳龍〔8〕21,395,417,422,434,435,462,503〔9〕5,361,366,373,454,587,782〔10〕173

鄭芸〔7〕717〔8〕44,58,133-134,139,214

鄭建宣〔8〕212-214,524,528,545,608,612〔9〕59,431,445,600,611,771

鄭恒晋〔4〕636,637,642,646

鄭家舜〔6〕691,694,696,699,707,709〔7〕1,4-6,8,17,22,25,29,32,35,38,41,45,48,51,56,59,62,64,69,70,72,77,89,95,98,108,113,114,126,128,135,136,138,144,146,148,170,171,174,177,180,181,194,222,224,261,274,279,282,300,306,314-316,346,368,530,557

鄭振文(鐸宣)〔2〕359,400〔5〕366,435,491〔6〕242

鄭振鐸(西諦)〔1〕138,139,150,154,155,161,167,227,248,249,252,253,267,270,276,279,284,287,292,295,296,299-304,307,310,312,314-317,319-323,327,328,330,332,336,338,340,344,346,350-353,356-358,366,369,372,377,381,398-400,402,404,406,407,409,412,413,415,417,419-421,424-426,431,458,459,473-475,477,503,524,535,592,596,599,604,610,615,629,641,650,657,741,748,793,799,801〔2〕368,420,472,520,561,563-568,570-573,576-580,583,585-587,590,591,593,594,597,599,601,602,606,607,618,649-653,655,659,662,663,679-683,685,686,

十五畫：鄭

691-694，697-699，707-714，717-719，721-723，725-727，730【3】5，12，13，17，19-22，24，25，27，28，33，35-38，41，44，46，47，49，50，54，55，57，58，60，62-65，67，83，87-89，92，96，97，99，100，103，104，106-108，112-117，119，120，122，124，127，128，143，146，147，156，157，161，162，165，169，171，175，179，183，185，186，188，196，199-203，206，208-213，215，220，240，266，267，269-274，284-286，294-296，299，337，439，589，591【5】653-655，657，672，719，726，727，738【6】10，37，39，248，397，407，495，496，510，515，560，567，569，574，657【7】55，57，60，259，483，484，491，530，585，587，603，604，609，683，752，757【8】6，7，10，15，17，24，26，85，91，93，126，128，137，140，212，215，381，417，424，425，458，460，469，482，483，501，510，516，538【9】67【11】314，371，523

鄭振鐸夫人（鄭太太，見"高君箴"）

鄭效洵【8】111，222，546，699【9】98，184，248，258，504，505，537，553，557，600，612，613，656，700，702【10】285，316【11】391

鄭效洵夫人【9】201，700【10】757，766【11】131，409

鄭國英（逢源之父）【4】190【5】229，406，422，423，494，497，541，598，628，632，634

鄭國讓（惠之子）【3】478【6】460，490，501，516，529，546，556，558【7】35，118，127，130，145，187，192，286，323，329，422，426，618，679

鄭逢源（逢原）【3】568【4】166，170，171，173，175，177，178，188-190，197，199，204，214，215，220，231，233，238，242，250，253，255，270，275，288，297，556，606【5】71，73，78，129，181，182，189-193，195-197，207，208，223，229，233，255，256，268-270，272，279，284，286，294，311，312，315，

317, 324, 336, 348, 354, 365, 374, 403-406, 421, 439, 440, 467, 478, 480, 494, 500, 541, 542, 546, 562, 590, 595-599, 604, 632, 639, 640, 656, 760, 772【6】2【9】335

鄭逢源夫人【5】226, 228, 241

鄭莫（石君, 介石）【1】108, 109, 160, 165, 166, 171-173, 176-180, 190, 194, 198, 216, 375, 377, 388, 389, 391, 392, 401, 411, 430, 431, 446, 448, 453, 454, 460, 462, 466, 469, 490, 491, 496, 557, 578, 580, 596, 597-599, 603, 615, 620, 666, 667, 719, 720, 763, 800【2】61, 260, 350, 405, 439, 442, 448, 626, 628【3】199, 353, 539【7】587, 588, 600, 663, 695【8】410, 465, 649, 712【9】79, 254, 259, 270, 349, 356, 362, 370, 375, 437, 441, 468, 537, 541, 542, 553, 564, 579, 616, 651, 660, 687, 725【10】294, 295, 711

鄭撝一【5】432, 433, 490, 745, 762【6】66

鄭象銳（象說, 重公）【4】645, 648, 651, 692, 705【5】183-185, 199, 202, 329, 363【9】239, 496, 534, 560, 579

鄭逸梅【7】35, 42, 582【8】135【10】336

鄭楚生（國材）【2】241, 593

鄭辟疆（費達生之夫）【9】446, 447, 776

鄭爾康（振鐸子）【6】515

鄭賓于（賓宇, 孝觀）【1】557, 595, 649, 651, 652, 671, 677, 696, 697, 706, 709, 714, 715, 717, 720, 722-729, 732, 733, 735, 747, 767, 775, 784, 800, 801, 818【2】3, 5, 8-12, 14-17, 19, 24, 36, 40, 51, 55, 62-64, 66-69, 71, 86, 124, 147, 197, 200, 285, 368, 689【5】393, 394

鄭德坤【2】353, 360, 371, 375, 384, 388, 390, 393, 396, 398, 401, 403, 404, 418, 422, 426, 427, 430, 432, 435, 438, 439, 445, 448, 450, 455, 456, 461, 462, 468, 486, 488, 493, 497, 500, 512-514, 518, 521, 522, 524, 526, 532, 534, 535, 537-

十五畫：鄭

540,542,547,553,556,558, 560,569,570,586,589,595, 599,601,617,631,648,652, 655,656,658,661,663,664, 680,681,686,687,691,695, 699-704,707,708,710,712, 713,715-717,720,726,728, 729[3]6-8,12,13,17,20,22, 27-29,33,35,37,38,43-48, 53,55,56,59-65,68,72,126, 140,155,171,210,229,263, 312,324,333,386,435,456, 496,501,512,513,528,585, 691[4]24,25,84,94,579, 580,637,639,641,642,644, 648,651,653,676,693,719, 746[5]95,370,371,376,377, 379,380,382,383,385,386, 388,389,391,392,394,396, 414,420,637[6]594,596[7]7 [11]50,417,418,693

鄭德坤夫人(見"黃文宗")

鄭樵(漁仲)[1]191,195-197, 202,203,205-209,211,212, 216,217,223,224,323,325- 327,329,332,334,345,405, 423,445,651[2]39,178,248,

534[3]151,332,333,406[5] 291,410,420,492[6]18,63, 185,186,714[7]138[8]274 [9]372,455,650[10]59,312 [11]589,637,641-643

鄭穎孫(穎蓀)[3]91,548,631, 638,655,706,707[4]204, 218,554,619[5]198,442

鄭騫(因百)[2]460,489[3] 476,478,481,483[5]622

鄭鶴聲[1]800,801[3]432,433, 441,588,597[4]139[5]45- 49,53,58,183,187,188,219, 232,238,239,257,260,267, 278,279,293,325,408,409, 442,487,508,514,746,748, 772[6]55,76,90,91,116, 213,215,540,579[8]88,96, 99,104,105,109,117,122, 123, 288, 297, 300, 301 [10]114

鄭廣(相衡,湘蘅)[5]366,403, 405,421,440,467,481,485, 488,503,511,516,517,519, 526,530-533,538,553,557, 561,562,658,670,671,729, 731,738[6]10,41,46,49,50,

顧頡剛全集·顧頡剛日記人名索引

129,223,227,237,500,501,535,537,593,614

潘大逵【4】295,297,300,301,309,320,335,418,442,490,495,576【8】363

潘公展【4】591,592,598,675【5】54,136,191,226,227,380,393,680【6】113

潘平之【5】758【6】20,225,271,287

潘仲元【4】561,562,579,580,636,642,646,701,702,708,741【5】39,70,127,214,377,383,397,399,468,597【7】439,440,452,528,542

潘光旦【3】351,652【4】167,759【7】26,482,487,651,652,721,744【8】7,16,40,54,60,144,211,220,362,482,559,586,606,611,624,626,628,639,724,730,735,738,741【9】28,29,60,184,242,261,346,349,381,415,445,558,559,740,769【10】78,302,341

潘伯鹰(百鹰)【6】8【7】334,335,340,343,396,472,526,535,537,538,540,545,549,552,554,576,578,583【8】607【9】54,61,62,131,134

潘序倫【5】44,243,272,363,365【6】219,685【7】351

潘承孝【6】253【8】111,531,546,607【9】54,55,57,60,61,63,431,433,434,437,452,454,600,768,769【10】181

潘承彬(質廷,姻叔)【3】389,469,590,678,679,684,685,689-695,697,701,723,726【4】41,95【5】214【7】556

潘承弼(景鄭叔)【2】302,303,480,644【3】75,312,313,443,590,678,691【5】656,659,670,673,682,726,752,772【6】17,18,23,32,35,39,61,229,244,247,267,308【7】75,91,105,116,126,128,220,244,270,271,284,300,330,334,393,401,448,458,477,494,534,542,580,581【8】278,364,458【9】154

潘昌煦(由笙,西生)【1】126,526【2】304,309,314,326,327,330,366,370,411,437,439,507,512,537,565,569,574,

十五畫:潘

587,684,688,695〔3〕7,20,28,38,39,44,45,56,74-76,121,691〔5〕712,724,732〔6〕35〔7〕19,121,651〔9〕97〔10〕91

潘美君〔11〕123,132,135,137,147,150,153,158,162,164,166,175-180,336,367,388,390,401,407,425,512,613

潘重規(季剛婿)〔5〕382〔6〕195

潘家洵(介泉)〔1〕63,72,83,85,89,90,96-98,100-113,116,126,133,134,136,138-143,145-148,150,152-156,158,159,161-171,173-175,177-179,181,182,187,195-200,202-204,107,210-212,217,218,224,237,239,241,245,247,248,250,252,253,255,260-262,264,267,271,275,287,295,301,302,321,325,338,339,343,349,360,371,373,374,376-378,380-382,384,386,392-397,400,403,405,409,413,426,429-435,439,441,442,444,446,449,450,451,453-459,461,462,465,466,468,471-476,478,480,481,483-485,487-494,496-509,511,514-523,525-528,530,532-537,539,542,543,545,546,548-553,555-558,560,561,563-566,577-587,589-593,596,597,600-604,606,608-612,614-633,637-641,643,645-648,650-652,655-659,662-666,669-671,673,676-680,682,686,691,708,709,712,715,717-719,721,723,725-732,734,764,766,770,775,779,782,783,786-794,796-799,801-807,809-811,813-823,825,829,830〔2〕1,2,5,7-12,14,15,17-19,23-27,26,29-32,35,50,51,57,59,61,64-66,68,69,84,85,87,88,131,132,186,213,260,280-283,285,286,289,290,292,296,297,305,310,311,313,326,329,332,366,367,384,387,434,466,506,508,552,699〔3〕17,19,128,154,155,180,220,244,377,490〔4〕174,215,

262,276,431,588,640〔5〕98,246,443〔7〕536,750〔9〕85,439,616〔10〕439,440〔11〕111,398

潘家洵夫人（贝開珍）〔1〕433,439,480,494,496,532,536,545,587,592,624,664,729,738〔2〕15,31,311,383,541〔9〕730〔10〕26,548

潘健卿（錫侯）〔1〕564,565,578-580,585,589,592-595,599,600,602-605,625,631,633,638,640,646,648,649,651,655,659,664,671,679,687,689,690,697,706,708,710,712-714,718-722,725,728,730,733,735,737,739,742,751,755,758,759,761,764,767,773,775,785,800,801〔2〕57,87,88,272,273,275,276,285,304,312,314,316,319,320,470,547-551,625〔3〕75,76,80,250,308,317,318,322,376〔4〕260〔5〕713〔6〕634〔7〕49,531,541,740

潘國渠〔5〕405,406,421,631,634,659

潘梓年〔5〕419〔6〕10〔7〕695,745,749〔8〕10,91,146,219,381,514,564,729〔9〕1,16,28,30,98,183,184,199,230,254,258,264,311,321,349,355,356,362,370,375,452,488,537,551,605,616,650,671,717,736,740,746,749,758,765〔10〕12,56,174,234,655,673,674,684,685,691,701-704,719,725,731,739,755-759,762,764,766,773,779,786〔11〕62,81,88,89,91,93,139,172

潘連茹〔4〕147〔5〕434,490〔6〕67

潘咯基〔4〕552,589,648〔5〕330,356,362,425,426,477,497〔6〕694,705〔7〕75,181,308,366,430

潘咯基夫人（劉宜堪）〔5〕477,536

潘博山〔2〕302,302,318,320,323-325,355,357,480,576,643,644,646,658〔3〕313,399,401,402,590,689

潘蓺〔4〕690〔5〕168,410,419

十五畫：潘鄧

〔8〕17〔10〕1,12,17,20,22,24,53〔11〕652

潘琰〔5〕271,313,314,322,323,567

潘聖一〔5〕712,713〔6〕35〔7〕369,573

潘達人（達仁）〔9〕67,483,539,585,659,747

潘漢年〔7〕529〔10〕674

潘震亞（振亞）〔5〕408,419,425,430,482〔7〕753〔8〕59,60,90,126,501,522,615〔9〕150,443,435,772〔11〕558

潘懷素〔8〕740,742〔11〕345

鄧力群〔9〕164,169〔11〕518,652,654

鄧士章〔9〕38,750,752,757,773,777〔10〕251,341

鄧子恢〔8〕609〔10〕590

鄧小平〔9〕88,611,612,671,695,701,778〔10〕487,583,590,590,597-599,605,609,636,639,646,648,649,657,658,674,685,708,711,718,741,752,756,765,786,787,793〔11〕409,439,471,474,483,493,511,514,515,596,612,613,669

鄧之誠（文如）〔2〕546,563,566,568-570,581,600,602,612,649,650,664,697,700,717,719〔3〕12,15,20,58,64,68,83,94,102,107,128,154,156,159,182,185,187,190,203,219,267,271,273,300,311,341,345,350,355,364,377,397,472,476,479,527,533,535,631,632,648,651,652,654,575,619〔4〕58〔5〕613,621〔7〕486,586,595,596,717,770〔8〕467,598,601,602,641〔9〕15,32,244,340〔11〕613

鄧少琴〔5〕235,236,239,427,486,487,503,507,508,524

鄧文儀〔5〕759,763,764〔6〕244

鄧方〔11〕184,187,189,279,280,283,313,535,594

鄧世民（世明,姜淑忍女婿）〔8〕192,577〔10〕213,637,674,720〔11〕130,401,624

鄧以蟄（叔存）〔1〕701,715,734,752,756,763,766,775,789,799,801,817,824〔2〕90,91,

282,290,330,406〔3〕363,397〔6〕496〔9〕32

鄧自燊〔8〕718,722,726,730〔9〕7,22〔10〕19,206

鄧西園〔5〕446〔8〕5,11,13,23,33,39,132

鄧西園夫人〔8〕20,33

鄧廷爵〔5〕548,551,558,571〔7〕394,411,442,532

鄧邦述〔9〕650

鄧季惺〔3〕491,493,504,566,595,596,701〔5〕398〔8〕17,44,126,219,363,421,502,511,741〔9〕754

鄧拓（馬南邨）〔8〕22,91,201,587〔9〕172,497,759,763〔10〕444,445,456,465-467,471,474,487,492,497,500,545,590,654,657,732,761,770,786

鄧昊明（昊民）〔7〕628,630,632〔8〕12,200,211,217,362〔11〕596,698,704,750

鄧秉鈞（高鏡）〔1〕546〔3〕601

鄧初民〔3〕525,526〔4〕142,297,700〔5〕15,419〔6〕10,495,495〔7〕629,631〔8〕7,144,214,215,218,471,562,611,624,626,628,631,639,649,706,721〔9〕38,174,192,447,581,605

鄧建中〔5〕46,161,179,440,515,517

鄧春膏〔3〕724,731,732〔4〕114,779〔6〕299,304,327,343

鄧飛黄〔1〕449〔4〕750,751〔5〕433,491〔6〕2,47

鄧珂（文如子）〔3〕472〔7〕596

鄧哲熙〔3〕538,547,548,558,651〔7〕626,649,688〔8〕10,12,15,33,53,126,131,133,214,220,427,511,512,622,661,692,703〔9〕24,34,38,51,54,59,99,119,179,195,219,350,369,508,588,594,750,752,753,757,763,770〔10〕311

鄧家棟〔10〕354,355,359,364,368-370

鄧時銓〔5〕702〔6〕557,558,560

鄧華民〔5〕181,271,434,490,496〔6〕69

鄧著先〔5〕696〔6〕18〔8〕18

鄧嗣禹（持宇，泰初）〔2〕459,

十五畫：鄧

485, 513, 533, 551, 553, 560, 568, 599, 649, 656, 684, 691, 693, 697, 724, 729【3】8, 18, 29, 48, 57, 59, 63, 66, 85, 97, 99, 115, 118, 124, 150, 157, 160, 161, 167, 169, 171, 173, 186, 188, 193, 198, 203, 207, 208, 219, 236, 245, 267, 274, 275, 277, 297, 298, 302, 310, 337, 339, 341, 345, 348, 350, 355, 358, 360, 363, 364, 366, 367, 369, 371, 379, 382, 384, 387, 404, 409, 424, 447, 454, 456, 466, 475, 476, 479, 480, 499, 534, 537, 543, 545, 552, 602, 654, 658, 667

鄧經元【11】333

鄧詩熙【3】540【5】611【7】586, 593, 594, 643-645, 647, 656, 658, 661, 670, 691【9】16

鄧道生（張振漢夫人）【5】516, 538, 539, 541, 554, 656, 658, 716, 717, 722, 728, 730, 738 【6】7, 9, 10, 14, 18, 30, 31, 294 【9】711, 722【10】351, 633, 776

鄧寶（秋枚）【2】56【11】403

鄧爾雅【2】219, 220【9】406, 413

鄧福秋【8】91, 393, 397, 444, 483, 486, 519, 646, 718, 722, 726, 730【9】7, 22, 107

鄧廣銘（恭三）【3】342, 373, 397, 489, 666【4】584, 585, 653, 679, 719, 758, 763【5】47, 67, 74, 158, 161, 188, 189, 196, 199, 200, 222, 223, 241, 248, 251, 254, 256, 258, 261, 265, 273, 276, 277, 282, 286-288, 291, 296, 299, 300, 302, 303, 306, 308, 349, 350, 356, 361, 362, 374, 400, 409, 423, 425, 426, 428, 430, 436, 438, 444, 465, 468, 471, 476, 478, 482, 507, 508, 510, 523, 524, 534, 569, 587, 633, 705【6】23, 292, 325, 510, 512, 516, 517, 532, 695【7】7, 24, 58, 70, 77, 82, 147, 179, 486, 612, 620, 642, 644, 657, 663, 689【8】22, 88, 91, 128, 381, 392, 654, 732【9】209, 230, 330, 372, 759, 763, 767【10】35, 38, 40, 47, 61, 66, 67, 69, 73, 75, 387【11】57-59, 322, 691, 736

鄧廣銘夫人（恭三夫人）【5】317,

328,329,333,336,337【9】742
鄧澤民【4】127-129【6】313,314,317,330
鄧穎超(大姊)【5】435【8】39,415【10】188,369【11】562,564
鄧錫侯(晋康)【4】132,133,136,301,311,320,341,345,353,391,418,424,442,465,576,640【5】85
鄧懿(周一良夫人)【3】621
樂育才(見"拉丁摩")
樂松生【10】622
練爲章(爲璋)【1】43,46,50,163,164,170-173,175,183,184,187,190,193,194,197,222,224,230,234,241,262,263,275,277,316,363,364,377,383,399,401,406,413,424,425【2】197【7】580,582【8】465

# 十六畫

蕭一山【1】700,770,771,775,802【2】292【3】344,415,432,433,462,543,628,639-641,643,657,661,670【4】141,142,145,148,211,235,291,294,295,298,300-303,314,368,423,424,455,494,495,504,595,606,607,652,666,693,707,727,754,755【5】64,156,159,164,165,169-172,204,206,259,290,321,387,433,490,493,494,497,549,606,608,610,611,614,619,620,623-625,629-631,634,635,639,698,705,747,768【6】65,67,68,116,120,268,270,281,387,388【8】729
蕭一山夫人【5】642,646
蕭三【8】458,460,469,520,663,664,672,683【9】55,332,409-411,414,415,419,421-423,425,429,430,415,551,740
蕭公權【2】455【4】640【5】229,376,383【6】213,253
蕭友梅【2】544
蕭心如【4】379,380,384,398,404,429,455,493,505,650
蕭文安【3】17,116,277,293,301

十五畫：鄧樂練 十六畫：蕭

蕭月如【5】422,500,514,515, 538,539,543,554,557,560, 561,576,577,585,586,592, 593,626,627,662-664,705 【6】178

蕭正誼【5】614,622,629【6】397

蕭印唐【4】149【5】237,238,487, 512,558

蕭同茲【2】314【4】613,614【5】 98,439

蕭孝嶸【4】717【6】88

蕭良瓊【8】2,22,91,124,393, 397,571,718,722,726,730, 734【9】7,22,502,617,739 【10】500,506,509,585,639 【11】121,134,138,238

蕭長華【5】751

蕭珊（巴金夫人）【9】410

蕭紅【7】632

蕭軍【4】316

蕭風（蕭鋒）【8】232,247,384, 385,397,409,426,441,446, 503508,514,519,523,556, 571,578,604,643,645,692, 693,738【9】14,19,37,64,82, 98,117,118,160,163,172, 194,205,207,222,266,268,

272,282,302,350,354,358, 585,617,630【10】89,199, 490,577,640【11】353

蕭風夫人【10】199【11】468

蕭振瀛【3】479

蕭純錦（叔綱）【6】538,683【7】 15,58,65,77,118,171,206

蕭乾【3】120,124,154,161,192, 267,292,295,297【6】278,279 【8】363

蕭從方【4】148【5】472,568 【6】54

蕭淑芳（吳作人夫人）【5】699 【6】106,109,110,122【9】78 【10】381,399,407,440,448

蕭項平【9】76,77,89,90,182, 200,224,226,242,248,255- 256,272,307,319,325,354, 411,456,460,463,483,486, 487,493,541,544,554,555, 560,565,568,569,575,577, 579,581,596,615,632,633, 646,727,735,767【10】9,18, 26,62,110,201,239,244, 264,282,338,349,387,457, 623,686【11】302,572

蕭新祺【7】482-485,511,513,

顧頡剛全集·顧頡剛日記人名索引

517,522,528,534,538,539,541,543,547,586,593,645,656,687,688,691,717,725,729,745,755,757,762[8]7,8,13,379,467,474,530,638,708,729[9]10,54,70,73,74,77,83,84,107,108,201,204,224[10]200,228,254,801[11]361

萧瀲非[8]98,103,104,105,122,300,307-309,313,317

萧瀲非夫人(萧太太)[8]108

萧纶徽[2]217,222,539[3]80,431,588[4]230

萧纶徽夫人[6]395

萧剑琴[3]705[4]5,7,8,61

萧绩光[4]379,386,391,394,395,404,405,410,514,563,571,595[5]60

萧觉天[6]537,635[7]437,438,442,460,494,580,581

燕义權[7]424,460,467,471,477,496,498,506,508,516,523,524,530,534,551,558,573,575,595,599-600,607,617,623,644,645,653,657,660,661,671,715,760,762

燕树棠[1]740,756,763[6]68,71

橘川時雄(橘川子雍,橘川)[2]432[3]629,632,633[5]619,620,623,624

霍漢琦[4]709,732,743,774[5]8,26[6]300,305,318,339,376

霍儷白[1]756,759,802[2]127

駱力學[4]130[5]761[6]304,316,322,342,364,380

駱美兔[5]224,225,433,490,614

駱無涯(駱君)[5]539,540,555,562,672

駱鴻凱[2]552,553

龔朝鼎[4]173,726[8]220

盧于道[2]657[4]705[5]130,199,203,205,254,259,276,288,325,328,419,471,482,502,587,750[7]627,629[8]14,211,217,615[9]60

盧于道夫人(邵靜容)[4]146[5]428,526,569,720,750

盧子英[4]70,72,704[5]139,206,243,248,265,267,278-281,287,293,294,317,323,

十六畫：蕭燕橘霍駱冀盧

324, 409, 426, 427, 444, 467, 476, 478, 484, 487, 496, 504, 506, 508, 510, 512, 514, 521, 524, 525, 527, 528, 535, 545, 547, 551, 552, 554, 558, 560, 563, 564, 575, 580, 587-589, 593, 594, 596, 602, 636-638

盧元（拣黎）[6] 488, 493, 497, 530, 546, 572, 575, 590, 594, 603, 611, 625, 626, 628, 668, 676, 683, 693 [7] 29, 33, 38, 50, 51, 61, 64, 65, 72, 76, 77, 89, 97, 117, 119, 126, 137, 177, 201, 241, 262, 275, 278, 284

盧文弨 [6] 205 [7] 461, 746 [9] 421 [10] 273

盧文迪 [7] 610, 611, 627, 638, 676, 768 [8] 12, 193, 363

盧木齋 [2] 493

盧作孚（子英之兄）[4] 418 [5] 239, 466, 467, 478, 487, 506, 540 [6] 390 [7] 208

盧村禾 [5] 680 [6] 224, 285, 402, 429, 604, 675 [7] 18, 77, 92, 191, 274

盧沅（芷芬）[3] 589, 690 [4]

168, 171, 176, 188, 189, 233, 255, 261, 275 [5] 480, 555, 556, 576, 738 [6] 94, 161, 174, 283, 387 [7] 60, 61, 480, 481, 483, 485, 491, 492, 632, 699, 701 [8] 24, 32, 212, 551 [9] 218

盧前（冀野）[3] 175, 177, 311 [4] 148, 549, 550, 551, 588-590, 660, 661, 752 [5] 148, 159, 161, 163, 165, 186, 202, 206, 218, 292, 301, 330, 350, 352, 358, 409, 420, 423, 436, 444, 445, 486, 512, 515, 519, 524, 525, 527, 529, 534, 565, 568 [6] 65, 71, 414 [7] 48

盧郁文 [3] 552, 554, 569, 584, 607, 645 [4] 625 [7] 628, 649, 660 [8] 54, 126, 145, 393, 453, 454 [9] 60, 242, 326, 333, 547, 772 [10] 302, 311

盧剛五 [1] 597, 743

盧振華（南崎, 南喬, 南橋）[5] 205-207, 258, 323, 409, 429, 437, 445, 465, 527, 528, 531, 532, 588, 560, 636, 637, 746, 772 [8] 88, 95, 96, 106, 115, 116, 118-123, 155, 280, 282,

288,292,302,303,306,309,313,315,317,342,367,370,664,668,489〔9〕764,767〔10〕76,367〔11〕309,371,629

盧焕强〔7〕388,390,393,398,402,415,502,505,506,510

盧雪岩〔7〕128,247,249,251,272,331,337,342,346,349,373,376,386,416,420,464,495,501

盧雪岩夫人(雪嵓夫人,盧太太)〔7〕283,315,321,374,375,386-398,400,412,458,493〔9〕39

盧善焕〔8〕638〔9〕173,190〔11〕60

盧逮曾(季忱)〔1〕499,511,512,513,535,536,539-541,544,547-549,552,554,556,560,564,589,592,595,597,601-603,605,608,610,614,619,626,629,630,634,640,657,659,663,668,676,700,709,723,730,741,750,756,763,765,766,768,770,776,778,784,787,797-800,805,814,817,824〔2〕5,13,24,109,

275,290,301,323,325,326,329,344,346,380,411,416,420,428,433,437,450,459,462,463,491,533,536,542,543,584,587,680,682,705〔3〕2,3,55,92,96,97,148,151,160,166,174,179,184,192,277,298,355,381,398,414,444,446,453,484,486,487,489,490,523,549,571,606,607,628,658〔4〕141,145,149-151,283,456,459,471,506,516,541-543,545,546,559,561,574,598,656,719〔5〕15,123,129,271,450,453,498,556,687

盧勤〔9〕554

盧毓骏(于正)〔5〕124,156,159〔6〕4

盧蜀良〔7〕342,345,348,350,351,357,362,375,383,386,405,467

盧壽柏〔6〕311-314,317,332,334,337,343,356

盧漢〔7〕633〔8〕33,213,214,451-454,631〔9〕230,276,357,463,507,769〔10〕311

十六畫：盧閻穆錢

【11】329,331,333

盧麗芙【2】231,235,241,249,253-255,313

閻力行（王澤民夫人,方白夫人）【6】145,148,154,427,451,453,464【8】731【9】505,656,661【10】412,463,567

閻永祿（心田）【3】705,706【4】3,4,21,22,25,26,33,34,48,53,58【6】308

閻致遠【2】245【3】177,182,221,222,668,670-672

閻若璩（潛邱）【1】160,795,806【2】98,114,115【5】358【6】180,194【8】567【9】201,251,372【10】295【11】615

閻迦勒【8】211,218,489,498,607,611,645,714,738【9】61,581,771【10】53

閻哲吾【4】150【5】414,513,534

閻掖華【4】669,672,691,711,721【5】70,192,286,312,483【6】594,636

閻寶航【7】689【8】498,508,510,514-516,522,607,700,705,706【9】24,31,51,99,112,116,117,119,177,192,195,206,219,222,242,332,348,350,374,494,499,508,588,594,599,606,663,665,666,673,740,770,777【10】302

穆木天【4】260【8】363

穆成功（少峰）【3】719【4】121-123【5】745

錢三强【8】465,509【9】535【10】572

錢大成【5】740,747,765【6】154,241【7】5,527

錢大昕【2】166,177,216,634【6】162,193【7】677,741

錢大鈞（慕尹）【5】165,463,537

錢子謨（子模）【5】542,545,556,577,585,586

錢小柏【6】692

錢公來【3】656【4】646,753【5】156,166,434,489,491,499,626,634,761【6】65

錢少華【2】107,124,126,144,150,232,243【5】315,366【6】94

錢世明【11】498,500,503,504

錢正帆（吳錫澤夫人）【4】675,721【5】311,313,315,319,321

錢玄同（錢）【1】60,92,94,110,

157,165,179,180,211,212, 649,651,652,656,657,659, 324,328,329,349,351-353, 662,685,686,692,709,718, 367,368,390,391,399,401, 726,727,730〔3〕10,12,26, 409,416,430,448,458-460, 30,32,46,50,54,60,61,65, 463,466-468,474,477,479, 67,88,146,156,170,182, 513,518,539,543,548,558, 187,270,296,299,300,302, 565,600,628,632,638,641, 315,345,362,368,369,446, 646,651,656,663,664,671, 467,474,481,551,554〔4〕 685-688,690,691,708,709, 191,207,303〔7〕663〔9〕372, 715,716,723,735,743,755- 730〔10〕278,393,547,569 758,765,769,770,772,775, 〔11〕170,206,245,246,374 776,784,790,799-802,818 錢用和〔1〕428〔6〕176,177,179 〔2〕19,153, 279-281,283, 錢伯城（伯成）〔7〕539,659〔11〕 286,288,294,296,313,329, 344,643 330,333,335,338,341,345, 錢伯煊〔2〕270,272〔3〕232,501, 346,349,353,354,356,365, 502〔6〕18,19,22,143,647〔9〕 366,368,372,373,377,379, 232,446〔10〕41,43,54,341 381-383,386,387,389,394, 錢君匋〔5〕654〔7〕424,432,753 395,397,398,402,404,406, 錢杏邨（阿英）〔3〕752〔6〕496 408,411,413,414,418,419, 〔7〕204,308〔8〕41,468〔9〕 424,427,429,433,436,438, 111,133-136,506〔10〕407, 439,444,446,449-451,456, 408,417,436,626,692,709 458,465-467,474,494,502, 〔11〕602 503,505,512,536,542,546, 錢卓升〔2〕89,124〔4〕554〔5〕 549,550,553,555,558,562, 138,687,696,759,763〔6〕21 565,570,574,580,584,586, 錢宗範〔10〕126,158,162,338 589,591,600,610,634,648, 〔11〕689

十六畫：錢

錢拙（拙官，錢穆子）〔5〕667，690，694

錢易〔8〕43

錢昌照（乙藜）〔2〕78〔4〕753〔7〕655，753〔8〕452，454，461，715〔9〕17，22，30，117，181，186，234，239，261，491，532，659，665，740〔11〕432

錢秉雄〔8〕440

錢俊瑞〔7〕629，631，725〔8〕643

錢南揚（肇基）〔1〕607，611，617，624，626，683，686，716，760，766，790，799，801，802，816〔2〕72，87，89，147，171，197，260，261，262，285，295，302，368，406，413，428，474，483，544，658，663〔3〕8，69，78，144，178，196，216，219-221，237，239-241，245-248，250，253，254，264，265，289，309，316-319，322，436，440，452，453，456，481，483，508，691〔4〕573〔5〕71，742〔6〕158〔7〕24，532，605，614，630〔11〕75

錢恩澤（錢醫）〔6〕539〔7〕140，180，181，183，208，213，219，226，253，259，287，289，294，332，337，338，362，364，365，382，383，397，398，403，461，475，506，507，516，521，524，529，546，552，553，565，567

錢桐（伯材，孟材）〔3〕603，653

錢海岳〔7〕301，302，304，324，371，372，385，455，474，475，506，518，570，611〔8〕91〔9〕785〔11〕317，571，573，641，646，656

錢素君〔5〕205，259，287，363，512，534

錢偉長（惠長，賓四侄）〔2〕722〔3〕94，160，430〔4〕190，205，262，276〔5〕690，691，706〔7〕646〔8〕15，128，215，362

錢基博（子泉）〔1〕751，800，805〔4〕252〔8〕508，680-681

錢崇澍（雨農）〔4〕141，146，705〔5〕240，259，265，467，524，526，534，588，637，749〔6〕252〔7〕694〔8〕126〔10〕163，383，584

錢景華〔1〕493，497，739

錢貽簡（錢大夫）〔10〕553〔11〕439，440，443，444，447-449，451-453，459，605，607，671，

顧頡剛全集·顧頡剛日記人名索引

699,701,704
錢新之【5】634,760
錢經宇【1】801【2】488【5】727
錢歌川【5】230,419
錢端升【2】78,83,91,92,505【3】687【4】139,141,143,171,173,255,607,753,755【5】160,161,435,490,493,499,686,687【6】253【7】626,697【8】7,141,213,222,363,421,457,511,545,615,692-693【9】5,35,38,206,220,225,279,346,382,385,391,396,397,446,463,740,770,775【11】426
錢稻孫【1】801【2】36,330,332,431,449,457,590,505,544,564,577【3】363,540,632【4】58【8】35
錢學森【7】757【8】215,399,486【9】245【10】283
錢曉雲【7】118,258-260,262,271,274,278,280,348,430
錢穆（賓四,舊名恩鑅,錢）【2】275,305,310,313,319,348,359,368,384,404,410,412,413,419,430,435-439,441,442,445,449,455,457,463,465,466,468-471,474,480,491,503,507,509,512-514,532-537,539,540,546,559,561-564,567,574,587,589,597,598,603,609,612-614,631,636,647,648,651,653,656,664,680,681,687,688,691,692,694,698,701,704,708,710,711,715,718,727,728,730,731【3】16,18,33,36,37,48,67,76,81,82,91,94,97,101,106,114,124,163,166,169,172,182,184,196,230,238,245,268,269,276,286,297,302,316,322,333,339-342,344,346,348,349,352,356,358,365,367,371,373-379,381-384,386-388,397,398,400,401,403,410,414,427,434,436,440,446,448,450,464,477,478,480,482,484,489,490,513,522,538,551,553,557,573,576,577,600,602,604,606,620,627,633,639-642,644,647,656,657,666-668【4】42,

十六畫：錢

77, 97, 161, 172, 174, 179, 193, 198, 205, 214, 215, 218, 223, 225, 234, 238, 240, 249-251, 257, 270, 288, 291, 297, 317, 332-334, 348, 354, 366, 374, 380, 386, 395, 397, 399, 400, 402, 431, 437, 440, 441-444, 446-453, 455-460, 469-473, 476-478, 485, 488-491, 493, 495, 496, 498, 500, 501, 503, 504, 512, 518, 529-535, 537, 541, 553-556, 562-568, 573, 576-578, 580, 588, 602, 634, 636-638, 641-643, 646-651, 655, 658, 668, 669, 677, 682, 701, 708, 720, 727, 738, 739, 743, 744, 765, 779〔5〕15, 25, 26, 37, 42, 64, 67, 71, 88, 122, 127, 153, 173, 221, 222, 224, 229, 320, 369-371, 391, 457, 458, 549, 658, 690-693, 695, 696, 704-706, 711-713, 732, 733, 735, 741, 742, 773 〔6〕6, 12, 13, 89, 117, 195, 228, 231, 268, 292, 355, 458 〔7〕449, 474, 729, 742, 743, 751〔8〕238, 239, 460〔10〕196,

715〔11〕39, 55, 613, 614

錢穆夫人（賓四夫人，錢太太，見"張一貫"）

錢臨照〔4〕152, 160, 166, 167, 169, 231, 262, 267〔5〕605, 606, 611〔6〕4, 470〔7〕695, 698 〔8〕88〔9〕161

錢鍾書（默存）〔4〕174, 192, 208, 215, 251〔5〕655, 722, 727〔6〕 162, 213, 224, 406〔8〕203〔9〕 453, 759〔10〕202, 518〔11〕 495, 546, 547, 548, 561, 570, 573, 582, 595, 612, 618, 659, 661, 663, 664, 670, 679, 681, 683, 687, 730

錢鑄〔7〕299〔8〕632, 633, 635, 636

錢寶琮（琢如）〔1〕420, 431, 446, 459, 474, 658, 659, 661, 666, 673, 700, 800, 802〔2〕260, 261, 285, 624, 639, 652, 660, 663, 683, 729〔3〕237, 247, 248, 308, 311, 316, 318, 322, 333, 411, 436, 453, 456, 486, 508〔4〕45, 272〔7〕53, 765〔8〕 88, 90, 92, 229, 392, 393, 397, 409, 410, 417, 424, 469, 504,

537,726【9】19,59,81,190, 209,234,235,244,245,255, 256,258,262,265,268,271, 275,277,278,304,325,326, 347,349,354,356,359,360, 362,363,373,382,419,448, 468,470,481,482,488,492, 495,510,537,539,545,546, 551,553,555,561,569-571, 577,579,586,608,609,616, 618,645,651,654,671,690, 696,729,732,734,737,738, 756,759,761【10】27,110, 113,115,118-120,135,163, 174,178,202,213,234,236, 245,253,272,286,291,461, 468【11】412,573

錢寶琮夫人（朱慧貞）【9】482, 569,645,734【11】179

鋼和泰【1】801【2】341,537【3】 374,583,619

鮑沂（仲嚴,原名奉寬）【2】329, 354,358,376,377,385,404, 412-414,417,427,439,449, 455-457,462,464,475,486, 503,511,729【3】103,155, 361,368,377,378,382

鮑育萬【5】605,610,614,619, 622,623,625

鮑季貞（抄書）【2】420,449,452, 463,491,584,587,600,602

鮑爾漢（包爾漢）【6】313,314 【7】633,696【8】134,211,218, 409,705,707,709,717【9】34, 37,44,219,243,255,410, 411,415,416,421,422,425, 426,448,547,605,759,775 【10】186,662【11】688

諡厚慈【3】607,624【4】694,712

龐伯堅【8】88,363【9】772 【10】27

龐沐勛（榆生）【4】302【6】583 【7】323,447,454,466,470, 472,475,496,515,538,540, 552,554,566,574-576,583, 599,650,667【8】18,202,363 【10】397

龐彼得（Piet Van der Loon,英國 劍橋大學教授）【8】139, 143,277

龍冠海【4】301,306,311,315, 318,335,351,649,751【5】 374,375

龍雲（志舟）【3】666【4】277【5】

十六畫:錢鋼鮑諶龍　十七畫:戴　441

567【7】649,655【8】11,14,129,241,242,266,362,421,482,607,610,724,738【9】59,242,500
龍慶風【3】753【4】117【6】334

# 十七畫

戴乃迪【11】660
戴公亮【5】463,677,713【6】36,220,230,231,247,288
戴仲吕【2】680,682,722【3】8,25,47,77,78
戴伯衡(伯珩)【2】316,317【6】51
戴克光【4】613,654,668,669,672,685,691,701,703,712,720,742,751,765,774【5】14,44,165,172,178【6】391,392,400,411,414,415,542【7】77,600,604,608,611【8】193,194,409,524,525,528,581,588,731【9】248,538,557,626,782【10】26,44,173,245【11】405,413,428,438
戴君仁(靜山,君任)【2】65,67-69,83-85,197
戴芳瀾【6】252
戴芝瑞(時中)【3】720【4】121【5】238
戴家祥【2】642【3】191【4】652-653【7】323,363,368,394,396,420,442,446,476,477,506,523,534,558,573,574【8】363
戴家齊【4】139,142,298,498,590,610-612
戴家齊夫人【4】613,615
戴望舒【2】621
戴湘波【4】275-277,541,542,619【5】97,102,108,168,258【7】657
戴逸【7】663,669【8】441【9】758
戴傳賢(季陶,戴先生)【2】52,147,149,154,167,169,171,182,192,206,236,263,286,294,307,308,310,349,355,366,467,561,658【3】430-431,440,463,471,544,566,586,590,596,597,721【4】

150，199，298，368，542，576，590，596，597，600，602，609，611，625，631，633，652，703，724，735，739〔5〕98，225〔6〕419〔9〕618〔11〕128，129

戴愛蓮〔5〕419〔9〕382，396，407，408，410，412-416，418，419，422，424-427，429，443，469，773

戴愧生〔3〕696，697，709

戴喬煊〔5〕252，266，280，292，300，323，325，466，481，512，554〔9〕406

戴聞達〔1〕766〔3〕115，290，366，367，369，374，384

戴德華（George F. Teyler）〔3〕290，369，372

戴樂仁（戴先生）〔3〕581，629，630，688，695，701，702，706，707，710，728，730-732〔4〕54，97，103，115，117-123，126-129，280，282，283，353，386，443，444，452，485，498，562，564，641〔9〕693〔11〕656

戴震（東原）〔1〕461〔2〕399〔5〕359〔6〕180，194，205，355，360〔9〕685〔10〕214

戴澧（戴禮）〔8〕703，704〔9〕214，627〔10〕96，97

戴謙和〔4〕303，312，319，325，331

聯慧珠〔7〕487，490，491，493〔8〕53，126

薛天漢〔5〕758〔6〕20，88，89，218，268，406〔7〕299，418，572〔8〕363

薛文波〔3〕498，523，535，536，542，551，554，635，636，638，644〔4〕191，280，282，284〔5〕71，540，594

薛汕〔7〕664

薛明劍（明見，民見）〔4〕752，756〔5〕159，161，165，315，433，490，628，629，634，773〔7〕98，146，188，195，199，235，292，293，301，307，340，425，426，455，519，522，537，573

薛迪靖〔4〕323，331，335，338，351，366，382，391，640

薛愚〔5〕576〔7〕626，752〔8〕7，10，126，145，363，607，615，624，628，639，694，724〔9〕4，54，60，94，184，242，279，441，469，494，740，768〔10〕341

十七畫：戴聯薛鞠韓

薛誠之【3】340，357，477，479，484，485【4】170，261，263，269-272

薛德廱【7】525，527，530，533，540，544【8】109

薛慕回【4】288，295，296，319，333，339，377，389，441，452，454，576，635

薛暮橋【8】409【10】682，760

薛澄清【2】222，287，377，406，438，558，566，593，649，655，662，726【3】241，452，661

薛篤烈（次功）【1】492

薛篤弼（子良）【6】367，236【8】12，16，212，217，610【9】55，63，436，436

薛瀛伯（部長）【2】333，342，351，356，367，368，389，456，465【3】360，480，545，552，575，648

鞠清遠【3】623，625【4】190【6】640【7】98，418，590

韓小樓【8】113，312，359，365，367，688【10】137

韓仁（博仁）【6】457，459，460，462，468，470-472，474，531，553，554，569，575，578，580，583，586，592，596，605，620，634，636，656，659，660，663【7】671

韓及宇【4】442，451，461，498，639，712【5】17【8】383

韓世昌【1】114，115，541，543，754【8】384

韓立民【3】698，701，722，724，747，748，752，754【4】1，443，444

韓兆鶚【5】434，490【8】363

韓吉甫（表伯）【1】42，132，206，225，253，254，267，354，355，356，377，378，527

韓伯誠（伯城，百城）【4】497，498【5】39，74

韓叔信【2】330，337，350，354，370，378，382，396，397，400，415，420，421，424，430，440，449，465，486，493，494，499，500，502，511，513，514，532，535，545，554，581，583，660，679【3】33，44，60，61-63，65，72，80，84，90，95，98，100，109，110，120，123，126，129，159，206，207，227，229，233，244，305，319，352，373，422，438，

440,453,488,628,722〔4〕143,415,658,719,727〔5〕596

韩金城〔1〕445,455,458,464,473,477,516,525,532,545,568,580,582,597

韩幽桐(桂琴,张友渔夫人)〔3〕669〔11〕670

韩建成〔9〕193,209,243,338,352,366,469,503,545,548,595,651,677,735〔10〕257

韩迪厚〔5〕157,165,168,169,178,193,312,354,697,774〔11〕457,458

韩席畴(席筹)〔5〕642,643,645,649,650,652〔6〕23,24,27,29,107,108,110,126,133,140,141

韩笑鹏〔4〕133,495,497,641,647

韩笑鹏夫人〔4〕536

韩连琪〔8〕288,654〔10〕160

韩云生(舟人)〔1〕300,301,369,532〔2〕268,274〔5〕683

韩毓升(毓陞)〔8〕393,397,718,722,726,730〔9〕7,194,202

韩溢如(表兄)〔1〕206,291,438,527〔5〕735,752

韩寿萱〔6〕496〔8〕612〔9〕32,34,54,61,86-88,230,241,267,270,272,279,486,493,769,790〔10〕219,221,341

韩凤麟(濬生)〔3〕223,224,237

韩德章〔3〕423〔5〕506,534〔7〕680-681

韩德勤〔5〕357〔5〕159,160,192,193,315,427,644,652

韩德懿(懿德,Miss Hancook)〔3〕126,128,147,160,162-165,167-169,171,172,179,180,200,301,466

韩庆濂(庆廉,介轩)〔3〕570,572,585〔4〕660,661,708〔5〕224,228,240-245,247-250,252-257,265,266,273,275,282,288,292-295,297-299,303,310,319,399,400,420,430,438,473,517,528,542,545,565,566,575,594,598,629,635〔6〕175,215,218,221,225,233,236,253,271,293,444,454

韩儒林(鸿庵,鸿盦)〔3〕490,498,518,520,521,523-525,527,529,533,536,547,548,

十七畫:韓儲

568, 570, 619, 625, 632-634, 640, 643, 652, 655, 656, 658, 664, 667, 668【4】186, 190, 249, 255, 256, 259, 260, 263, 264, 267, 268, 273, 275, 316, 323, 326, 346, 352-354, 356, 358, 359, 361, 363-367, 375-377, 379, 384, 390, 392, 393, 401, 403, 404, 416-418, 420, 424, 425, 441-444, 449, 452, 453, 456-460, 473, 475, 477, 478, 485, 489, 491, 495, 497, 498, 500, 512, 515, 522, 526, 528, 563, 570, 575, 576, 579, 580, 614, 634, 635, 648, 652, 656, 660, 664, 675, 681, 682, 683, 692, 708, 722, 745, 748, 778【5】14-16, 26, 27, 36, 63, 74, 109, 128, 167, 170, 171, 197, 224, 229, 234, 239, 241, 284, 288, 296, 297, 309, 317, 321, 367, 453, 541, 542, 549, 597, 636, 746, 758, 759, 762-764, 772【6】3, 4, 21, 53, 64, 65, 74, 88, 90, 91, 215, 483, 561, 574, 583, 678【7】86, 87, 107【8】21, 22, 25, 26, 88, 132,

133, 471, 587, 588【9】672, 673, 759, 763, 767【10】116, 314, 315, 525, 687【11】61, 127, 128, 287, 664

韓儒林夫人(鴻庵夫人)【4】345, 346, 351, 360, 389, 392, 503, 640【6】4

韓璐【7】761【9】90【11】30, 36, 48, 114, 120, 164, 178, 182, 183, 197, 211, 442, 564

韓馨(金蘭)【1】117, 178, 195, 197, 219, 234, 241, 252, 267, 275, 278, 327, 360, 376, 389, 393, 431-434, 445, 454, 455, 457, 462-464, 466, 468, 473, 477, 478, 483, 493, 499, 511, 512, 515, 516, 522, 525, 533, 535, 540, 559, 565, 566, 568, 572, 576, 579

韓權華【1】446, 509【9】752, 756, 757【10】236

儲安平【8】259, 266, 362, 421

儲皖峰【2】258, 434, 621, 624, 636-638, 641, 642, 701【3】69, 105, 107, 123, 155, 168, 408, 491, 499, 653

儲禕【6】225【7】18, 316, 421,

424,459

鍾天越【8】246,247,363,384

鍾素吾（陳錫襄夫人）【3】172, 174,195,361【4】283,608, 631,636,666,669,672,692, 726【5】26,269,312,354【6】 422,428,441,469,595,596, 660,662,667,698,700,704 【7】8,24,42,46,48,57,64, 66,71,84,91,96,111,122, 220,316,348

鍾國樓【2】124,127,131,139, 166,173,176,199,253,254

鍾敬文（靜聞）【1】579,599,638, 696,702,707,747,796,799, 801,802,810,815,816,825 【2】5,39-47,74,85,95-106, 108,110-114,117,124,126- 128,130-133,135,136,142- 144,147,153,154,156,167- 169,177,181-183,186,187, 190,194,197-201,203,260- 262,285,295,305,306,368, 535,619,621,624,627,636, 638-640,712,727,731【3】67, 68,155,481,589【4】79,97【6】 514【7】492,603【8】40,60,

273,362,374,375,380【9】 470,591,593【11】11,29,30, 410,549,648,657,693

鍾道泉【4】308,309,315,321, 327,347,348,364,368,369, 391,564

鍾道贊（芷修）【5】512,374【6】 175,311-315,317,318,323, 340,347,374,379,429,432, 501,502,546,549,552,558, 559,570,572,575,579,590, 594,603,626,628,676,683, 686【7】15,42,58,65,68,77, 79,82,92,97,249

鍾鳳年（雲父）【3】7,11,48,58, 88,91,95,160,240,266,267, 268,297,300,312,318,323, 343,345,347,353,371,383, 387,388,396,399,410,414, 436,464,522,559,602,653, 654【5】601,605,607,611,772 【7】388,390,452,455,479, 484,511,587,610,651,654, 674,675【9】556

鍾遵先【8】507,605,653【10】499 【11】240

鍾鎧（秉鋒）【5】480

十七畫：鍾鮮謝

鮮英（特生）【8】60，65-67，69，70，90，126，133，140【9】451

謝六逸【1】248，311，314，319，350，407，412，414，419，425

謝友蘭【4】317，543，547【5】192【8】192，245，384，712，720，731，741，744【9】36，53，173，183，190，223，250，251，617，739【10】462，502，509【11】232，236，276，287，289，290，296，299，317，318，324-326，328，332，395，499

謝玉銘【3】545，552，553

謝立林【8】553，586，721【9】194，313，486，493，595

謝光漢【2】124，125，136，265【11】45

謝再善【6】315，316，323，364-367，395，687

謝冰心（冰心女士）【1】560【2】78，280，392，408，555【3】99，128，143，203，204，206，209-212，224，225，253，272，282，284-286，294，301，486【4】605，733，752【5】6，107，109，110，122，125，147，153，206，218，419，435，439，490，494，635【6】65，253【7】632，652，688，697【8】90，111，134，193，284，383，386-388，392，395，398，444-449，462，464，467，469-471，473，475，478，479，481，482，487，490，501，534，535，537，540，541，544，546，551-553，585，604，606，608，609，618，639，643，661，694，698，708，714，721，725，730，731，733，738，741【9】5，8，12，27，31，37，48，53，61，65，75，78，84，161，176，179，192，258，261，272，326，408，431，435，452-454，537，547，553，557，587，600，607，610，671，684，700，726，736，740【10】173，182，225，234，248，303，317，326，341，399，567，620【11】381，426，433，583，693

謝冰瑩【5】386

謝孝思【6】240，653【7】19，20，27，61，121，122，123，125，279，291，299，301，306，309，310，324，327，332，362，365，367，384，385，568，569，580，651【8】201，212，215，221，524，

525,528,530,533,534【9】155,156,473

谢扶雅【2】161,224,556【4】269-271【6】293

谢延孙（延生，贤孙）【7】133,137,144,147,148,152,172,184,186,187,189,193,198,202,209,210,213,218,223,226,233,235,238,240,241,244,275,281,288,299,307,314,318,320,329,332,340,341,348,351,359,373,382,392,399,402,412,421,423,429,436,438,440-443,449,451,453,456,460,466,470,472,476,505,513,516,521,525,535,541,545,569-573,578,586,589,599,610,613,622,639,652,653,662,672,678,681,685,694,709,714,721,734,745,756,767,776【8】4,7,16,29,42,55,67,88,92,96,165,397,408

谢承燊【4】390,391,414,452,531,539,728,754【5】439,595

谢明霄【1】800【5】393【6】68

谢英伯（英白）【1】649【2】221,254

谢家【10】206,675【11】59,60,107,139

谢家荣（季骅，季华）【3】174,182,217,373,386,429,449,467,498,519【6】252【7】656【8】215,216,490,498,508,571,625【9】109,116,117,119,177,206,229,239,242,281,285-287,289,306,346,663,770

谢家荣夫人（见"吴镜儂"）

谢振民【4】692,721,739,758【5】15,116,119-121,124,129,132,156,157,165,169,190,192,232,233

谢祚荫（卓兹）【1】475,480,496,497,533,580,629,660,706,724,729,730,733,735,740,746,749,758,759,765,768-770,776,785,789,790,799,800,807,821【2】77,101,115,275,279,283,289,290,293,326,327,332,333,337,340,346,359,374,406,428,459,460,481-485,509,513,535,547,548,593,603-605,607,

十七畫：謝

609,632,654,658,659,678,687,731【3】11,433,440-442,460,500,506,515,521,586,587,676,687【4】7,52,97,298,301,309,327,328,355,356,361,382【5】233

謝國楨(剛主)【2】359,392,427,428,434,435,437,512,513,532,539,594,597,653,654,681,686,720,721,726,730【3】12,20,29,65,66,216,240,294,296,302,341,342,356,357,363,396,403,407-409,415,416,419,429,444,445,452,464,466,472,477,490,499,520,521,523,525,533,537,549,581,603,613,624,633,634,639,649,657【4】42【5】606,608,611,614,622,624,716,719【6】209,510,512,513,590,592,596,597【7】279,280,282,619,624【8】20,23,93,197,375,388,389,391,394,396,398-400,406,408,416,417,477,507,515,521,537-540,544,545,578,617,620,638,642,647,

652,712,741,743【9】14,29,32,36,94,99,135,145,208,210,212,242,263,309,312,323,471,483,500,502,562,573,576,590,592,617-619,738,739,744,746,747,784【10】27,47,97,178,179,206,214,274,276,457,458,462,497,506,509,515-617,520,537,552,553,603,616,620,624,636,643,675,702,704,708,710,711,715,717,719,735-737,739,756,757,761,765,770,774,778,782,801【11】57,60,81,83,94,101,102,104,108,116,119,120,132,135,136,138,139,142,218,368,541,581,594

謝國彥【2】684,694,724【3】12,17,21,24,45,86,96,462,467,482,547

謝雪紅【8】363

謝循初【2】272【4】550,551,633,660【5】337,512【7】364,470,504

謝惠良（慧良）【11】438,447,449,498,530,540,612

謝景升〔3〕99,126,380,528,534,536,540,543-546,548,552,553,555,556,558,572

謝無量〔1〕58〔4〕442,450〔8〕18,212,218,381,392,403,521,607,624,626,639,646,742〔9〕605〔10〕177

謝雲聲〔1〕824〔2〕3,13,23,35,109,129,147,171,222,275,285,359,376,406,473,593,727,731

謝稚柳（植柳）〔7〕10,96,136,177,214,223,469,526〔9〕298〔10〕771

謝蓉初〔1〕434,453〔2〕301〔3〕328〔7〕19

謝廣仁〔11〕299,308,320

謝澄平〔5〕24,383,389,390,394,396,398

謝瑩〔9〕5,63,91,176,179,244,246,248,258,272,361,366,373,504,538,557,600,607,656,700-702,726,740,782〔10〕173,182,195,341

謝蔚明〔6〕687,704〔7〕481〔8〕145

謝瑾造〔7〕663〔9〕254,258,264,270,311,349,356,362,375,519

謝樹英〔3〕586,587,625〔4〕300

謝興堯〔3〕219,351〔7〕294,486,626,689〔8〕221

謝霖甫〔4〕300,305,310,311,351,383,391〔5〕383

謝濟〔9〕381,605,738,739〔10〕500,538,617,639,642,646〔11〕81,82,84,85,92,95,96,101-103,105,106,110,111,116,118,135,573

謝覺民〔11〕509

謝覺哉〔3〕748〔7〕489〔8〕253,611〔9〕61〔10〕590〔11〕320

應永深〔9〕7,22,499,502,617,660,739〔10〕399-400,662〔11〕137,260,539,540,546,723,727,751

廉文煥（文渙）〔6〕95,161,292,444〔5〕403,557,660〔7〕18,66〔8〕294

廉文溶（廉文溶）〔5〕191,516,517,555〔6〕95,161,444〔7〕66

賽金花（趙靈飛）〔3〕142,185〔10〕378,409,424

賽珍珠〔3〕616

蹇先艾【3】537,622
繆子才【1】785,794,802,817,831【2】17,26,107
繆金源【1】499,503,504,508,509,516,518,522,567,682【2】85-87,260-262,270,326,329,331,332,450,507,550,553【3】523
繆荃孫【7】373,625【9】18,577【11】403,417,541
繆鉞【8】88,91
繆鳳林(贊虞)【3】245,433-435,455,519,522,528【4】548,553,554,627,630,656,658,667,678,683,701,706,707,722,726,727,733,747,772【5】7,21,27,31,45,46,60,64,73,78,127,128,130,164,237,366,367,512,687,758【7】246【8】588
繆鎮藩(廷梁)【1】615,616,623,625,700【3】505,509,510【4】97,588【5】591,595,596,758,760【6】20,21,34,65,77,80,213【7】86,87
繆鸞和【4】193,210,215,219,253,255,388【9】774

# 十八畫

豐子愷【5】591,593,598,603,727【6】587【8】611【9】54,60,448【10】771
聶真【8】429,630,704【9】758,776【10】192
聶崇岐(筱珊,篠珊)【2】537,538,557,651,688,729【3】41,44,57,60,63,65,66,85,88,95,96,118,120,124,165,168,172,183,191,207,214,215,226,267,277,293,298,313,345,349,350,352,357,360,361,364,401,413,428,448,450,472,474,475,479,528,532,533,538,539,545,552,569,619,628,632,648,655【5】560,598,607,612,613,620-622【6】393,401,470,513,516【7】486,489,586,595,612,620,657,660,

662,664,671,673,676,678,681,684,687,689,694,697,733,736,738,741,746,749,754〔8〕381,382,392,496,519,564,642,645〔9〕161,254,264,270,309,311,348,349,356,362,370,375,451,457,593,616〔11〕562

聂绀弩〔5〕419〔7〕294,481,485,498,542,551,554,590,597,609,631,642,738

聂荣臻〔7〕630〔9〕200,309〔10〕679,774

萨本栋〔6〕1,252

萨孟武〔3〕591,597〔4〕756〔5〕435,439,491,628〔6〕67

萨空了〔7〕481,484〔8〕630〔9〕737

萨尔真〔4〕474,485,498,510,526,568,577,639,650〔6〕406

蓝文徵(孟博)〔5〕183,185,187,195,199,202,207,218,219,229,231,238,239,255,256,306,325,297,326,338,759〔6〕270,272

蓝翎〔7〕613,627,735〔11〕660

蓝菊孙(菊荪)〔8〕47,48,95,126,133,197,198,224,478〔9〕480,569,574,575,576,646〔11〕586,733

蓝梦九〔5〕224〔7〕4,44,58,64,72,125,223,228-230,291,379

蓝梦九夫人〔7〕396

蓝为霖〔4〕417,430,434,475,532,535,567,572,579,580

丛涟珠〔2〕257

瞿世英(菊农)〔2〕597〔3〕83,91,367〔4〕626,628〔5〕282,512〔6〕81,88,89〔9〕535

瞿同祖〔4〕187

瞿宣颖(兑之)〔2〕334,346,371,442,449,462,474,478,539〔3〕194,220,436,472,488,502,604,623,634〔4〕93〔5〕620〔6〕453,679〔7〕17,292,516,517,526,576,590

瞿秋白〔10〕675,711,712〔11〕642

瞿凤起〔7〕134,282,316,317,329,331-335,339,404,471,477,533,556,574

瞿润缗(子陵)〔2〕507,511,535,562-565,571,577,582,592,648,682,689,693,705,707,

十八畫:蘺薩藍叢覭魏

710,712,726,730【3】1,8,11,14,15,17,457,501,507,548,557,601,606,621,689【5】689【6】473,520【7】28,92,223,279,323

覭獨伊【9】150-153

魏同賢【11】545,552,553

魏孝亭(紹舜)【6】124,126,134,140,233,582,592,629,669【7】56

魏明經【4】396,397,400,401,411,412,426,477,569,577,578,597,598,727【5】380【7】632【8】88,92,131,137,144,192,278,375,384,572,578,642,644,741【9】20,36,94,208,218,250,500,590,617,618,739【10】206,214,512,633,643,790【11】69,142,334,534,538

魏金枝【7】539【8】235

魏金貂(賽金花之夫)【3】185

魏青鉏【3】423,433,436,440,454,460,466,483,506,508-511,515,527,693,696,744【4】4,197,323,388,420,445,514,546,627,630,655-658,

667,675,678,686,695,706,707,710,713,718,725,730,733,736,737,744,761,776【5】12,14,19,31-33,38-40,56-58,60,66,67,73,74,76,83,85,88,92,110,150,151,172-175,177,190,264,274,283,294,295,333,348,438,440,494,541,772

魏建功【1】92,430-432,447,449,458,459,462,463,484,489,496-499,508,534,538,544-547,549,554,559,576,577,580,584,585,597,599,600,602-604,606,610-612,615,616,622,624,631,633,637,642,652,654,656,658,660,663,665,670-673,676,678-680,682,692,713,714,717,721,723,725,727,730,732,734,735,737-740,742,746,748,749,755,757,761,763-770,772,773,778,779,790,800【2】124,279-286,288-290,293,296,297,323,330,331,341,347,355,356,360,365,367,385,392,407-409,

411, 413, 417, 421, 422, 439, 443, 446, 448, 451, 452, 454, 455, 459, 462, 493, 494, 503, 534, 536, 545, 549, 553, 587, 652, 654, 657, 685, 711, 726, 730【3】37, 96, 107, 175, 184, 198, 207, 240, 263, 296, 344, 351, 371, 377, 380, 421, 521, 523, 539, 549, 653, 665, 666, 705-707, 709【4】152, 167, 174, 175, 252, 449, 549, 550-552, 554, 588【5】71, 255, 727, 738【6】38, 233, 531, 684【7】616, 685, 695, 725, 744【8】53, 88, 99, 134, 146, 273, 381, 393, 398, 403, 441, 442, 457-460, 468, 539, 545, 552, 562, 619【9】32, 190, 236, 259, 264, 334, 432, 436, 440, 441, 470, 490, 547, 591, 645, 673, 755, 759【10】28, 29, 31, 79, 250, 305, 540【11】133, 322, 426, 466, 738

魏建猷（守謩）【2】599, 601, 649, 654, 689, 692, 704, 726【3】7, 28, 44, 49, 58, 106【4】294, 302, 303, 304, 308, 309, 344,

345, 357, 359, 368, 397, 400, 405, 420, 456, 466, 692, 719, 740, 762, 768, 769, 776【5】11, 18, 19, 22, 23, 29-32, 36, 39, 41, 43, 55, 57, 59, 60, 63, 67, 68, 73, 75, 79, 84, 85, 88, 89, 92, 97, 111, 119, 126, 133, 134, 137, 150-152, 164, 167, 169-171, 174, 176, 177, 182, 199, 200, 222, 225-227, 231, 254, 257, 387, 412, 451, 470, 505, 601, 602, 172, 626, 679, 694, 706, 719, 721, 729, 754【6】10, 278, 280, 284, 285, 292, 339, 390, 399, 400, 411, 414, 418, 422, 424, 427-429, 432, 434, 440, 441, 453, 458, 505, 577, 603, 657, 694, 705【7】10, 25, 77, 82, 92-94, 97, 101, 102, 105, 227, 292, 309, 333, 339, 357, 430, 433, 463, 464, 470, 471, 498, 505, 506, 514, 527, 535, 537, 555, 556, 573, 574, 582, 584【8】274, 533, 534, 535【9】128 130【11】28, 344

魏建猷夫人（吴佛因）【5】83,

十八畫：魏

176,722

魏建猷夫人（蕭善薌）[6]399

魏洪楨（洪禎）[4]402,403,404, 407,410-413,427,429,430, 435-439,448,453,455,457, 460,461,471-477,479,486, 489,490,494,495,497,499, 500,502,504,505,510,512, 517-520,522,523,526,530, 533,535,536,538,540,541, 543,560-562,566,568,570- 572,574,578,579,586,593, 594,600,603,634,636-638, 641,642,644-647,653,655, 658,675,681,683,707,715, 725[5]18,30,38,60,74,121, 122,136,153,213,218,106, 641,642,644,645,648,650 [6]110[7]439[10]569

魏炳榮[7]13,20,331,426,464, 478,495,504,578

魏郁[6]291,293,315,316,318, 334,336,346,347,598,632 [7]140

魏重慶[3]479,577[5]610,622 [9]32,111,114

魏 娜 [3] 381, 490, 641, 666

[5]620

魏效庭（效亭）[5]436,437,576 [6]107

魏書年（炳榮子）[6]683[7]12, 13,18,20,421,422,426,428, 444,451,454,461,477,478, 494,499,502,503,525,530, 545,551,554,557,566,575, 577,578

魏特夫（Karl August Wittfogel, Wittvügel,德人）[3]369,372, 412,607,623,655[11]46,50

魏培修（秀瀛之弟）[2]525-527, 545[4]424

魏得宣[5]135,149,195,202, 223,247,310,353,424,452, 476,525,572

魏紹武[3]725[6]359,383

魏喜奎[8]565[9]364,448,598

魏楷（Ware）[3]350,369,374, 377,383

魏煜孫[4]722,741,775[5]110

魏道明[3]623

魏廣洲[9]365,368,467,470, 472,486,510,531,556,593, 660[10]91

魏學仁[4]541[5]44,632

魏興南（烈枕）[5]31,41,43,66,85,89,134,177,413,601,544,595,600,602,772

魏龍驥（魏醫）[11]359,362,364,367,373,386,399,403,414,455,469,473,486,487,519,523,526,562,574,575,658,703-705,708,709,711,713,715,716,722,723,752

魏應麒（應祺,瑞甫）[2]23,186,193,199,202,205,212,218,227,231,239,240,245,249,250,252-255,266,271,276,285,290,291,301,351,366,369,392,429,536,593,636,727,731[3]215,393,528[4]708[5]39,74,137,213,693,696,728,774[6]22,47,55,65,68,73,74,76,91,214,215,310,534[7]83,92,456,475,485,617[8]663[9]61,62,68,408,790[10]304,315,354,386,471[11]96

魏鐵錚[5]323,324,327,328,330,690,692,693[7]62,464

簡又文[1]767[5]75,164,165,188,189,192,195,196,203,204,208,214[8]238[9]443

簡朝亮[2]146[9]240

鎮藏佛（鎮莊佛）[4]83,89,90[6]69,91

鄺平樟（平章,翁獨健夫人）[3]87,102,150,171,185,201,279,297,343,349,352,357,358,369,382,445,454,466,478,483,486[4]177,307-309,311,312,315,317,318,320,321,332,344,375,386[5]612,621[6]517[8]19,21,193,391,526,581,588,700,705,714,716,731,738[9]5,12,31,53,92,176,179,230,234,246,538[10]27,173,235[11]583

鄺明[8]327,330,419,504,664,674,675,683,685,686,688,699,743,744[9]6,30,64,68,85,415,417,421,422,427,482,581

鄺明夫人[9]425

鄺健廉（紅線女）[9]340,410,429,773[10]381,572,599,717

鄺嵩齡[2]137,183,184,188,

十八畫：魏簡鎖鄺顏 十九畫：蟻嚴

210,217

顏文樑【3】432

顏任光【3】431

顏亞偉【2】273,304,646【3】73

## 十九畫

蟻光炎【4】652【5】45

嚴士弘【1】456,492,503,504, 577,585,627,737,741

嚴子明【3】80,236,437,514【5】 665,706

嚴子明夫人【5】664【6】19 【8】634

嚴中平（仲平）【7】588【8】9【9】 254,258,264,349,356,362, 370,468,495,537,553,579, 758【10】202【11】670

嚴仁英【7】677【8】220,631

嚴仁賡【3】396【7】632

嚴文井【10】250【11】344

嚴文郁【3】532【4】174【5】272

嚴文淆（小白）【5】669,661,664, 674,676,678,688,690-693, 695,700,701,711,713,721, 724,729,748,752,756【6】12, 14,53,67,70,71,74,87,88, 602-603【8】695

嚴文塤（文壎）【5】664,754【6】

12,61,84,248,391,410,504 【7】28,45

嚴可均【2】438【6】162,185,206 【7】744,745,747

嚴幼芝【6】225,246,268,270, 271,432,470,504,680【7】 424,459,513,518,597,693, 694,762【8】21,193,391,399, 417,418,450,464,470,528, 581,588,606【9】5,20,65,75, 78,176,179,246,248,253, 258,272,303,538,557,656 【10】235,291,301,309,318

嚴伯明【1】437,698【3】74

嚴伯明夫人【6】104

嚴希純【8】220,243,631,705, 717,724【9】4,249,255,612, 741,778【10】27,115,119

嚴良才【1】311,401,404,406, 407,413,414,417,422,425, 431,433,670,702【2】79,89, 91,92,269,272,282,316,317,

328〔3〕77,78,261,264,273, 310,311,314,316,323,337, 437,439〔4〕122,543〔5〕87, 214,653,654,671,672,729, 738,742,754〔6〕239

嚴谷聲〔4〕132,349,354,403, 433,488,490

嚴叔平〔6〕274,293,296,301, 311,444,508,510,517,532, 562〔7〕479

嚴孟群〔2〕391,463,500,538, 651〔3〕358,363,364

嚴既澄〔1〕248,398,404,414, 425,446,592,596,642,699, 755,799,801〔2〕51,66,67, 198,266,324,326,330,411, 415,469,536,651〔3〕37,104, 107,175,552,554,565

嚴星圃（星甫,星輔）〔2〕360, 440,442,487,488,496,532, 535,537,538,546,551,553, 556,561,565,572,650,724, 725〔3〕29,33,35-37,46,47, 54,56,57,61,93,97,102,221, 270,275,296,302,371

嚴衍餘(舜欽子)〔5〕752〔6〕13, 49,98

嚴恩紋〔4〕306,308,309,312, 315,359,371,406,512,632, 729〔5〕24,127,131〔9〕345

嚴恩純〔4〕669,726〔5〕59,74,76

嚴耕望〔4〕567,636,642,646, 650〔5〕284,285,287,288, 291,300,302,315,316,319, 322-325,329,331,333,336, 337,341,347,349,350,356, 357,362,364,365,373,400, 401,407,408,411,414,423, 425,427,429,437,472,481, 502,524,546,745,772〔6〕47, 54,72,76,286,291

嚴莊（立三）〔4〕127〔8〕452,454

嚴復（幾道）〔2〕450〔11〕445

嚴敦易〔7〕294,469

嚴敦杰〔8〕417〔9〕759

嚴景珊〔2〕359,425,426,436〔3〕 464,482

嚴景耀（雷潔琼之夫）〔5〕657 〔7〕652,683,703,723,725, 745,754,762,766,768〔8〕13, 14,19,45,56,86,93,111,132, 135,141,144,193,201,215, 221,383,386-388,391-394, 396-398,400,402,408,410-

十九畫：嚴關

413, 416-418, 421, 424-426, 428, 429, 431-436, 438-440, 442, 444, 445, 448-453, 456, 462, 464, 467, 469-471, 473, 475, 478-481, 490, 501, 503, 505, 506, 510-512, 514, 515, 520, 521, 523, 525, 528, 531, 535, 540, 541, 545, 551, 572, 581, 585, 588, 606, 608, 612, 616, 619, 628, 629, 639, 643, 661, 699, 713, 714, 726, 731, 738, 739, 743【9】5, 34, 53, 62, 91, 99, 106, 185, 229, 234, 244, 248, 249, 258, 303, 304, 308, 344, 375, 382-385, 391, 396, 397, 430, 431, 452-454, 483, 532, 537, 544, 551, 553, 557, 569, 587, 600, 607, 640, 642, 656, 671, 684, 700, 701, 702, 726, 740, 753, 768, 782【10】26, 173, 173, 182, 195, 201 【11】347, 437

嚴智鍾【3】415

嚴舜欽【2】606【3】502, 514, 678, 683【5】661, 667, 678, 704, 705, 741, 745, 747, 748, 752, 755, 769【6】2, 6, 11, 13, 14,

18, 19, 25, 27, 30-32, 52, 55, 59, 60, 74, 77, 78, 81, 84, 85, 92, 94, 97-99, 103, 104, 121, 123, 129, 132, 144-146, 148, 154, 158-160, 164, 166-169, 171, 178, 219, 226, 229, 231, 240, 243, 276, 417, 605, 613, 620, 626, 660, 691

嚴廉方【3】706-708, 722-724, 730, 749, 750, 753

嚴群【2】389, 407, 450, 570【3】146, 154, 190, 199, 268, 350, 357, 363, 367【5】608【9】755, 758

嚴獨鶴【7】294, 464, 469, 547, 548【8】87, 607, 612【9】58, 61, 62, 431, 771【10】182

嚴鑄【5】434, 490【6】67, 68

嚴濟慈（慕光）【2】657【3】475, 489, 518, 618, 643【4】166, 167, 169, 171, 177【6】252, 512 【8】53, 126【9】30, 192, 304, 418, 535, 698【10】27【11】652

關山月【7】247

關山復【9】758【10】480【11】670

關祥【4】411, 472, 477, 488, 499, 562

顾颉刚全集·顾颉刚日记人名索引

關斌（偉生）[3]478,489,540,556,626[4]77,98,130,131,238,288,294-297,299-301,313,315-318,321,322,330,332,339,340,345,347,349,356-361,367,368,370,374-376,385,391,392,398,399,417,423,424,427,429,431,435,441,445,450,452,453,458,471,473,558,567,608,680,700,714,723,726[5]69,137[6]656,669[7]24

關瑞梧（鄭林莊夫人）[2]418,422,423,428,430,433,435[5]378[7]628,700[8]53,55,148,212,213,424,521,571,615,632[9]17,79,228,265,267,279,354,430,544,547,571,733,740,770

關鋒[9]198,726,758[10]438,497,500,520,692,694,760,766,769,770,786[11]668

關鵬鶴[9]749[11]685

羅天樂[4]317,323,325,334,474,490,498

羅文幹[3]441

羅文謨[4]137,639[5]383,387

羅世烈[8]722[9]7,22,256-258,260

羅玉君（李曉舫夫人）[5]369,597,774[7]118,174,224,226,235,244

羅任一[9]24,51,119,195,219,281,313,326,346,350,374,440,468,508,725,773

羅竹風（振寰）[6]479,489,511

羅希成[4]433,434,436,439,444,446,449,450,453,458,486

羅赤霞[8]115,363

羅宗洛[5]631[6]252,432,665[7]312[8]610[9]446-448,778

羅忠恕[2]540[4]357,367,368,370,374,376,382,383,385,390,417,424,433,440-443,452,473,497,500,501,530,531,569,576,580,635,636[5]370,385,394[7]224

羅念生[3]636,639518

羅性生[6]519,656[7]548[10]555

羅旺[7]486,487,490-493,524,539

十九畫：關羅

羅昌（文仲）[2]464[7]654,655

羅昌夫人（文仲夫人，見"康同璧"）

羅香林（元一）[2]284,287,328, 331,355,372,375,386,402, 405,416,420,422,428,432, 438,441-443,448,449,451, 452,455,456,467,488,491- 495,499,500,504,532,535, 546,567,603,652,655,681, 684,686,689-692,727,731 [3]68,173,182,240,318, 322,392,433,434,436,445, 446,456,457,460,461,473, 500,506,528,536,585[4] 218,272,274,394,475,533, 661,664,672,684,700,712, 735,752,757,759,763,773, 777,778[5]36,46-48,53,54, 64,69,78,85,112,128-132, 144,157,164,166,168-170, 175,179,181,182,186,191, 209,225,227-229,231,234, 272,314,365,366,368,376, 401,402,404,405,421,438- 440,442,445,467,469,500, 515[8]238

羅香林夫人（見"朱倓"）

羅倫士（Martin R. Norins）[4] 362, 451, 458, 473, 475, 532,557

羅家倫（志希）[1]65,69,108, 224,778,779,781,785,799, 802,814,823,824[2]35,52, 53,55-57,62,90,91,159,293, 294,319,324,330,344,355, 365,366,373,376,387,395, 400,403,424,425,604,610, 648,651,655,664,687,701, 726,727,731[3]33,34,48, 57,124,164,349,431,433, 434,440,441,456,500,511, 515,544,557,586,587,591, 676,688[4]139,141,143, 378,379,396,548,549,558, 591,629,654,668,724,725, 739,756,775[5]7,9,13,30, 31,55,74,155,439,454,517, 629,636,652,687,759[6]21- 23,47,253[7]143[8]729

羅家倫夫人（志希夫人，見"張維楨"）

羅振玉（叔蘊，雪堂）[1]104, 181,227,391,393,413,428,

435,468[2]165[7]195,604,648[8]567[9]262,309,469,525,526[10]158,283,393,660[11]754

羅根澤(雨亭)[2]360,424,426,428,434,544,545,559,571,580,583,593,599,610,617,622,623,627,631,648,650,656,682,684,693,695,698,700,710,718,721,727,730[3]4,7,10,14-16,27,36,44,54,65,96,98,110,121,126,164,166,181,198,220,286,313,380,384,397,414,445,463,466,477,485,525,533,537,556,568,575,602,629,631,632,634,639,664,722[4]41,203,329,336,420,543,546,615,616,627,630,631,656,658,659,667,670,671,678,683,686,693,694,701,708,711-714,717,719,722-725,727,733,736,737,741,742,744,747,749,750,755,760,761,764,766-769,772,775-777[5]10,11,13,16,18,19,27,29,30,31,37,38,41 43,46-48,55,56,59-61,64,66-68,72-77,79,83-85,87-90,103,110,111,113,133,134,150,151,167,168,172-177,184,191,204,206,219,223,225,228,254,255,264,283,289,319,373,412,413,442,465,502,503,505,506,510,519,523,527,601,602,634,685,728,746,758,762,772[6]21,54,74,76,80,119,169,213,215,217,235,389,390,475,585[7]86,87,595,599,640[8]273,607[9]21,50,59,64,558[11]51

羅根澤夫人(見"張曼漪")

羅桑札喜(羅桑)[4]752,759[5]225,435[6]273

羅素[1]95,141[10]475

羅貢華[3]729,749[4]1,2,9,75[5]156,159

羅惇漢(幹青,孟韋)[2]100,110,113[4]441,452,460,473,490,495,497,506,531,541,564,569,570-572,575-579,599,635,644,650,697,708[5]39,60,74,137,706[6]

十九畫：羅

292【7】527，528

羅偉（偉之）【3】743，747，749，752【4】2，614，697，767【5】71，414，447，597【7】485-487，489-493，493，497，498，505，509，511，513-515，517，519，524，532，555，574，589，603，677，669，703，730，732，741-743，751，753，754，759，764-766，729【8】2，5，11，13，93，138，140，193，211，223，225，238，246，275，277，501【9】195，202，205，207，209，213，218，220-222，225，228，232，237，244，262，263，278，318，333，346，350，354，358，373，621【10】24，255【11】114，115

羅偉之夫人【8】20

羅培元【9】390，392，395，397，405，407，408，429，441，769

羅常培（莘田，心田）【1】197，619，698，775，787，798，803，807，814，817，819，822，825，829，831【2】3，6，12-14，17，19，20，23-28，30-32，41，49-51，57，59-63，65，66，68-71，74，76，68，81，83-85，88，95，96，99-105，107-109，111-114，116，117，121-127，129-132，134-137，142，145，147，148，151-153，155-159，161，162，164，170，173-175，177，181-189，194-196，198，199，201-206，208-213，215，218，220，222，224，227，229，231，235，241，243，246，249，252，253，255，256，258，324，329，332，431，433，657，679，680，725【3】237，240，296，344，346，350-353，361，371，377，384，386，388，397，414，446，450，469，470，474，475，478，484，485，489，490，491，504，519，521，539，543，549，581，620，653【4】152，161，167，172，176，177，206，224，261，267，270，563，564【5】54，123【6】496，657【7】266，429，536，585，587，600，688，694，744【8】9，88，98，414，475，538，539【9】439【10】598【11】523，710

羅常培夫人（莘田夫人）【2】255，256【3】244，246【7】585

顧頡剛全集·顧頡剛日記人名索引

羅庸（膺中）〔1〕474,486,503, 514,552,554,567,642,763 〔2〕187,208-210,213,215, 260,261,369,420,575〔3〕 123,344,353,474,489,490 〔4〕206,224,267,271〔7〕266 〔11〕710

羅惇㬊（瘿公）〔6〕587〔9〕449

羅梅君〔11〕726

羅都爾（Robert des Rotours）〔3〕 57,58

羅喜聞〔3〕615〔8〕29

羅斯福〔4〕447〔5〕441

羅琨〔9〕739〔10〕538〔11〕45, 107,122,134,156

羅隆基（努生）〔2〕721〔3〕646, 658〔4〕236,320,755〔7〕629, 660〔8〕55,140,220,266,362, 421,482,615,624,626,628, 639,646,703,717,735,738 〔9〕34,37,51,54,119,219, 229,261,303,348,350,357, 430,491,508,576,588,594, 770〔10〕374

羅瑞卿〔9〕186〔10〕272,273, 332,344,578,590,605,612, 617,639,657,658,697, 716,786

羅爾綱〔3〕377,487〔4〕221,584, 708〔5〕60,119,137,424,428, 462,505,552〔6〕287,289〔7〕 9,15,87,88,136,236,587, 631,632〔8〕437,445〔9〕724, 788〔10〕81,89,99,122,221, 431,641〔11〕120,122,325, 495,670

羅福頤〔7〕611〔9〕331,487,503 〔10〕507

羅儀鳳（康同璧女）〔7〕647〔8〕 136,196,401,582,645,662, 708〔9〕4,19,20,38,48,261, 305,334,356,407,414,416, 421,423,427,429,471,491, 568,623,644,647,688,737, 774〔10〕9,115,119,261,544 〔11〕338,494,530

羅衡（俠齋）〔5〕435,489,478, 490,563,761〔6〕71

羅靜軒〔6〕432,537,605,635

羅翼群〔8〕216,363

羅霞天〔2〕272,612,613〔4〕149, 251〔5〕113,433,693

羅鴻年（雁峰）〔7〕536

羅麗（羅力,胡一雅夫人）〔9〕

十九畫：羅譚

617, 686, 724, 748, 752, 757, 763, 765, 769, 779, 780, 782 [10]26, 45, 52, 72, 81, 89, 99, 106, 162, 169, 174, 176, 181, 192, 201, 203, 204, 206, 220, 221, 235, 237, 285, 309, 321, 338, 348, 457, 461, 464, 467, 468, 470, 480-482, 487, 490, 494, 616, 629, 657, 666, 734 [11]198, 221, 226, 233, 238, 240, 241, 244, 252, 262, 264, 299, 316, 318, 337, 349, 353, 356, 365, 368, 371, 375, 377, 380, 381, 390, 393, 394, 411, 415, 417, 420, 438, 476, 492, 500, 522, 525, 533, 535, 537

羅繼祖（奉高）[9]715, 742, 743, 767

譚小培（鑫培之子）[9]450 [11]680

譚元壽（譚鑫培曾孫）[9]337, 449, 450

譚平山[4]470, 474, 612, 613, 660[5]435, 627[8]44

譚旦閎[3]539[4]585

譚正璧[7]469[8]249, 691 [9]530

譚克敏（時欽）[3]720[4]120, 122, 123

譚利民（愓吾子）[7]638[9]572 [11]480

譚均[6]304, 338, 342, 348, 383, 384

譚戒甫[5]548[7]612, 671, 672, 747, 748[9]441, 444, 449, 452 [10]95[11]372

譚其驤（季龍）[2]438, 440, 469, 485, 500, 505, 506, 533, 544, 553, 554, 568-571, 573, 575, 577, 581, 582, 584, 587, 590, 593, 594, 598, 600, 602, 619, 631, 648, 652, 661, 676, 681, 682, 704, 718, 720, 726, 729 [3]19, 25, 100, 114, 128, 142, 157, 158, 161, 162, 164, 166, 168-170, 172, 173, 181, 183, 185, 189, 191, 198, 200, 202, 207, 209, 213-215, 219, 220, 227, 230, 232, 239, 241, 249, 256, 266, 269, 270, 273, 286, 295, 299, 302, 306, 308, 311, 316, 318, 320, 323, 333, 335, 339, 340, 342, 343, 345, 347, 351, 353-355, 358-360, 362,

363, 365- 369, 371, 373, 375, 378, 381, 392, 410, 445, 455, 480, 496, 508, 509, 521, 524, 528, 533, 534, 537, 540, 542, 546, 558, 567, 601, 617, 619, 632, 639, 641, 652【4】266, 640, 714【5】38, 46-49, 50, 52, 54, 79, 127, 729, 738【6】103, 195, 286, 478, 623, 694, 699, 704, 705, 708【7】5-7, 9, 11, 15, 20, 24, 32, 34, 37, 40, 44, 58, 65, 68, 72, 75, 83, 91, 100, 105- 106, 120, 131, 181, 189, 193, 194, 235, 276, 277, 279, 281, 283, 284, 292, 295, 308, 316, 323, 331, 339, 342, 356, 357, 365, 368- 370, 386, 387, 394, 415, 420, 431, 442, 444, 466, 477, 502, 506, 508, 511, 513, 516, 519, 522, 525, 534, 535, 542, 551, 553, 557, 558, 574, 579, 581, 582, 584, 595, 603, 610, 618, 640, 655- 660, 662, 663, 665- 667, 669- 677, 679- 682, 684- 687, 689, 692- 694, 698, 700, 702- 704, 706, 708, 710- 712, 714- 716, 723, 729, 731, 732, 739, 743, 745, 749, 760, 761, 763, 765, 767- 769, 772, 774【8】6, 18, 21, 22, 24- 26, 28, 29, 35, 44- 46, 48, 52, 57, 85, 87, 88, 91, 131-133, 136, 138, 146, 171, 273, 280, 288, 290- 292, 294- 297, 299- 305, 310, 316, 457, 464, 465, 469, 534, 544, 553, 583, 586, 587, 605, 660- 662, 689, 693, 694, 695, 698, 728【9】88, 195, 264, 313, 591, 595, 672, 673, 677, 754, 759, 765- 767【10】 110, 116, 175, 180, 185, 310, 315, 387, 525, 532, 554【11】43- 45, 368, 403, 406, 408, 480, 509, 522, 541, 544, 714, 736, 740

譚其驤夫人(季龍夫人)【7】125

譚彼岸【5】77, 179, 403, 480, 500, 543【7】257【9】406

譚楊吾(原名慕愚, 健常, 亦寧) 【1】475, 480- 483, 494, 495, 497, 502- 504, 510, 518, 544- 546, 548, 553, 555, 560, 565, 577- 579, 581, 582, 584, 587, 590, 600, 605, 609- 611, 616-

十九畫：譚

618, 624-634, 637, 638, 644, 648, 649, 653, 655-660, 665, 668, 669, 671-674, 677-681, 686, 687, 691, 692, 706, 707, 712, 714-717, 719, 724-729, 733-735, 745-758, 750-752, 755-758, 761, 765, 767, 768, 770, 775, 777, 778, 784, 786, 789, 791, 792, 794-797, 799, 800, 804, 809, 810, 814, 815, 820, 824, 827, 828【2】23, 24, 57, 72, 86, 145, 175, 177, 179, 183-185, 191-193, 199-203, 207, 211, 224, 313-315, 318, 321, 327, 337, 346, 349, 352, 359, 368, 373-375, 396, 418, 424, 425, 428, 437, 445, 446, 454, 460, 470, 471, 473, 478, 481-488, 490, 491, 496-499, 514, 515, 518-522, 525, 528, 534, 546, 556, 563, 564, 569, 574, 578, 582, 589, 593, 601-605, 607, 608, 616-619, 621, 624, 628, 629, 631-633, 635, 636, 640, 645, 647, 650, 656, 658, 661, 663, 666, 668, 678, 688, 690, 692, 698, 702, 704, 705, 713-715, 720, 722-724, 726, 731【3】1, 3, 5, 7, 9, 10, 17, 22, 24, 27, 28, 30, 36, 39, 49, 60, 64, 70, 75, 91, 94, 100, 101-104, 105, 106, 108-113, 115-123, 125, 127, 129, 132-134, 136, 142-144, 149, 158, 159, 166, 176, 177, 180, 181, 183-189, 191-193, 195, 197, 210, 211, 215, 225, 233, 237, 241-246, 248-257, 259-262, 264, 265, 268-271, 276, 277, 294, 297, 299, 305, 307, 308, 311, 312, 314, 317-319, 323, 328, 358, 368, 371, 372, 375, 376, 381, 399, 413, 415, 427, 434, 436, 438, 440, 441, 445, 449-451, 460, 461, 463, 466, 467, 479, 487, 491, 493, 500, 501, 504-506, 509, 512-515, 519, 521-523, 526, 527, 530, 534, 537, 544, 566, 569, 579, 587, 588, 593-596, 599, 602, 605-608, 610, 611, 612, 614-617, 620, 628, 633, 636, 646, 656, 659, 667, 668, 675, 678, 680, 685, 686, 687-689, 691-

693, 696, 700-702, 704, 714, 727, 728, 734, 743-744, 748, 751, 754【4】4, 22, 28, 30-32, 40, 43, 44, 51, 55, 56, 73, 80, 81, 102, 103, 105, 108, 113-115, 120, 103, 132, 134, 138, 139, 141, 143-145, 147-152, 164, 179, 201, 216, 227, 229, 281, 284, 285, 292, 293, 302, 308, 317, 319, 320, 322, 356, 380, 388, 433, 442-444, 447, 459, 466, 471, 518, 535, 547, 554-556, 566, 591, 596, 599, 604, 605, 611, 613, 670, 677, 740, 741, 758, 759, 762, 780 【5】18, 26, 29, 39, 57, 89-92, 95-101, 108, 110, 113, 116-120, 122, 124, 127, 133, 135, 136, 149, 151, 153-156, 160, 162, 164, 167, 168, 172-175, 177, 180, 183-186, 188-190, 193-195, 199, 201-206, 217-220, 223, 228, 235-237, 240, 244-246, 252, 269, 270, 280, 295-299, 304, 305, 333, 336, 338, 339, 501, 526, 594, 615, 617, 686, 687, 758【6】30【7】

47, 332, 417, 630, 631, 638, 646, 655, 656, 660, 669, 676, 678, 688, 689, 752【8】7, 126, 141, 141, 144, 145, 219, 259, 266, 287, 289, 362, 421, 442, 510, 511, 605, 700【9】4, 201, 361, 434, 440, 450, 472, 492, 541, 572, 780, 781【10】17, 123, 442, 473, 474, 476, 477, 516, 681【11】259, 277, 333, 362, 470, 479, 480, 624, 628

譚啟龍【8】216, 142, 215, 397, 399, 401, 406, 419

譚富英（鑫培之孫）【9】450

譚湘鳳（楊吾之妹）【2】482【3】440, 687【4】139-141, 146, 147, 705【5】203, 246, 247, 276, 560, 637

譚超英（陳觀勝夫人）【3】60, 96, 180-182, 184, 197, 214, 271, 296, 300, 346, 351, 359, 361, 374, 477

譚勤餘【4】599, 611, 613, 620

譚嗣同（壯飛先生）【3】109 【7】542

譚雍（叔雍, 督雍, 彬爽, 賓爽, 賓達, 譚老先生, 譚氏二老, 楊吾

十九畫：譚廬龐

之父）[1]679[2]481[3]512, 615[4]139, 141, 145-147, 229, 705[5]62, 149

譚雍夫人（彬爨夫人，譚老太太，譚伯母，健常母）[2]481[5] 62, 148, 149, 183, 184, 189, 193, 194, 202, 240, 244, 245, 249, 295, 298, 335

譚琮青（篆青，譚瑩之曾孫）[2] 569[3]651[8]138, 139

譚熙鴻（仲逵，仲摻，杭州農校校長）[1]94, 598, 619[2]50, 84, 85[8]44

譚海英（英文教師）[3]87, 89, 96, 101, 105, 106, 109, 112, 114-117, 123, 126, 128, 145, 147, 150, 152, 161, 169, 173, 178, 196, 198, 240, 302, 318, 322, 375, 436

譚慧中（惠中，張政烺夫人，後離婚）[8]28, 124, 131, 134, 142, 196, 374, 375, 488, 504, 510, 514, 518, 553, 554, 575, 648, 692

譚震歐[2]45, 91, 98

譚錫疇[3]551

譚靜（楊吾女）[7]638[11]480

譚鑫培（老譚，譚叫天）[1]3, 25, 34[6]58[8]167[9]450, 453, 650[11]680

廬隱[2]703

龐士謙[3]524[6]512

龐中杰[4]445, 528, 535, 536, 561, 573

龐元濟（萊臣）[7]10, 27, 612

龐石帚[4]290, 303, 325, 353

龐安民[8]417, 439, 453, 456, 462, 478, 480, 487, 490, 503, 505, 506, 520, 523, 551, 559, 606[9]41-43, 248, 361, 366, 373, 454, 538, 557, 661, 693, 700[10]173, 301

龐京周[1]2, 4, 332, 345, 346, 356, 357, 701, 778, 779[5]163 [7]582[8]363[9]747, 772 [10]19, 228, 242, 268, 295, 499

龐春第[4]120, 122, 443-446, 454, 471, 477, 522, 523, 525

龐敦敏[1]140, 754, 758, 775[2] 282, 398, 499[3]519, 641[8] 639[9]69

龐曾漤[4]741[5]132, 157, 163, 164, 170, 172

龐新民【7】120,204,228,230,322,357,379,381
龐震文【7】339,341,343,356,367,374,380-382,386,403,419,422,429,531,539
龐樸【11】582
龐薰琴【4】173,523,751,761,769【5】13,14
龐鏡塘(境塘)【4】685【5】171,433,490【9】219
麒麟童(藝人,見"周信芳")
瀧川資言(瀧川氏)【7】776【8】283【11】477

## 二十畫

蘇子涵【4】292,298,299,343,344,369,441,458【5】375,378,385,394,398,467,506,548,696,727,728,765,770,774【6】18,127,236
蘇元復【6】700,704【7】7,23,39,312
蘇甲榮(演存)【1】503,507,509,582,615,650,667,675,752,799,801【2】24,87,90,281,282,292,323
蘇江【11】270,271,273,274,276,277,283-285
蘇希洵【5】433,499
蘇步青【6】252【7】629,694【8】12,219
蘇治光【8】191,722,730【9】7,22
蘇秉琦(炳琦)【3】400,522,533,629,638,653,655【4】190,196,204,209,231,255,271,379【5】555,556,605,606,610,611,620,622,624【6】508,509【7】657,698【8】35,391,465,587,743【9】32,686,759【10】108,109,110,113,115,118,119
蘇信宸(運衡)【3】477,486,658【11】68,69
蘇炳文【7】627,629【8】14,201,214
蘇笑天【8】485,553,700【9】23,105,193,229,249,463,700,747【10】303
蘇乾英【7】30,32,70,75,105,

十九畫：龐麟 二十畫：蘇饒

181-184,309,323,339,365,420,442,506,553,558,573

蘇曼殊[1]32,38,724[3]253,461[4]591

蘇淵雷[5]248,257,265,279,282,308,325,414,421,554,555[6]64[7]174,183,186,292,348,351,404,408,412,472,494,502,510,516,517,526,540,545,565,579,581[9]95[11]337

蘇雪林(梅)[3]2,693[4]335,470,581-583[6]432,433,449,604,607,634,661,686,690,691,693[11]361

蘇珽[5]130,268,269,311,354,434,490,497,576,634,637

蘇湖[4]171,193,205,219,223,227,229,234,235,252,255,256

蘇誠鑑(誠鑒)[4]616,617,658,667,681,722,730,750,761[6]213,214

蘇福應[3]432,675[4]139,144,542

蘇德隆[7]13,41,120,131,132,135,137,140

蘇錫爾(Prof. Soothill,蘇慧廉)[1]765,802

蘇鴻恩[5]447,478[6]3[7]79

蘇繼旝(繼卿,寄旝,蘇雪林叔父)[4]449,691,763[5]24,31,181,233,286,300,313,366,403,480,497,599[6]628,689,693[7]478,480,481,486,493[8]641[11]361

饒大衛(David Lowe)[6]318

饒孟任[3]410

饒孟侃[4]301[7]625

饒宗頤[4]456[5]696[8]238[10]765[11]581

饒國樑[5]448

饒毓泰(樹人)[3]429,551,553,630,643[6]252[7]683[8]639,694[9]329,443,605,740,773[10]43[11]315

饒毓蘇[3]552[5]125[6]517[8]10,21,581

饒鳳璜(聘卿)[5]433,490,610,611,614,619,623-629,636[6]65,66

饒搢伯[7]447,456,468,469,573,580

饒鍔(饒宗頤之父)[11]581

# 二十一畫

酆雲鶴(琴舫,熊子麟夫人)【1】608,648,720,728,739,764,770,771,799【2】706,768【3】1,37,38,44,46,50,51,55,56,64,440【4】695,753【5】128,129,159,161,163,421【6】516【7】529【8】611【9】62,384,449,768
鐵肩【8】558,562,585,587,590,628,657,673【9】93,540
鐸爾孟(鐸爾蒙)【2】677,678,725【3】624
顧又芬(王大珩夫人)【7】479,481,492,584,596
顧之義(廉軍公,蓮君公,先祖,吾祖,祖父,祖,本生祖父)【1】379,409,434,437,438,544【2】274,303,309,324,645【3】73,154,443,511【4】632【5】84,610,662,683【6】149,150,188【8】372,377,551,578,653【9】32,329,646【10】79,385,516,652【11】51,358,363,375,427,735
顧予咸(松交公)【3】737【7】40【8】407
顧介石【1】437
顧元(欣伯)【1】88,99,125,137,142,153,163,183,184,186,190,193,222,225,250,252,261,263,264,283,346,367,383,386,531,817【2】54,62,69,131,197,262,267,271,273,274,287,305,309,310,319,470,471,480,605,646【3】74,76,164,311,338,679,680【5】682,689,700,711【6】15,84,221,228,231【7】37,63,79,92,121,572【9】158
顧元昌(仞之公,嗣祖父,先祖,吾祖,祖父)【1】185,281【2】645【3】569【4】316【5】733,739【6】149,188【8】357,551
顧元愷(元凱公,杏樓公)【2】312【11】728
顧公碩【7】299,651【9】155
顧文楠【7】168,348,446
顧功敘【3】174【4】177

二十一畫：鄺鐵譯顧

顧巨六【7】360,526

顧玉潤（餘妹,豫妹,顧誠安之妹)【2】301,644,645【3】325, 327,336,439,678,680,684 【8】634【5】661,691,724,731, 733,741,748【6】14,16,29, 98,105,226,227,229,233,702 【7】123【8】585

顧石君【7】544,549,553,564, 576,590,603

顧立章【2】63,307,489,502, 632,633,635-637,641【3】239

顧立雅（H. G. Creel,克利爾） 【3】167,190,294,312,350, 356,366,396,397,400,407, 412【11】617

顧仲健（叔祖贊廷之子,矜謙） 【2】355,510,540,546,570, 592【5】657,671【6】25,32,590 【7】137,439,477

顧仲健夫人（仲健嫻）【6】414 【7】56

顧仲魯（族兄）【1】421【3】75, 327【5】181,189-191,271, 311,366,544,580

顧有斐（族弟,誦淇）【1】148, 185,207,235,293,326,372,

381【2】271,301,309,312【3】 75,236,312,327,328,514【5】 664,666,693,752,757【6】33, 158,159,169,170

顧有斐夫人（有斐弟婦）【6】52, 230,247【7】122,572

顧竹庵（竹庵叔祖）【1】41,43, 46,72,83,130,131,137,140, 146-148,152,159,161,163, 193,205,220,224,228,238, 242,243,255,263,265,283, 303,330,393,394,426,477, 525【2】54,266,270,273,276, 309,313,320,471,480,605, 616,655【3】67,74,75,81,90, 97,120,189

顧竹庵夫人（竹庵叔祖母）【1】 394【2】266【3】81【6】12,228

顧竹淇（祝淇,祝同之弟,蘭亭之 子）【4】135,210,311,318, 320,343,347,353,390,391, 442,531,532,645【5】161, 178,500,515,680,719,774 【6】74

顧自明（康媛）【1】38,100,121, 122,127,128,130,133,191, 206,209,223,231,235,242,

249, 258, 267, 273, 288, 296, 313, 318, 329, 337, 342, 355, 359, 364, 366, 367, 369- 372, 384, 385, 410, 415, 516, 526- 528, 534, 535, 537, 539, 540, 542, 543, 545, 548, 552, 554, 560, 562, 563, 576, 583, 587- 592, 603, 605, 610, 630, 633, 662, 668, 675, 683, 692, 705, 707, 711, 715, 739, 763, 769- 781, 789, 791, 796, 806, 816, 819-821【2】4, 5, 7, 13, 22, 28, 30, 41, 56, 57, 65, 69, 78, 86, 89, 93, 98- 101, 112, 119, 133, 136, 170, 189, 202, 205, 206, 209, 219, 242, 244, 260, 262, 271, 272, 274, 275, 285, 309, 315, 320, 322, 323, 327, 340, 341, 346, 356, 374, 375, 402, 414, 418, 419, 428, 441, 444, 450, 469, 487, 489- 491, 497, 498, 501, 507, 514, 534, 535, 540, 543, 544, 546, 554, 580, 583, 589, 594, 595, 611, 631, 645, 651, 654, 659, 661, 663, 666, 669- 674, 676, 679, 680, 684, 697, 713, 724【3】44, 48, 62, 66, 68, 69, 71, 78, 86, 87, 90, 93, 98, 103, 109, 112, 119, 158, 228, 235- 237, 240, 243- 245, 247, 249- 251, 260, 264, 289, 307, 308, 315- 317, 319, 320, 323, 324, 344, 392, 425, 445, 446, 448, 449, 451- 455, 457- 459, 467, 471, 499, 501, 502, 507, 534, 535, 538, 541, 549, 582, 600, 602, 620, 627, 635, 648, 663, 748【4】37, 39- 42, 46, 53, 54, 83, 92, 93, 99, 158, 183, 187, 188, 190, 191, 194, 197, 198, 200, 214, 221, 223, 232, 241, 303, 305, 308, 309, 312, 318, 324, 333- 335, 338, 339, 350, 356, 365, 366, 368- 371, 374, 380, 388, 390, 394, 398, 400, 401, 405- 407, 410, 414, 415, 420, 426, 427, 429- 431, 433, 434, 435, 437, 445, 448, 450, 452, 471, 472, 476- 478, 487, 494, 498- 500, 507, 513- 517, 521, 524, 529, 536, 538- 540, 559, 560, 562, 565, 576, 578, 588, 593, 598, 600, 609, 618, 627, 631, 635,

二十一畫:顧

639,644,645,658,664,676,681,683,689,693,697,698,706,718,719,733,769,776【5】22,30-33,36-43,55-61,64,66,67,69,70,75,77,79-81,83-85,88,93,95,107,108,111,113,115,120,125,126,136,151,165,172,174,200,205,222,229,242,246,255,284,298,305,319,320,323,324,338,372,378,392,393,407-410,414,423-427,429,430,435,437,438,441,442,445,464,466,471,478,481,484,492,502,505,507-509,511,512,514,519,522,525,528,529,531,536,544,545,547,552,558,559,568,572,575,576,587,589,591,593,599,602,605,614,626,627,635,653,694,711,718,729【6】3,37,129,148,171,226,236,289,341,355,356,358,359,395,422,434,498,503,549,558,570,653,655【7】44,49,65,72,109,188,286,298,357,527,550,556,577【8】23,

155,493,600【9】82,101,190,191,226,406,424,458,608,683,705【10】108,115,348,353,359,376,395,565,571,576【11】104,115,153-158,160-164,174,178,232,388-393,395,396,552,679,688

顧自珍(良男)【1】46,63,121,128,184,190,193,206,231,232,239,258,265,273,288,318,321,325,329,342,355,364,365,384,385,410,415,434,516,520,529,532-534,536,537,539-543,554,572,576,583,588,595-597,603,605,606,614,616,621,633,629,639-645,650,652,653,657,660,666,673,680,692,707,714,722-725,734,737,743-746,763,780,781,791,811,818-820,823,824【2】1,12,14,22,23,28,29,86,98,101-103,107,119,143,145,148,150,168,178,203,215,228,233,241,244,254,255,260,262,268,276,298,303,313,323,324,333,343,346,

347, 350, 352, 353, 372, 380, 391, 394, 404, 419, 430, 435-437, 441, 447, 456, 469, 497-501, 505, 511, 517, 543, 544, 555, 557, 562, 566, 567, 592, 597-599, 611, 645, 657-659, 673, 676, 683, 698, 703, 705, 706, 708, 713, 720, 721〔3〕9, 12, 47, 66, 68, 69, 71, 78, 93, 94, 101, 104, 106, 108, 119, 129, 146, 156, 161, 171, 188, 190, 193, 203, 207, 227-229, 235, 240, 242, 244-247, 249-252, 255, 256, 260, 264, 268, 290, 307, 308, 317, 319, 321, 324, 344, 360, 363, 365, 366, 369-373, 376, 378, 382, 383, 385, 386, 398, 401, 406, 408-411, 413, 414, 419, 422, 426, 427, 431, 443, 445, 452, 464-466, 468, 472, 476, 478, 479, 488, 489, 491, 501, 502, 515, 520, 521, 523, 526, 527, 531, 534, 544, 568, 571, 582, 599, 606, 623, 624, 631, 653, 663, 664, 684, 685, 691, 696, 709, 729, 753〔4〕5, 22, 24, 28, 37, 42, 46, 53, 93, 94, 107, 144, 159-161, 164-170, 172, 173, 176, 184, 186-188, 190-192, 198-200, 204, 205, 209, 210, 212, 213, 215, 216, 218, 220, 223, 225, 227, 229, 231, 232, 242, 250, 252-254, 256, 257, 259, 261-263, 265, 267, 269-282, 284, 286-297, 301-309, 312, 315, 318, 323, 324, 326, 327, 337, 340-342, 347, 351, 353-356, 360, 365, 367, 368, 376, 378-381, 385, 388, 391-397, 401-404, 407, 408, 414, 415, 417, 426, 433, 435, 437, 440, 442, 444-446, 448, 451-453, 456-458, 460, 461, 471, 473-475, 477, 478, 487, 489, 494, 497-501, 503, 504, 506, 509, 516, 518, 521, 526, 530, 532, 535, 536, 543, 547, 566, 567, 574, 578, 579, 592, 594, 596, 601, 606, 609, 612, 629, 631, 634, 635, 637, 639, 644, 645, 651, 652, 655, 660, 664, 677, 683, 688, 692, 697, 698, 706, 707, 710, 722, 725, 736,

二十一畫：顧 477

744, 748, 749, 760, 761, 776 【5】10- 12, 18, 22, 29, 31, 32, 37, 47- 49, 53, 56, 57, 60- 62, 66, 67, 69, 76, 77, 79- 81, 83- 93, 95- 97, 99, 100, 104, 106- 119, 121, 122, 124- 126, 130, 133, 135, 137, 141, 146, 149- 151, 156- 161, 163, 166- 169, 172- 177, 181- 185, 188, 189, 191, 193, 194, 197- 207, 210, 211, 218- 223, 225, 227- 230, 234- 241, 243- 250, 252- 255, 257- 260, 262- 264, 266- 268, 272- 274, 277, 278, 282- 286, 289, 292, 295, 296, 298, 300- 304, 306, 308, 309, 315- 317, 319, 321- 327, 330, 332, 335- 337, 340, 342, 343, 346, 350, 353, 362, 373, 387, 392, 393, 407- 411, 414, 415, 421, 438, 445, 451, 452, 460, 463, 467, 476, 478, 483- 486, 494, 503, 505, 507- 509, 511, 514, 521, 522, 544, 545, 548, 552, 560, 564, 565, 570, 588- 590, 612, 630, 634- 637, 639, 653, 660, 694, 704, 713, 714, 721, 737, 745- 748, 750, 754, 755- 757, 765【6】7, 10, 12, 13, 15, 17, 36, 102, 171, 180, 194, 204, 289, 325, 341, 355- 357, 359, 391, 400, 413, 434, 435, 497, 503, 531, 556, 577, 631, 653, 683, 690, 691【7】24, 44, 46, 82, 83, 85- 88, 109, 125, 131, 147, 210, 232, 236, 237, 274, 291, 314, 324, 334, 338, 342, 357, 405, 406, 418, 429, 452, 497, 499, 505, 515, 525, 532, 550, 555, 562, 565, 567- 569, 572, 573, 577, 581, 590, 613, 625, 639, 645, 665, 722, 729, 772【8】23, 34, 58, 71, 89, 91, 142, 165, 171, 226, 229, 253, 288, 293, 301- 304, 310, 345, 350, 371, 408, 493, 495, 508, 535, 568, 600, 663, 675, 686, 689【9】25, 54, 68, 80, 105, 110, 125, 128, 150, 177, 230, 268, 275, 358, 406, 458, 487, 502, 503, 531, 556, 616, 683, 711【10】19, 98, 115, 126, 133, 144, 151, 199, 261, 309, 353, 386, 395, 400, 416, 565, 571,

576,597 722[11]22,25,274, 341,395,479,481,483,487, 489,551,555,583,586,606, 689,690,743

顧行吉(德輝女,小名迎祥)[8] 357[9]155,157[11]462,551

顧行健(開孫,德輝子,小名開) [6]631,647,648[7]207,214, 222,240,243,270,279,282, 285,289,292,300,306,317, 358,375,381,390,401,404, 425,434,437,456,569,584, 585[9]130,155,157,312, 681,730[10]135[11]551

顧佛影[7]540,542,548,550, 551,574,575,579,582,596

顧君義[1]175,593,698

顧均正[3]337[5]653,727[6] 428[7]491[8]54,56,111, 126,132,193,212,222,383, 387,388,391,397,423,446, 449,450,462,464,467,469, 471,473,487,490,501,506, 514,520,523,534,540,546, 551,606,616,617,628,699, 704,705,708,714,721,730, 731,733,741,743-744[9]5,

18,53,75,106,161,180,183, 186,187,191,194,207,228, 234,244,246,248,258,336, 345,431,435,452,453,505, 537,552,553,557,587,593, 600,607,609,610,656,669, 671,684,700,702,726,740, 782,784[10]26,168,172, 173,182,195,225,263,284, 302[11]323,426,583

顧希平(祝同之弟)[4]531,532, 534[5]159,161,395,398, 399,761[6]122,360,400

顧廷龍(起潛叔,龍叔,Ku Ting-Long)[1]140,141,209,247, 249,280,697,737,755,775, 760,793,802,817[2]3,23, 54,55,62,115,159,266,269, 270,275,276,286,294,302, 303,306,311,312,314,315, 357,368,412,413,419,426, 471,479,480,511,518,533, 536,539,544,557,561-563, 565-567,569,570,571,577, 581,582,585,586,590-592, 597,598,601,603,609,619, 648,651-654,663,664,676,

二十一畫：顧

685, 687, 693, 694, 697, 698, 703, 706, 707, 711, 713, 716, 718-720, 729【3】2, 4, 6, 8, 11, 13, 16-19, 25, 27, 30, 31, 32, 35, 38, 39, 44, 47, 48, 49, 53, 59, 66, 67, 69, 72, 74-76, 80-82, 90, 97, 98, 110, 123, 126, 139, 142, 144, 150, 171, 174-177, 180, 182, 184, 186, 190, 197, 198, 201, 203, 208, 213, 215, 219-221, 227-233, 236, 239, 243, 244, 248, 260, 261, 263, 266-268, 271-275, 289, 291, 293, 300-302, 305, 307-311, 316, 319, 322, 323, 333, 335, 343-347, 350, 352-355, 357-361, 364, 367, 373, 381, 382, 385, 387, 397-399, 401, 402, 404, 409, 413, 416, 418, 419, 422, 424, 428, 430, 431, 436, 438, 440, 444, 450, 451, 453, 454, 466, 468, 476-480, 483, 485, 498, 501, 505, 506, 508, 516, 518, 520-522, 528, 530, 531, 533, 535, 537, 539, 540, 542-549, 552, 555, 558, 573-575, 582-584, 589, 590, 599, 601, 606, 607, 617-622, 624, 628-626, 640, 641, 646, 648-651, 653-658, 663-665, 667, 691, 737, 748【4】41, 179, 198, 208, 309, 319, 354, 396, 470, 482, 484, 561【5】522, 531, 552, 560, 565, 568, 595, 607, 608, 611, 630, 654, 655, 657-660, 670-673, 677, 704, 711, 715, 716, 718, 719, 722, 725-729, 731, 732, 737, 738, 745, 749, 752, 754, 757, 772【6】7, 9, 10, 17, 19, 23, 31, 32, 37, 49, 51, 69, 76, 77, 83, 93, 101, 126, 148, 158, 161-163, 167, 169, 172, 204, 211, 223, 225, 244, 269, 277, 280, 283, 295, 298, 369, 388, 393, 297, 401, 403, 406, 407, 410, 411, 413, 414, 419, 420, 423, 425-427, 431, 432, 434, 439, 442, 448, 449, 451-454, 456, 458, 467, 471, 475, 477, 478, 480, 483, 484, 497, 499, 503, 521, 530, 531, 537, 539, 544, 546, 549, 552, 556, 563, 566, 567, 569, 570, 576, 587, 590, 592,

595,596,601,609-611,615, 621,626,628,629,634,644, 657,663-665,667-673,677- 679,682-684,690,693,696, 700[7]2,14,17,22,23,29, 33,34,36,55,57,59,60,67, 72,75,81,91,104,105,108, 109,114,116,126,128,134, 136,137,143,144,180,181, 186,195,206,211,220,232, 243,270,271,277,280,282, 284,287,288,292,295,298, 300,301,304,306-308,316- 318,322,330,336-340,342, 344,345,355,365,366,376, 378,380,382,383,386,393, 394,402,414,418,420,425, 426,437,438,440,441,448, 451,452,454,455,457,458, 463,470,471,475-477,494, 501,505,507,509,514,523, 526,535,536,542,553,556, 558,564-566,568,583,590, 611,623,652,665,679,685, 702,763[8]57,86,87,91,98, 156,190,246,252,268,278, 600,663,673[9]25,26,66,

130,139,144,149,154,178, 198,496,534,556,568,569, 650,677,753,765,767,768, 770[10]19,77,85,91,99, 105,123,228,416,544,569 [11]346,395,397,405,408, 521,553,580,592,610,613, 655,708,725,753

顧廷龍夫人(起潛嫂,潘承圭)

[3]663,737[5]717,720,728, 731[6]52,168,269,388,427, 475,534,615,622,700[7]18, 114,292,349,350,386,405, 494,546,565,580 [9] 761 [10]770

顧廷蟠(織科)[3]75,327,508 [4]763[5]14,129,181,311, 495,496,671,738[6]77[7] 300,477

顧志堅(諦虞,弟,九嫒子)[2] 647[3]81,82,249,253,312, 325,327,439,678,681,684, 689 [5] 662,664,673,678- 683,688-692,694,697,704, 705,716,717,721,722,727, 738-740,750-752,754,769[6] 10-13,18,29,30,34,37,39,

二十一畫：顧

76,79,86,92-94,96,97,99,101,144,157,158,160,163,170-172,210,211,221,223,224,228,229,232,239,246,269,277,278,281,286,295,386,400,423,430,451,578-580,590-595,597,599-605,607-614,617,623-625,627,629,630,636,638,644,645,647,649,654,658-660,674,679[7]24,34,195[8]357[10]81,82 85

顧志邁（志翱,延翔,叔）[5]752,757[6]12,78,228,569

顧扶蒼（延鵬,叔）[2]315[5]715,726,743,757[6]12,87

顧扶蒼夫人（叔母）[5]752,757

顧杏林（叔祖）[1]144,253,265,267,527[2]266,276,304[3]236,328,443,514

顧良（顧樑,獻樑,顯樑）[4]169,172-174,177,192,193,205,208,215,250,256,269,272,545,632,633,662,664,667,669,674,676,677,680,683,685,691,701-703,706,707,710,713,714,720,722,726-

730,732,735,738,739,742,743,745,749,751,760,761,763[5]9,14,16,18,19,24-27,31,32,35-37,40-42,57,63,123,240,399,450,727

顧其蘊（大來公）[3]737

顧典韶（延奭,叔）[3]468[5]657,658,671,673,726,729,738[6]10,626,627

顧典韶夫人[5]731

顧和（姑,贊廷之女）[3]11,174[5]671[11]697

顧孟剛（叔,贊廷之子,衍豫）[2]543,597,599,648[3]11,416,448,533,534[4]168[5]666,670,671[6]25,32,35,55,230,293,296,590[7]137

顧孟餘（夢餘）[1]728,832,833[2]12,27,28,103,423,424[3]217,529,530[4]555,572,591,595,604,610,622,626,627,631,632,654,660,668,675,693,700,702,712,714,726,729,730,747,750,770,772,777[5]7,11,17,21,24,37,75,450,454[6]225,295[7]264[8]238

顧顏剛全集·顧顏剛日記人名索引

顧季高〔2〕282〔5〕161,225

顧宗漢〔7〕14,46,64,108,127, 335,396,477,541〔11〕379

顧松年（子蟠公,叔,叔父）〔1〕 81,130,148,183,205,207, 220,222,224,227,231,236, 251,262-264,275,285,286, 295,298,324,325,328,347, 348,361,383,406,407,409, 428,437,493,523,526,527, 529-531,533,536,547,548, 584,630,666,667,725,775, 785,819,821〔2〕2,13,48,52, 53,55,91,92,110,116,125, 213,217,250,262,269,270, 274,295,298,301,303,308, 313,371,392,470,471,479, 489,602,606,616,617,642, 644,645,647〔3〕8,60,66,67, 72,78,81,82,111,112,142, 160,162,179,181,189,191, 227,290,314,327,328,508 〔5〕662〔8〕372〔11〕735

顧炎武（亭林,顧）〔3〕385,414, 579,621〔4〕532〔5〕220〔6〕 180,194,205,349,357〔8〕396 〔9〕676,784〔10〕191

顧芝（列圃公,德安公,七世祖） 〔2〕274,645〔8〕679,680〔9〕 44〔10〕343

顧芙先（族弟）〔6〕14,82,97, 105,230,269,422,424,425, 428,429,432,443,571〔7〕 122,136,137,553

顾倌人（張國淦夫人）〔9〕791 〔10〕228

顧炘（恂如公）〔3〕327

顧柏年（子虬公,父,父大人,父 親,吾父,我父,家父,先父） 〔1〕38,43,55,59,68,72,79, 82,90,93,99,101,103,119, 120,127,129-133,135,139- 142,144,147,148,150,152, 156,158,160,165,169,174, 178,183,184,185,187,188, 190,192,194,202,206,207, 219-224,226-228,231-236, 240,242,244,247,250,251, 253-255,260-267,269,270, 273,274,276,281,285-287, 291,293,295-300,302,306, 312,313,316,322,324,326, 334,337-339,345,347-349, 351,354,357,359-361,364,

二十一畫:顧

368, 370, 376, 377, 379- 381, 383, 384, 386, 388, 390, 394, 396, 397, 400- 402, 404, 406, 409, 412, 416, 417, 421, 424, 425, 428, 429, 431, 434, 437- 440, 444, 447, 452, 453, 457, 461, 464, 469, 474, 477, 483, 488, 493, 498, 504, 509, 515, 518, 521, 524, 526, 528- 531, 533, 535, 542, 547, 548, 554, 578, 583, 595, 610, 618, 626, 641, 648, 656, 666, 671, 679, 683, 688, 707, 716, 729, 730, 739, 743, 747, 754, 758, 759, 766, 767, 769, 770, 775, 778, 779, 781, 783, 789, 796, 802, 806, 814, 819, 821, 826〔2〕2, 3, 5, 8, 13, 18, 24, 28, 30, 33, 35, 36, 40, 45, 48, 50, 51, 53- 55, 57- 59, 61, 62, 64, 75, 77, 78, 80, 83, 85, 88- 90, 93, 95, 107, 115, 116, 125, 137, 147, 153, 159, 163, 176, 177, 183, 184, 198, 213, 232, 250, 257, 259- 261, 265, 269, 270, 273, 275, 277, 278, 282, 284, 290, 294, 296- 305, 308, 309, 312, 319- 321, 324, 327, 328, 336, 348, 354, 368, 376, 384, 391, 406, 412, 413, 417, 425, 429, 444, 458, 469- 474, 477, 479, 481, 486, 488, 489, 494, 496, 500, 502, 503, 506, 508, 514, 517, 518, 522, 526, 532, 535, 546, 563, 580, 589, 590, 594, 602, 606- 616, 622, 623, 625, 627, 630- 633, 638, 639, 644- 647, 650, 655, 663, 668, 675, 676, 679, 681, 687, 690, 700, 723, 724, 731〔3〕1, 8, 16, 48, 58, 59, 60, 66- 76, 82, 87, 91, 100, 112, 118, 124, 150, 154, 159, 169, 178, 180, 191, 208, 210, 214, 222, 225- 230, 232, 235, 236, 238, 239, 241, 244, 246, 247, 249, 250, 253, 255, 259, 264- 267, 273, 285, 290, 303, 312, 316, 322, 324- 328, 336, 338- 343, 345, 347, 348, 351, 352, 357, 360, 364, 365, 383, 392, 402, 412, 425, 426, 428, 434, 435, 437, 439, 442, 443, 445, 448- 460, 466, 481, 482, 491, 501, 503, 507, 508,

512, 519, 520, 527, 531-540, 542, 544, 546, 549, 555, 557, 558, 560, 565, 572, 573, 575, 579, 580, 582, 584, 590, 591, 600, 601, 603, 605, 607, 616, 621, 624, 626, 629, 632, 634, 635, 637, 639, 641, 643, 645, 647, 648, 653-657, 659, 660, 663-665, 668, 671, 672, 674, 677, 683, 684, 690-692, 694, 697, 699, 709, 721, 725, 729-732, 735-737, 742, 751【4】9, 25, 30, 39-41, 45-47, 51, 55, 56, 61, 62, 69-71, 77, 92-94, 107, 122, 142, 144, 147, 167, 175-177, 179, 185-190, 193, 194, 196, 198, 200, 202, 204, 210, 222, 241, 245, 257, 316, 325, 350, 414, 664, 730【5】80, 81, 84, 134, 187, 348, 415, 610, 661, 662, 664, 667, 675, 676, 681, 667, 703, 713, 733, 735, 739, 752, 757, 769, 770, 774 【6】30, 34, 36, 63, 104, 140, 149, 158, 188, 220, 275, 282, 336, 454, 480, 487, 498, 499, 564, 577, 652【7】22, 109, 391,

447, 565【8】314, 372, 551, 661, 566, 657, 706, 728【9】27, 68, 162, 277, 279, 280, 329, 202, 210, 291, 581, 646【10】79, 309, 310, 344, 385, 445, 516, 519, 521, 652, 737, 777, 797【11】19, 152, 161, 262, 276, 326, 327, 357, 412, 427, 465, 470, 620, 646, 735

顧洪（洪兒, 洪, 洪洪）【6】42, 168, 169, 178, 221, 233, 234, 244, 305, 391, 399, 400, 412, 413, 421, 469, 484, 485, 498, 505, 534, 560, 561, 562, 574, 575, 582, 584, 598, 601, 608, 614, 619, 624, 629-631, 635, 637, 642, 643, 655, 658, 664, 671-673, 677, 690, 700, 703, 710【7】3, 7, 15, 22, 23, 27, 29, 30, 35, 37, 39-41, 43, 44, 49, 57, 63, 64-66, 71, 74, 81, 91, 98, 99, 106, 109, 111, 114, 119, 126, 131, 138, 141, 142, 146-148, 151, 171, 174, 176, 180, 181, 183, 184, 187, 196, 197, 203, 209, 216, 219, 221, 222, 224, 227, 237, 258, 261, 274,

二十一畫:顧

277-280,282,283,287,295, 300,306,309,317,322,328, 332,334,337,338,345,346, 348-350,357,358,362,365, 367,372,373,377,378,380, 381,390,392,393,398,401, 408,412,414,423,424,425, 429,437,440,441,448,450, 454,462,464-468,470,499, 501,502,504,505,512,514, 522-524,527,544,545,548, 549,551-554,564,567,571, 584,587,589,590,593,598, 600,603,605,608,611,614, 616,622,624,630,631,652, 655,692,695,699,706,708, 711,714-716,720,724-729, 731,735,739-741,748,755, 769-771,774,775,777【8】4-7, 23,28,30,31,38-40,43,45, 47,52,59,78,127,129,130, 139,144,165,195,196,220, 222-225,227,238,248,266, 277,278,281,287,291,293, 319,351,373,376,378,381, 402,413,414,418,439,443, 445,448,460,468,471,484,

496,510,535,545,559,561- 563,569,572,582,615,622, 637,645,647,650,653,658- 660,671,692,694,706,707, 716,723,725,726,728,744 【9】11,14,15,18,19,23,36, 49,69,82,88,89,91,106,108, 113-115,117,121,135,172, 175,179,183,186,187,190, 193,194,205,209,217,218, 224,225,229,233,254,267, 305,308,313,332,333,347, 355,363,377,414,430,444 【10】4,5,7,16,17,20,22,24, 30,32,34,50,51,57,65,67, 75,77,78,84,88,89,92,93, 95,96,108,112,116,124,164, 167,172,176,178,179,181, 192,203,208,216,219,233, 239,245,249,261,267-269, 273,276,285,287,290,291, 311-313,316,321,323,326, 335,353,361,366,382,397, 400,434,440,451,455,456, 459-462,467,468,471-473, 482,486-489,491,495,497, 498,504-506,509-512,516,

517, 521, 525, 527- 532, 536, 537, 539, 541, 543, 547- 549, 552, 553, 558, 572, 576, 577, 580- 583, 586, 589, 593- 596, 598, 603, 606, 607, 609, 610, 619, 620, 622, 624- 629, 635- 638, 641, 643- 645, 649, 651- 653, 657, 659- 663, 665- 669, 671- 673, 676, 680, 684, 686, 689, 691, 693- 695, 707, 709, 712, 726, 729, 730- 733, 736- 740, 742, 745, 751, 752- 755, 759, 763- 768, 770, 771, 774, 778, 779, 781, 782, 791, 793, 795, 798, 800, 801【11】4, 6, 7, 11- 14, 16, 17, 19, 23, 25, 27, 30, 34, 39, 48, 51, 55, 60, 93, 102, 112, 122, 124, 136, 140, 143, 144, 150, 162- 164, 176- 182, 184, 185, 187, 220, 221, 227, 230, 231, 235, 238, 255, 259, 264, 265, 268, 271, 273, 286, 300, 303, 304, 310, 314, 317, 319- 324, 326- 330, 332- 344, 446- 448, 350, 352, 354- 360, 364- 371, 373- 376, 378- 388, 390- 395, 397, 400, 405- 412, 414, 415, 418, 423- 431, 440, 449- 452, 454- 456, 458, 459, 461, 463, 465, 467, 469- 473, 475- 481, 483- 487, 489, 490, 492- 494, 501- 503, 505, 507, 511- 513, 516, 520- 522, 524- 526, 529- 535, 540, 542- 544, 545, 547- 549, 552- 554, 556, 559, 561, 563, 564, 566- 569, 573- 576, 580, 582- 585, 587- 592, 594- 598, 606, 609- 611, 613, 617- 620, 622, 624, 625, 627- 637, 641- 644, 646- 651, 653, 654, 656- 664, 666, 667, 671, 672, 674- 700, 702- 705, 708- 710, 712, 714, 715, 717- 734, 738, 740, 741, 745, 747, 751-754

顧家珍（半槐公）【2】645

顧家相【9】18【11】468, 471

顧師范（少游公, 五世祖）【2】645 【8】680

顧珠圓（九妹, 嫁江）【2】301, 641, 645【3】312- 314, 327, 439, 590, 678, 684, 703【4】167 【5】664, 697, 705, 724, 733【6】27, 83, 144, 145, 152, 228, 229,

二十一畫：顧

233【7】84，572【9】705【10】306

顧祝同（墨三）【4】210，532，619，714【5】159-161，278，591，642-644，761【6】62，63，74，86，158，217【11】135

顧培懋（言是）【3】476，507【5】692，699【6】11，39，60，85，164，209【9】358

顧淵若（叔祖）【3】25，75，327【5】657，671，752，757【6】31，159，414，418，444，590【7】342，363，553

顧雪如（七佳女）【5】661，662，665，678，689，697【6】104，706【7】480，483，667，764，767【8】20，47，94，127，193，384【11】731

顧揚廷（叔祖）【2】510，606，620，623【3】75，81，276，364，369，475，481，486

顧敦鑜（雍如）【2】630，639，640，727【3】245，247，253，261，263，306，322，437，690【4】471

顧景春夫人（景春伯母）【2】266，271，304，309【3】81，234，328，507，682【5】665，751，757，769

【6】13，35，229【7】122，300，572【8】245

顧棟高【7】433【10】62【11】206，484，485

顧溪（溪兒，溪，溪溪）【6】400，402，411，413，414，417，423，428，430，433，435，443，445，447，448，455，468，471，481，482，485，487，491，498，506，520，528-531，534，536，537，539，543，545，550，553，562，565，570，578，579，582，583，587，601，608，614-616，620-622，627，636，637，639，641，642，650，651，655，661，663，664，666-668，671，676，686，690，705，708-710【7】3，4，6，7，9，11，12，15，16，18-20，27-30，35，37，39-51，54-57，59，63-66，76，81，89，92，95，106，107，109，111，114，115，116，119，120，124，126，130-132，136，138，141，142，147，150-152，171，176，180-184，197，203，206，208，209，213，216，219，222，224，227，232，234，242，244，246，247，249，252-

256, 258, 259, 261, 280- 283, 286, 287, 289, 294, 300, 301, 306, 309, 314- 317, 329, 331- 333, 335, 337, 345, 346, 348, 349, 355- 358, 360- 365, 367, 372, 373, 376, 377, 380, 381, 390, 394, 396- 398, 408, 412, 414, 415, 419, 423- 425, 429, 437, 438, 440, 441, 445, 446, 448- 450, 454- 456, 460, 462, 471, 472, 476, 499, 501, 505, 507, 511, 512, 515, 523, 527, 531, 544, 545, 548, 552, 558, 559, 563- 567, 584, 587, 590, 591, 593, 594, 596, 600, 603, 605- 608, 611, 614, 616, 622, 624, 630, 632, 641, 644, 652, 660, 665, 668, 686, 687, 692, 693, 695, 699, 705, 706, 708, 711, 714, 715, 719, 720, 724, 727- 729, 733, 735, 736, 738- 741, 743, 748, 760, 764, 767, 770, 771, 774, 777【8】4, 7, 23, 28, 31, 36, 40, 42, 43, 45- 47, 49, 51, 52, 84, 92, 127, 130, 133, 143, 144, 147, 164, 190, 194, 195, 197, 220, 224, 225, 227, 228, 232, 242, 245, 248, 266, 277- 279, 281, 284- 287, 291, 293, 319, 351, 373, 375, 376, 378, 380, 413- 415, 427, 429, 438, 439, 441, 443, 448, 460, 465, 468, 471, 472, 482, 484, 496, 501, 502, 510, 542, 545, 558, 561, 562, 576, 585, 615, 617, 622- 624, 637, 640- 645, 648, 650, 658- 660, 673, 674, 692, 694, 696, 706, 707, 723, 728, 733, 739, 741, 744 【9】6, 9, 12, 18, 19, 22, 25, 35, 36, 44, 49, 79, 82, 86, 93, 106, 108, 121, 122, 133, 135, 167- 169, 173, 175- 177, 179, 183, 195, 200, 205, 208, 212, 214, 217, 218, 224, 226, 228, 249, 250, 254, 267, 271, 273, 291, 305, 309- 311, 313, 318, 332, 345, 350, 355, 357, 367, 369, 371, 373, 377, 415, 430, 432, 433, 444, 459, 462, 482, 495, 506, 507, 509- 511, 514, 517, 519, 527, 528, 531, 532, 534, 537, 557, 576, 581, 592, 596, 597, 599, 606, 619, 626, 627,

二十一畫:顧

643, 666, 686, 699, 703, 704, 723, 730, 731, 740, 743, 751, 755, 764, 766[10]1, 7, 16, 20, 22, 27, 32, 34, 40, 41, 51, 52, 57, 65, 66, 69, 95, 98, 100, 107, 108, 110-112, 117, 172, 176-179, 181, 183, 189, 192, 203, 204, 206, 209, 216, 219, 222, 233, 235, 239, 240, 249, 257, 262, 271, 281, 283, 288, 293, 298, 306, 308, 310-312, 321, 322, 324, 335, 351, 358, 361, 364, 401, 434, 455, 457, 460, 461, 464, 471-475, 478, 482, 483, 485, 487, 488, 491, 492, 494, 496-498, 597, 504, 509, 512, 516, 517, 525, 529, 531, 537, 539, 542, 545, 549, 551, 552, 553, 559, 569, 570, 575, 577, 580-582, 585, 587, 592, 594-600, 602, 606-610, 614, 615, 617, 621, 624-629, 632, 633, 636, 639-641, 643, 644, 648, 649, 651, 655, 658, 659, 661, 662, 666-672, 674, 690, 691, 693, 695, 697, 705-707, 709, 715, 719, 727, 732, 734-736, 741, 742, 747, 752-754, 758, 764, 770, 771, 785, 792, 793[11]4, 14-16, 18, 19, 21, 23, 24, 27, 30, 32, 34, 35, 37, 38, 42-44, 46, 47, 49, 50, 52, 54-59, 66-74, 76, 79, 82, 93, 105, 125, 138, 140, 142, 150, 154, 160-162, 164, 166, 176, 177, 179, 181-199, 202, 208, 210-212, 215, 218, 219, 226, 227, 235, 236, 249, 251, 254, 255, 256, 259, 261, 264, 268, 269, 271, 273, 275-283, 285-287, 290-300, 302, 313-315, 317, 322, 335, 336, 342, 343, 354-362, 364-371, 373, 375-387, 390, 392, 393, 402, 408-411, 419, 421, 424-432, 438-443, 445, 446, 448, 450, 453, 455-458, 460, 464, 465, 467-477, 479, 480, 483-487, 489-491, 493, 494, 497, 498, 502-504, 506, 507, 509-511, 513, 515-518, 520, 523, 525, 526, 530, 531, 534, 535, 536, 539, 540, 542-545, 548, 551, 556, 557, 560-563, 565, 567, 569,

571-573,575-577,579,580, 583-585,587,588,590-598, 599,602,606,609,610,612, 613,617-620,622,624,625, 628-632,634-637,641-645, 647-651,653-664,666,667, 672,674-700,702-706,708- 734,737-741,743,748, 750-754

顾琦(雨香公)〔2〕645

顾菊畦(叔祖)〔1〕205,241,243, 249,372,527

顾逸如(祥媛,四佳女)〔2〕644 〔5〕653,661,748,752,754, 765〔6〕103,144,161,239, 281,390,414,506,530,533, 536,573,626,655〔7〕35,128, 180,181,282,321,346, 583,584

顾鄂來(鄂姑母,吴姑母,吴子綸 夫人)〔1〕38,80,119,123, 129,132,133,151,183,206, 209,218,219-222,225,226, 251,253,262,263,265,271, 273,280,285,359,361,371, 386,396,398,428,526,527, 533〔2〕472,711〔3〕240,454,

510,589〔4〕730〔5〕691,769 〔6〕168

顾嗣立(侠君公,秀野公)〔2〕 296,312,490,491,617,643 〔3〕228〔11〕672

顾嗣协(迁客公,十世叔祖)〔2〕 152,429,643〔6〕571〔9〕394 〔11〕327

顾嗣和(八諧公)〔1〕229〔3〕 290,327

顾毓珍〔5〕259,324,438,467, 503,535

顾毓琇(一樵)〔2〕721〔3〕96, 97,103,629,636,651〔4〕139, 140,199,427,460,612,661, 752〔5〕159,161,186,218, 226,282,439,686,754,761 〔6〕10,40,175,213,240,242, 253〔11〕666

顾毓琼〔4〕591〔5〕160,161, 250,259

顾準〔7〕32〔8〕363〔11〕670

顾瑛(蓉庵公)〔2〕645

顾禄(鉄卿)〔1〕420〔7〕570〔8〕 10〔9〕67,361,516,523〔11〕 358,370,456

顾羲季〔2〕342,351,356,382,

二十一畫：顧

465, 508, 543, 708, 711 [3] 444, 489, 621

顧葆常 [4] 133, 305, 307, 353, 368, 374, 418, 423, 576

顧誠安（誠安弟，魯弟，誦濟）

[1] 125, 130, 136, 184, 191, 202, 207, 218, 221, 222, 224, 229, 230, 232, 234, 235, 237, 239, 241, 243, 245, 246, 249, 265, 272, 276, 280, 281, 285, 294, 295, 314, 316, 317, 319- 321, 323, 325, 328, 331, 334, 335, 338, 356, 342, 343, 350, 360- 363, 365, 368, 378, 386, 400, 402, 405, 408, 413, 424, 438, 447, 483, 526, 527, 535, 557, 584, 592, 607, 638, 670, 720, 759, 778, 779, 784, 796, 802, 821, 823 [2] 3, 5, 13, 18, 24, 28, 30, 31, 33, 35, 41, 48- 51, 55- 57, 59, 61, 63, 65, 66, 68- 72, 75, 76, 79- 84, 86, 87, 89- 93, 96, 101, 113, 115, 125, 189, 213, 217, 258, 263, 264, 266, 275, 285, 301, 302, 304, 319, 321, 324, 364, 406, 459, 472, 514, 553, 580, 602, 606, 607, 611, 617, 631, 636, 642- 647, 687, 731 [3] 8, 67, 72- 74, 79, 80, 87, 111, 162, 164, 178, 179, 181, 183, 210, 231, 233, 234, 236, 311, 313, 314, 324- 327, 337, 338, 348, 414, 435, 438, 439, 459, 507, 508, 512, 513, 589, 678, 681, 684, 685, 689, 722, 729, 730, 750, 753 [4] 11, 41, 44, 45, 53, 55, 61, 64, 77, 87, 88, 93, 97, 118, 142, 147, 154, 169, 175, 176, 183, 187, 196, 197, 210, 238, 309, 319, 340, 387, 458, 533, 561, 595, 611, 730 [5] 39, 88, 479, 522, 527, 570, 595, 653, 654, 656, 657, 660- 662, 664, 671- 674, 677, 678, 680, 681, 689, 691, 694, 695, 697, 700, 701, 706, 711, 712, 716, 717, 719- 721, 723, 726, 727, 729, 730, 736, 738- 741, 744, 745, 748, 754, 756 [6] 6- 10, 15, 18, 19, 23, 25, 27, 28, 30- 32, 37- 39, 48, 76, 77, 85, 92- 94, 96, 100- 104, 123, 129, 132, 144, 148, 156, 158, 161, 163, 170- 174,

210, 211, 223, 225, 232, 238, 239, 243, 244, 246, 248, 269, 276- 279, 281, 283, 288, 290, 293- 295, 298, 312, 341, 352, 386- 388, 391, 395, 399, 404, 406- 411, 414- 418, 421, 423, 425, 430, 432, 433, 441, 444, 449, 455, 456, 458, 463, 467, 473, 475, 477, 484, 489, 492, 493, 497, 500, 502, 504, 506, 507, 520, 532, 536, 542, 544, 551, 557, 559, 560, 561, 566, 571, 573, 574, 578, 588, 590, 591, 593, 599, 608, 626, 633, 644, 646, 649, 654, 655, 666, 678, 682, 690, 691, 694- 696, 699, 705【7】3, 4, 12, 18, 23, 25, 28, 31, 35, 38, 41, 44, 45, 48, 54, 56, 58, 65, 66, 72, 74, 77- 79, 83, 84, 90, 91, 93, 96, 97, 99, 102, 104, 107, 110, 113, 120, 125, 128, 131, 133, 137, 140, 146- 148, 150, 152, 169, 177, 180, 181, 188, 192, 195, 197, 198, 200, 206, 209, 211, 213, 215, 219, 222, 226, 227, 232, 234, 237, 248, 272, 273, 278, 279, 282, 284, 290, 292, 297, 298, 305, 309, 318, 319, 321, 322, 329, 332, 335- 346, 348, 360, 361, 363, 365- 368, 374, 375, 378, 379, 381, 386- 388, 390, 392- 394, 398, 403- 405, 413, 415, 417- 419, 423, 427- 429, 433, 437- 440, 445, 447, 451, 452, 454, 457, 459, 466, 467, 470, 471, 474, 477, 486, 493, 498, 499, 501, 503, 505, 507, 510, 513, 515, 519, 524, 525, 527, 528, 532- 534, 538, 539, 541, 543, 545, 547, 550, 552, 553, 555- 559, 566- 568, 572, 576, 578- 580, 582- 584, 590, 595, 619, 633, 634, 652, 665, 676, 715, 729, 730, 742, 768【8】21, 55, 73, 143, 152, 163, 207, 245, 253, 267, 408, 525, 585, 600, 634, 667 【9】25, 139, 154, 289, 378, 406, 458, 468, 488, 530, 540, 545, 556【10】266

顧誠安夫人（弟婦，鲁弟婦，陳瑶芳）【5】678, 679, 681, 691- 693, 695- 697, 703- 705, 712,

二十一畫：顧

721,742,743【6】7,52,161,171,210,276,288,387,408,421,559,602,626【7】18,25,54,97,100,127,192,195,305,321,341,348,459【9】154,556【11】395

顧實（楊生）【1】559,698,793【2】118【5】45,46,151,188,196,217,220,275,277-279,283,285,286,289,294,302,333,341,414,500,641【6】4,707【7】497,499,748,750,751,754

顧榮華【4】146【5】748【6】22,287,292

顧夢錫（端,德堪之女）【11】713,724-726,744,749

顧綏英【3】123,149,209,240,263,441,512,515【4】734,739,753【5】167,192,226,242,243,246,365,403,404,406,442,495,545,589,628【7】687【8】403,444【9】381

顧維鈞【4】754,755

顧維熊【7】117,119,278,348

顧誦芬（竹妹,妹,我妹,竹小姐）【2】629,645【3】82,324【4】337【5】733【8】372,377,728【10】516

顧誦芬（弟,連喜弟,起潛子）【3】413,468,530,601,630,631,653,654【5】658,671,715,738【6】388,483,546,560,588,622,684【7】16,180,501,589,616,632,693,759【8】43,47,50,127,144,190,195,487,622,673【9】25,314,320,321,322,338,407,510,534,614,761【10】332【11】346,429,468,509,592,595,608,621,725

顧誦唐（弟,九嫂子）【2】647【6】158,207,228,229,237,605,607,644【7】19

顧誦詩（開喜弟）【3】425,468,601,626,737【4】341,353,382

顧誦震（龍弟）【2】53,301,644,645【3】78,79,81,191,314,324,325,327,334,335,337,443,507,508,512【4】41,97,167,169,193【6】158【9】152

顧鳴高（延鳳,叔）【5】658,671,706,722,730,731,738【6】10-12,26,31,49,52,76,79,148,

163，172，227，228，243，406，427，442，453，537，542，569，595【7】55，206，210，507【9】154

顧鳴高夫人（嫒，叔母）【5】745，751，752，757【6】269，590

顧德平（平任，平平，十一任）【5】661，653，662，665，678，697，721，730，738，754【6】10，48，248，410，573，699【7】128，180，181，368，346，501，584【9】154，155【10】266【11】489，490

顧德全（全任，全全）【5】704，721【6】281，493，699【7】501，568，584【9】154

顧德武（五任）【2】644【5】661，678，697，731，748【6】14，24，83，85，93，98，103，151，156，164，219，229，275，402，410，474，573，620，655，666，685【7】24，78，181，305，316，341，348，350，358，375，440，441，501，584【9】532，545

顧德勇（十任）【5】661，662，665，678，679，689，697【6】10，493，655【7】584

顧德峻（冬任，冬兒，冬官）【1】483，526【2】301，644，645【3】73，74，324，325，327，678，682，683，686【4】41，44，595【5】253，274，653，654，661，688，716，720，738，739，741-743

【6】7，10，12，13，30，39，93，161，281，352，387，471，504，549，559，565，582，666【7】75，97，100，439，478，498，501，517，518，535，540，545，568，584【9】227

顧德泰（六任）【2】644【5】661，662，665，678，688，689，697，724，742，754【7】390【11】59

顧德堪（堪兒，堪，堪堪，原名德澄）【7】78，110，112，113，123，138，140，141，144，145，170-172，175，176，179-181，190，203，206，207，222，226，235，237，243，244，246，247，255，272，275-281，283，286-289，291，294，295，317，332-334，336-339，346，349，358，361，362，368，375，377-383，385，388，390，391，393，396-405，410，411，418，425，432，438，

二十一畫：顧

441, 443, 446, 448, 455, 465, 473, 475, 476, 496, 499, 501- 504, 506-511, 513, 515, 516, 519, 521-524, 526, 527, 529, 530, 543, 546, 548, 552, 565, 567-589, 594, 596, 599, 602- 610, 613, 614, 616, 616-620, 624, 630, 632, 641, 645, 655, 657, 660, 672, 673, 686, 687, 689, 690, 692, 697, 699, 701, 704-706, 715, 719, 720, 722, 724, 725, 729, 731, 735, 739, 740, 748, 750, 759, 764, 770, 771, 776, 777【8】2, 3, 6, 7, 13, 19, 23, 26, 32, 40, 42, 43, 45- 47, 52, 55, 84, 105, 123, 129- 131, 143, 144, 147, 159, 192, 194-196, 199, 200, 211, 216, 222, 227, 230, 231, 237, 242, 245, 276, 278-281, 285-288, 290-293, 307, 325, 329, 333, 336, 339, 340, 344, 351, 360, 373, 375, 382, 383, 394, 397, 399, 404, 405, 407-411, 416, 418, 426-429, 433, 437-441, 443-446, 451, 456, 457, 459- 461, 468, 470-473, 475-477, 481-486, 488, 489, 496, 509, 513, 518, 520, 522, 523, 527, 530, 531, 533, 538, 541, 542, 545, 551-553, 555-560, 562- 566, 568-582, 585, 588, 608, 615, 622-624, 628, 637, 640, 642, 643, 644, 645, 647, 651, 653, 658, 660, 673, 692, 694, 698, 699, 701-708, 711-713, 716-721, 723, 725, 728, 734, 739, 744【9】7, 8, 15, 16, 18, 23, 24, 26, 49, 51, 52, 69, 72, 79, 86, 87, 105, 106, 108, 118, 122, 133, 169, 172, 173, 175- 177, 179-183, 187, 190, 195, 201-204, 206, 207, 211, 212, 216-218, 225, 226, 237, 239- 241, 247, 254, 256, 267, 273, 274, 277, 278, 305, 307, 309, 313, 320, 324, 332, 334, 341, 342, 355, 357, 363, 371, 373, 374, 377, 395, 430, 437, 444, 446, 449, 456, 459-463, 465, 482, 485, 489, 491, 495, 506, 507, 509-511, 514, 528-531, 539, 543, 547, 553, 563, 570, 572, 574, 575, 579, 581, 593,

595, 604, 608, 617, 624, 626, 627, 630, 643, 644, 646, 649, 654-656, 666, 669, 673, 680, 686, 689, 697, 698, 700, 702, 705, 707, 709, 710, 712, 715, 717, 718, 722, 724, 726, 727, 734, 735, 740-742, 744, 751, 754, 760, 762, 769, 770, 775, 780, 781, 787【10】1, 4, 5, 7, 10, 12-16, 19, 21, 22, 30, 38, 40, 45, 46, 53, 57, 60, 62, 64, 65, 67, 71, 74, 76-78, 80-84, 86, 87, 89, 90, 94, 96, 98-100, 107, 108, 110-117, 163-167, 171, 178, 181, 204, 205, 213, 214, 216, 219, 223, 250, 257-260, 264, 267, 268, 270, 272, 273, 276, 277, 284, 285, 290, 293, 304, 310, 311, 313, 315, 318, 322, 324, 328, 330, 345, 353, 356, 358, 369, 385, 390, 399, 401, 404, 409, 434, 445, 456, 457, 459, 461, 464, 473, 475, 477, 486-488, 491, 497, 498, 505, 508, 509, 512, 525, 529, 533, 534, 538-541, 545, 547, 548, 553-555, 557, 558, 570-577, 581-585, 597, 598, 601, 605, 607, 608, 610, 614, 615, 622-628, 630, 633, 635-637, 640, 644, 645, 648, 650, 651, 653, 658-661, 663, 671-673, 684, 689, 692, 693, 699, 713, 723, 742, 751-754, 759, 764, 775, 790, 794, 800, 801【11】1, 5, 7, 9, 16, 18-21, 25, 31, 33, 34, 36, 39, 56, 58, 67, 71-74, 79, 105, 150, 155-157, 160-162, 164, 165, 176, 178, 179, 181-187, 189, 208, 211, 218, 235-239, 241-243, 246-249, 251-261, 264-268, 270, 274-280, 282, 283, 286, 287, 289-291, 295-299, 304-308, 311, 313, 317, 327, 328, 334, 336, 342, 343, 349, 355, 375, 383, 404, 415, 429, 439, 449, 452, 456, 457, 461, 464, 488, 491, 502, 520, 521, 529-531, 536, 542-546, 548, 549, 558-560, 565, 570, 573-576, 585, 587, 588, 595-597, 606, 607, 610, 613, 617, 618, 621, 624, 625, 630, 642, 650, 653, 656,

二十一畫:顧

658,667,698,700,704-707, 713,718,721,725,744,749, 750,752,754

顧德輝（和兒,和官）[2]303, 304,473,477,478,607-616, 621,623,625,627,630,632, 633,635,636,639,645[3]68, 69,71-76,232,234,235,238, 244-247,249-252,255,264, 268,302,307,308,317,319, 344,426,435,453,454,458, 502,515,520,521,523,526, 527,529,530-532,534,544, 548,557,565,582,600,621, 637,639,653,709,729,736, 743[4]24,77,183,198,242, 266,309,340,387,595,677, 686,689[5]74,87,99,253, 274,513,531,538,548,567, 578,591,614,643,653,656, 659-661,664-666,670,671, 673,678,680,688,689,697, 704,711,716,718-723,726, 728,730-732,734,738-741, 743-745,751,754,757[6]7, 11,12,14,15,17-20,23,25- 33,36,38-40,45,49,51,55-

57,59-64,77,78,82-85,87, 92-94,96-99,121,124,129, 141,144-147,151,152,154, 156,160,163,164,166,169, 170,171,177,180,210,211, 217,221,224,227-229,231, 232,237,241,248,267-269, 274-277,279,280,282,288, 290,293,298,325,352,359, 386,390,391,399,401,404, 407,410,417,422,423,426, 431,443,447,454,460,461, 473,477,480,487,489,503, 520,535,543,549,562,575, 589,600,606,617,626,631, 646,651,669,674,676,691, 694,699,708,710[7]19,20, 31,45,59,70,75,90,100,109, 111,113,128,132,149,173, 176,191,199,207,209,211, 214,222-234,240,244,248, 254,260-262,267,270,279, 282,285,289,292,300,306, 315,317,318,338,347,358, 375,381,390,391,404,415, 425,432-434,436,437,452, 456,471,497,509,523,529,

532, 544, 564, 566, 568, 571, 573, 574, 575, 578, 579, 584, 585, 613, 645, 741, 767【8】23, 56, 156, 258, 357, 466【9】156, 157, 344, 406, 496, 540, 562, 650, 730【10】19, 100, 115, 180, 309, 395, 559, 562, 569, 621【11】284, 397, 479, 481, 489, 559, 567- 571, 626, 642, 663, 689, 690, 729, 730, 748

顧德融（八任）【5】661, 662, 665, 678, 697, 704, 748【8】20, 94, 127, 193, 211, 384, 472, 657, 694, 695【9】24, 25, 226, 227, 312, 462, 510, 530, 551, 605, 611, 619, 656, 668, 742, 785 【10】21, 28, 29, 47, 49, 55, 79, 82, 213, 266, 340, 342, 343, 404 【11】346, 354, 413, 435, 446, 474, 476, 489, 490, 498, 500, 514, 515, 547, 567, 568, 681, 753

顧德膺（九任）【5】661, 697, 662, 665, 676, 678, 684, 694, 697, 748【7】346, 368, 369

顧潔如（殷緩平夫人, 三任女） 【5】661, 664, 666, 676, 678,

691, 697, 716- 718, 720, 741, 742, 748, 752, 754, 765【6】13- 17, 19, 96, 97, 144, 158, 232, 300, 530【7】125, 128, 358, 361, 583, 584

顧潮（潮兒, 潮, 潮潮）【5】718, 723, 728, 730- 732, 736, 738, 740-743, 748, 765【6】5, 6, 10, 12, 14, 17, 24- 27, 31, 32, 37, 47, 52, 61-64, 73, 75, 106, 107, 122- 125, 127- 129, 131- 133, 136, 138- 140, 152, 155- 159, 162, 164, 166- 169, 177, 178, 207, 209, 210, 219- 221, 227, 234, 244- 249, 267, 269, 275, 277- 284, 286, 288, 292- 294, 296, 305, 308, 309, 311, 342, 348, 362, 363, 386, 387, 390, 391, 393, 399, 400, 402, 410, 412, 413, 415- 417, 420- 426, 428, 429, 431- 434, 436- 439, 441, 446, 448, 450, 452- 457, 460, 462- 464, 467- 478, 480- 483, 485, 488, 490- 492, 497, 498, 500- 503, 505, 506, 520, 530, 531, 533- 535, 537- 539, 542- 545, 547, 549, 553, 555,

二十一畫：顧

556, 562, 572, 575, 578- 584, 588, 589, 593, 598- 601, 603, 605, 607, 608, 612, 614, 615, 617, 622, 623, 625, 629, 631, 636, 638, 640, 642, 643, 651, 655, 658, 661, 662, 665, 666, 671, 672, 677, 680, 686, 687, 693, 697, 699, 700, 702- 704, 707, 709, 710【7】1, 3, 4, 7, 10, 11, 15- 20, 23, 27, 30, 36, 39- 41, 44- 54, 57- 59, 63- 65, 69, 71, 73, 74, 76, 78, 81, 89, 94, 106, 108, 109, 111, 114, 115, 119, 120, 121, 125, 126, 130- 132, 134, 136, 138, 140, 141, 151, 170, 172, 175, 176, 179- 181, 183, 184, 187, 188, 191, 203, 208, 209, 212- 214, 219, 221, 222, 224, 227, 244, 249, 253, 259, 261, 272, 274- 280, 282- 284, 286- 289, 293, 300, 306, 309, 314, 317, 319, 320, 322, 323, 328, 329, 331- 333, 335, 337, 345, 346, 348- 350, 355, 357, 358, 361- 365, 367, 368, 372, 373, 376- 378, 380, 381, 390, 393, 398, 400, 401, 404, 405, 408, 410- 412, 414, 423- 425, 429, 436, 437, 439- 442, 444, 447, 448, 450, 454, 456, 461, 462, 464- 468, 470, 499, 501, 502, 504, 505, 512, 514, 518, 519, 521- 524, 529, 544, 545, 548- 550, 552, 564, 565, 567, 571, 584, 588- 590, 596, 599, 604- 607, 610- 612, 620, 622, 627, 632, 641, 642, 652, 661, 664, 668, 671, 672, 683, 684, 687, 690, 691, 701, 704, 707, 708, 714, 719, 721, 724, 725, 728, 731, 735, 738- 741, 761, 771, 775【8】2, 4, 5, 7, 23, 25, 28, 32, 43, 46, 89, 113, 117, 123, 127, 130, 133, 144, 145, 158, 176, 195- 197, 199, 200, 213, 220, 227, 233, 246, 248, 266, 277, 279, 281, 287, 291, 292, 295, 296, 310, 319, 324, 351, 358, 373, 381, 401, 402, 407, 414, 418, 439, 443, 445, 448, 460, 462, 468, 471, 472, 484, 502, 510, 527, 555, 560- 563, 569, 570, 572, 576, 615, 643, 645, 650, 653,

656, 658, 666, 669, 671, 674, 694, 695【9】1, 18, 19, 22-24, 35-37, 39, 44, 49, 76, 79, 82, 94, 98, 99, 105, 113-115, 117, 118, 121, 122, 130, 133, 135, 136, 179, 203, 206, 208, 211, 215, 224, 229, 240, 258, 262, 271, 273, 277, 287, 289, 302, 306, 308-310, 313, 318, 323, 339, 342, 345, 354, 355, 377, 426, 432, 440, 444, 452, 456, 457, 459, 461, 462, 482, 484, 488, 495, 507, 514, 517, 519, 523, 527, 530-532, 534, 553, 576, 579, 581, 596, 606, 609, 620, 627, 629, 643, 655, 664, 669, 672, 681, 683, 701, 708, 711, 715, 718, 723, 724, 728, 730, 731, 736, 739, 740, 741, 743, 745, 755, 764, 766, 776, 784-787, 789【10】1, 2, 4, 5, 7, 16-18, 20, 22, 27, 32, 34, 40, 41, 57, 63, 65, 69, 70, 76, 85, 100, 107, 108, 110, 111, 114, 117, 119, 122, 127, 128, 133, 135, 146, 170, 172, 176, 178, 179, 181, 185, 192, 193, 203, 206, 216-219, 222-225, 233, 235, 237-240, 249, 262, 272, 279, 290, 294, 295, 309, 314-316, 321-325, 328, 331-333, 335, 343, 346, 350, 353, 358, 364, 366, 376, 397, 434, 455, 464, 477, 479, 491, 496-498, 502, 513, 514, 516-518, 528, 529, 536, 543, 546, 549, 550, 552, 553, 558, 559, 561, 564-566, 572, 577, 580, 581, 586, 587, 593, 596, 697, 699, 602, 606, 607, 610, 611, 613, 614, 616-618, 621, 622, 627-636, 644, 648, 650-652, 658, 659, 662, 663, 666, 670, 674, 675, 677-679, 689, 690, 692, 693, 696, 697, 701, 702, 712, 713, 720, 721, 724, 725, 727, 728, 731, 735, 736, 739, 745, 747, 752, 754, 758, 761, 766, 767, 775, 780, 783, 789, 792, 793, 795, 798【11】6-8, 12-14, 16, 18-20, 22, 23, 26, 28, 30, 32, 34, 35, 37, 40, 42, 45, 46, 48, 49, 51, 52, 54-56, 58, 65, 66, 68, 71, 73, 75-80, 82-84, 86,

二十一畫：顧

87,91-97,99,101-103,105,106,108,110,112-117,119-123,126,129,130,132,134,135,137,139-141,143-152,161,162,166,175,176,179,190,196,201-204,206-209,212,216-242,244-254,256,258-266,269,270,274,278-280,282,283,285,290,297-306,308-310,313,316-319,324,326-333,341,342,350,351,353-356,358,361,364,368,371,380,381,386,391,392,395,401-404,408-411,414,417,421,422,425,431,433,437,438,448,456,459,461,463,464,470,477,478,495,498,501,502,507,510,526,529-532,534,539,540,544,545,547-549,551-553,556,562-564,568,569,571,572,574,581-583,593,594,595,605,606,612,617,630,631,643,648-651,653,679-681,685,691-693,705,708-718,720-729,731-734,737-740,742-748,751-753

顧蔭亭[4]139,255,621[5]480,496,502,523[6]79[7]570

顧蔭亭夫人[6]406

顧學頤[8]362,383

顧憶廣（伊耕叔，伊廣叔，延玢）[2]303,309,319,330[3]236-328,335[5]670,689,752,757[6]12-14,23,25,32,33,48,51,60,63,82,83,228,276[7]122,361

顧樹森[5]517,686[7]245

顧嶽中[6]26,39,78,152,240,288

顧變光（鼎梅）[2]81-83,85-90,93,198,426[7]537

顧謙吉（青海）[4]139,140,142,144,150,152,210,215,221,231,252,466,479

顧贊廷（叔祖）[2]330,421,422,510,534,543-545,553,566,594,648[3]11,25,91,98,162,174,179,273,341,364,368,373,397,416,448,477,520,533,534,542,557,565,601,604,631,657,665[5]670,737,752,757[6]13,15,23-26[11]697

502 顧頡剛全集・顧頡剛日記人名索引

顧贊廷叔祖母(顧贊廷夫人,王夫人)【2】510【3】273,641【6】230,414,590【7】137
顧繼蓉(東生公)【1】325【2】645
顧鐵符【9】88,555,577,586,654【10】387
續範亭【3】562

## 二十二畫

權少文【3】752-754【4】1,2,6-9,13,17,21,114,115,117,126,127
酈家駒(酈)【5】730,750【6】605,657【7】11,105,323,366,394,420,442,506,534【8】374,519,545,578,617,620【9】14,113,114,117,160,208,210,502,508,590,617,739,759,767【10】206,314,497-500,502,503,506,509,512,520,603,673,675,719【11】60,119
龔子英(子瑛)【4】72,126,127【6】310
龔子揚【7】298,299,351,374,384
龔文慶【8】194,394,432,448【10】213
龔自知(廳長)【4】152,260【8】362
龔自珍(定盦)【2】148,243【6】180,185,194,204【7】137,138,580,581【9】743【10】28【11】414,423,583,586
龔雲水【5】625【7】622,627,649,728,769【8】5,46,132,138,140,144,200,218,231【10】290
龔飲冰【8】628,630【9】665,736
龔業雅(吳景超夫人)【1】480,513,674【4】703【5】49,206,218,246,266,442,444,507【7】627【8】133,142,441,442
龔瑜【4】115,117,299,302
龔維航(喬冠華夫人)【3】540,542,601,644【11】306
龔銘三(德柏之父)【4】744【5】151
龔德柏【4】353,744
龔駿(仲皋)【4】734,735【5】30,31,137,164,172,179,201,209,210,253,279,311,313,314,349,365,403,404

二十一畫:顧續　二十二畫:權酈龔　二十三畫:欒　503

# 二十三畫

欒植新(志辛,志新)【2】440,564,568,571,593,600,648,649,651,652,676,682,684,685,687,689-695,701,702,704,707,713,715-717,720,722,725,728【3】46,49,58,61,78,85,88,93,95,96,98,99,103,110-115,117,120,124,139,149,161,163,217,227,246,248,261,300,302,305,306,309,311,315,316,340,353,369,381,389,390,392,394-396,400,402,403,410,418,419,430,431,434,438,445,448,449,452,457,477,488,490,498,499,501,517,530,536,540,542,544,545,555,559,565,567,571,573,574,576,582,584,586,587,590,597,599,600,604,607,608,614,616,618,620-622,624,625,628,632-635,641,642,644,650,651,653,654,656-662,666-668,694,723,725【4】470【5】607,613,621,622,704,728,773【6】11,291,395,511,513-518,530-532,536,537,540,549,561,656【7】79【10】82,85【11】79

欒調甫【2】527,570,731【3】158【6】358【7】772